中国银行家调查报告

2017

Chinese Bankers Survey

 中国银行业协会
CHINA BANKING ASSOCIATION

 普华永道

中国金融出版社

欢迎大家阅读由中国银行业协会和普华永道联合发布的《中国银行家调查报告（2017）》。这份报告从银行家的视角反映中国银行业的发展动向，已经持续到第九年了。

本次调查采取"点面结合"的方式展开。项目主持人巴曙松研究员及项目组成员共访谈中国银行业高管人员14人，其中总部高管（董事、副行长以上）7人，直接获取了第一手的大量银行高层观点。项目充分考虑地域、级别、注册类型、是否上市等多方面因素，在全国31个省级行政区域（不包括港澳台）有序展开，不仅继续采用电子文件形式进行问卷发放回收，而且将问卷数量持续增加、范围不断扩大，基本覆盖了各类中国银行业机构。值得强调的是，在调查的同时项目组还着重对行业热点、重点、难点问题进行了专题调研。通过长达八个月的有序工作，共回收有效问卷1920份，为整个调查研究提供了有力的数据支撑。

2017年，是党的十九大胜利召开之年，是"十三五"规划深化落实之年，也是全面深化改革向纵深推进的关键之年。十九大报告强调，"要健全金融监管体系，守住不发生系统性金融风险的底线"。风险管理和内部控制是本次调查的关注重点，综合对比2010年至2017年的调查数据可知，八年来"全面提升风险管控能力"一直是中国银行业的经营核心和战略重心。超过六成银行家认为当前面临的最主要风险仍然是信用风险，具体表现为部分地区经济和行业经营下行、不良贷款压缩受阻等现象。同时，银行家们更加注重风险的识别与监测，各家银行也正在不断加强贷前审查、贷中监控以及防火墙建设，力求从源头切断风险，预防风险传递。此外，在监管形势呈现强监管、重合规、严问责的背景下，银监会组织开展了系列专项治理活动，加大了银行自查和监管检查及问责处罚的力度。通过调查反映，对于监管力度的增加，超九成银行家感受强烈，其中近五成银行家感受非常强烈。

十九大报告明确指出，建设现代化经济体系，必须把发展经济的着力点放在实体经济上，要深化金融体制改革，增强金融服务实体经济能力。本调查结果显示银行业在客户群选择方面，小微企业客户受到的关注度日益提高，这与贯彻新思想新观念、利用新技术新手段服务国家战略、创新小微金融服务模式密不可分。针对供给侧结构性改革带来的机遇，银行家们最关注产业升级转型拓展新市场和居民消费升级产生新需求。通过制度创新和技术创新，供给侧结构性改革可以创造新需求，拉动经济增长，并为银行业发展提供新动力。本调查结果显示的另一方面是，当前银行业不仅大力支持绿色产业，而且全面助力"中国制造2025"战略推行。近八成银行家认为提供综合性金融服务是参与"中国制造2025"战略的主要方式，特别是在商业银行应跟进调整产品、服务、策略上已初步形成共识。此外，七成左右的银行家表示愿意通过加强多元化金融创新和加大对相关产业的信贷支持力度，进而聚焦解决制造业发展的难点、痛点问题，持续促进制造业结构调整、转型升级、提质增效。

本次调查还显示，金融科技领域的发展演变正在受到各方广泛关注。

前言

金融科技依托互联网、大数据、云计算、人工智能等技术，不仅帮助银行实现了精准营销、提升服务体验，而且大幅提高其风险管理和合规经营水平。具体表现在，银行家持续关注科技与金融的融合，多数银行家表示未来将加大银行信息化建设的投入，而且不同类型的银行关注点也不尽相同。同时，银行家们普遍认识到，金融科技领域的风险、尤其是银行自身的技术风险以及来自P2P网络借贷行业的风险，值得警惕。虽然银行业传统风险防控与金融科技相结合已经推进多年，但目前内部数据整合不够、外部数据可获得性较差，以及人才短缺仍然是制约大数据、人工智能等技术应用的主要问题。同时，银行家们对金融科技的发展也充满期待和期望，坚信机遇与挑战并存，坚信在中央和银监会的统一领导下，一定能够不断拓展新科技应用的广度和深度，一定能够在经营模式、数据融合以及风险管控上取得重大突破。

需要强调的是，在本次调查中银行家们一致表示，对中国特色社会主义制度充满自信。这种自信源于我国银行业近年来取得的巨大成就，源于在与诸多发达国家相比，我国银行业不仅没有明显短板，而且在第三方支付、互联网金融等方面还具有一定的领先优势和发展潜力。在全国上下深入学习贯彻习近平新时代中国特色社会主义思想之际，银行家们对新时代我国银行业发展充满更高期待，表示将一如既往增强"四个意识"，坚定"四个自信"，力争在"一带一路"建设、拓展海外市场、支持企业"走出去"战略等领域取得更大突破和成绩。

借此机会，我们向所有接受本次调查的银行家表示感谢。他们在繁忙的工作之余填写问卷、接受访谈，无私奉献他们的专业见解、敏锐观察与宝贵经验。我们希望通过阅读本报告，读者能够比较全面透彻地了解中国银行业的现状与前景，以及中国银行家的心声。同时，我们感谢社会各界对这份报告的广泛关注与厚爱，诚挚期待读者提出宝贵意见与建议。读者的支持与关注必将是我们不懈努力的动力源泉。

如需更多信息，请与中国银行业协会、普华永道或项目主持人联系。

潘光伟
中国银行业协会专职副会长

吴卫军
普华永道中国合伙人

巴曙松
项目主持人

2017年12月　北京

目 录

目录

目录

导　语

2017年以来，全球经济的稳步复苏，为中国经济增长营造了有利的外部环境。美国经济基本面保持稳定向好，欧洲、日本及新兴市场经济均出现改善。前三季度中国国内生产总值（GDP）同比增长6.9%，稳中向好的态势持续发展，供给侧结构性改革取得新进展，但仍处在结构调整过关期，持续向好基础尚需进一步巩固。金融去杠杆的持续推进，强监管政策的持续发力以及金融科技的不断渗透等因素，对中国银行业的经营产生了重大影响。连续第九年出版的《中国银行家调查报告》将继续向您全景展示中国银行家对当前经营形势的判断与思考。

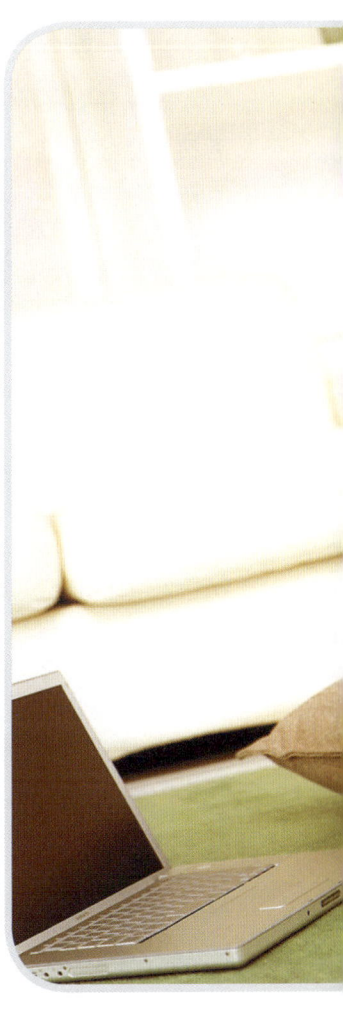

宏观环境

2017年中国经济新常态持续推进，金融去杠杆进一步深化，处于经济发展关注点由速度向质量转型的关键时期。超八成银行家认为未来三年中国GDP增长率将稳定在6.0%~7.0%，超半数银行家认为中国经济增速应该是L形走势。在去杠杆的大背景下，金融监管政策（78.4%）成为日常经营中银行家最关注的外部环境。央行以"去杠杆"和"防风险"为目标的稳健中性的货币政策仍得到大部分银行家的认可。近九成银行家认为美国总统特朗普的新政会对中美贸易造成不利影响，近半数银行家认为英国脱欧会加剧外汇市场波动。

宏观审慎评估体系（MPA）考核

66.5%的银行家认为MPA考核将更有效地防范系统性金融风险。过半数银行家认为MPA考核下广义信贷增速将放缓至10%~20%的区间。超七成银行家认为MPA对银行表外理财业务产生影响。对于MPA重点考核的七个方面，银行家认为资本和杠杆情况要求（62.8%）是MPA考核中达标压力最大的项目。MPA考核对城市商业银行影响最大（68.4%），将加剧银行同业分化。银行家认为未来应主要从改善激励机制（40.1%）、提高评估准则透明度（36.2%）等方面来完善MPA考核。

发展战略

过半数银行家认为全面提升风险管控能力是银行战略转型的首要选择。在经济增速放缓、金融脱媒加速、监管趋严等多重因素影响下，69.2%的银行家认为特色化、差异化发展是银行业首要发展的方向与目标。银行家认为供给侧结构性改革带来的最大影响是有效去产能，推动企业的兼并重组，改善了微观效益（75.6%）。69.8%的银行家认为金融综合化经营对监管当局的综合并表监管能力提出了挑战，完善金融监管体制是推进银行综合化经营的关键所在。在我国建设和完善多层次资本市场体系的背景下，促进资产证券化业务的发展、践行大投行战略、发展交易银行成为大部分银行的关注点。

业务发展

随着中国银行业各项业务创新发展，同业竞争日趋激烈，股份制商业银行经营机制相对灵活，金融创新能力较强，负债业务（64.5%）、表外业务（45.3%）和中间业务（44.3%）在市场竞争中优势明显；大型商业银行在中国金融体系中占据主导地位，客户基础雄厚，资产业务（63.2%）竞争力较强。各项业务重点稳中有变，在国家政策的带动下，城市基础设施业（67.6%）连续三年成为信贷支持的首选行业；冶金业（51.8%）位居银行重点限制行业榜首。在公司金融业务中，小微企业贷款（57%）、集团客户贷款（45.4%）、供应链融资（44.3%）受到银行家的广泛重视，国际结算及贸易融资的重要性稳步攀升；个人消费贷款（70.3%）仍然是个人金融业务的重点，财富管理业务（51.7%）关注度大幅提升，跃居至个人业务重点发展的第二位；同业业务重点回归到传统的同业存拆放业务（57%），同业投资业务（35.2%）开始得到重视。

雄安新区建设

2017年4月1日，中共中央和国务院决定设立雄安新区，一项肩负着"千年大计，国家大事"的战略部署逐渐显现在世人面前。76.7%的银行家认为政府应创新金融政策，对雄安新区金融行业给予支持，并认为雄安新区的建设将使得银行业金融创新更加活跃。同时，61.6%的银行家所在银行计划在雄安新区设立二级分支机构，并提供各项收费优惠助力雄安新区相关企业的发展。逾八成银行家将基础设施建设作为布局雄安新区的重点领域。

市场化债转股

在国家政策的支持下，市场化债转股稳步推行。33.6%的银行家对债转股持适度发展态度，38.4%的银行家持审慎发展态度，体现了银行业在债转股中的求稳思想，符合稳妥去杠杆的要求。本轮债转股最重要的特点是坚持市场化、法治化原则，企业和银行有了更大的自主权和动力，62.9%的银行家认为坚持市场化是本轮债转股的重要特点；在企业类型方面，债转股业务主要集中于国有企业（47.6%）、行业龙头（43.0%）、需重点扶持企业（41.7%）和具备盈利潜力的企业（41.2%）；在资金退出企业时，银行最偏好的方式是等待企业资产质量提升后，通过第三方股权转让实现退出（57.5%）。

风险管理和内部控制

2017年，经济下行导致的信用风险（64.8%），利率、汇率、股票价格波动导致的市场风险（41.9%）以及资金期限错配导致的流动性风险（40.7%）成为当前商业银行面临的主要风险。提高不良资产现金清收能力、加快不良资产核销和押品处置（60.4%）依然是2017年中国银行业在信用风险化解上的首要措施，而随着政策支持的逐步明朗，不良资产证券化和债转股等市场化处置方式的研究和运用得到了44.0%的银行家的重视，未来有望得到更广泛的推广。2017年，69.9%的银行家将信贷业务列为案件风险排查的首要关注点，56.2%的银行家认为构建权责明晰的内部控制组织体系应作为完善银行内部控制的重点。

人力资源

银行家对未来中国银行业员工数量增长预期持续下降，高达32.3%的银行家认为未来三年员工数量基本不变或会有减少。其中，大型商业银行未来员工数量减少的比例最高。30.9%的来自大型商业银行的银行家认为未来三年其所在银行的员工数量会减少，占比明显高于其他类型银行。从银行业人员结构调整方向来看，未来银行业将大大增加专业型岗位（82.3%）和营销型岗位（84.0%），维持管理型岗位的现状（66.3%），大幅减少操作型岗位（54.3%）。

公司治理

银行家对中国银行业公司治理现状各项指标的评价均有不同程度的上升。履行"社会责任"的评价最高（4.71分），对"权益相关者的保护程度"的评价次之（4.55分），但"激励和监督机制的有效性"获得的评价最低（4.27分），仍是公司治理中的短板。超八成银行家认为员工持股计划对公司治理的改善具有正面影响。34.3%的银行家认为银行关联交易主要问题是通过掩盖或不尽职审查关联关系、以不合格风险缓释因素计算对关联方授信敞口，规避重大关联交易审批。

银行家群体

2017年以来，经济增长超出市场预期，银行业盈利保持稳健，资产质量趋稳向好，银行家对其工作与生活的满意度回升。多数银行家具备了较高的职业化程度（56.0%），个人的管理能力也能够通过银行绩效指标得到较大程度的反映（45.4%），体现了近年来银行业金融机构持续市场化改制的成果。银行家认为银行高管离职趋势将趋于稳定（59.0%），64.5%的银行家表示将仍留在现机构发展。

监管评价

2017年，银行家对主要监管指标和主要监管手段的评价较2016年有所提升，反映出银行家对目前各项监管指标的设定及合规运用具备更强的信心。银行家普遍看好金融发展稳定委员会的设立，74.4%的银行家认为此举将有利于统筹金融发展和监管问题，防范和化解金融风险。对于监管强度的增加，超九成银行家感受强烈，其中近五成银行家感受非常强烈。面临不断加大的监管行政处罚力度，大多数银行家对此评价正面。69.4%的银行家认为有利于银行提升合规水平，健全风险内控机制。

资管业务统一规制

近年来，我国金融机构资产管理业务快速发展，规模不断攀升。由于同类资管业务的监管规则和标准不一致，存在部分业务发展不规范、监管套利、产品多层嵌套、刚性兑付、规避金融监管和宏观调控等问题。从调查结果来看，近半数银行家（47.3%）认为目前银行资管业务存在的最突出的问题是刚性兑付没有打破，45.4%的银行家认为，目前仍普遍采用的资金池运作模式导致流动性风险难以避免。因此，提高监管政策（71.9%）、加强监管协调（55.9%）和金融综合统计（54%）的一致性已经成为业界共识。2017年11月，人民银行牵头发布的《关于规范金融机构资产管理业务的指导意见（征求意见稿）》中对这些问题都提出了明确的监管要求。关于统一规制对资管业务的影响，虽然

52.4%的受访银行家认为资管业务的规模将会减小，但67.3%的银行家认为有助于资管业务回归本源，降低金融系统风险。总体来看，银行家普遍认为利大于弊。73.0%的银行家表示未来要做强理财业务，通过财富管理（46.4%）、私人银行（40.1%）等业务实现由做大向做精的发展。

金融科技

随着金融科技的发展，银行家对金融和科技的融合有了新的认识。大数据技术吸引了银行家最多的关注（76.3%）、客户营销（64.6%）和风险管理（59.2%）是大数据应用的重点领域。移动互联网技术开发应用最为成熟（58.7%）。银行家普遍认为人工智能将在风控（70.6%）、自助设备（67.0%）、客服（64.6%）、投顾（52.1%）等领域得到广泛应用，而区块链技术的具体应用领域与场景仍有待探索（83.6%）。对于云计算，银行家更倾向于构建服务于自身的私有云平台（64.2%）。

《国际财务报告准则第9号——金融工具》（IFRS 9）

2018年1月1日，IFRS 9将开始正式实施。中国银行业正在为实施IFRS 9进行积极的准备。截至2017年8月底，只有较少银行进入建立模型（11.5%）和测试实施（11.2%）阶段。其中，上市银行的准备工作进度整体快于非上市银行。银行家普遍认为IFRS 9的实施将会对风险资产评级（64.4%）和财务数据披露（64.2%）产生重大影响。估值技术的选择及前后各期的一致性（59.0%）将是实施IFRS 9面临的最大难点。

发展前瞻

2017年以来，中国经济持续稳中向好。银行家对未来三年的中国银行业经营情况预期出现积极信号。预期营业收入与税后利润增长率在5%~10%区间的银行家占比逐年上升，七成以上银行家预期未来三年银行不良贷款率将低于2.0%，而且逐年下降，显示了银行家对中国经济未来发展充满信心。近四成的银行家认为2017年末中国银行业拨备覆盖率仍将保持在150%以上。逾六成的银行家认为2017年末银行资本充足率将在11.5%以上。

第一部分
宏观环境

  进入2017年，全球经济仍处在复苏阶段。美国总统特朗普履新、英国脱欧，世界范围内"黑天鹅"频发，美联储正式启动缩表进程，外部环境存在较多不确定因素。放眼国内，金融去杠杆进一步深化，货币政策维持稳健基调，经济新常态深入演化。

一、近半数银行家认为未来三年中国经济增速稳定在6.5%~7.0%

对未来三年中国GDP增长区间的调查结果显示（见图1-1）：81.3%的银行家认为经济增长率区间为6.0%~7.0%，其中46.9的银行家预期增长率区间为6.5%~7.0%，36.4%的银行家预期该区间为6.0%~6.5%；13.3%的银行家认为增长率将低于6.0%；仅3.4%的银行家认为增速将达到7.0%以上。相比前三年的经济增长预期逐级下台阶（2014年72.6的银行家选择7.0%~8.0%，2015年85.1%的银行家选择6.5%~7.5%，2016年78.7%的银行家选择6.0%~7.0%），2017年银行家对于未来经济增长率的预期仍保持整体下行的态势，但增速预期趋于集中且一致，基本上稳定在6.0%~7.0%。在经济发展关注点由速度转向质量的转型时期，"稳"这一理念在银行家的预期中也得到反映。

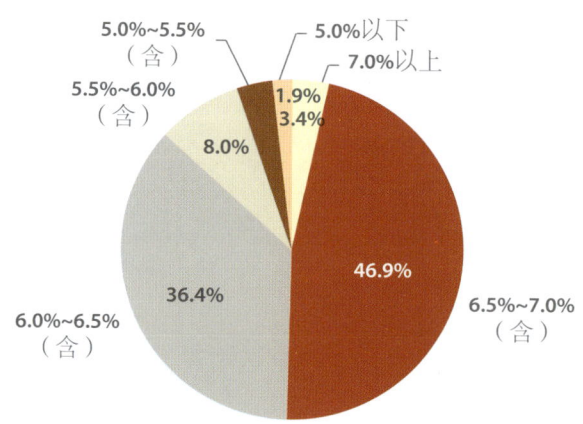

图1-1　银行家对未来三年中国GDP增长率区间的预期

这一"稳"的预期在银行家对中国经济增速走势判断的调查中也有反映。总体来看，2017年银行家对于中国经济增速未来的走向仍存在分歧。大部分银行家认为中国经济增速应该是L形走势，占比达到57.4%。其中，37.2的银行家认为中国经济增速处于L形走势底部，20.2%的银行家认为中国经济增速还处于L形走势探底过程中。有24.1%的银行家对于中国经济未来走势比较乐观，分别有12.1%和12.0%的银行家认为中国经济增速目前处于V形走势回升和小W形走势回升中。另外，还有13.4%的银行家对未来中国经济的走势比较悲观，认为中国经济增速未来将不断放缓（见图1-2）。

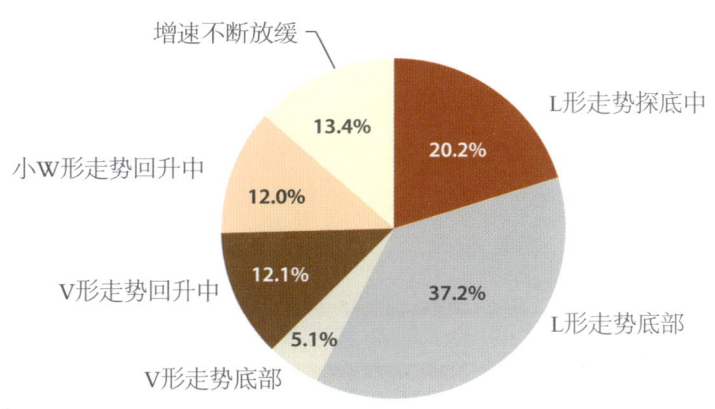

图1-2 银行家对中国经济增速的判断

稳增长的过程同时也是中国经济充分释放风险、解决经济发展更深层次问题的阶段。全国金融工作会议将防控金融风险作为三大任务之一，提出要把主动防范化解系统性金融风险放在更加重要的位置，科学防范，早识别、早预警、早发现、早处置，着力防范化解重点领域风险。关于中国经济目前面临的主要风险，调查结果显示，有50.3%和46.4%的银行家认为中国经济目前面临的主要风险是资产价格泡沫和金融体系杠杆过高。紧随其后分别有36.4%、33.2%和31.9%的银行家认为主要风险为国有企业债务风险、房地产市场调整以及外部市场的不确定性（见图1-3）。

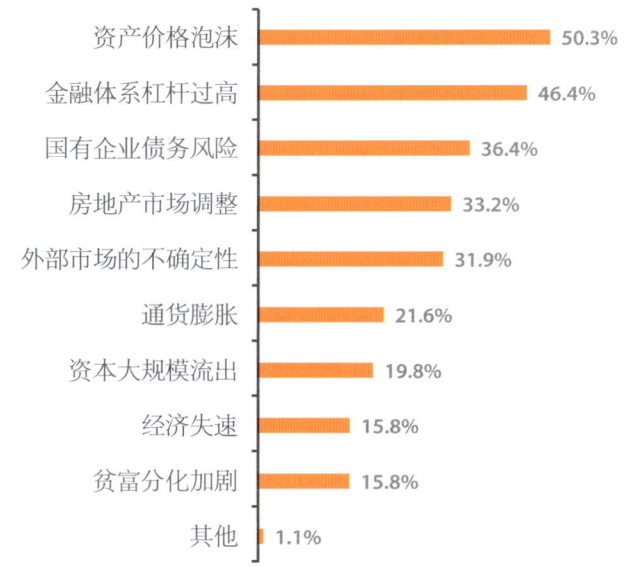

图1-3 银行家对当前中国经济面临的主要风险的看法

二、金融监管政策受到近八成银行家的关注

在日常经营中银行家最关注的外部环境是金融监管政策（78.4%），其次为风险因素（52.5%）和宏观调控政策（51.2%）（见图1-4）。相比2016年（见图1-5），银行家对于金融监管政策的关注度明显提升。这与2017年以来，在金融去杠杆大环境下，金融监管政策频出，监管当局对银行业金融机构的监管力度明显加大，密切相关。

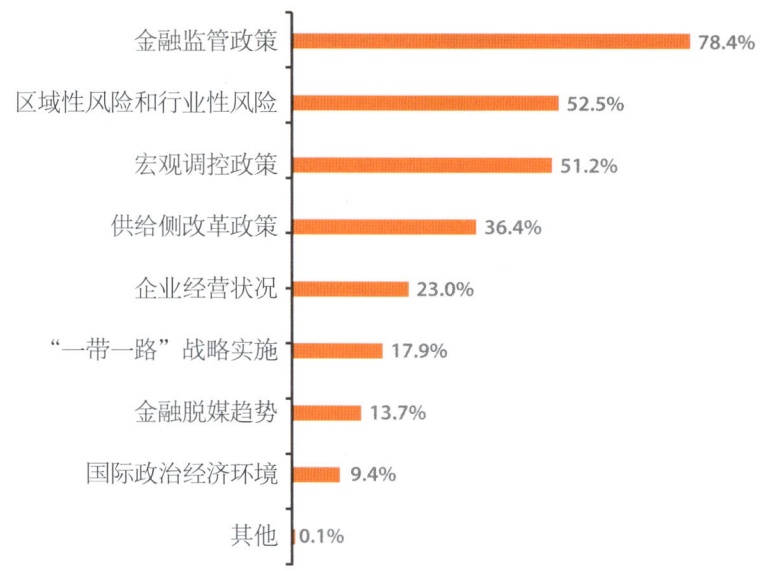

图1-4　2017年银行家日常经营中最关注的外部环境因素

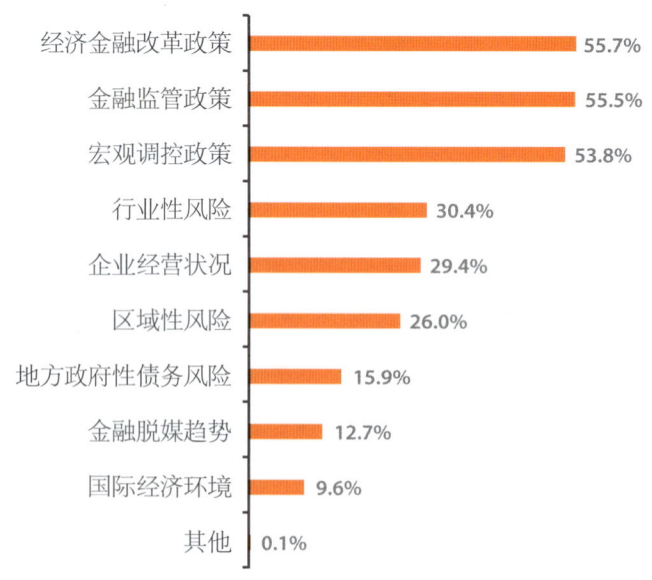

图1-5　2016年银行家日常经营中最关注的外部环境因素

关于金融领域热点问题的调查结果显示，监管因素受到银行家的重视，监管体制改革（43.0%）和金融监管政策收紧（39.1%）分别排在第一位和第五位。其次，互联网金融（42.8%）排在第二位，2017年以来在网络借贷、第三方支付等领域的监管更加完善，同时，人民银行等七部委发布公告，指出首次代币发行（ICO）存在融资风险，互联网金融领域热点频现。其他方面，金融去杠杆（42.0%）、政府和社会资本合作（PPP）（40.9%）则分别排在第三位、第四位（见图1-6）。

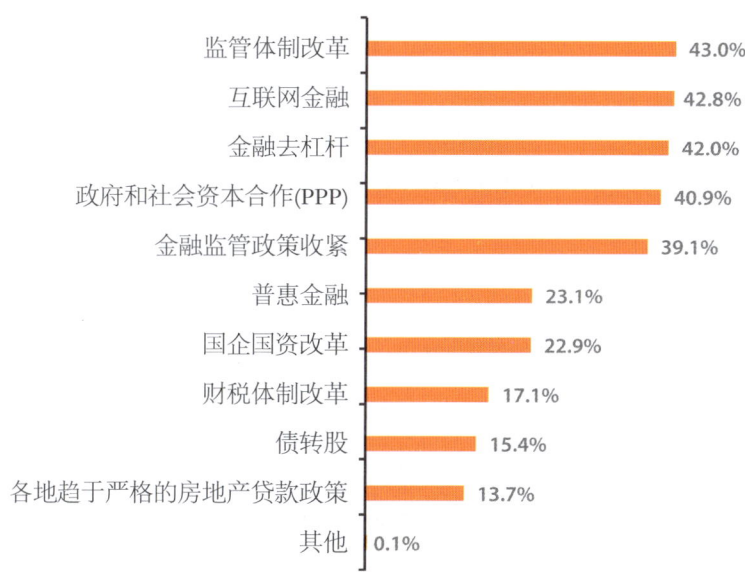

图1-6 银行家认为最应关注的国内经济金融领域热点问题

在对银行家最应该关注的社会经济发展趋势的调查中，科技创新与技术进步（59.1%）最受银行家关注。从过往两年来看，银行家对于科技创新与技术进步关注度每年都有所提升（2015年41.4%，2016年44.7%），2017年更是成为银行家最为关注的社会发展趋势（见图1-7、图1-8）。其次是产业结构调整（54.3%），社会融资方式的多元化（34.6%）和区域经济发展格局的变化（32.0%）也受到银行家关注，这与经济发展进入新常态以及金融改革深化的背景相适应。

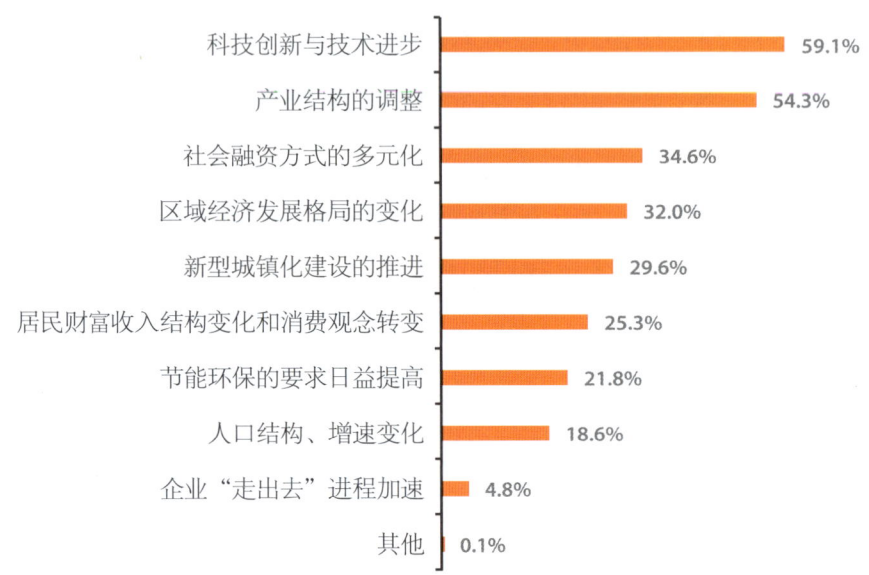

图1-7　2017年银行家关于银行经营者最应关注的社会经济发展趋势的看法

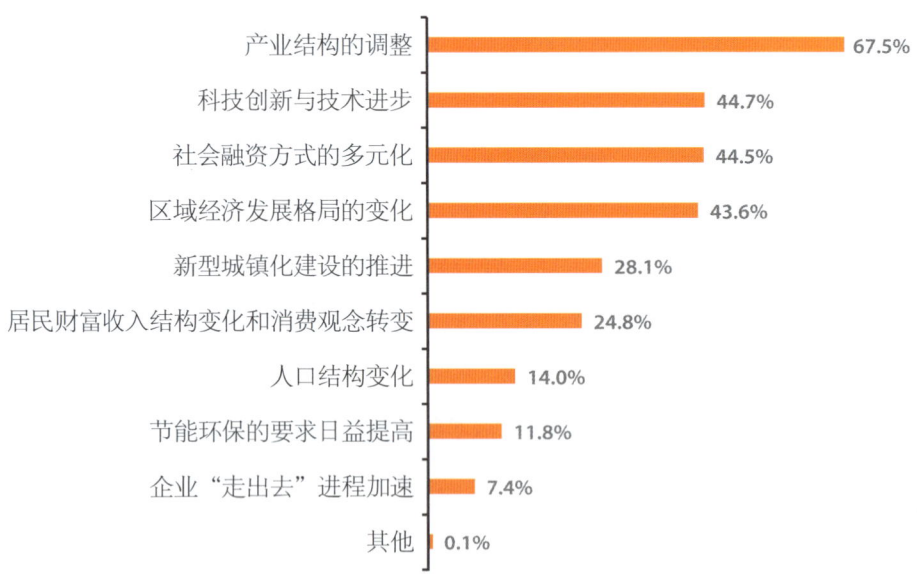

图1-8　2016年银行家关于银行经营者最应关注的社会经济发展趋势的看法

三、宏观经济政策评价整体较高，信贷规模和投向最受关注

与往年的调查结果相比，银行家对2017年以来宏观经济政策效果的总体评价仍然较高，平均分为4.15分（满分为5分），比2016年的平均分（4.02分）高出0.13分。其中，货币政策、财政政策、产业政策和监管政策的得分分别为4.24分、4.13分、4.02分和4.2分（见表1-1）。就单项政策效果而言，产业政策的评价最低，但仍旧高于往年；货币政策效果的评价最高，这表明，央行以"去杠杆"和"防风险"为目标的稳健中性的货币政策仍得到大部分银行家的认可。

表1-1　银行家对宏观经济政策效果的评价

政策类型	2017年以来	2016年以来	2014—2015年	2013—2014年	2012—2013年	2011—2012年	2010—2011年
货币政策	4.24	4.11	4.06	3.85	3.89	3.38	3.28
财政政策	4.13	4.03	3.9	3.66	3.71	3.25	3.25
产业政策	4.02	3.92	3.8	3.59	3.54	3.1	3.15
监管政策	4.2	4.04	3.93	3.78	—	—	—
平均得分	4.15	4.02	3.92	3.72	3.74	3.24	3.23

在诸多宏观调控政策中，银行家认为监管部门对银行信贷规模和投向的限制对于银行经营影响最大（42.1%）。当前，我国融资结构以间接融资为主，而作为间接融资主要渠道的银行又主要以息差收入为主，因此信贷规模和投向的限制对银行有很大影响。其次，35.8%的银行家也较为关注强化宏观审慎评估体系（MPA）的实施（见表1-9）。人民银行通过MPA全面加强金融机构监管，并通过将表外理财、同业存单纳入监管体系不断完善MPA，对中国银行业形成较大影响。

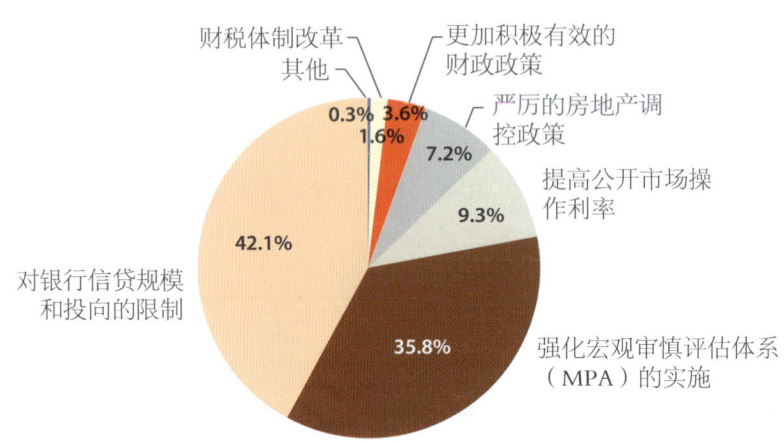

财税体制改革
其他

更加积极有效的
财政政策

严厉的房地产调
控政策

提高公开市场操
作利率

0.3%   3.6%
1.6%

7.2%

9.3%

42.1%

对银行信贷规模
和投向的限制

35.8%

强化宏观审慎评估体系
（MPA）的实施

图1-9　银行家对银行影响最大的宏观调控政策的看法

四、外部国际环境仍然存在较多不确定性

2017年3月，英国首相特蕾莎·梅宣布脱欧程序正式启动，这增加了国际经济的不确定性。在英国脱欧对宏观经济影响问题的调查中，银行家认为该事件最大的影响是对欧盟体系的未来发展以及欧洲一体化产生了冲击（64.7%），其次是加剧了外汇市场波动（45.8%）以及增加了新兴市场国家经济的不确定性（35.0%），再次是影响国际资本市场的流动（30.1%）。一些银行家（29.1%）对于此举反映出的西方总体回归保守主义以及其对贸易产生的不利影响表示关注（见图1-10）。

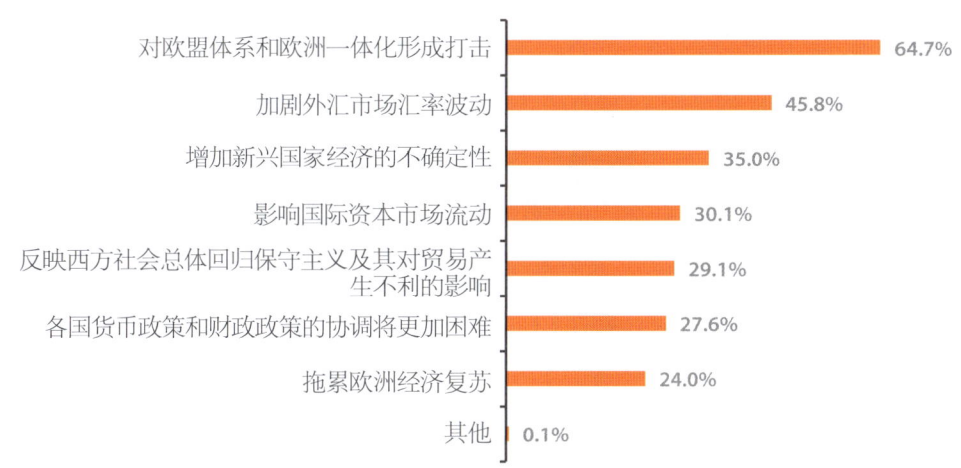

图1-10 银行家认为英国脱欧对宏观经济的主要影响

特朗普上台以来，一方面，在内政外交领域推动一系列颇具争议的政策措施，成为全球经济复苏的不稳定因素之一。在对于特朗普新政对宏观经济的主要影响的调查中，银行家对其新政正面展望较低，不利因素居多，且认为其对于中美贸易的影响最大（89.3%），其次是美国减税导致的我国外商投资的吸引力降低的影响（66.2%）。而从另一方面，特朗普新政对于基建的投资对拉动大宗商品的需求也有一定的有利影响（31.9%），并且减税政策能够拉动经济的复苏（26.7%）（见图1-11）。

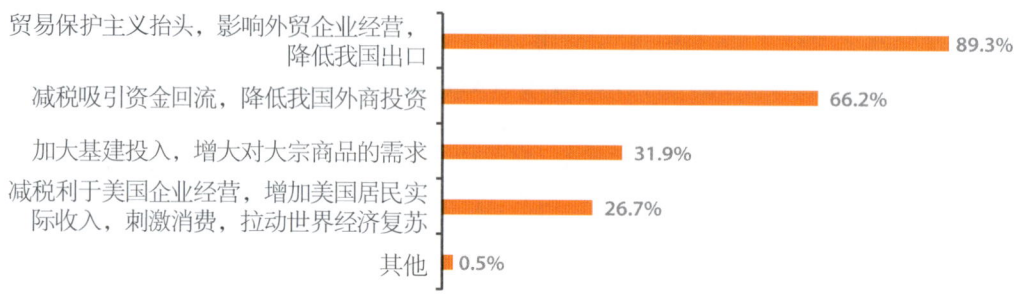

图1-11　银行家对特朗普新政对宏观经济主要影响的看法

五、银行家最为看好二线城市房地产市场

2017年以来，一线城市限购政策逐渐升级，二线城市也逐渐开始限购，三、四线城市房地产市场热度较前几年有所上涨。银行家对房地产市场未来走势的调查结果显示，超过七成的银行家认为房地产价格和销量将上升或持平（见图1-12）。区分不同类型城市，银行家最为看好二线城市房地产市场，近九成的银行家认为房地产市场的销量和价格会上升或至少持平，2016年这两项数据分别为89.3%和90.4%（见图1-13）；对于一线城市超过七成的银行家认为房地产市场的销量会上升或持平，超过八成的银行家认为房地产市场的价格会上升或持平，2016年这两项数据分别为90.3%和92.1%，由于北京、上海、深圳等一线城市房地产市场接近饱和、限购政策严格，部分购房需求向二线城市发生了转移，其人口、产业和资源的集聚效应也对周边郊区和次中心城市产生"溢出效应"，从而出现从中心向外围的扩散趋势。对于三、四线城市，超过七成的银行家认为房地产市场的销量和价格会上升或至少持平，2016年这两项数据分别为51.4%和56.6%，并有了较大的提升，大型都市区或大型城市群发展迅猛，也将成为未来中国主导性的空间载体，这也为大都市周边的三、四线城市带来了发展机会。

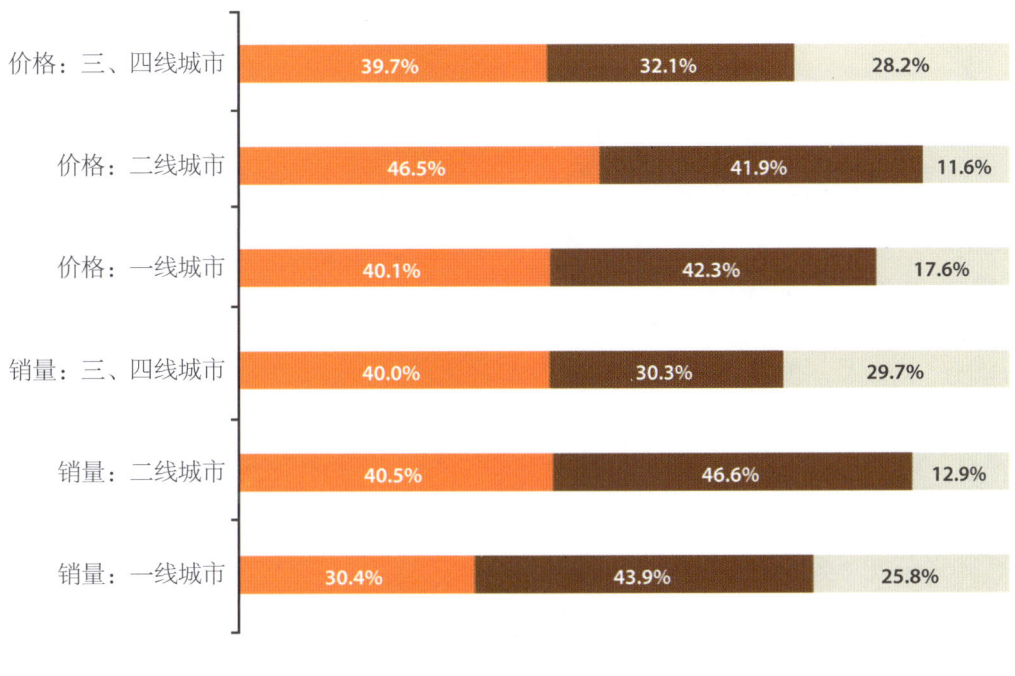

图1-12　2017年银行家对未来一年房地产走势的看法

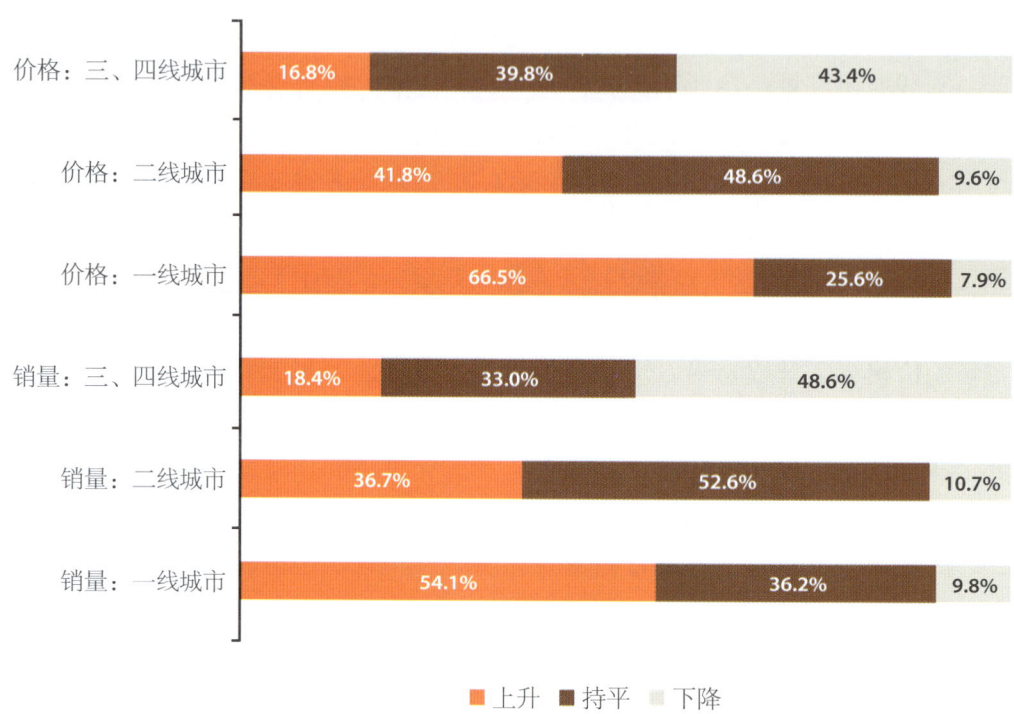

价格：三、四线城市　16.8%　39.8%　43.4%

价格：二线城市　41.8%　48.6%　9.6%

价格：一线城市　66.5%　25.6%　7.9%

销量：三、四线城市　18.4%　33.0%　48.6%

销量：二线城市　36.7%　52.6%　10.7%

销量：一线城市　54.1%　36.2%　9.8%

■ 上升　■ 持平　■ 下降

图1-13　2016年银行家对未来一年房地产走势的看法

六、去杠杆背景下银行规模增长将放缓，落实金融去杠杆需多措并举

2017年全国金融工作会议强调，要推动经济去杠杆。随着去杠杆的稳步推进，银行业受到的多方面影响也在逐渐加深。调查显示，银行家普遍认为去杠杆使银行总资产、总负债、利润等规模指标的增速较上年进一步放慢是最主要的影响（63.1%），该项比例明显高于其他。除此之外，"资金面维持紧平衡，考验流动性管理能力（48.8%）""宏观审慎评估体系约束资产增速（48.3%）""负债成本上升，利差收窄（38.0%）"等也都被认为是金融去杠杆对银行业较为重要的影响（见图1-14）。

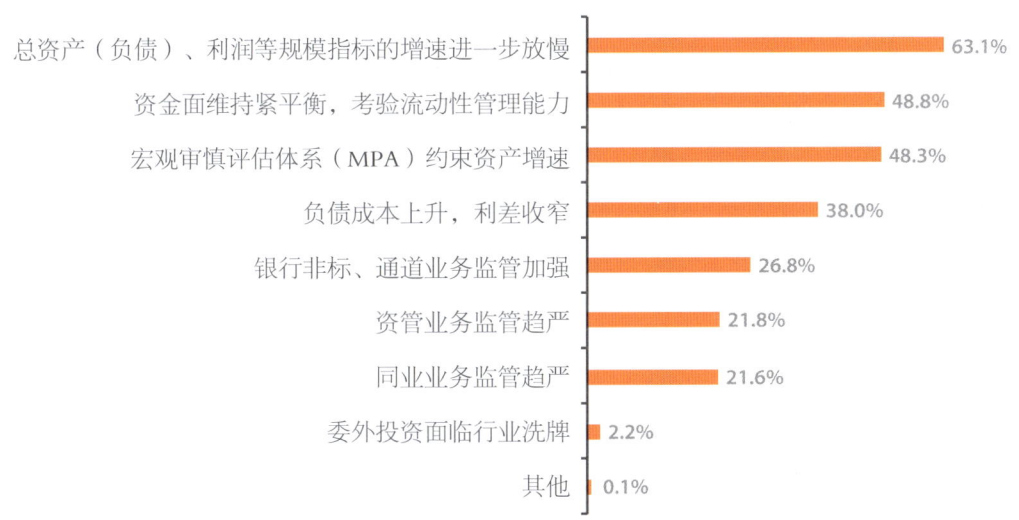

图1-14　银行家对金融去杠杆对银行业影响的看法

深化金融去杠杆是从中央到各大金融机构的共识，对于银行业而言，落实金融去杠杆的措施是多方位的。调查结果显示，多数银行家认为落实金融去杠杆，银行业要控制基础货币，以稳定资金为主（50.7%）、规范表内外债券投资杠杆率（49.5%）、强化风险准备金制度（49.3%）、穿透资产最终投向，完成数据清查（48.4%）。同时，也有部分银行家认为需要收窄利差，抬高负债成本（33.7%）、用准备金率调节货币乘数（28.8%）以及让新老划断逐步清退无资本支撑的资产（23.3%）（见图1-15）。

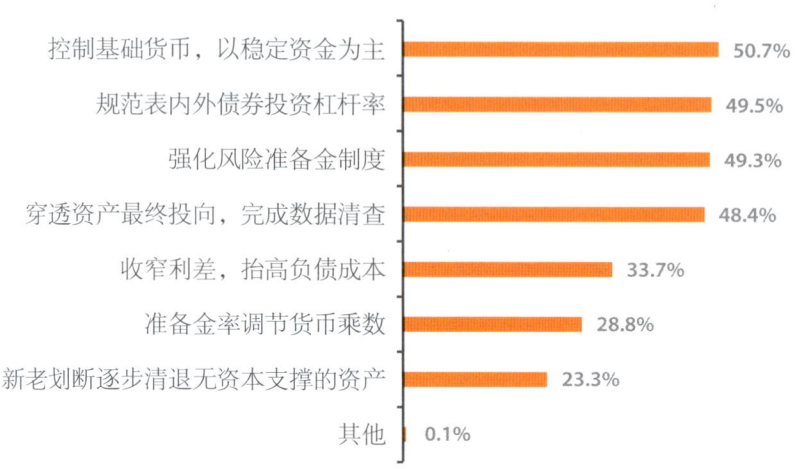

控制基础货币，以稳定资金为主	50.7%
规范表内外债券投资杠杆率	49.5%
强化风险准备金制度	49.3%
穿透资产最终投向，完成数据清查	48.4%
收窄利差，抬高负债成本	33.7%
准备金率调节货币乘数	28.8%
新老划断逐步清退无资本支撑的资产	23.3%
其他	0.1%

图1-15　银行业落实金融去杠杆的措施

　　全国金融工作会议提出服务实体经济、防控金融风险、深化金融改革三项任务。在会议精神的要求下，72.7%的银行家认为银行将面临资产负债结构调整，一方面，会议要求加强对小微企业、"三农"和偏远地区的金融服务，将影响银行的信贷投向结构；另一方面，防风险、去杠杆的要求也会影响银行的负债端，综合来看银行将面临资产负债结构的调整。68.4%的银行家认为银行风险偏好将有所调整，货币政策的提法从2016年的中央工作会议中的"稳健中性"，在2017年的全国金融工作会议中变成了"稳健"，体现出了货币政策灵活性的提升，银行业的风险偏好也会随政策环境进行调整。68.1%的银行家认为银行将面临发展战略的选择问题，会议要求金融回归本源，把为实体经济服务作为出发点和落脚点，全面提高服务效率和水平。银行业未来需要积极支持供给侧结构性改革重点任务，加强对创新驱动发展、新旧动能转换、促进"双创"支撑就业等金融支持，做好对国家重大战略、重大改革举措、重大工程建设的金融服务，更好地满足人民群众和实体经济多样化的金融需求。

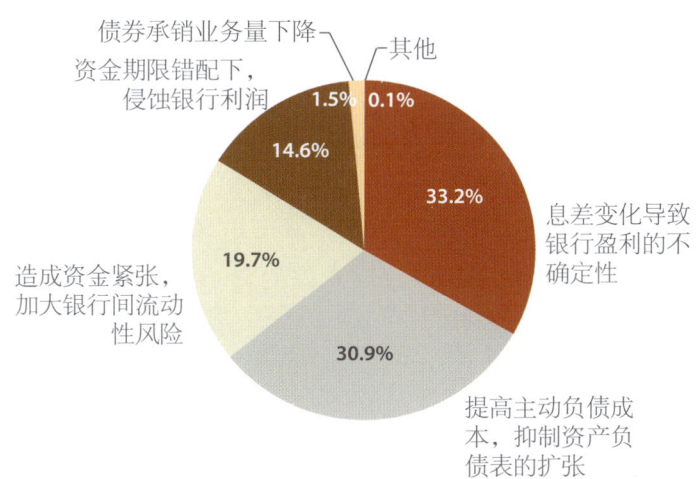

债券承销业务量下降 其他
资金期限错配下，
侵蚀银行利润
1.5% 0.1%
14.6%
33.2% 息差变化导致
银行盈利的不
确定性
造成资金紧张，
加大银行间流动 19.7%
性风险
30.9%
提高主动负债成
本，抑制资产负
债表的扩张

图1-16　全国金融工作会议召开后银行业面临的深刻变革

七、超过六成的银行家认为稳健的货币政策将对息差造成不利影响

2017年以来，人民银行坚持稳健货币政策基调，采取削峰平谷的货币市场操作，维持市场资金面紧平衡，市场利率中枢有所上升。关于货币市场利率上行对银行息差、利润影响的调查结果显示（见图1-17），超过六成（60.9%）的银行家认为这将对所在行息差造成不利影响，57.6%的银行家认为这将对银行业整体利润造成不利影响。货币市场利率上行将造成银行负债成本上升，多数银行家针对货币政策对息差的影响呈现负面展望。

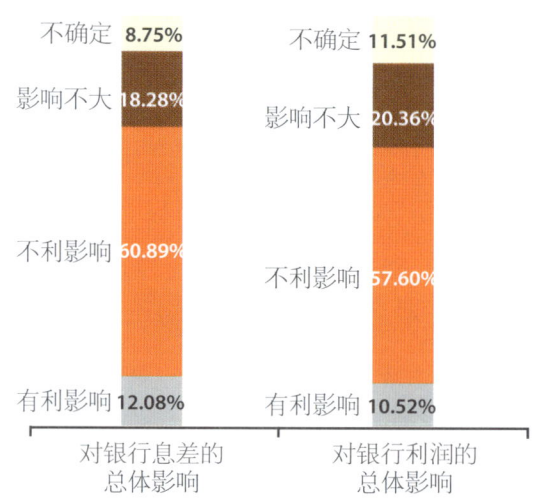

图1-17　银行家对货币市场利率上行对银行利润的整体影响的看法

在利率上行对银行的最大影响的调查中，33.2%的银行家认为最大影响在于息差变化导致银行盈利的不确定性；30.9%的银行家认为最大影响在于提高主动负债成本，抑制资产负债表的扩张；19.7%的银行家认为利率上行造成资金紧张，加大银行间流动性风险是对银行的最大影响；14.6%的银行家认为利率上行造成资金期限错配，将侵蚀银行利润（见图1-18）。

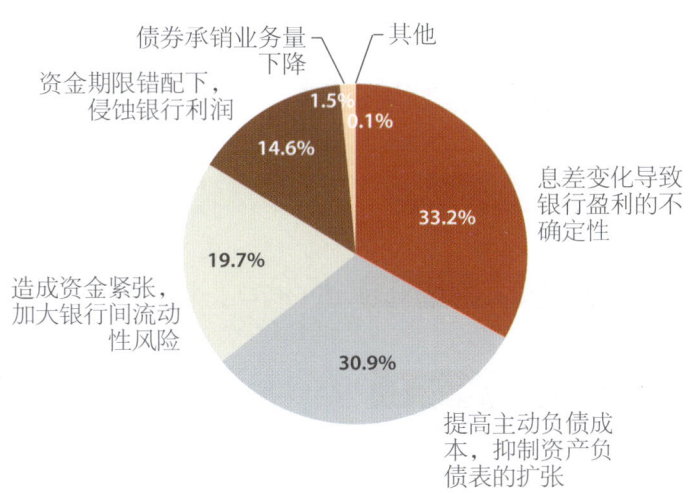

债券承销业务量 其他
下降
资金期限错配下，　　　1.5% 0.1%
侵蚀银行利润

14.6%
　　　　　　　　　　　　　　　息差变化导致
　　　　　　　　　　33.2%　　银行盈利的不
19.7%　　　　　　　　　　　　确定性
造成资金紧张，
加大银行间流动
性风险　　　　　30.9%

　　　　　　　　　　　　　　提高主动负债成
　　　　　　　　　　　　　　本，抑制资产负
　　　　　　　　　　　　　　债表的扩张

图1-18　银行家对利率上行对银行业的最大影响的看法

　　分银行类型来看（见图1-19），政策性银行（43.4%）、全国性中小型股份制商业银行（35.0%）、区域性城市商业银行（33.4%）中，选择利率上行将造成银行提高主动负债成本、抑制资产负债表扩张的较多。大型商业银行（42.0%）和农村中小金融机构（37.4%）中，认为息差变化导致银行盈利的不确定性影响最大，更加关注利率上行对盈利的影响。外资银行主要依靠货币市场进行融资，相较于盈利更注重日常经营中的支付流动性，34.8%的外资银行银行家认为利率上行将造成资金紧张，加大银行间流动性风险，给银行带来影响。

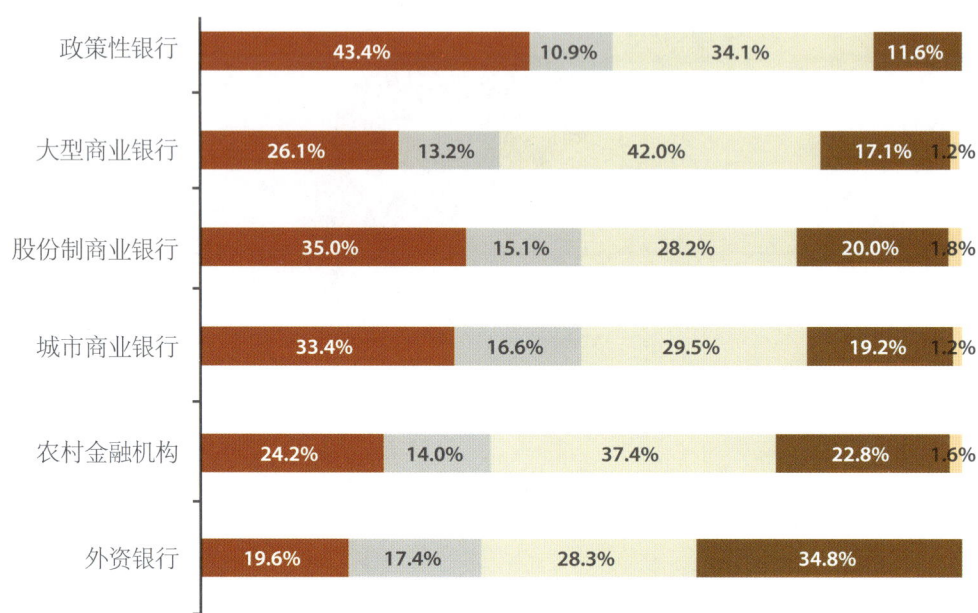

政策性银行　43.4%　10.9%　34.1%　11.6%

大型商业银行　26.1%　13.2%　42.0%　17.1%　1.2%

股份制商业银行　35.0%　15.1%　28.2%　20.0%　1.8%

城市商业银行　33.4%　16.6%　29.5%　19.2%　1.2%

农村金融机构　24.2%　14.0%　37.4%　22.8%　1.6%

外资银行　19.6%　17.4%　28.3%　34.8%

- 提高主动负债成本，抑制资产负债表的扩张
- 资金期限错配下，侵蚀银行利润
- 息差变化导致银行盈利的不确定性
- 造成资金紧张，加大银行间流动性风险
- 债券承销业务量下降

图1-19　银行家对利率上行对银行业的最大影响的看法（分银行类型）

八、七成银行家认为央行应温和去杠杆

2017年以来，美联储逐步采取加息和缩表等货币政策，同时，配合推动经济去杠杆成为国内货币政策的主要目标。在此背景下，关于中国央行应当如何开展货币政策操作的问题，69.9%的银行家认为，央行应该引导市场利率适当上行，配合解决"资金"空转的问题，温和去杠杆。62.0%的银行家认为，央行应该使用逆回购和MLF等多种手段，"削峰填谷"，保持银行体系的流动性基本稳定。此外，也有15.2%的银行家认为应该采取降息措施，以进一步提振经济、减缓流动性冲击（见图1-20）。

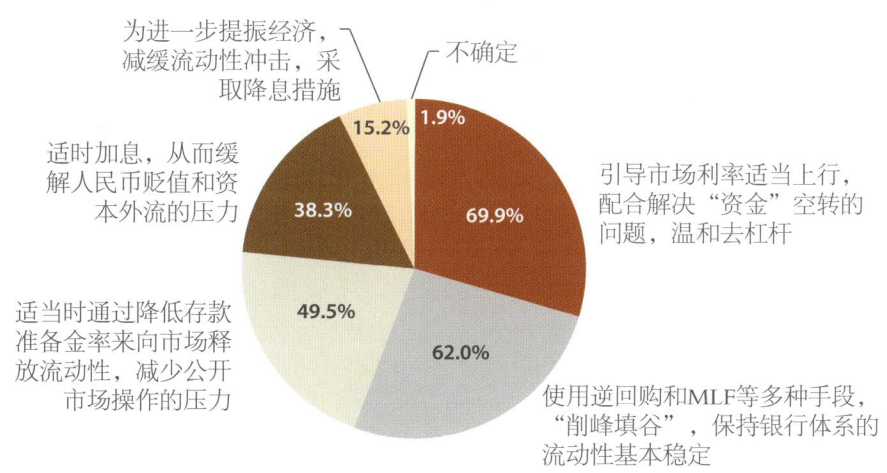

图1-20 在稳健的货币政策背景下银行家对央行应对策略的看法

美联储货币政策调整进程将会对全球经济产生巨大影响，超过八成的银行家认为我国银行体系也会受到影响。其中加剧资本流出，减少外汇占款，冲击银行体系流动性是银行家认为美联储货币政策正常化速度加快对我国银行体系的最大影响（43.1%），其次是金融市场利率走高，增加银行的营运成本（25.3%），工业品价格受抑制、生产企业经营恶化导致银行体系不良率上升（11.9%）（见图1-21）。

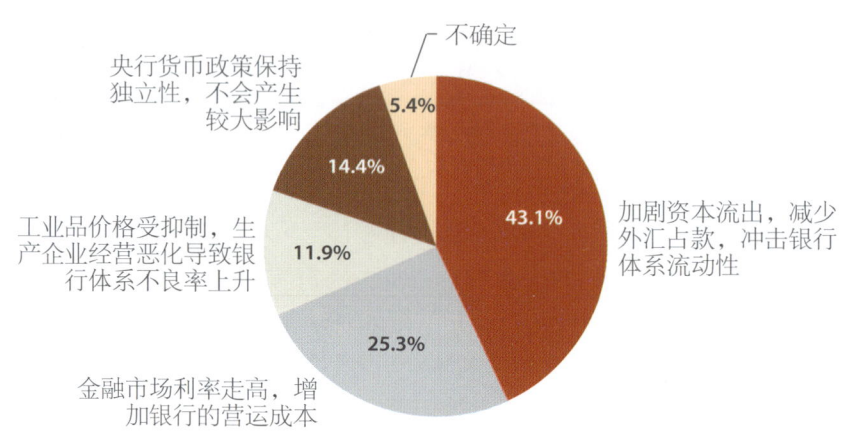

央行货币政策保持
独立性，不会产生
较大影响

不确定

5.4%

14.4%

43.1%

加剧资本流出，减少
外汇占款，冲击银行
体系流动性

工业品价格受抑制，生
产企业经营恶化导致银
行体系不良率上升

11.9%

25.3%

金融市场利率走高，增
加银行的营运成本

图1-21　银行家对美联储货币政策正常化速度加快对中国银行体系的影响的看法

九、超七成银行家认为银行不良率拐点在2018年及之后显现

　　银行资产质量一直是观察银行经营状况的重要指标，也是市场关注的焦点。2012年以来，我国银行不良贷款率一直保持上升趋势，终于在2016年第四季度迎来五年来的首降，2017年上半年，四大行及部分股份制银行不良贷款率较年末均有下降。目前商业银行不良贷款规模依旧保持稳步上升趋势，但不良贷款率近一年来稳定在1.7%左右，预期商业银行在中短期内不良贷款将处于较为稳定状态，整体风险可控。对于我国银行不良率何时可迎来拐点，72.0%的银行家认为在2018年及之后，仅有7.0%的银行家认为将在2017年下半年，另有21.0%的银行家表示不好判断（见图1-22）。

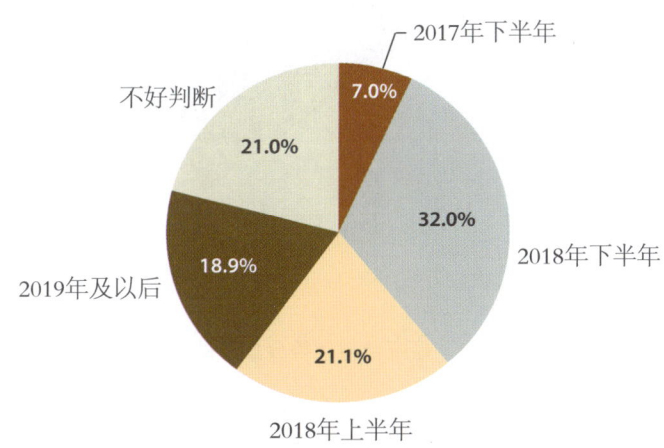

图1-22　银行家对银行不良率何时迎来拐点的看法

十、中资银行参与债委会意愿较高

2016年7月，银监会出台通知要求"债务企业的所有债权银行业金融机构和银监会批准设立的其他金融机构原则上应当参加债委会"。对此，50.9%的银行家表示凡业务涉及企业债务规模较大，均愿意参与债委会，其中33.4%的银行家愿意担任债委会主席；34.9%的银行家表示业务涉及企业债务规模较大时，参与债委会情况视而定；另有12.9%的银行家表示暂未遇到类似情况（见图1-23）。

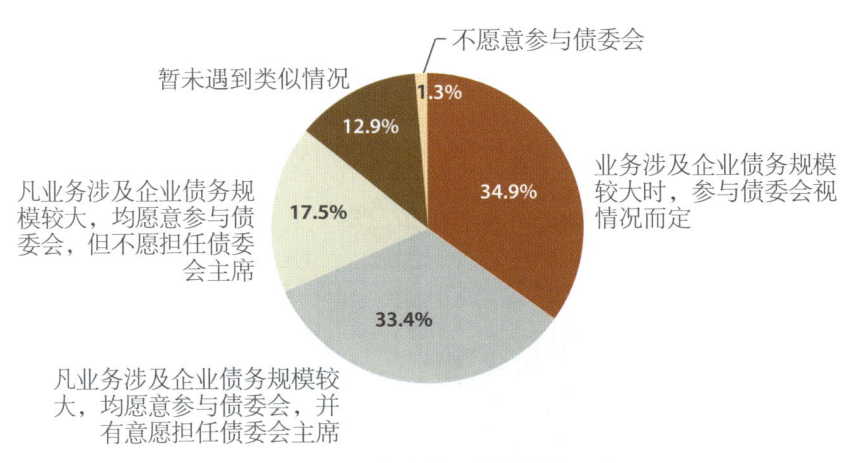

图1-23　银行参与债委会意愿的调查

分银行类型来看（见图1-24），61.9%的大型商业银行和59.7%的政策性银行表示业务涉及企业债务规模较大时，均愿意参与债委会，并有50.2%的大型商业银行和48.8%的政策性银行表示愿意担任债委会主席，这与大型商业银行和政策性银行在社会融资中占据主要地位密切相关。51.4%的股份制商业银行和51.4%的城市商业银行表示凡业务涉及企业债务规模较大，均愿意参与债委会，但在担任债委会主席方面意愿有所下降（分别为33.7%和32.4%）。由于经营理念的不同，外资银行参与债委会的主动性较低，30.5%的外资银行表示凡业务涉及企业债务规模较大，均愿意参与债委会，30.4%的外资银行表示需要视情况而定。总体来说，中资银行参与债委会的意愿和热情更高，更愿意承担债委会的工作。

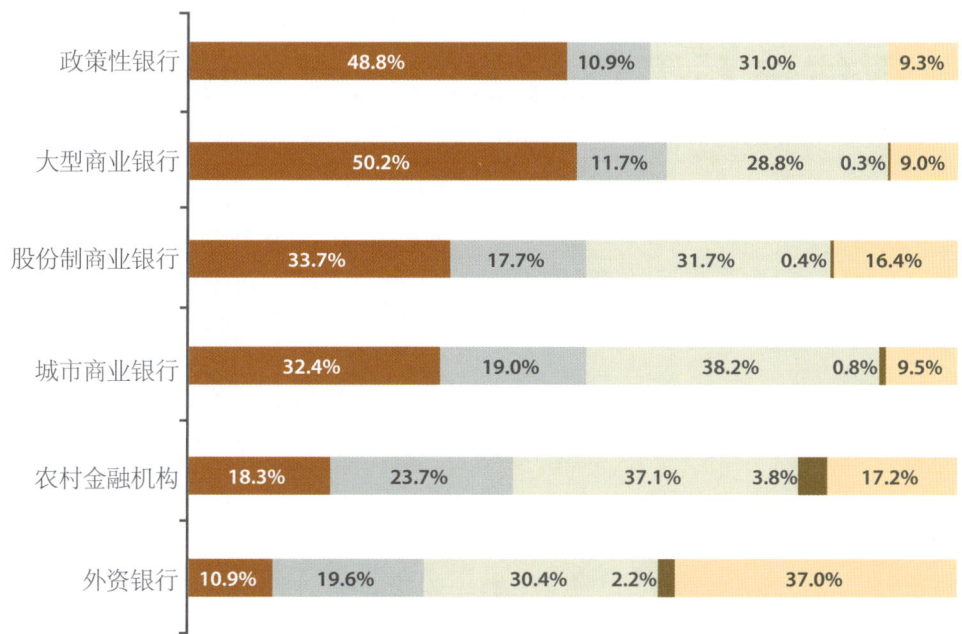

政策性银行　48.8%　10.9%　31.0%　9.3%

大型商业银行　50.2%　11.7%　28.8%　0.3%　9.0%

股份制商业银行　33.7%　17.7%　31.7%　0.4%　16.4%

城市商业银行　32.4%　19.0%　38.2%　0.8%　9.5%

农村金融机构　18.3%　23.7%　37.1%　3.8%　17.2%

外资银行　10.9%　19.6%　30.4%　2.2%　37.0%

■ 凡业务涉及均愿意参与债委会，有意愿担任主席
■ 凡业务涉及均愿意参与债委会，但不愿担任主席
■ 业务涉及企业债务规模较大时，参与债委会视情况而定
■ 不愿意参与债委会
■ 暂未遇到类似情况

图1-24　银行参与债委会意愿的调查（分银行类型）

中国光大银行副行长卢鸿、上海浦东发展银行副行长谢伟、中国建设银行战略规划部总经理吴建杭谈MPA宏观审慎评估体系下银行业的应变之策

项目组：您认为MPA宏观审慎评估体系对银行业的意义何在？

卢鸿（光大银行）：央行2016年升级推出宏观审慎评估体系（MPA），从资本和杠杆情况、资产负债情况、流动性、定价行为、资产质量、外债风险、信贷政策执行七大方面进行引导，有利于促进银行业的整体发展与宏观审慎管理要求保持一致。

MPA中最为突出的变化是建立了广义信贷概念。客观来看，近年来随着金融创新的不断发展，商业银行的资产投放渠道已不仅仅限于狭义信贷等传统业务，但相关资产投放在本质上仍属于信用扩张行为。MPA在狭义信贷的基础上，将商业银行投放于银行体系之外的各类资产业务均纳入广义信贷范畴，使商业银行的信用扩张行为得到更为全面的监管。2017年，人民银行进一步完善MPA，将表外理财业务纳入广义信贷，更为充分地覆盖了商业银行的各类资产投放渠道。

根据MPA相关要求，将商业银行广义信贷增速与自身资本充足率水平建立挂钩机制，并引入逆周期调节因素，这有利于引导商业银行全口径的资产投放和信用扩张行为与自身资产充足水平保持匹配，有利于促进单家机构的微观稳健经营

和保持银行体系的宏观审慎水平。

谢伟（浦发银行）：一是MPA宏观审慎评估体系综合考虑了多项监管指标，并将同业、投资、表外理财等业务纳入考核管理体系，加强了对金融业多元化业务发展的监管，更有效地防范了系统性金融风险；二是MPA按季度进行关键时点考核，并将商业银行广义信贷、资本充足率等指标纳入监管，抑制了冲规模的商业银行发展模式，注重经营效益；三是引入与广义信贷增速挂钩的宏观审慎资本充足率概念，强化了银行业务发展的资本约束，促进了商业银行轻资本业务的发展。

吴建杭（中国建设银行）：2016年第一季度，人民银行将差别准备金动态调整机制"升级"为宏观审慎评估体系，由原来的盯住贷款拓展为关注包括贷款、债券投资、股权及其他投资、买入返售资产、存放非存款类金融机构款项、保本理财和非保本理财等在内的广义信贷，提高了货币政策执行的准确性和覆盖面；引入逆周期调节机制，提升了货币政策执行和传导效力。尤其是宏观审慎评估体系中"资本和杠杆情况"属于必须达标的关键性指标，要求银行根据自身资本充足率情况，主动统筹和协调好季末时

点贷款、债券、同业等业务合计的同比增速，实现商业银行执行人民银行货币信贷政策的自律管理。这对中国经济和中国银行业都是件好事，有利于银行业回归本源、服务实体经济。

项目组： MPA宏观审慎评估体系目前实施的效果如何？

卢鸿（光大银行）： 总体来看，MPA制度推出以来，银行体系的资产扩张有所放缓。商业银行经营的稳健水平逐步提升，以资本约束为核心的稳健经营理念进一步强化，市场利率定价秩序保持在较为合理的状态，银行体系的系统性风险保持可控。货币政策和宏观审慎政策双支柱调控框架逐步完善。

谢伟（浦发银行）： 一是商业银行内部规模管理模式发生变化，为适应当前MPA中广义信贷监管，商业银行内部规模管控逐步切换到广义信贷上，对广义信贷结构与增量有更为强力的把控；二是商业银行流动性管理愈发重要，MPA指标体系中包含了流动性指标，引导商业银行在业务发展过程中更加注重流动性管理，有助于商业银行加强流动性风险管理；三是商业银行资本管理模式优化，MPA考核体系实施强化了商业银行以资本约束为核心的经营理念，在业务总量和结构安排上关注经营拓展与资本实力的匹配、协调，商业银行在按监管要求逐年提升资本充足率目标的情况下，还需结合MPA考核体系的要求统一规划。

吴建杭（中国建设银行）： 目前，宏观审慎评估体系从执行情况看是好的，符合加强宏观审慎管理的预期。一是货币信贷基本保持平稳增长

态势。2016年下半年以来金融机构各项贷款同比增速保持在13%左右。二是银行业金融机构总体上经营稳健，资产负债协调增长，盈利水平平稳，资产质量企稳。三是以资本约束为核心的稳健经营理念更加深入人心。四是自我约束和自律管理的能力及意识有所提高，市场利率定价等秩序得到有效维护，较好地平衡了安全性、流动性和效益性的关系，特别是在防范风险上发挥了前瞻性作用。

项目组： MPA宏观审慎评估体系的常态化将如何影响我国银行业以及金融市场的发展？

卢鸿（光大银行）： 随着MPA的不断优化完善，将引导银行业更为稳健审慎地做好各项经营管理工作，并更为科学地依据自身资本水平制定各类资产投放计划，强化资本约束理念，提升全行业宏观审慎水平。

谢伟（浦发银行）： 一是狭义信贷监管转变为广义信贷监管，将同业、投资、表外理财等业务均纳入监管管理，加强了商业银行多元化业务开展监管的同时也有利于实现银行体系内资金"脱虚入实"，降低金融体系杠杆；二是资产负债情况中将同业负债比例纳入管理，同时计划2018年将同业存单纳入同业负债进行管理，对商业银行同业负债业务的开展形成了一定的限制，同时也使得商业银行"借短放长"的发展模式难以为继；三是进一步加剧国内银行业的分化。中小商业银行受制于网点等诸多限制，在吸收公众存款方面具有劣势，而MPA体系关于同业负债占比、流动性指标及定价行为的监管要求，将进一步增加中小商业银行资产负债管理的难度，从而加剧国内银行业业务发展及经营绩效的分化。

吴建杭（中国建设银行）：宏观审慎评估体系常态化，从宏观经济层面，有助于防范金融风险，保证金融安全。宏观审慎管理旨在减缓由金融顺周期行为和风险传染对宏观经济和金融稳定造成的冲击，其核心理念是信贷投放与宏观审慎要求的资本水平相联系，通过调节资本缓冲来抑制信贷过快扩张和过度收缩，起到防范系统性风险、保证金融安全的作用。从银行经营层面，有助于规范银行经营行为，促进转型发展。宏观审慎评估体系下，银行将充分考虑资本约束，合理安排大类资产增量及结构，促使银行强化资本管理、优化业务结构、加强经营集约化及精细化来提升效益；对银行存贷款定价行为给予十分重要的评价指标分量，防止恶性价格竞争和规模冲动，同业业务实现理性发展，有利于银行回归服务实体经济的本源。

项目组：您认为MPA宏观审慎评估体系的现有框架有什么样的改进空间？如何做到更好的矫正银行激进经营、推动可持续发展？

卢鸿（光大银行）：央行自2016年推出MPA以来，不断优化完善MPA体系，取得了良好效果，银行体系的经营稳健性逐步提升。建议根据宏观经济发展需求和金融体系整体稳健水平，细化宏观经济热度和逆周期调节相关参数的设置，引导银行体系经营与宏观经济保持可持续协调发展，避免少数机构激进经营。此外，建议逐步推广MPA的应用范围，健全整个金融体系的宏观审慎管理制度，促进全金融体系的稳健发展。

谢伟（浦发银行）：在MPA宏观审慎评估体系的现有框架的改进空间方面：部分指标口径及得分的优化，比如：表外理财对于商业银行不承

担实质风险的业务（例如净值类产品）在口径中可剔除，以更好地鼓励商业银行在加强审慎管理的同时，积极发展轻资本业务。又比如：NSFR考核为100%以上满分，100%以下0分，建议可以采取梯度打分方式，鼓励商业银行尽可能改善该指标。

考核时点的容忍度设计：因上市股份制商业银行普遍存在第二季度分红的实际情况，资本充足率会阶段性下降；而MPA的评分标准是同比比较，如要保持年内均衡的广义信贷投放，每年6月底都是上市股份制商业银行MPA评价要求最高的一个时点，故建议MPA的评价应以年度评价为主，季度评价适当增加容忍度。

在如何做到更好地矫正银行激进经营、推动可持续发展方面：MPA评价体系对商业银行资本充足率、资产负债配置、流动性等都有一定要求，在矫正商业银行激进经营、推动银行业可持续发展方面取得了一定成效。但MPA仍需考虑评价管理的精细化。系统重要性银行因资源禀赋、市场地位等各有特色，区别较大，统一标准的MPA评价体系对包括国有银行和股份制银行在内的系统重要性银行影响的差异较大，因而对其业务经营的影响程度和敏感度也有所差异。建议可考虑对系统重要性银行依据其资源禀赋、市场地位等进一步细化分类，实施评价体系精细化和差异化管理，以更好地矫正商业银行激进经营，推进可持续发展。

吴建杭（中国建设银行）：目前，宏观审慎评估体系框架相对完备，能够较好地矫正银行激进经营、推动可持续发展。建议从以下两方面进一步完善。一是继续完善宏观审慎评估体系管

理框架，完善指标体系，优化评价规则，加强政策传导的有效性。可将指标、规则、考评结果等信息适当适时向相关机构公布，以便各银行准确了解相关情况，及时调整经营策略、强化管理，更好地落实监管要求。二是优化完善评估激励机制，可在目前实施差别化准备金利率基础上，进一步丰富激励约束方式，强化效果，通过考核引导商业银行主动适应加强MPA管理。如可考虑根据MPA评分结果，在流动性支持、准入等方面实行差别化政策等。

项目组： 随着MPA宏观审慎评估体系的不断推进，银行业对其预期越来越稳定，也能更好地适应其标准。在这一过程中，贵行遇到了什么样的困难？对贵行有什么样的影响，最终如何克服？形成了哪些好的经验？

卢鸿（光大银行）： 光大银行在经营管理中，一直高度重视保持全行表内外业务的协调稳健发展，近几年来表内外资产增速总体保持稳定。MPA实施以来，全行业务经营总体符合MPA相关要求。但由于MPA中广义信贷等指标采用同比增速进行考核，光大银行2015年各季度广义信贷基数增长存在一定波动，2016年表外理财业务广义信贷基数增长也存在季度之间不够均衡的情况，导致2016年和2017年个别季度广义信贷增速考核面临一定压力。对此光大银行积极调整业务发展节奏，适度降低业务增长速度，平滑各季度增速水平，最终将各季度广义信贷增速调整至MPA要求之内。

吴建杭（中国建设银行）： 建设银行在宏观审慎评估体系执行中确实遇到一些困难，对日常管理和监测带来一定难度。一是指标适用性和差异化考量不足。对全部银行采用统一考核指标，对各行经营特色考虑不够。如建行在服务国家基础设施建设、支持居民住房需求方面具有传统优势，而MPA考核对住房贷款增长有所限制，建行取得较好评档难度较大；又如，建行涉农领域较其他银行并无明显优势，在MPA相关指标中很难取得较高评分。二是部分指标时效性不足。在宏观审慎评估体系中，部分指标采用年度或前两季度数据，令银行当季改进效果无法得到肯定。如"信贷政策执行——涉农机构优良率"和"小微企业优良率"两项指标，均采用年末指标。三是部分指标难以获取同业排名情况。在宏观审慎评估体系中，部分指标选用排名指标，令商业银行无法提前测算得分情况。如"资产质量——不良贷款率""跨境融资——跨境人民币"等指标，均是按照银行在市场排名位次打分。建行目前是通过明确责任分工，加强与监管及同业沟通，做实日常监测方式来解决。

项目组： 对贵行而言，MPA宏观审慎评估体系的持续运作，将对全行的资产负债结构调整和业务发展产生怎样的引导？贵行近几年的发展规划是否因此而产生变化？有哪些业务转型的方向？

卢鸿（光大银行）： 总体而言，光大银行在发展规划中制定了较为适度的规模增长计划，符合MPA体系下宏观审慎资本充足率相关要求。在未来资产负债结构调整和业务发展中，光大银行将进一步强化资本约束理念，不断推进内涵式发展转型；进一步优化全行资产负债结构，引导业务进一步回归本源，加强基础性存贷款业务发展，合理控制同业资产规模和同业负债占比，更为稳健地做好业务拓展。

谢伟（浦发银行）：针对MPA管控模式的调整，浦发银行主要从优化既有资产负债结构、改进客户经营模式、提高资源利用效率等维度进行完善，主要从以下几方面考虑：一是对存量负债结构进行优化，在确保流动性安全的前提下，适当压缩同业负债规模，以适应监管的要求；二是大力发展轻型化产品和业务，通过提高低资本耗用业务的比重，提升单位产出；三是深化客户经营，传统关注资产扩张的模式已不再适应新时代的监管，提高客户挖掘深度，利用多维度的产品服务客户，提升收益水平成为必然的选择。

吴建杭（中国建设银行）：宏观审慎评估体系的持续运作，一是有利于促进建行实现大资产大负债经营转型。建行转型发展中很重要的一项是实施涵盖表内外、本外币、境内外和母子公司的大资产大负债业务计划管理，从原来的盯住贷款和存款拓展为重视综合资产、综合负债和综合金融服务，这与广义信贷管理异曲同工。可以说宏观审慎评估体系，尤其是其中的广义信贷管理为建行大资产、大负债转型创造了良好的外部政策环境。2017年上半年，建行理财融资、委托贷款、信托、债券承销以及IPO等综合融资新增2210亿元、增速5.4%，高于总资产增速1.6个百分点。二是有利于建行各项业务均衡协调发展。宏观审慎评估体系包含七大类十九项指标，涉及银行资产负债、资本、资产质量等诸多方面，要实现较好评档结果，需做好各项业务和指标的平衡。2017年第二季度，建行通过强化管理，各项经营指标的协调性明显增强。上半年，资产负债增速均为3.5%，资本充足率和资本回报率表现良好，不良率为1.51%、较年初下降，拨备覆盖率160%、符合

监管要求。三是有利于建行优化资产结构，提升资产配置能力和效率。宏观审慎评估体系下，建行综合考虑资金来源和流动性整体安排、资本约束和回报水平等，合理安排集团资产负债产品、业务、期限结构，将有限的资源向资本占用少、回报高的业务倾斜。

项目组：贵行面对MPA宏观审慎评估体系的考核，具体是如何操作执行的？是否成立专门的部门进行负责，制订详细的计划？

吴建杭（中国建设银行）：一是构建MPA管理体系，明确工作目标和部门主体责任，将七大类十九项指标细化分解至各部门进行管理监测，同时建立责任部门定期会商机制。二是按照宏观审慎评估结果安排年度业务计划，按季度核定涵盖各项贷款、债券投资、金融市场交易、同业业务、理财业务、股权投资等业务的广义信贷新增计划，按日监测。三是将MPA相关指标纳入一级分行和部门考核。四是加强与央行、外管局、同业的沟通协调。

卢鸿（光大银行）：光大银行MPA考核由总行资产负债管理委员会负责，资产负债管理部进行牵头管理，其中资产质量、跨境业务风险、信贷政策执行等项目由风险管理部、贸易金融部以及各相关业务部门进行具体管控。

在年度资产负债配置和经营计划制订过程中，充分考虑MPA有关要求，合理确定全行资产负债结构，保持适度的广义信贷增速，确保资本充足率处于合理区间。此外，每季度由资产负债管理委员会审定资产负债发展计划，确定当季广义信贷、风险资产等关键指标规划，确保全行业务发展符合MPA要求。

第二部分
发展战略

近年来，银行业在服务实体经济、防控金融风险和深化金融改革等领域成绩显著。特别是随着中国金融业综合改革的加快推进，银行业按照党中央、国务院部署，以供给侧结构性改革为主线，提升服务能力，加快经营转型，加强风险管理，呈现出良好的发展态势，在全面提高风险管理能力、完善公司治理机制、推进综合化经营等方面不断进行战略调整，提高发展战略的前瞻性、针对性和有效性。

一、全面提高风险管理能力成为战略转型的重点

根据本次调查结果（见图2-1），"各类银行机构特色化、差异化发展"（69.2%）成为银行业最受关注的发展方向和目标。在经济增速放缓、金融脱媒加速、监管政策趋严等多重因素的影响下，银行业已经进入深度调整期。因此，大多数受访银行家均致力于通过特色化、差异化战略形成鲜明的经营特色，促进银行深入转型。尤其对中小银行而言，有必要与全国性商业银行形成互补，专注服务地方经济建设、服务中小企业发展、支持地方普惠金融，有效覆盖"长尾用户"，形成差异化发展格局。此外"普惠金融持续发展"（46.2%）和"逐步提升资金资源的配置效率"（45.1%）也是银行家颇为重视的发展目标。

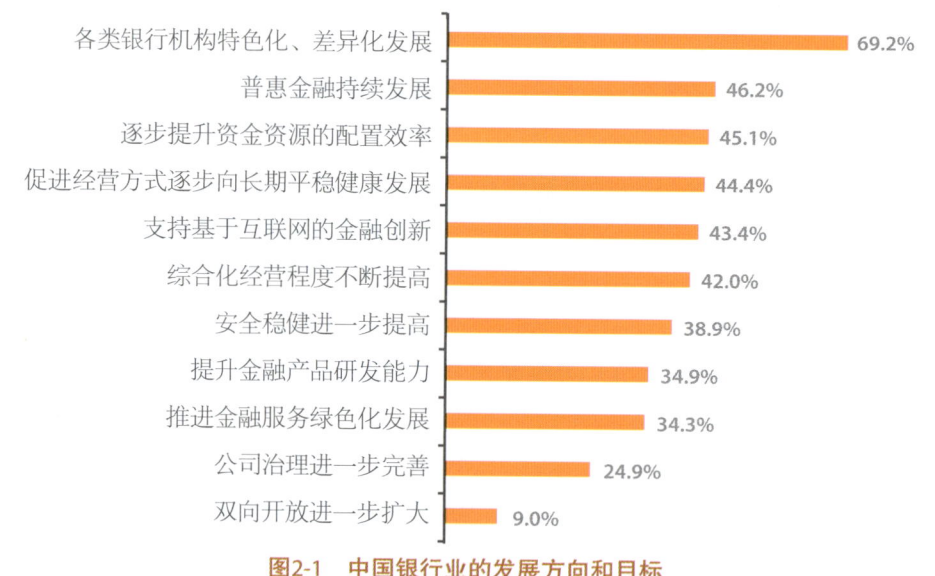

图2-1 中国银行业的发展方向和目标

本次调查显示，"全面提升风险管控能力"（52.7%）是银行发展战略的首要选择。紧随其后的是"推进综合化经营"（30.8%）、"实施差异化竞争"（30.4%）、"强化支持实体经济和供给侧结构性改革的力度"（29.8%）和"发展互联网金融等创新业务"（29.4%）（见图2-2）。

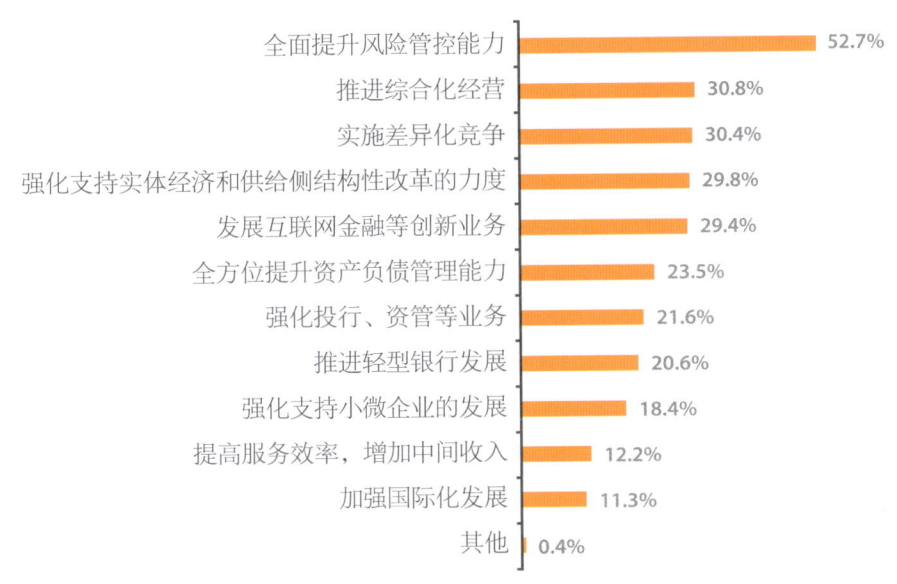

全面提升风险管控能力　　　　　　　　　52.7%
推进综合化经营　　　　　　30.8%
实施差异化竞争　　　　　　30.4%
强化支持实体经济和供给侧结构性改革的力度　　29.8%
发展互联网金融等创新业务　　29.4%
全方位提升资产负债管理能力　　23.5%
强化投行、资管等业务　　21.6%
推进轻型银行发展　　20.6%
强化支持小微企业的发展　　18.4%
提高服务效率，增加中间收入　　12.2%
加强国际化发展　　11.3%
其他　0.4%

图2-2　当前战略转型的重点

对比2010—2017年的调查数据可以看到（见图2-3），8年来"全面提升风险管控能力"（52.7%）一直是中国银行业的经营核心和战略重点。虽然近年来，银行业整体运行已日趋平稳，但面临的风险形势依旧复杂。银监会在2017年发布的《关于银行业风险防控工作的指导意见》中，明确了银行业风险防控工作的目标原则、风险防控的重点领域，并要求各银行业金融机构要切实履行风险防控主体责任，实行"一把手"负责制，制订可行性、针对性强的实施方案，严格自查整改。在此背景下，银行业有必要把防控金融风险放到更加重要的位置，切实防范和化解银行业当前面临的突出风险，严守不发生系统性风险的底线。

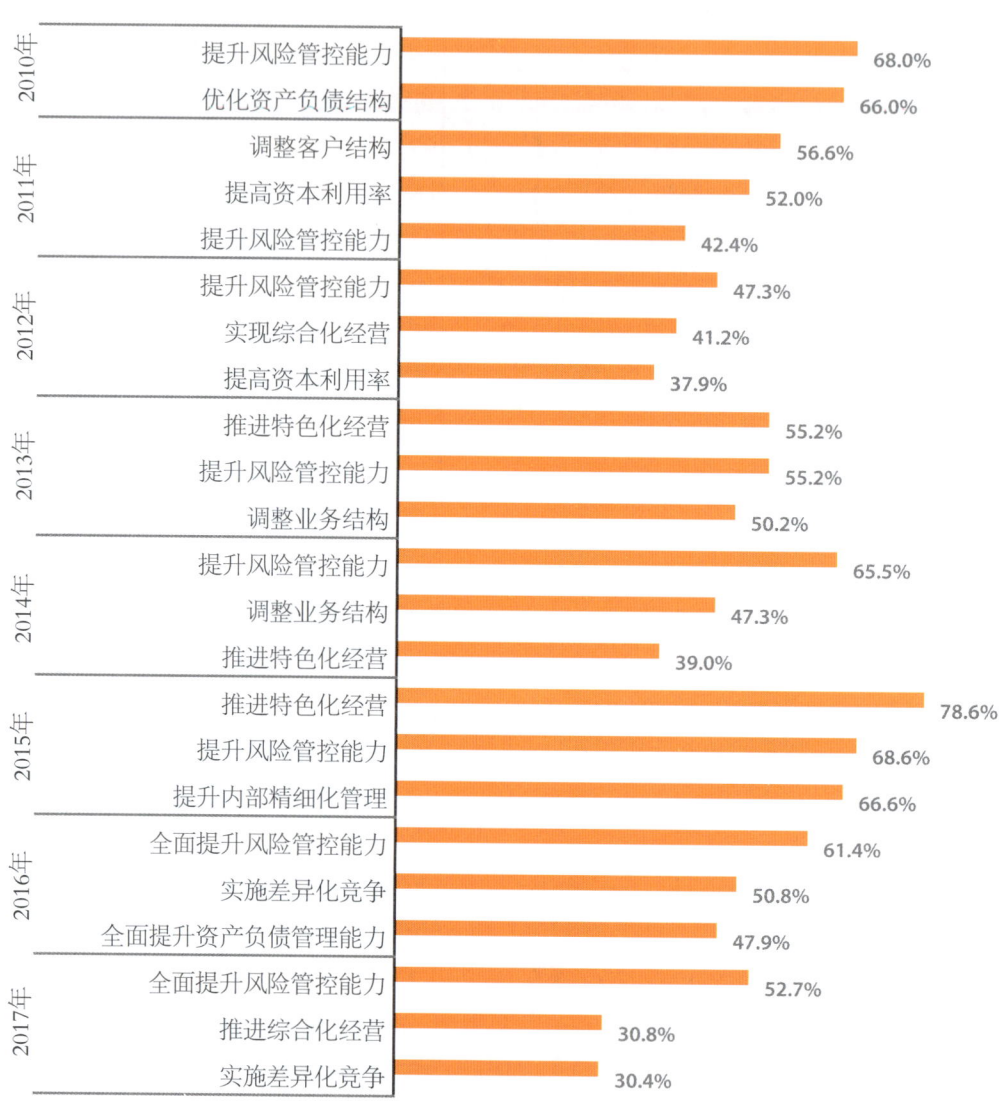

图2-3　2010—2017年银行战略重点的变化

2010年
- 提升风险管控能力　68.0%
- 优化资产负债结构　66.0%

2011年
- 调整客户结构　56.6%
- 提高资本利用率　52.0%
- 提升风险管控能力　42.4%

2012年
- 提升风险管控能力　47.3%
- 实现综合化经营　41.2%
- 提高资本利用率　37.9%

2013年
- 推进特色化经营　55.2%
- 提升风险管控能力　55.2%
- 调整业务结构　50.2%

2014年
- 提升风险管控能力　65.5%
- 调整业务结构　47.3%
- 推进特色化经营　39.0%

2015年
- 推进特色化经营　78.6%
- 提升风险管控能力　68.6%
- 提升内部精细化管理　66.6%

2016年
- 全面提升风险管控能力　61.4%
- 实施差异化竞争　50.8%
- 全面提升资产负债管理能力　47.9%

2017年
- 全面提升风险管控能力　52.7%
- 推进综合化经营　30.8%
- 实施差异化竞争　30.4%

在2017年的调查中，大多数受访银行家将"利润增速放缓，利差收入下降"（74.3%）列为银行业最重要的压力来源。近年来，银行业利率增速放缓、利差收入下降的趋势日益明显，从负债端看，银行间竞争加剧，信贷成本逐步上升，存款持续被各类资产管理产品分流；从资产端看，企业和个人融资渠道多元化，债券发行、基金投资等对传统信贷业务造成分流。上述因素导致利差下降，从而使银行业传统业务的利润率随之下降。"不良贷款增长，资产质量下降"（69.5%）方面的压力亦颇受受访银行家重视，但与2016年高达87.0%的调查结果相比，已呈现小幅下降趋势（见图2-4）。这说明2017年不良贷款质量可能迎来拐点，但是风险仍不容小觑。

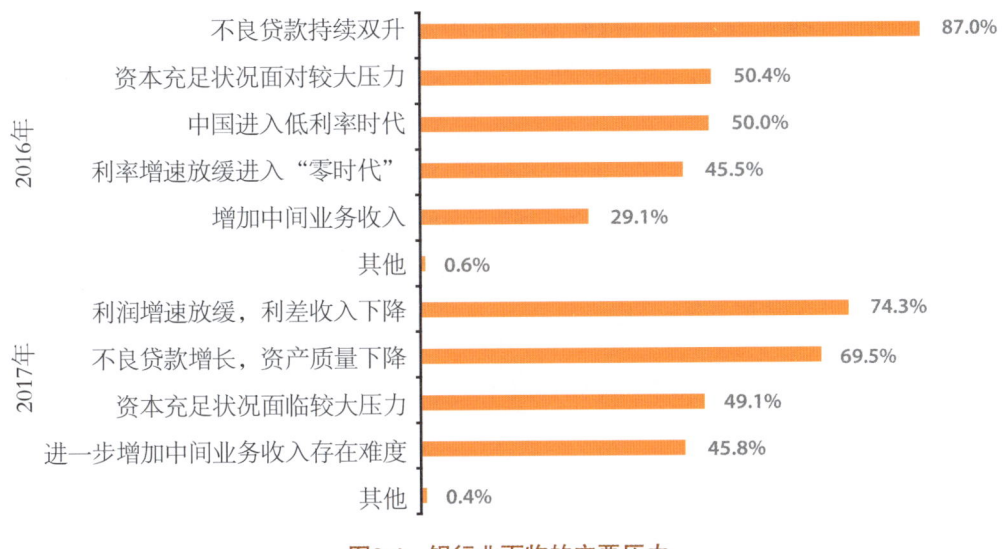

图2-4　银行业面临的主要压力

二、小微企业客户首次成为
最受关注的重点发展客户

从针对银行业目标客户群的调查结果可以看出（见图2-5），"小微企业客户"（65.0%）、"高净值个人客户"（64.7%）依旧是最受银行家关注的客户类型。

值得注意的是，同往年相比，小微企业客户受到的关注度明显提高。这可能是由多方面的原因共同造成的。首先，银行业积极响应全国金融工作会议精神，遵守银监会《关于做好2017年小微企业金融服务工作的通知》要求，重视小微企业金融服务，不断利用新技术、新手段，创新小微金融服务模式。其次，近年来，小微企业贷款的操作流程与风险管理方式日渐成熟，银行业识别风险、分散风险、在一定条件下通过收益覆盖风险的能力有所提升。最后，随着金融脱媒和银行市场竞争的不断加剧，客户资源短缺已经成为国内银行发展的重要制约因素，发展小微企业贷款对银行调整客户结构，开辟新的利润点具有现实意义。

高净值个人客户持续受到银行家的关注。近年来，我国高净值人群数量增长，金融投资需求上升，形成了规模巨大的高净值财富管理市场，高净值人群引领的私人银行和财富管理业务成为银行未来发展的重要方向。同时，高净值个人客户资产配置多元化的要求亦有利于推动银行业提升全价值链服务能力，保持可持续竞争优势。

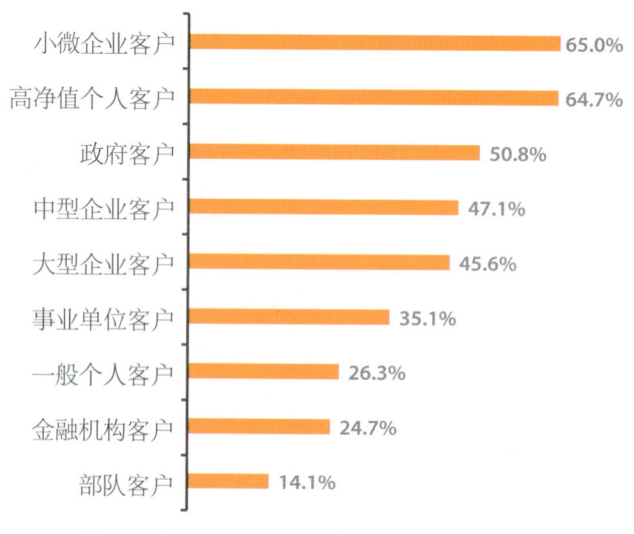

图2-5 银行业下一阶段重点发展的客户类型

在下一阶段重点发展区域的问题上，鉴于目前一线、二线城市竞争激烈，银行业可能更加关注其他地区的业务发展与扩张。从2017年调查数据来看，银行家更注重在"经济发达地区的三线、四线城市"（59.0%）布局（见图2-6）。

针对不同类型银行来说，其发展布局也有差异（见图2-7）。"大型商业银行"重点关注"经济发达地区的一线、二线城市"（70.3%）和"经济发达的三线、四线城市"（63.1%），这可能是由于大型商业银行在经济发达地区城市的网点覆盖面广，沉淀了丰富的客户资源，有着较为稳定、成本较低的资金来源，同时有着较强的综合化服务能力，契合经济发达地区城市的发展需求。区域性城市商业银行的发展重点区域在"经济发达地区的三线、四线城市"（67.7%）和"县域和小城镇"（48.7%），区域性城市商业银行大多长期根植地方，建立了强大的人缘、地缘优势，有利于其立足于本地特色产业，形成特色金融业态和产业链，逐步挖掘区域性金融深度。农村中小金融机构的主要发展区域在"县域和小城镇"（76.3%）和"农村"（63.4%），这反映了农村中小金融机构更加注重业务的本地化，下沉服务重心，对接支农支小的金融服务，在增加金融供给方面发力。

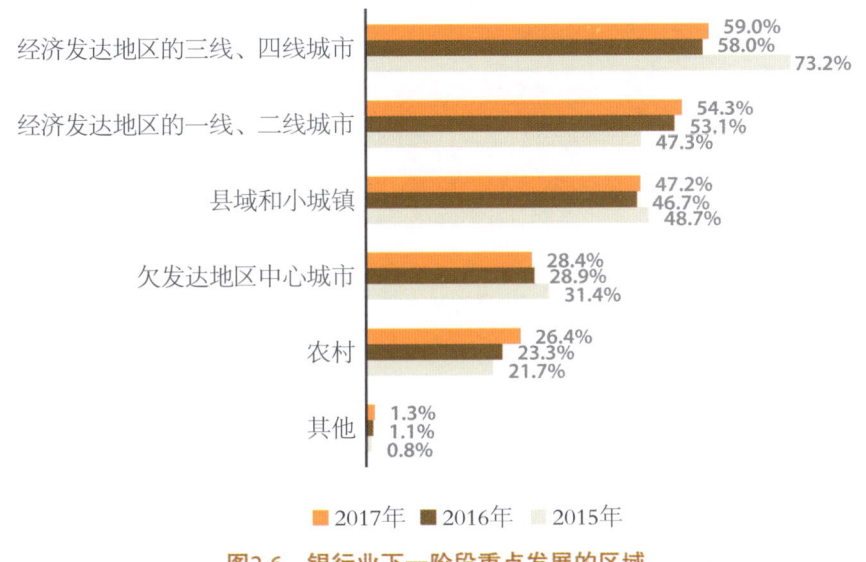

图2-6　银行业下一阶段重点发展的区域

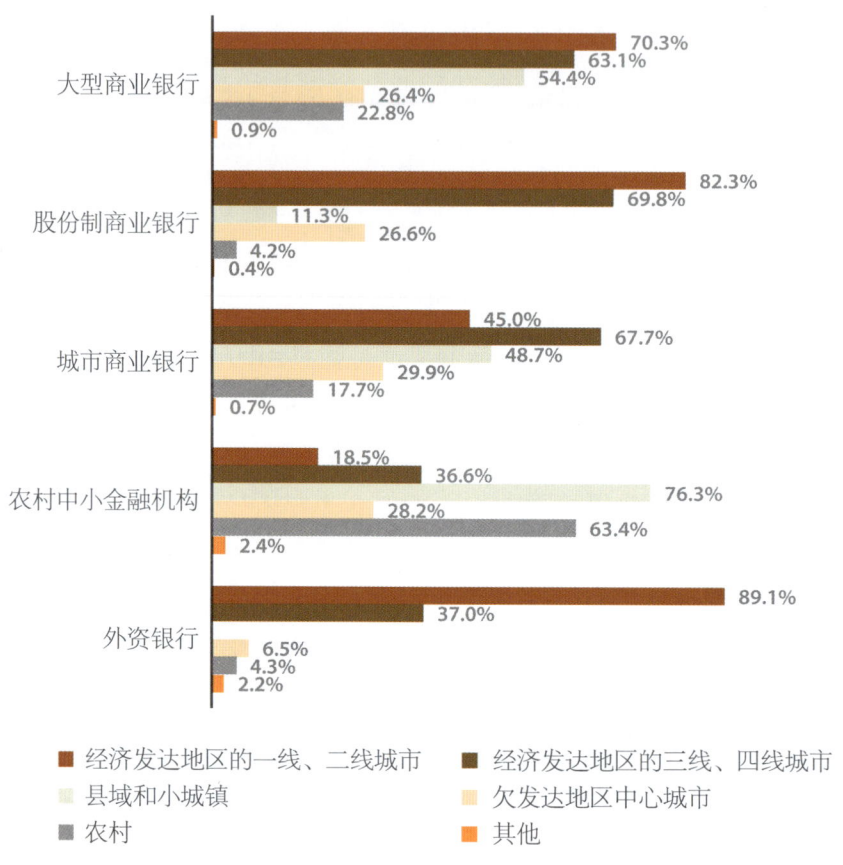

经济发达地区的一线、二线城市　　经济发达地区的三线、四线城市
县域和小城镇　　欠发达地区中心城市
农村　　其他

图2-7　不同类型银行下一阶段重点发展的区域

三、西方评级机构下调中国主权信用评级难言客观

2017年5月24日，国际评级机构穆迪将中国主权信用评级从Aa3下调至A1；9月21日，标准普尔亦将中国主权信用评级由AA-调整至A+，短期评级由"A-1+"下调至"A-1"。上述评级机构下调中国主权信用评级的主要原因是对中国未来经济的持续增长和金融体系的不断完善持悲观态度。

面对穆迪等西方评级机构的质疑，大多数受访银行家并不赞同，仅有16.7%的受访银行家认为，"穆迪客观评价了中国经济体系债务上升及潜在风险增加的现状"。而其余的受访银行家大多认为，"中国特有的内在经济政治结构区别于西方国家，穆迪在评估时不够审慎"（31.1%）；"穆迪忽视了中国经济基本面与增长性"（24.0%）；以及"穆迪低估了中国政府深化供给侧改革和扩大总需求的能力"（19.6%）（见图2-8）。

图2-8 受访银行家对穆迪下调中国主权信用评级的看法

近年来，中国经济的积极因素不容忽视，政府主动推进供给侧结构性改革的成果已经显现，经济基本面稳中向好。针对目前中国促进银行业持续健康发展客观事实的调查中，有67.6%的银行家认为"政府推动改革的决心非常坚定"。

2017年前三季度GDP同比增长6.9%，经济增速连续8个季度保持在中高速区间，近七成银行家认为中国经济基本面逐步企稳（67.2%）。

截至2017年10月末，中国规模以上工业企业资产负债率为55.7%，同比下降0.5个百分点，企业资产负债率过高的问题已逐步缓解。国务院印发《关

于开展第四次大督察的通知》在防范重点领域风险方面提出，要稳妥推进地方政府存量债务置换，降低政府债务成本，查处违法违规融资担保。在此背景下，超过六成的银行家认为，"政府已启动多项措施降低企业杠杆率和地方政府债务水平"（65.4%）（见图2-9）。

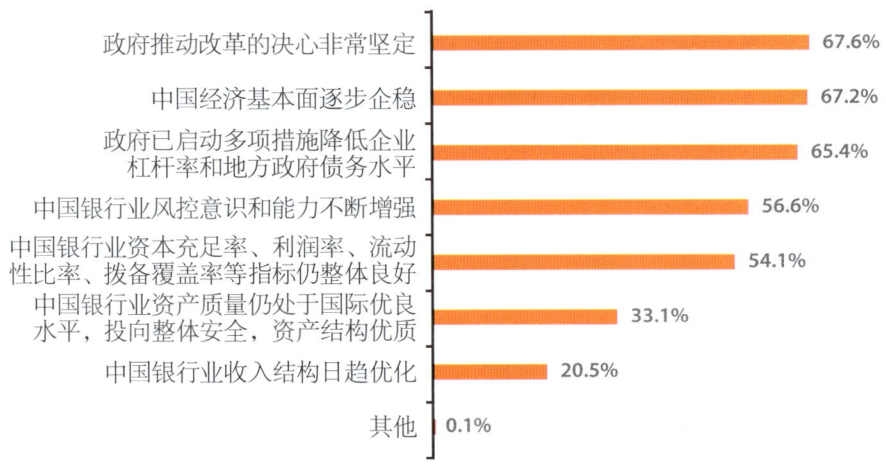

图2-9　促进中国银行业持续健康发展的客观事实

四、供给侧结构性改革推动产业转型，创造银行业发展新机遇

2015年12月，中央经济工作会议强调，要着力推进供给侧结构性改革，推动经济持续健康发展。在宏观政策要稳、产业政策要准、微观政策要活、改革政策要实、社会政策要托底的五大政策支柱框架下，充分考虑"三去一降一补"任务落实的现实，构筑一系列配套协调的政策体系。

在本次调查中，银行家普遍认为"供给侧结构性改革"的政策中对银行业造成影响的最大因素是"有效去产能，推动企业兼并重组，改善微观效益"（75.6%）。随着供给侧结构性改革持续推进，企业生产经营效益持续改善，微观效益上升，市场微观主体的质量提升可以降低金融体系的风险，同时，可以推动贷款及其他配套金融服务的需求上升。"进行深层次国企改革，建立有效治理体系和财务杠杆约束"（63.8%）也是不容忽视的因素（见图2-10）。

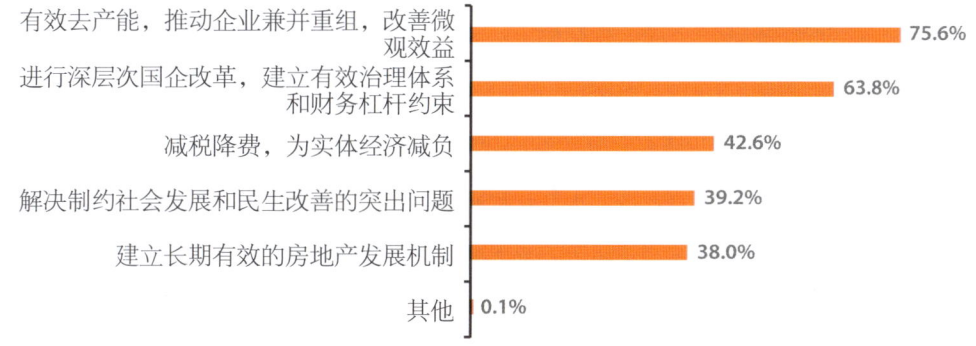

图2-10　供给侧结构性改革对银行业的影响

《中国银监会关于提升银行业服务实体经济质效的指导意见》（银监发〔2017〕4号）要求，银行业要坚持以供给侧结构性改革为主线，深化改革、积极创新、回归本源、专注主业，进一步提高服务实体经济的能力和水平。在此背景下，"降低产能过剩行业企业、'僵尸企业'和低效领域对信贷资源占用"（69.5%）被认为是供给侧结构性改革中最需要侧重的方面。此外，"增加对战略性新兴产业企业的支持"（68.3%）和"加强风险管理，严守金融风险底线"（67.6%）同样受到银行家的关注，这说明增强支持新兴产业可以作为银行支持供给侧结构性改革的着力点。同时，加强银行信贷风险管控不容忽视（见图2-11）。

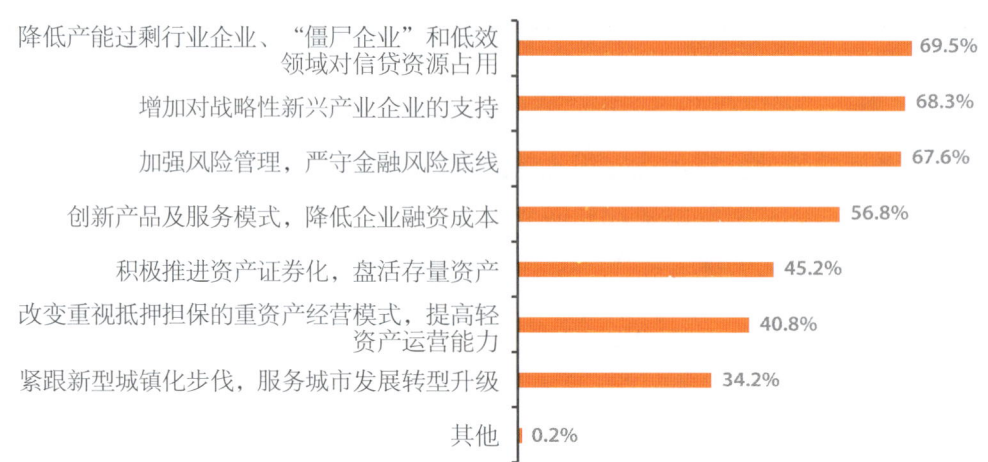

降低产能过剩行业企业、"僵尸企业"和低效领域对信贷资源占用　69.5%

增加对战略性新兴产业企业的支持　68.3%

加强风险管理,严守金融风险底线　67.6%

创新产品及服务模式,降低企业融资成本　56.8%

积极推进资产证券化,盘活存量资产　45.2%

改变重视抵押担保的重资产经营模式,提高轻资产运营能力　40.8%

紧跟新型城镇化步伐,服务城市发展转型升级　34.2%

其他　0.2%

图2-11　银行业配合供给侧结构性改革需要侧重的主要方面

针对供给侧结构性改革带来的机遇,最受关注的是:"产业升级转型拓展新市场"(65.8%)和"居民消费升级产生新需求"(52.5%)(见图2-12)。供给侧结构性改革可以通过制度创新、技术创新创造新需求,拉动经济增长,形成银行业发展的新动力。

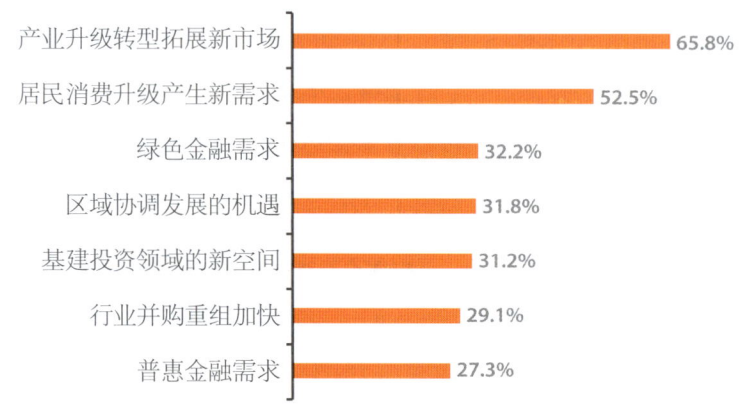

产业升级转型拓展新市场　65.8%

居民消费升级产生新需求　52.5%

绿色金融需求　32.2%

区域协调发展的机遇　31.8%

基建投资领域的新空间　31.2%

行业并购重组加快　29.1%

普惠金融需求　27.3%

图2-12　供给侧结构性改革为商业银行带来的发展机遇

供给侧结构性改革在促进产业转型和消费转型的同时,也对现有的银行业结构带来了挑战。本次针对"三去一降一补"给银行业带来的主要冲击的调查中,"利润空间下降"(57.7%)最受关注。此外,有四到五成的受访银行家认为,"三去一降一补"带来"整体发展速度放缓"(52.0%)、"市场竞争更加激烈"(43.3%)、"不良资产处置困难"(40.2%),同样值得银行业重视（见图2-13）。究其原因，这可能由于银行业的利润与国家经济的大环境有关，在经济增速整体放缓、市场竞争更加激烈的背景下，随着"三去一降一补"的逐步推进，"僵尸企业"风险暴露，不良贷款处置核销力度有待加强，银行业利润空间在一定程度上受到影响。

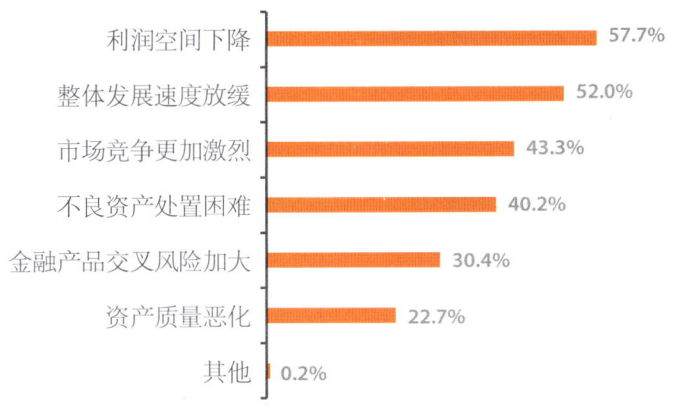

图2-13 "三去一降一补"给银行业带来的主要冲击

五、大型国有商业银行混合所有制改革更侧重完善公司治理机制

在大型国有商业银行混合所有制改革的主要目标这一问题上，"完善银行的公司治理机制"（65.5%），"引入多元化资本，优化股权结构"（56.2%）和"引入管理科学、决策自主的市场化经营制度"（49.5%）最受银行家关注（见图2-14）。这体现了大型国有商业银行混合所有制改革过程中，通过股权改革推进银行治理结构优化和市场化激励机制建立的重要性。

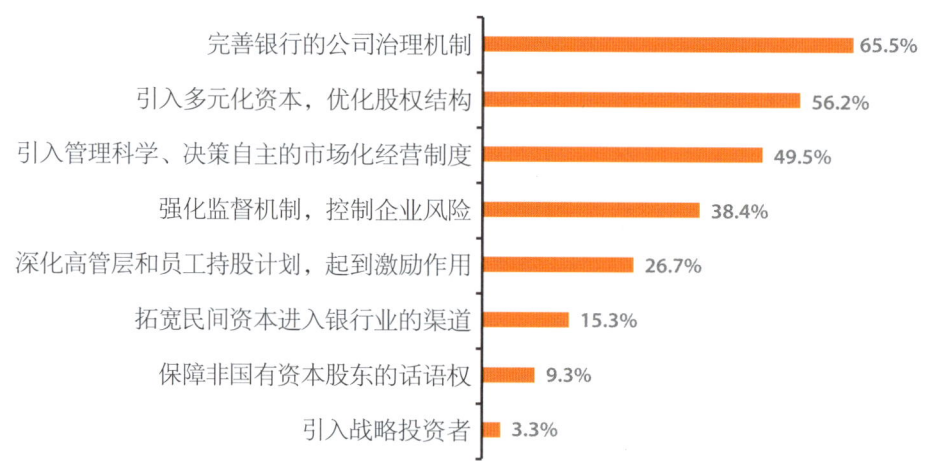

图2-14　大型国有商业银行混合所有制改革的主要目标

六、完善金融监管体制是推进综合化经营的关键

随着宏观经济形势的变化、客户金融需求的变迁以及资本充足率监管约束趋严，综合化经营逐渐成为我国银行业转型发展的重要选择。从2017年的调查结果来看，各类银行对于综合化经营均持积极、肯定的态度。14.0%的银行家认为应该加速发展综合化经营，而81.9%的银行家建议稳步推进综合化经营（见图2-15）。

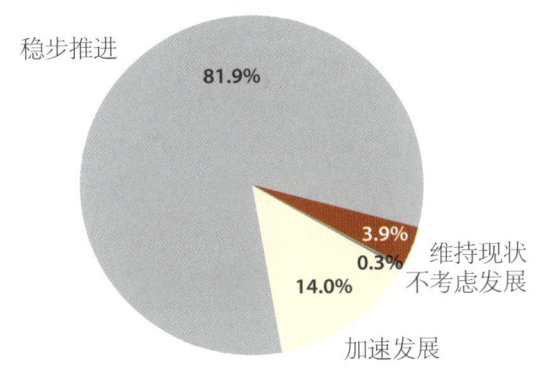

图2-15 银行对综合化经营的发展态度

我国银行业支持开展综合化经营的动机多样。从调查结果来看，17.2%的银行家认为这主要是因为客户对金融产品的多样化需求。银行业作为服务型行业，客户日益个性化的需求是影响银行开展综合化经营的重要原因。不同客户对金融产品和服务的需求呈现出一定的差异性，不同的细分市场表现出不同的客户需求、消费特点和行为模式。因此，综合化经营对于银行开展业务具有相当重要的意义。

16.0%和15.7%的银行家认为综合化经营的主要动机源于银行经营转型的内在需要以及金融改革的不断深化（见图2-16）。银行业传统的主要依靠贷款拉动经营规模的盈利模式，正在面临着越来越大的挑战，这些变革迫使银行业加速转型，寻求新的盈利增长点。

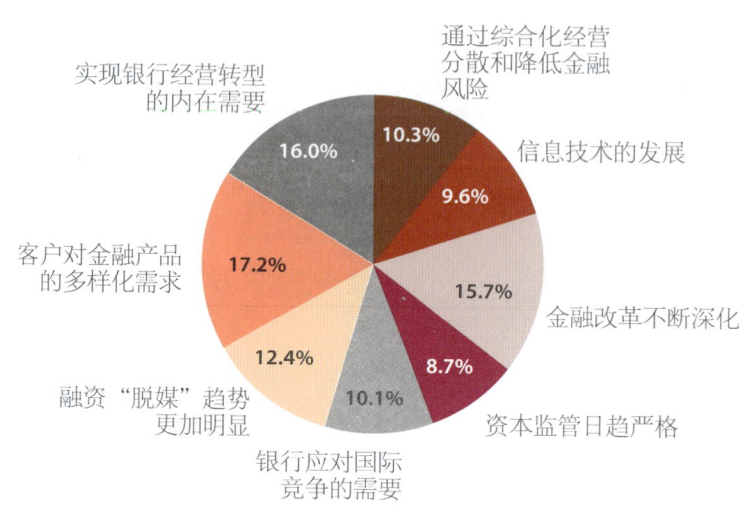

实现银行经营转型
的内在需要

通过综合化经营
分散和降低金融
风险

16.0%

10.3%

信息技术的发展

9.6%

客户对金融产品
的多样化需求

17.2%

15.7%

金融改革不断深化

12.4%

8.7%

10.1%

资本监管日趋严格

融资"脱媒"趋势
更加明显

银行应对国际
竞争的需要

图2-16　银行开展综合化经营的主要动机

　　针对分业监管制度面临的最主要挑战,调查结果显示（见图2-17），69.8%的银行家认为，金融综合化经营对监管当局的综合并表监管能力提出了挑战。金融机构在分散风险、实现业务收入多元化的同时，也不可避免地带来风险的跨业传染。因此，监管当局一方面有必要评判金融集团实施的综合并表管理是否有效，另一方面亦有必要建立一整套并表后的监管指标体系，并确保金融集团的各项指标符合监管最低要求。

　　64.7%的银行家认为，目前银行业的发展对监管信息的共享和监管政策的协调提出了更高的要求，目前分业监管的体制下，监管信息的统一性、完整性、真实性和透明性方面尚需大力改进。银行业监管机构有必要大力推动监管治理体系和监管能力建设，加强监管机构内部组织机制建设，促进监管资源集成和信息共享，同时建立监管专业化支持团队，完善监管质量评价与激励机制，增加监管透明度，不断提高银行监管的专业性、权威性和有效性。

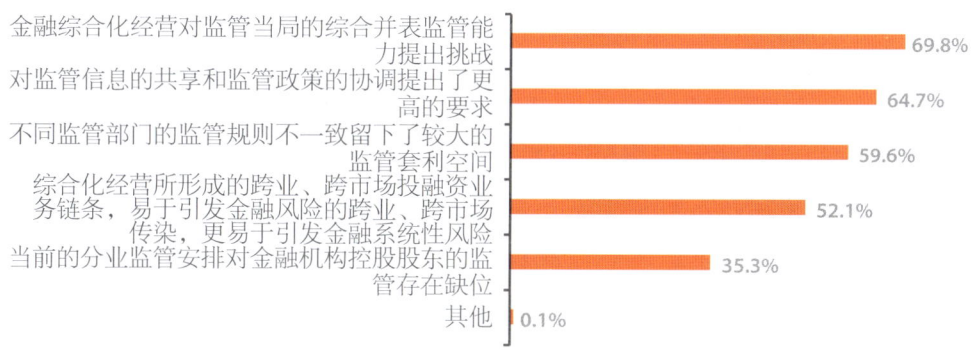

金融综合化经营对监管当局的综合并表监管能力提出挑战 69.8%
对监管信息的共享和监管政策的协调提出了更高的要求 64.7%
不同监管部门的监管规则不一致留下了较大的监管套利空间 59.6%
综合化经营所形成的跨业、跨市场投融资业务链条，易于引发金融风险的跨业、跨市场传染，更易于引发金融系统性风险 52.1%
当前的分业监管安排对金融机构控股股东的监管存在缺位 35.3%
其他 0.1%

图2-17　目前分业监管制度安排面临的主要挑战调整

　　当前的分业监管模式下，存在监管真空、监管重叠和监管套利等情况。对于如何完善我国现行金融监管体制，银行家给出了自己的看法和建议。70.3%的银行家认为应该建立和完善高效的监管协调机制，最大限度地减少监管套利空间。65.8%的银行家认为应该加快建立和完善防火墙机制，有效防控金融风险的跨业、跨市场传染。62.1%的银行家则建议进一步加强监管能力建设，树立宏观审慎的视角和全面的风险监管理念，61.6%的银行家认为应该增加跨机构、跨行业、跨市场的功能性监管（见图2-18）。当前我国金融市场的混业经营、金融创新、跨境联动等都已超越了现有的金融监管框架，我国的金融监管体制改革已成当务之急，需要构建适应于金融发展的金融监管体系，确保监管体制、监管方式、监管手段与措施与市场、机构发展保持同步。

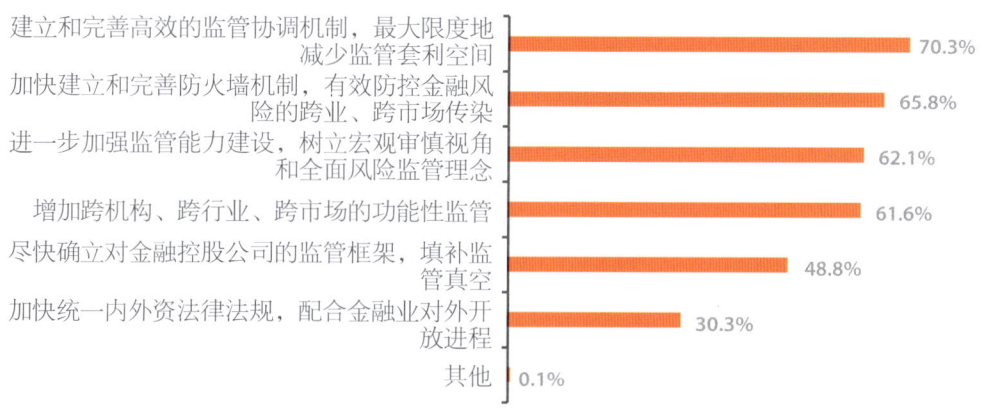

建立和完善高效的监管协调机制，最大限度地减少监管套利空间 70.3%
加快建立和完善防火墙机制，有效防控金融风险的跨业、跨市场传染 65.8%
进一步加强监管能力建设，树立宏观审慎视角和全面风险监管理念 62.1%
增加跨机构、跨行业、跨市场的功能性监管 61.6%
尽快确立对金融控股公司的监管框架，填补监管真空 48.8%
加快统一内外资法律法规，配合金融业对外开放进程 30.3%
其他 0.1%

图2-18　银行家对完善金融监管体制的建议

2017年7月召开的全国金融工作会议明确提出，要发展直接融资、改善间接融资结构，在此背景下，银行业亟待转型。在这一问题上，63.9%的受访银行家认为，银行应该以业务发展为主向业务发展和资产质量管控并重转型。强化银行业信贷资产质量控制要求，遏制不良贷款上升趋势，可以在发展业务的同时有效降低坏账风险。63.6%的银行家认为银行应该以间接融资为主的业务模式向综合化金融服务转型（见图2-19）。通过提供综合化金融服务，可以给银行未来业务模式与盈利模式带来重要变化。在行业竞争日趋激烈的当下，可以降低业务依赖风险，平衡银行利润来源。

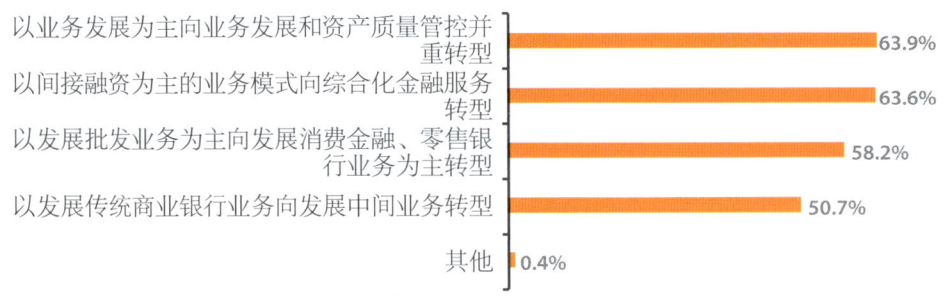

图2-19 银行业务转型的主要方向

七、资产证券化业务方兴未艾，但应加强规范

2015年以来，资产证券化业务快速发展，调查结果显示（见图2-20），61.8%的银行家认为开展信贷资产证券化的主要动机是优化银行资产结构，60.9%的银行家认为主要动机是提高商业银行资产的流动性，另有21.0%的银行家所在银行尚未开展信贷资产证券化业务。由于信贷资产证券化业务特殊的性质，开展信贷资产证券化业务有助于银行提高自身经营水平以及风险控制能力，可以预计2018年信贷资产证券化业务会保持稳定的增长趋势。

图2-20　银行开展资产证券化业务的主要动机

信贷资产证券化业务的发展也暴露出了一些问题。通过本次调查发现，58.9%的银行家认为相关的法律法规还有待进一步完善，52.7%的银行家认为目前基础资产的类型还不够丰富（见图2-21）。由此可知，信贷资产证券化市场还处于快速发展当中，目前尚不成熟，未来不仅需要完善相关法律制度，还需要进一步丰富基础资产类型，扩大银行业信贷资产证券化基础资产的试点范围。

相关法律法规有待进一步完善 58.9%
基础资产类型不够丰富 52.7%
投资者规模小且单一，融资途径少，一级市场销售不畅 43.5%
过度审慎监管增加了发行的难度和成本 39.4%
中介机构权威性存在质疑，信用评估体系有待进一步建设 35.2%
市场规模小，流动性所需要的规模数量不足 32.9%
风险自留化制降低了商业银行的积极性 32.4%
发行人交易信息披露与投资者要求仍有差距 26.7%

图2-21 当前信贷资产证券化业务存在的主要问题

就促进资产证券化发展的主要方向来看，76.3%的银行家认为应该大力培育信贷资产支持证券发行和交易市场，增强其流动性；73.7%的银行家认为应该建立信贷资产证券化的完整法律体系，提高商业银行的积极性（见图2-22）。这进一步证实了资产类型不够丰富带来的流动性缺乏和法律制度不健全是当前资产证券化最大的问题。

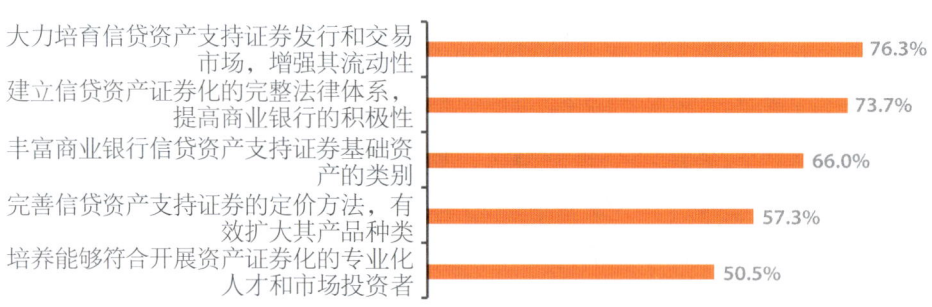

大力培育信贷资产支持证券发行和交易市场，增强其流动性 76.3%
建立信贷资产证券化的完整法律体系，提高商业银行的积极性 73.7%
丰富商业银行信贷资产支持证券基础资产的类别 66.0%
完善信贷资产支持证券的定价方法，有效扩大其产品种类 57.3%
培养能够符合开展资产证券化的专业化人才和市场投资者 50.5%

图2-22 资产证券化业务发展的主要方向

八、践行"大投行"战略，
创新股权融资业务和基础类投行业务并重

在银行业利润增速放缓、息差收窄、负债成本上升、资产质量持续承压的背景之下，传统信贷业务盈利空间大幅缩窄，逐鹿投行业务已成为商业银行探索转型的新路径。

在我国建设和完善多层次资本市场体系的背景下，股权融资业务以其轻资本和高收益的特点，已经成为商业银行提升盈利能力的创新方向。在如何践行"大投行"战略方面，根据调查数据（见图2-33），64.3%的银行家选择发展产业基金、PPP项目资本金、夹层融资（回购型股权）和Pre-IPO基金等创新股权融资业务；此外，商业银行也很注重充分发挥自身传统信贷业务的优势，做强债券承销、投融资顾问、银团贷款等基础类投行业务（60.5%）。可见，当前商业银行"大投行"战略的发展重心，一是抢占创新股权融资业务市场，二是加强基础投行业务的竞争力。

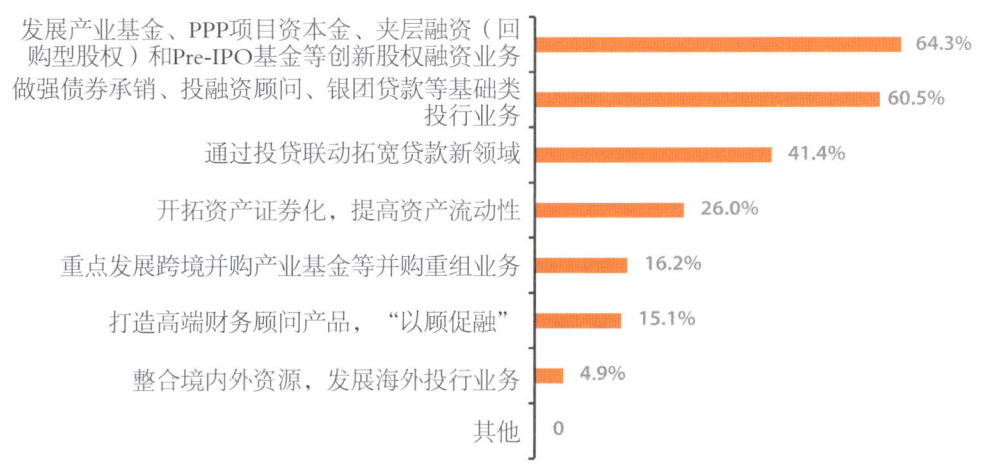

图2-23　银行业践行"大投行"战略的举措

目前我国的商业银行国际化业务处于起步阶段，大部分银行尚未布局海外投行业务的规划（67.7%）（见图2-24）。在发展海外投行业务方式的问题上，大多数受访银行家对在境外成立全资子公司较感兴趣（16.7%），说明成立全资子公司是我国商业银行布局海外投行业务的主要方式。

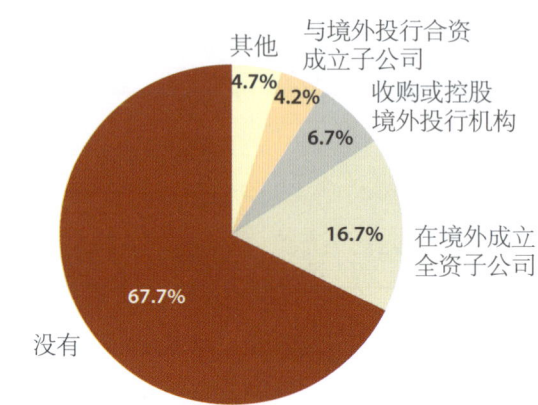

其他
4.7%

与境外投行合资
成立子公司
4.2%

收购或控股
境外投行机构
6.7%

在境外成立
全资子公司
16.7%

没有
67.7%

图2-24　我国商业银行布局海外投行业务的主要方式

九、多数银行家对发展交易银行持稳步推进的态度

交易银行，是指商业银行面向企业客户并针对企业日常生产经营过程中发生的采购销售等交易行为而提供的银行服务，具体包括采购销售过程中的收付款服务和针对贸易过程的融资服务。2017年的调查数据显示（见图2-25），超过八成参与调查的银行家对发展交易银行持积极态度，其中，22.7%的银行家选择加速发展，61.0%的银行家选择稳步推进。在利率市场化、人民币国际化、跨境交易以及互联网金融等加速发展的背景下，发展交易银行业务日益成为传统商业银行转型发展、拓展收入渠道与提升自身竞争力的关键。

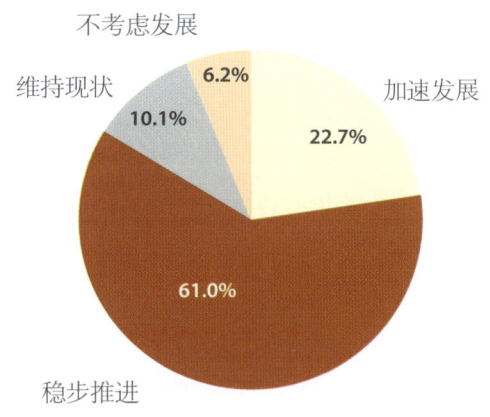

图2-25　银行家对发展交易银行的态度

十、服务"一带一路"成为商业银行国际化发展的首要关注点

随着中国银行业国际化发展及"一带一路"倡议的推进,越来越多的中国企业选择走出国门,银行海外业务迎来了更为广阔的发展空间,这也为中国银行业的国际化发展提供了一个崭新的机遇。

根据调查显示(见图2-26),超过八成的银行家认为服务"一带一路"建设、亚太自由贸易区建设等(81.9%)是中国银行业进行海外发展的首要关注点,"服务中资企业'走出去'"(64.6%)亦颇受关注。一方面,随着人民币国际化进程加快以及越来越多的中资企业走出国门,我国与"一带一路"沿线国家之间的资金、资本流通日益频繁;另一方面,商业银行之前的海外业务多集中在发达国家和地区,"一带一路"倡议的推进,有利于完善银行在发展中国家中的海外布局,提升自身国际化业务服务水平。而"提升全球竞争能力以及品牌价值"(57.2%)及"国际化专业人才培育与建设"(46.9%)也广受关注。随着经济全球化的逐步加深,商业银行面临的竞争越来越激烈,在银行业未来的竞争中,核心能力与品牌、高素质人才等因素的重要性不断凸显。

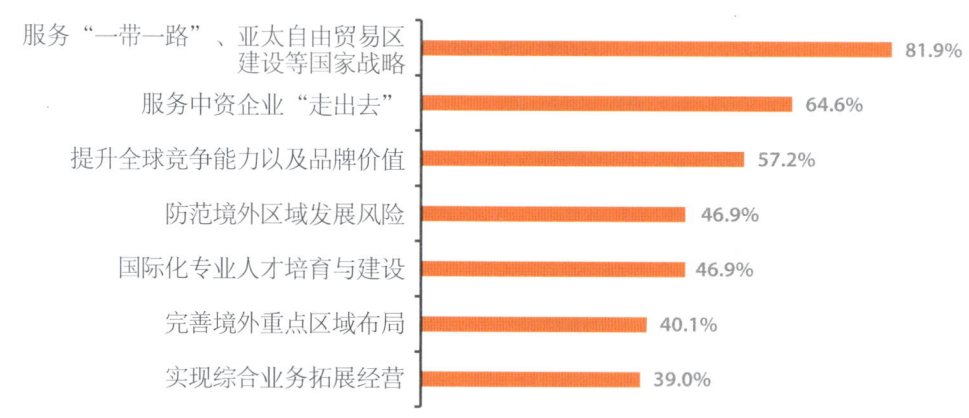

图2-26 中国银行业进行海外发展要重点关注的方面

中国银行业海外业务在快速发展的同时也面对着来自境外监管的压力。随着利率市场化的推进、互联网金融和金融脱媒的逐渐深化,银行业的监管压力亦有所加强,很多国家都在加强宏观审慎及反洗钱的监管,因此,银行业在进行海外布局与发展时正面临越来越多的资金限制与要求。此次

调查中，超过五成的银行家认为"日益趋严的审慎监管规则"（58.2%）、
"境内外法律和监管政策冲突"（55.9%）和"反洗钱等合规要求趋严"
（55.6%）是中国银行业国际化过程中面临的主要监管压力（见图2-27）。

图2-27 中国银行业进行海外发展面临的海外监管压力

十一、自贸区扩容给商业银行带来的机遇及挑战

自贸区是我国新一轮改革开放的试验田、政府职能再造区和压力测试区，是为我国进一步深化改革扩大开放探索新路径。自贸区扩容有利于利率市场化以及人民币跨境使用，为商业银行发展带来新的机遇。

具体而言，72.6%的银行家认为自贸区的扩容可以使市场地域进一步扩大，可充分利用境内外两个市场、两种资源。自贸区的扩容，促进我国商品市场、要素市场和资本市场与国际市场的接轨，有利于资源的优势互补。66.8%的银行家认为自贸区扩容"有利于加快商业银行业务创新进程"（见图2-28）。因为自贸区扩容将吸引海外资本进入区内，促进资本的流通，同时也会导致商业银行竞争加剧，倒逼商业银行进行业务的创新，提升自身综合业务能力和国际参与度。

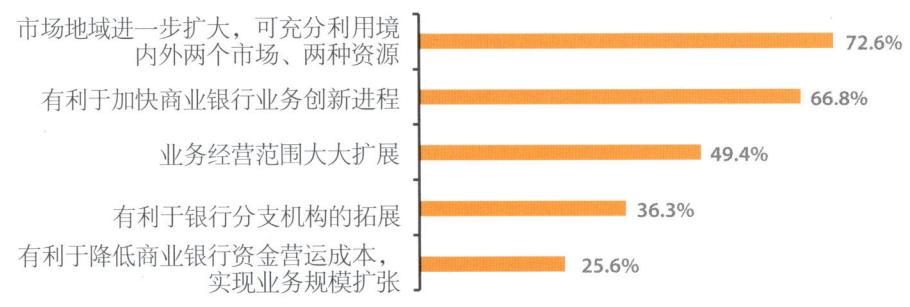

图2-28 自贸区扩容给商业银行带来的机遇

随着自贸区改革深入，商业银行面临的各类经营风险及挑战也有所显现。调查显示，超过六成的银行家认为针对自贸区的扩容面临的最大挑战是"自贸区的数量越多，稀缺价值越小，边际效应会随之递减"（60.7%）。因为目前我国自贸区数量已达十余个，未来可能还会增多。越来越多的自贸区会分散对外来资本的利用，同时也会降低自贸区本身的边际效应，政策突破的空间有限。此外，41.7%的银行家认为"第三批自贸区大比例地加入了中、西部地区，搞活'自贸区'难度大"（见图2-29）。

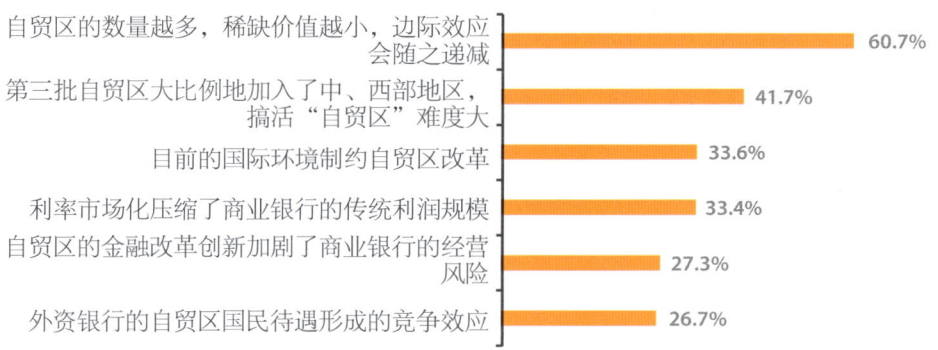

自贸区的数量越多，稀缺价值越小，边际效应会随之递减	60.7%
第三批自贸区大比例地加入了中、西部地区，搞活"自贸区"难度大	41.7%
目前的国际环境制约自贸区改革	33.6%
利率市场化压缩了商业银行的传统利润规模	33.4%
自贸区的金融改革创新加剧了商业银行的经营风险	27.3%
外资银行的自贸区国民待遇形成的竞争效应	26.7%

图2-29　自贸区扩容给商业银行带来的挑战

渤海银行董事长李伏安、中国东方资产管理股份有限公司战略发展规划部总经理秦斌、中国建设银行战略规划部总经理吴建杭谈支持雄安新区建设

项目组：贵行/公司是否有在雄安新区设立分支机构的计划？如有，该分支机构级别是什么？出于哪些方面的考虑？

李伏安（渤海银行）：渤海银行积极抢抓新区建设的战略机遇，以高度的政治责任感和使命感积极参加雄安新区的建设。在雄安新区设立渤海银行雄安新区分行的同时，在信贷支持、创新产品等方面全面助力新区的建设和发展。

2017年10月上旬，经渤海银行行办会、党委会研究通过，将设立雄安新区分行专门列入渤海银行2018年分支机构建设规划中，并将在报送中国银监会审批后，抓紧开展筹建工作。

秦斌（中国东方）：设立雄安新区是以习近平总书记为核心的党中央作出的一项重大历史性战略决策，是千年大计、国家大事。中国东方作为国家四大资产管理公司之一，将坚决拥护和贯彻落实党中央的决策部署，全力支持雄安新区建设。

在集团公司党委领导下，由总部有关部门牵头，北京市分公司与河北省分公司共同组建"雄安新区专项工作小组"，及时跟踪、主动了解雄安新区建设的发展规划、产业政策、重大项目等方面的信息，做好与地方政府的工作沟通和对接，推动落实参与雄安新区建设的具体工作。

初步规划在雄安新区建立中国东方集团基地，以实现集团培训、后台支持和数据备份等功能，同时考虑在雄安新区设立中国东方第二总部，将中国东方有特色的金融板块，比如旗下互联网金融平台东方金科、评级机构东方金诚等迁入雄安新区。并推动中华保险、大连银行、东兴证券等在雄安设立分支机构。探讨并参与雄安地方资产管理公司的组建。未来，这些分支机构将根据雄安新区产业结构及发展情况，结合公司优势特色，发展现代金融，积极与当地企业和机构开展合作，为雄安新区经济发展和城市建设提供金融支持服务。

我们的安排主要考虑以下三点：一是服从大局，坚决贯彻落实好党中央决策部署；二是基于中国东方自身持续发展的内在要求；三是支持雄安新区建设是长久之事，我们坚持循序渐进，长期奋力，收长效之功。

吴建杭（中国建设银行）：雄安新区规划范围涉及河北省雄县、容城、安新3县及周边部分区域，建行在雄安新区（3县）共有营业机构6个，员工117人，一般性存款54亿元（同业第二，四行占比24%），各项贷款31亿元（同业第一，四行占

比48%），中间业务收入0.93亿元（同业第一名，四行占比41%），账面利润1.35亿元（同业第二名，四行占比36%）。

建行容城支行邻近雄安新区筹备委员会（相距30米），是具有较大办公营业场所（1500平方米左右）的县支行。为响应国家号召，支持雄安新区发展，建行计划在容城支行的基础上组建雄安新区分行。后续将紧随新区统一规划及建设进度，适时跟进雄安新区发展的各项措施研究。

目前建行正在积极和当地政府及银监局沟通申设雄安新区分行事宜，希望能尽早推进。

项目组：贵行/公司在支持雄安新区建设方面有何优势？将采取哪些措施支持雄安新区发展？

李伏安（渤海银行）：作为一家全国性股份制商业银行，渤海银行将继续充分发挥总部坐落在天津的区位优势和在京津冀地区业务基础好、网点布局多、业务总量占比高的地缘优势，持续加大对雄安新区建设的支持服务力度。

在公司业务层面，一是持续加大政策倾斜力度，重点支持京津冀地区，特别是雄安新区业务发展。截至2017年9月末，渤海银行在京津冀地区表内外授信余额达3000多亿元，三年来，累计通过各类金融产品为京津冀地区政府和企业提供融资总量近万亿元。雄安新区设立后，渤海银行将围绕新区内优质企业优先进行融资支持。

二是以创新驱动助力雄安新区建设。结合雄安新区在体制、机制等方面的改革创新，探索符合新区特点的业务模式和创新产品，搭建持续服务新区的创新业务平台。在提供传统金融服务之外，重点推出超短期融资券、并购债、资产支持票据、跨境贸易人民币结算等创新业务。积极参与政府基金、PPP等中长期融资，以股权+债权方式，解决项目前期自有资金的问题，加快推进项目融资进度，撬动社会资本，扩大项目融资体量。

在零售业务层面，一是利用完善的消费信贷产品体系，积极落实国家相关政策，创新金融产品，逐步推进消费金融、惠普金融建设步伐。目前，渤海银行已逐步建立零售银行四大产品体系，研发推出50余款产品类型，搭建并投产了消费金融平台，大力推进消费金融事业部改革，进一步优化完善了条线职能和岗位设置。截至2017年6月末，渤海银行年累计发放个人消费类贷款2.4万笔，发放金额216.9亿元，全面满足消费者不同层次的金融需求，有力助推居民消费升级。

二是以发展普惠金融为导向，积极开展产品和服务渠道创新。渤海银行顺应当前居民储蓄理财化和基金化的市场大势，在业内率先推出全自动智能化的线下余额理财产品——"添金宝"，并以"添金宝"为核心，结合各区域当地特色推出各种"添金宝+"产品（如与当地公交、社保、社区门禁等结合），受到社会各界的广泛关注。截至2017年6月末，渤海银行添金宝余额达到194亿元，较去年底增长53亿元，增幅达37.6%。同时，渤海银行积极开展服务渠道创新，目前已初步形成分行、支行/零专支行、社区和小微支行、智能旗舰店等多种服务渠道形式，能更好地满足客户的多方位渠道服务需求。

三是同第三方消费金融平台、第三方支付机构、互联网金融企业、实体电商以及满足客户"衣、食、住、行"方面的实体企业进行洽谈合作，充分利用互联网平台以及大数据技术，通过线下推介客户、线上信息互联等方式，实现跨界合作并推动消费金融发展。

在金融市场业务方面，渤海银行将充分利用总部地处天津，在河北、天津、北京均设有较多分支机构的显著地缘优势，严格落实京津冀协同发展战略，在资金配置、资金价格等多角度向雄安新区项目倾斜，力争将支持雄安新区建设落到实处。

秦斌（中国东方）：中国东方是经国务院批准，由财政部、全国社会保障基金理事会共同发起设立的国有大型非银行金融机构。公司自成立以来，始终以保全国有资产、化解金融风险、促进国企改革为使命，将依法合规经营作为生命线，累计管理处置各类不良资产超万亿元，为国家金融系统的稳定作出了积极的贡献。

与此同时，我们不断探索可持续发展之路，积极开展商业化转型，逐步成为一家全牌照的综合金融服务集团，业务涵盖资产管理、保险、银行、证券、信托、小微金融、信用评级和海外业务等，能为客户提供"一站式"多元化、全生命周期、全方位的金融服务。

目前中国东方在国内中心城市设有25家分公司和1家经营部，拥有中华联合保险集团股份有限公司、大连银行股份有限公司、东兴证券股份有限公司等14家控股公司，服务网络覆盖全国，服务1500多万客户。中国东方具有强大的资金实力、众多的优质客户、广泛分布的服务网络和良好的服务品牌。

中国东方将注重发挥这些优势和特色，采取以下措施支持雄安新区建设。

一是提供"一站式"综合金融服务。整合集团内部大客户营销资源，利用公司品牌、优势和影响力，利用建设雄安新区的契机推动业务发展。围绕"大政府、大企业、大集团、大金融机构、大项目"的方针，加强与雄安新区当地政府、央企、大型国企、金融机构和龙头民营企业的合作，做到挖掘一批存量客户，拓展一批新增客户，签订一批战略协议，落实一批业务合作。调动分、子公司多样化业务资源，以集团统一形象，强化产品创新，提供综合服务，满足大客户个性化、定制化需求，在雄安新区建设中提供涵盖资产管理、银行、证券、保险、信托、评级和海外业务的"一站式"综合金融服务。

二是研究个性化产品结构和运作方式。一方面，雄安新区作为新设立的新区，城市基础设施和公用事业以及外围大交通体系建设的投资需求巨大，面对财政资源有限而建设资本需求庞大和基础设施投资回报周期长的难题，需要找准与公司业务的结合点，探索合作模式。另一方面，未来将有包括央企及高新企业在内的大量企业进入新区，催生大量的金融需求，结合雄安新区建设的实际需要，依照公司投资经验，积极研究个性化金融产品，将产业资本和金融资本融合在一起，综合运用股加债、夹层融资、并购重组等多种方式，着力解决企业多元化金融需求，推动国家重点支持的产业发展和升级。

三是探索政府引导基金业务机会。国家近年来大力推动政府引导基金的发展，涌现了新型基金业务机会。政府引导基金通过资本运作汇聚创新要素，一方面放大财政资金的杠杆效应，吸引社会资本和金融资本，另一方面引导社会资本投向经济发展重点领域，从而促进产业发展和区域建设。参与政府引导基金项目在一定程度上可以增强资产管理公司与政府的黏合度，成为与政府合作的切入点。

四是积极参与新区金融体系搭建。据了解，雄安新区拟设立一批金融机构，创建金融业的"雄安"品牌：中国雄安发展银行、中国雄安信托公司、中国雄安基金管理公司等，这些金融机构将成为雄安新区建设过程中金融功能的主要载体，中国东方将积极探索参股上述金融机构的可能性。

吴建杭（中国建设银行）：党中央、国务院作出设立河北雄安新区重大战略部署后，建行高度重视并积极响应，推进各项工作建设。一是成立服务雄安新区领导小组，倾建行全力支持雄安新区建设。小组由四位行领导担任组长、副组长。领导小组负责统筹服务雄安新区建设工作，部署和推动相关工作安排，研究审议服务雄安新区建设工作的重大事项；二是设立雄安新区分行，负责雄安新区内营业机构的管理和业务发展，帮助相关企业加强管理和开拓市场；三是结合雄安新区建设和发展的需求，围绕雄安新区功能和定位，充分发挥建行全牌照优势，积极创新研发产品，协助新区开展工作；四是统筹京津冀分支机构业务，提供区域一体化金融服务。2015年，建行已建立京津冀协同发展小组，京津冀三家分行将协力服务新区基础设施建设、新区与京津冀之间的交通建设，积极提供投资银行、金融租赁、产业基金、PPP等多元金融服务。

项目组：贵行/公司向雄安新区相关企业提供金融服务，将采取哪些优惠措施提高新区金融服务质量？

吴建杭（中国建设银行）：建行加大产品研发力度，创新满足雄安新区建设发展的产品，简化优质客户业务办理的手续，提升客户体验和服务效率。下一步，将在审批效率和资源配置等方面研究安排"绿色通道"，支持新区建设。

秦斌（中国东方）：目前雄安新区建设尚处于规划阶段。根据我们初步设想，中国东方在为雄安新区相关企业提供金融服务时，将采取一些有针对性的优惠措施。

一是建立高效的管理体系和机制。凡是涉及雄安新区金融服务事项，在注重风险防控的前提下，尽量简化管理环节、缩短管理半径，提高行政管理效能，坚持效率为先，建立相应的高效组织体系、管理流程与机制。

二是集中优质资源支持新区有关服务。在资金、人力、政策等方面向涉及雄安新区的有关服务倾斜。

三是建立更有效的激励机制。在涉及雄安新区有关金融服务方面建立更为科学规范的考核机制以及更为有效的激励约束机制。

项目组：贵行/公司布局雄安新区的发力点重点集中在哪些业务领域？

吴建杭（中国建设银行）：一是发挥建行基础设施领域的传统优势，积极对接新区建设的"拆、征、补、保"等基础设施领域建设需求，为新区征地、拆迁、安置等起步阶段提供融资服务支持。

二是围绕雄安新区公共服务体系建设、绿色智慧新城和优美生态环境建设、高端高新产业发展等领域，综合运用基金、租赁、信托、寿险、住房储蓄、期货、财险、境外投行、养老金管理和造价咨询等十大行业子公司平台，提供跨市场、跨行业、跨领域的综合金融服务，提供融资与融智相结合的一揽子金融服务。

李伏安（渤海银行）： 在公司业务方面，渤海银行将充分发挥区位优势和地缘优势，有针对性地进行重点支持。一是重点围绕新区功能定位，持续跟进新区建设规划，积极与区域政府职能部门和企业主体对接，提升金融服务质量，重点针对区位功能调整、产业升级改造及其配套的基础设施建设提供全方位金融服务。二是重点联系北京迁出的行政事业单位、总部企业、高等院校、科研院所等机构开展业务对接，助力疏解北京非首都功能。三是围绕现代交通网络建设进行重点支持。渤海银行将积极跟进雄安新区交通网络建设进展，选择优质项目主体加大投放力度，并通过债务融资工具、债贷结合及PE等创新方式提供融资支持，缓解政府前期自有资金投入的压力。四是重点围绕新能源产业、节能产业、环保产业等领域，渤海银行将对区域及周边的火电改造项目、核电项目、电动公交车项目、光伏发电项目、污水处理项目等进行持续跟踪营销，根据项目进度持续加大融资支持，提升绿色金融服务品质。

在零售业务方面，一是大力发展财富管理业务，新区未来的规划和建设需要众多的外省市人才共同来完成。他们是渤海银行财富管理服务的目标客户。利用渤海银行的地缘优势、区位优势，综合客户的流动性需求和风险偏好，专门设计发行一系列的理财产品，满足家庭资产的保值增值需求。同时，我们也可以为落户新区的企事业单位员工开展专属理财产品的定制服务，这类理财产品在募集时间、投资起点、投资期限等方面将充分结合企事业单位的实际需要。二是继续拓展信用卡业务，推行区域差别化政策。在信用卡及消费金融相关产品的授信政策方面，结合雄安地区的产业分布、区域规划、人才引进、央企进驻、创新企业注册等情况，制定区域化授信政策。同时，针对雄安新区的建设规划及未来进驻人群的特点，创新和推广有针对性且符合渤海银行信用卡产品定位的产品。

在金融市场业务方面，渤海银行将根据习近平总书记指出的七个方面重点任务，积极支持雄安新区交通等基础设施建设、生态治理、高端高新产业等方面的创新发展。未来，新区建设将催生大量金融需求，如公私合营项目（PPP）、债券发行、产业基金等。渤海银行将加大对雄安新区建设资金需求的跟踪研究力度，不断创新业务模式和产品服务，本着特事特办的原则，简化业务流程，加大对新区重点领域项目的介入力度，提高金融服务质量和效率。

项目组： 您认为政府应采取何种措施引导金融行业支持雄安新区建设？

秦斌（中国东方）： 政府在引导金融行业支持雄安新区建设可以发挥有效的作用。

一是制定好规划。一个体现现代文明精粹、

科学合理又充满希望前景的新区发展规划，是引导金融及其他行业支持雄安新区建设的最大磁石。因此，做好规划是政府首责。

二是营造好生态。新区要以新的理念、新的境界，营造更好的自然生态、人文生态、市场生态以及金融生态，这是金融业进得来、生得根、长得好的根本保证。

三是探索好机制。关键是要探索新的市场运行机制，让市场机制发挥决定性作用，正确定位政府角色，更多体现为服务型、引导型政府，让新区充满市场活力，激发企业创新发展潜力。

四是出台好政策。针对税收、土地、人才、市场准入等方面要有具体优惠政策，降低企业运营发展成本，激励企业创新、个人创业。新区要成为低门槛、低成本的创新区。

吴建杭（中国建设银行）： 一是积极引进金融机构，打造金融资源集聚区。希望政府支持商业银行在新区设立分支机构，也希望新区政府与建行加强多种方式合作，支持建行跟投跟贷，支持建银造价为新区重点项目提供工程造价的相关咨询服务。

二是理顺管理体制，为新区金融业发展开辟"绿色通道"。希望新区政府改革体制，减少金融服务的中间环节，使金融业更好地服务新区建设。

三是创新金融政策，给予重点支持。希望新区政府支持商业银行开展金融创新，建行将倾集团之力支持新区基础设施建设、生态治理和高端高新等产业发展。

四是完善监管体系，防范金融风险。希望新

区政府协调"一行三会"，加强对入区金融机构监管，成立新区地方金融监督管理机构，加强金融生态环境和社会信用体系建设，保障新区金融业和谐发展。

李伏安（渤海银行）： 一是完善新区金融生态环境。从多方面入手打好新区金融行业的发展基础，具体措施包括夯实区域产业经济体系，建立区域金融监管架构，完善地方金融管理政策，建立区域信用体系等。

二是开放金融机构入驻新区的绿色通道。支持符合条件的商业银行在雄安新区设立分行及其他分支机构。引导金融机构后台服务基地转移至新区，为形成区域金融资源聚集中心奠定基础。

三是鼓励商业银行结合雄安新区发展特点开展金融创新。雄安新区绿色智慧新城发展具有独特的自身优势，为商业银行业务创新，特别是金融科技方面的创新，提供了巨大空间。同时新区定位于全方位对外开放平台，也为商业银行的金融领域对外开放，特别是资本项目开放，提供了宝贵机遇。

四是鼓励商业银行为新区建设提供多元化服务。引导商业银行对接新区各类建设需求，鼓励在加深融资服务的同时，积极提供投资银行、债券发行、资管业务、金融租赁、产业基金、PPP、投贷联动等多元化金融服务。

五是建议政府主管部门积极与人民银行等监管部门沟通，对涉及雄安新区建设的业务和项目出台倾斜政策，增加信贷规模总量或匹配专项额度，促进银行提高融资服务能力。

第三部分
业务发展

　　随着中国银行业各项业务创新发展，同业竞争日趋激烈，业务重点稳中有变，在国家政策的带动下，城市基础设施业连续三年成为信贷支持的首选行业。在公司金融业务中，小微企业贷款、集团客户贷款、供应链融资受到银行家的广泛重视，国际结算及贸易融资的重要性稳步攀升；个人消费贷款仍然是个人金融业务的重点；同业业务重点回归到传统的同业存拆放业务，同业投资业务开始得到重视。

一、股份制商业银行未来综合竞争力提升最快

在对未来三年业务竞争力提升最快的银行类型调查中，股份制商业银行和大型商业银行的各类业务竞争力总体仍然较强（见图3-1）。

股份制商业银行经营机制相对灵活，金融创新能力较强，负债业务（64.5%）、表外业务（45.3%）和中间业务（44.3%）竞争力提升最快，市场竞争中优势明显。大型商业银行在中国金融体系中占据主导地位，客户基础雄厚，资产业务竞争力明显（63.2%）。

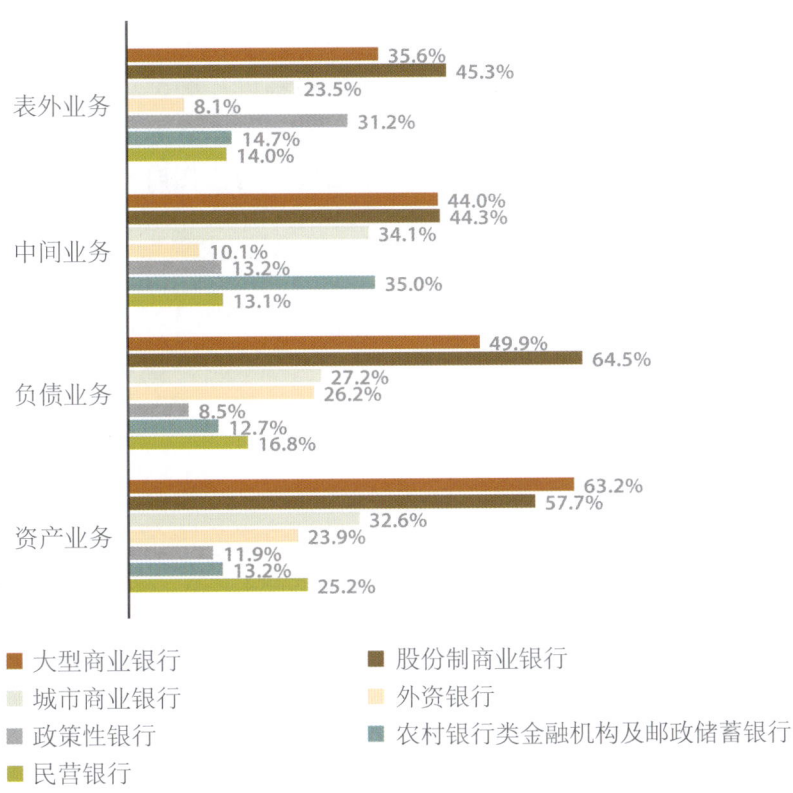

图3-1 预期未来三年业务竞争力提升最快的银行

二、城市基础设施仍是信贷重点投放行业，冶金业继续收缩

2017年，城市基础设施在银行信贷投向的重点支持行业中继续领跑，选择此项的银行家占比达到67.6%，较2016年58.8%的占比略有上升。2017年，中国宏观经济低位徘徊，众多实体项目风险回报下降，银行信贷投放领域不断限缩。相对于其他实体项目，城市基础设施行业往往具有政府背景，一方面有财政支持和政府信誉保证，另一方面从长期看运营成本不断下降并具有稳定的现金流，风险相对较低。

对比近三年的调查结果可以发现，医药业（60.1%）、公路铁路运输业（57.2%）、信息技术服务业（55.3%）、旅游业（51.8%）等重点民生服务行业的信贷支持比例均有较大幅度提升，在2017年分别列第二位至第五位；农林牧渔业却由2016年的第四位显著下降至第九位；房地产业信贷支持比例则呈现先升后降的态势（见图3-2、图3-3、图3-4）。这表明商业银行正在根据宏观经济形势及政策环境变化主动调整信贷结构，在自身风险偏好框架内寻求风险收益最大化。

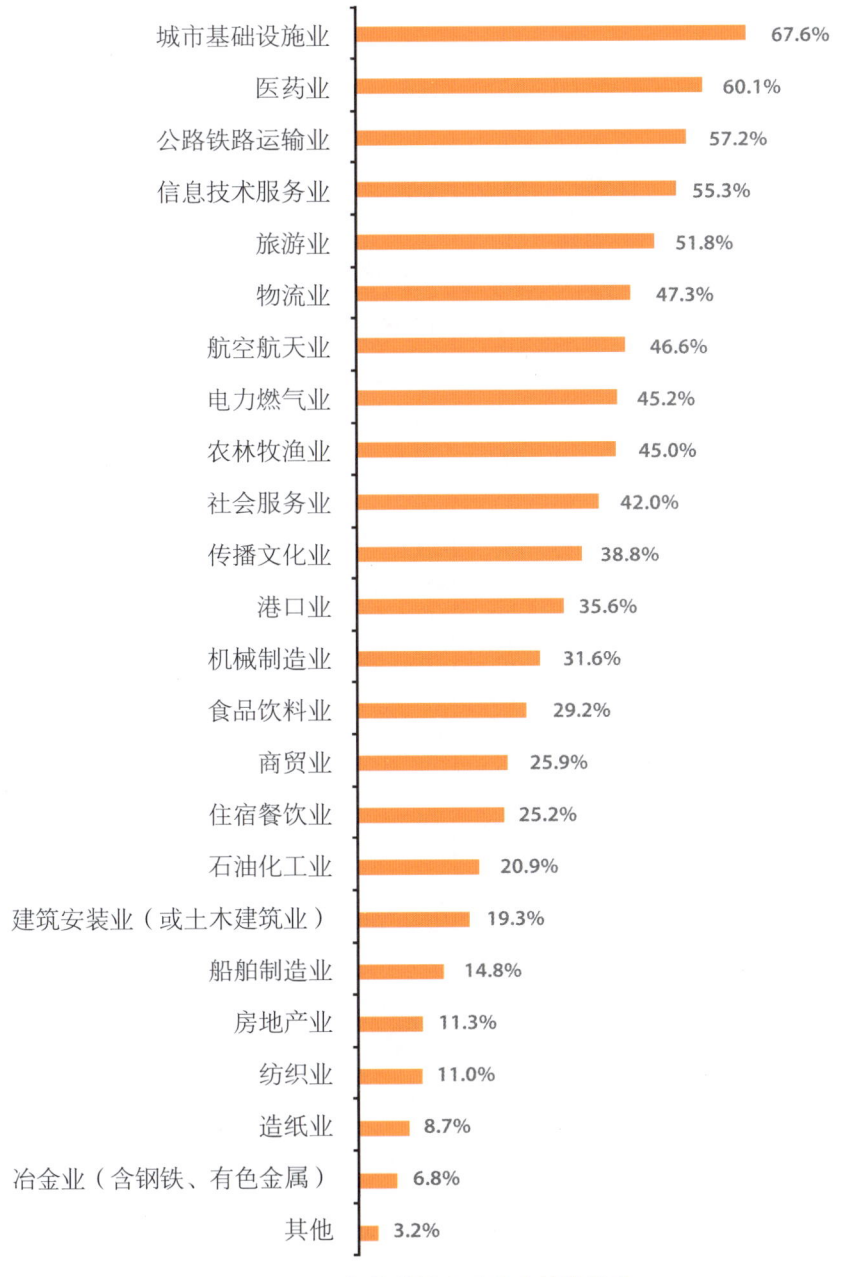

城市基础设施业 67.6%
医药业 60.1%
公路铁路运输业 57.2%
信息技术服务业 55.3%
旅游业 51.8%
物流业 47.3%
航空航天业 46.6%
电力燃气业 45.2%
农林牧渔业 45.0%
社会服务业 42.0%
传播文化业 38.8%
港口业 35.6%
机械制造业 31.6%
食品饮料业 29.2%
商贸业 25.9%
住宿餐饮业 25.2%
石油化工业 20.9%
建筑安装业（或土木建筑业） 19.3%
船舶制造业 14.8%
房地产业 11.3%
纺织业 11.0%
造纸业 8.7%
冶金业（含钢铁、有色金属） 6.8%
其他 3.2%

图3-2 2017年贷款投向重点支持的行业

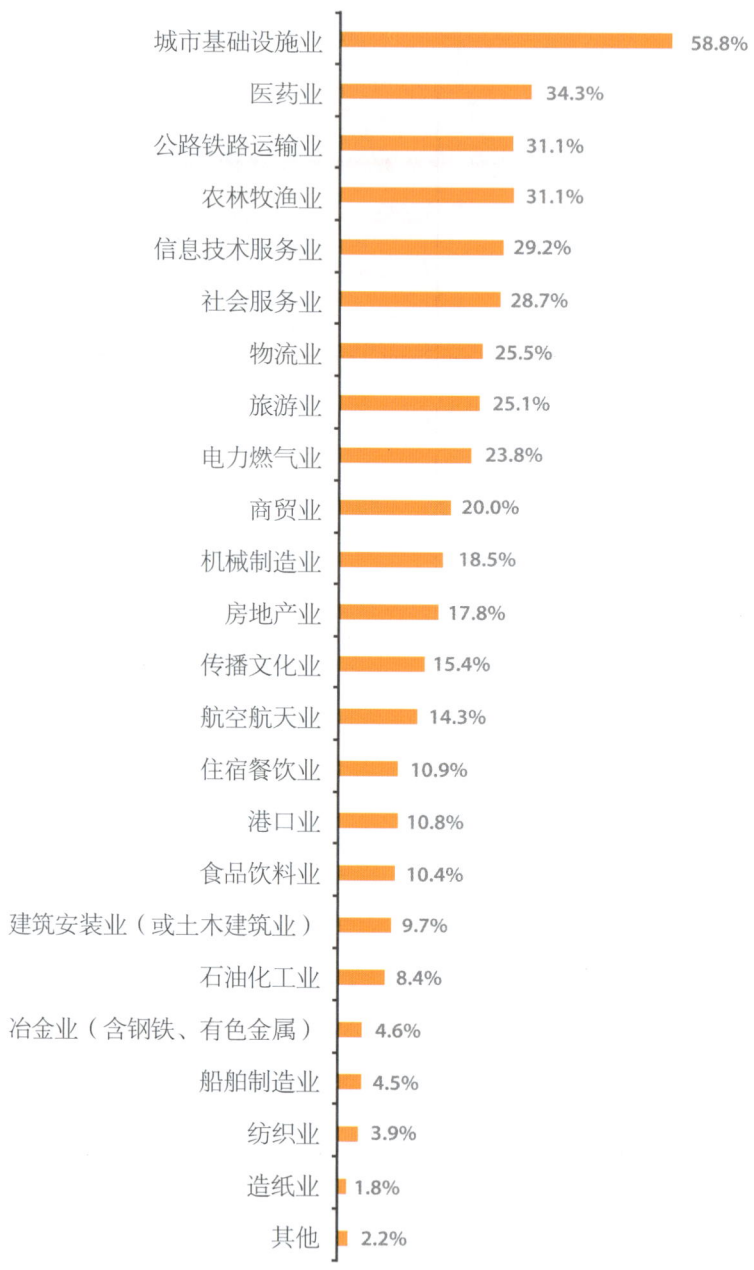

城市基础设施业　　58.8%

医药业　　34.3%

公路铁路运输业　　31.1%

农林牧渔业　　31.1%

信息技术服务业　　29.2%

社会服务业　　28.7%

物流业　　25.5%

旅游业　　25.1%

电力燃气业　　23.8%

商贸业　　20.0%

机械制造业　　18.5%

房地产业　　17.8%

传播文化业　　15.4%

航空航天业　　14.3%

住宿餐饮业　　10.9%

港口业　　10.8%

食品饮料业　　10.4%

建筑安装业（或土木建筑业）　　9.7%

石油化工业　　8.4%

冶金业（含钢铁、有色金属）　　4.6%

船舶制造业　　4.5%

纺织业　　3.9%

造纸业　　1.8%

其他　　2.2%

图3-3　2016年贷款投向重点支持的行业

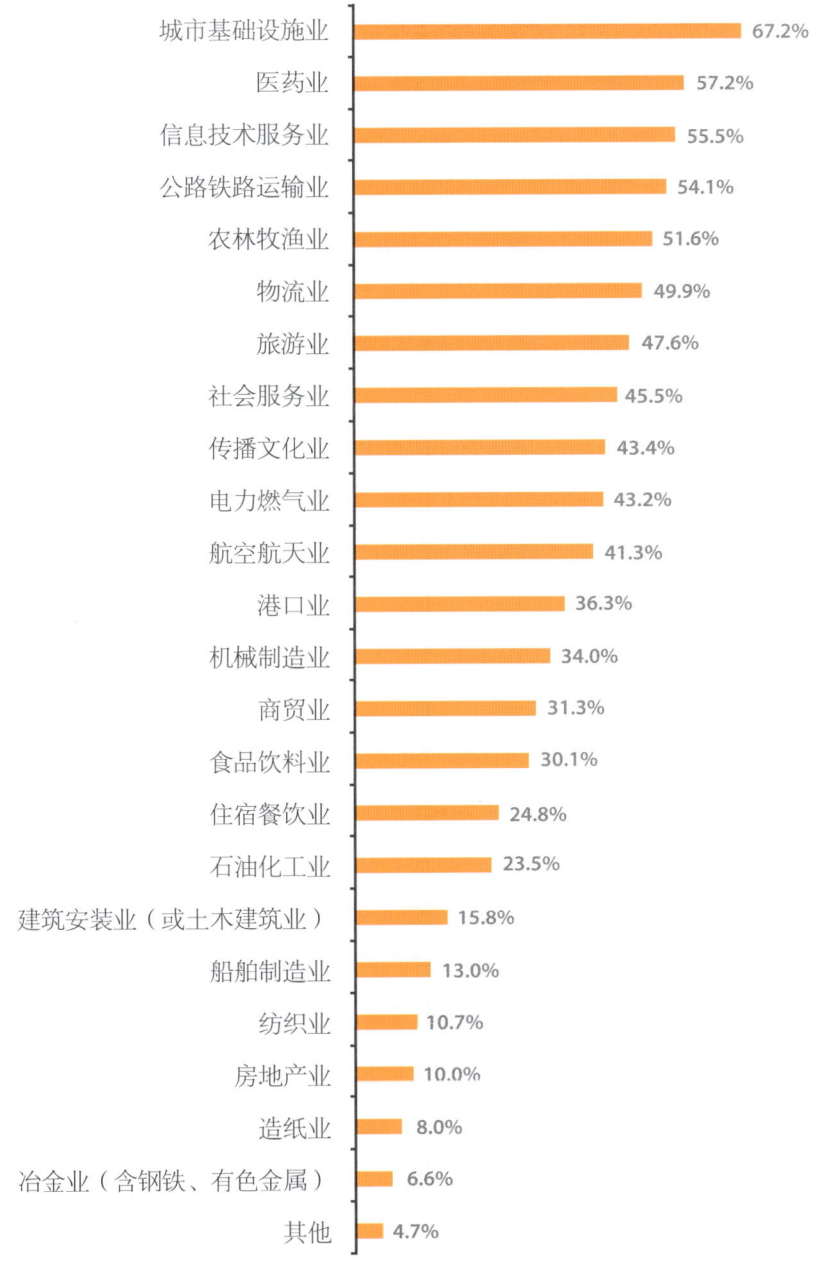

图3-4 2015年贷款投向重点支持的行业

在银行信贷重点限制的行业中，冶金业（含钢铁、有色金属）继续位居榜首，造纸业、船舶制造业、纺织业依次位列第三名至第五名。随着中国优化产业结构、转变经济增长方式等一系列政策措施的实施，银行逐步减少对高能耗、高污染、产能过剩行业的信贷投放，冶金等行业持续受到信贷限制。

对比近三年的调查结果可以发现，2017年选择限制房地产业信贷的银行家比例较过去两年有所上升，占比达48.7%（见图3-5、图3-6、图3-7）。2017年，按照中央因城施策的总体要求，各地区不断深化房地产行业宏观调控。一线城市调控力度持续加大，很多热点城市"认房又认贷""限购又限售"；三线、四线城市则因地制宜，采用多种调控措施。这在一定程度上促使中国银行业针对房地产业采取更为审慎的态度。

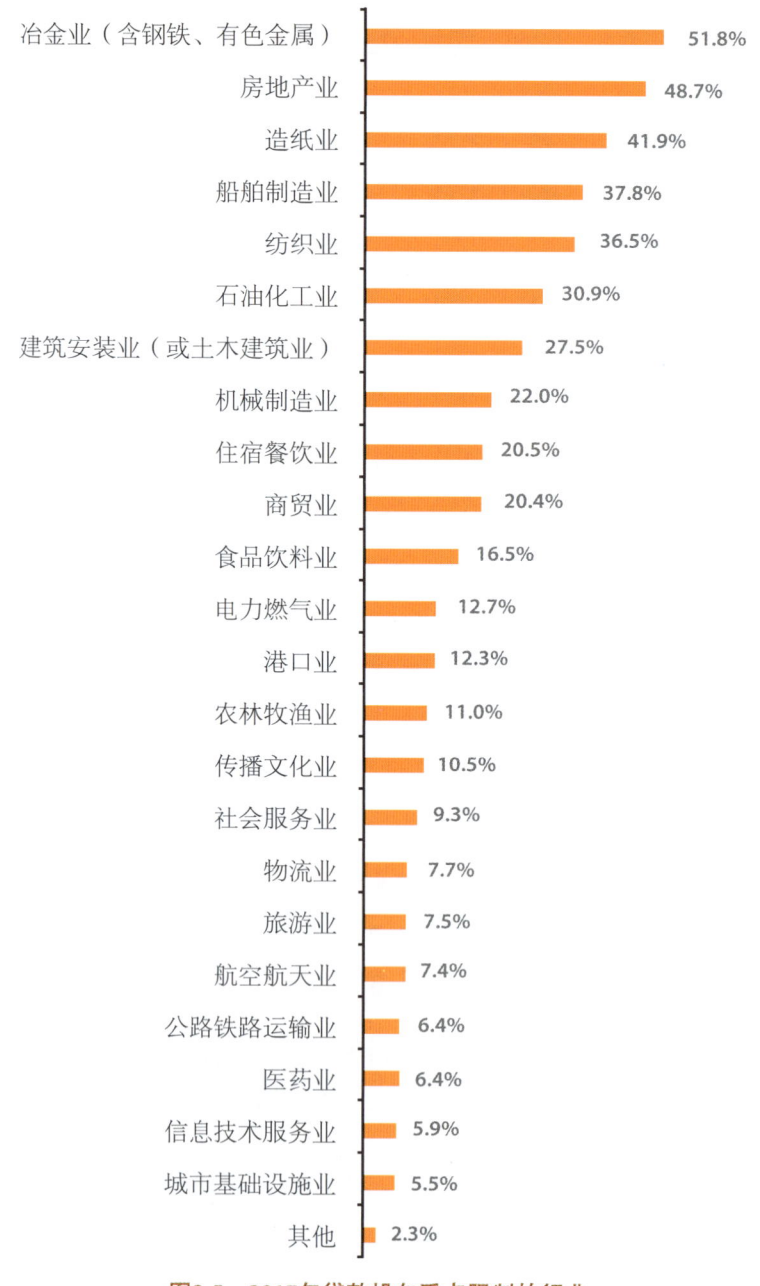

图3-5　2017年贷款投向重点限制的行业

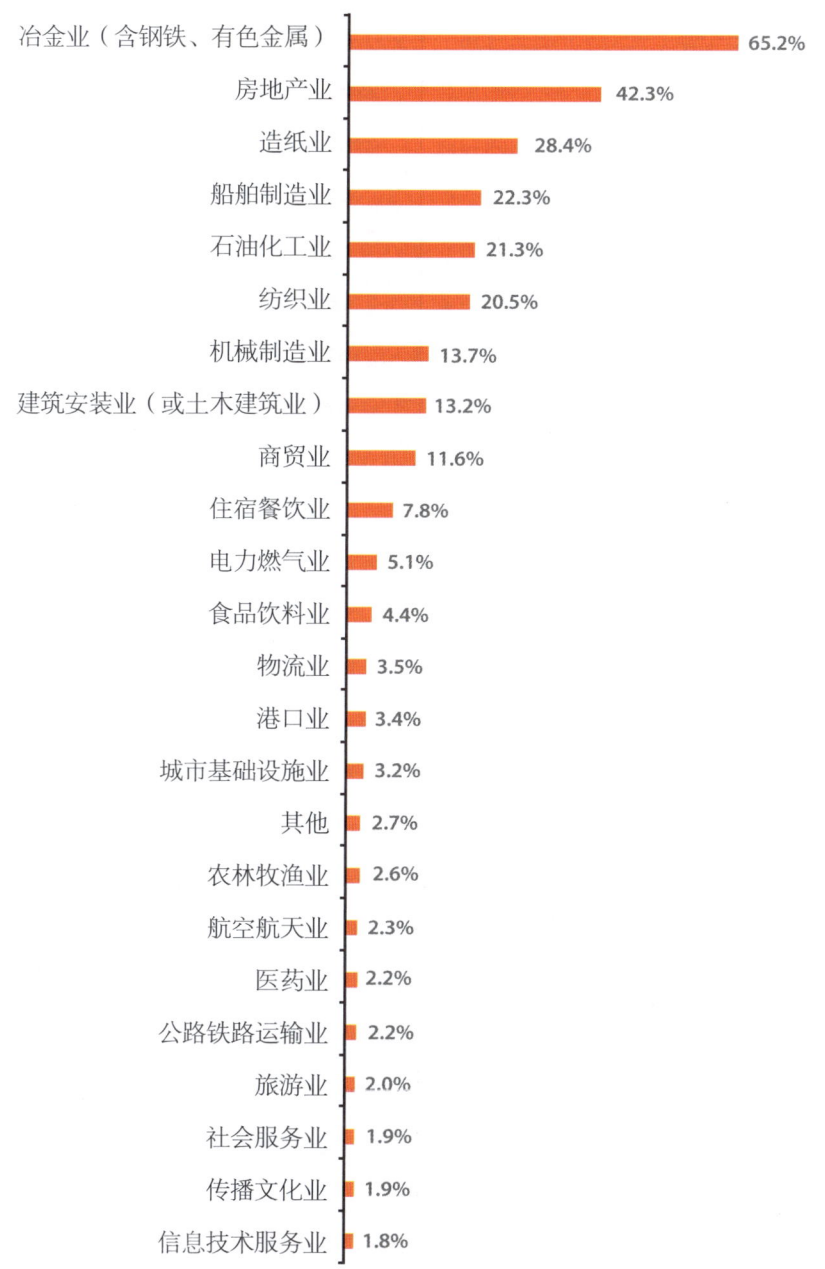

冶金业（含钢铁、有色金属）65.2%

房地产业 42.3%

造纸业 28.4%

船舶制造业 22.3%

石油化工业 21.3%

纺织业 20.5%

机械制造业 13.7%

建筑安装业（或土木建筑业）13.2%

商贸业 11.6%

住宿餐饮业 7.8%

电力燃气业 5.1%

食品饮料业 4.4%

物流业 3.5%

港口业 3.4%

城市基础设施业 3.2%

其他 2.7%

农林牧渔业 2.6%

航空航天业 2.3%

医药业 2.2%

公路铁路运输业 2.2%

旅游业 2.0%

社会服务业 1.9%

传播文化业 1.9%

信息技术服务业 1.8%

图3-6　2016年贷款投向重点限制的行业

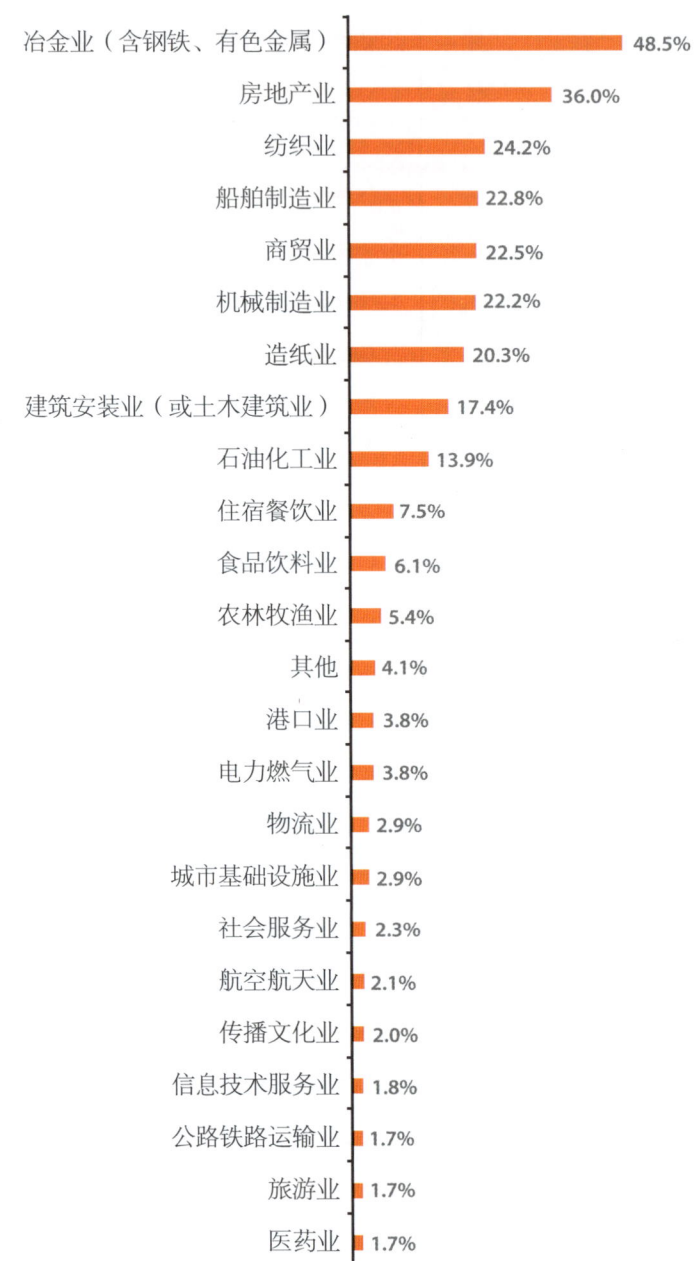

冶金业（含钢铁、有色金属）　48.5%

房地产业　36.0%

纺织业　24.2%

船舶制造业　22.8%

商贸业　22.5%

机械制造业　22.2%

造纸业　20.3%

建筑安装业（或土木建筑业）　17.4%

石油化工业　13.9%

住宿餐饮业　7.5%

食品饮料业　6.1%

农林牧渔业　5.4%

其他　4.1%

港口业　3.8%

电力燃气业　3.8%

物流业　2.9%

城市基础设施业　2.9%

社会服务业　2.3%

航空航天业　2.1%

传播文化业　2.0%

信息技术服务业　1.8%

公路铁路运输业　1.7%

旅游业　1.7%

医药业　1.7%

图3-7　2015年贷款投向重点限制的行业

调查显示（见图3-8、图3-9、图3-10），选择冶金业（含钢铁、有色金属）预期不良率上升的银行家占比为22.1%，虽然较2016年的47.6%大幅下降，但仍位居榜首。主要原因在于，国家化解过剩及落后产能、限制高能耗和高污染产业等政策措施使冶金行业面临严重的下行压力。此外，2016年以来，银行业不良贷款爆发主要集中在制造业、批发业和零售业等领域。本次调查也表明，预期商贸业、纺织业、机械制造业不良率上升的银行家比例依次位列第二、第四、第五位。值得注意的是，由于银行家针对房地产业的信贷普遍较为审慎，因此近三年的调查结果显示，预期房地产业不良率上升的银行家占比从2015年的36.0%连续下降至2017年的14.2%。

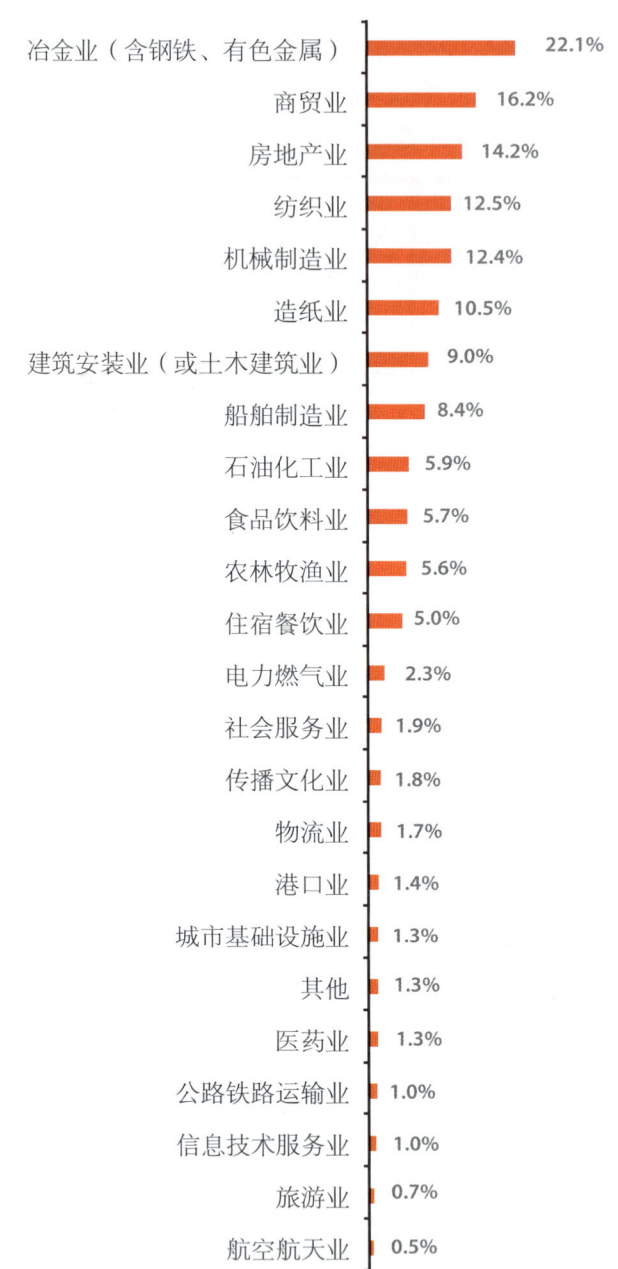

冶金业（含钢铁、有色金属）　22.1%

商贸业　16.2%

房地产业　14.2%

纺织业　12.5%

机械制造业　12.4%

造纸业　10.5%

建筑安装业（或土木建筑业）　9.0%

船舶制造业　8.4%

石油化工业　5.9%

食品饮料业　5.7%

农林牧渔业　5.6%

住宿餐饮业　5.0%

电力燃气业　2.3%

社会服务业　1.9%

传播文化业　1.8%

物流业　1.7%

港口业　1.4%

城市基础设施业　1.3%

其他　1.3%

医药业　1.3%

公路铁路运输业　1.0%

信息技术服务业　1.0%

旅游业　0.7%

航空航天业　0.5%

图3-8　2017年银行家认为预期不良率上升的行业

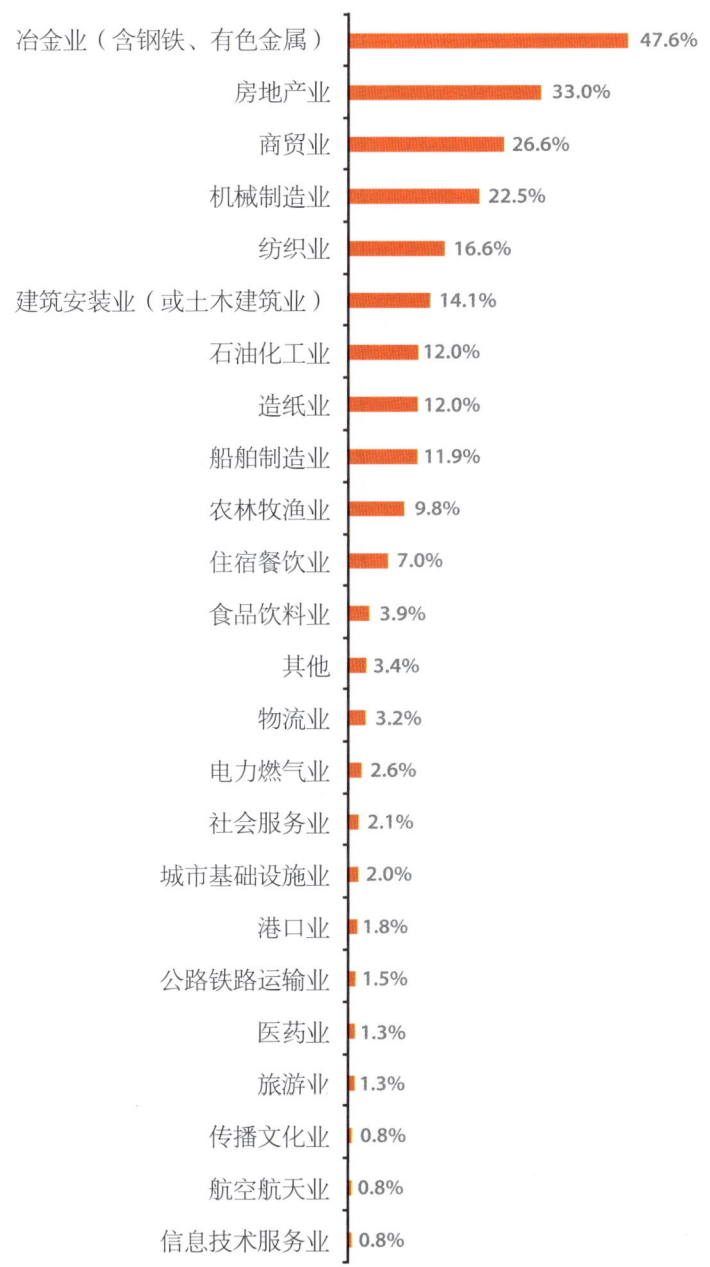

冶金业（含钢铁、有色金属）　47.6%

房地产业　33.0%

商贸业　26.6%

机械制造业　22.5%

纺织业　16.6%

建筑安装业（或土木建筑业）　14.1%

石油化工业　12.0%

造纸业　12.0%

船舶制造业　11.9%

农林牧渔业　9.8%

住宿餐饮业　7.0%

食品饮料业　3.9%

其他　3.4%

物流业　3.2%

电力燃气业　2.6%

社会服务业　2.1%

城市基础设施业　2.0%

港口业　1.8%

公路铁路运输业　1.5%

医药业　1.3%

旅游业　1.3%

传播文化业　0.8%

航空航天业　0.8%

信息技术服务业　0.8%

图3-9　2016年银行家认为预期不良率上升的行业

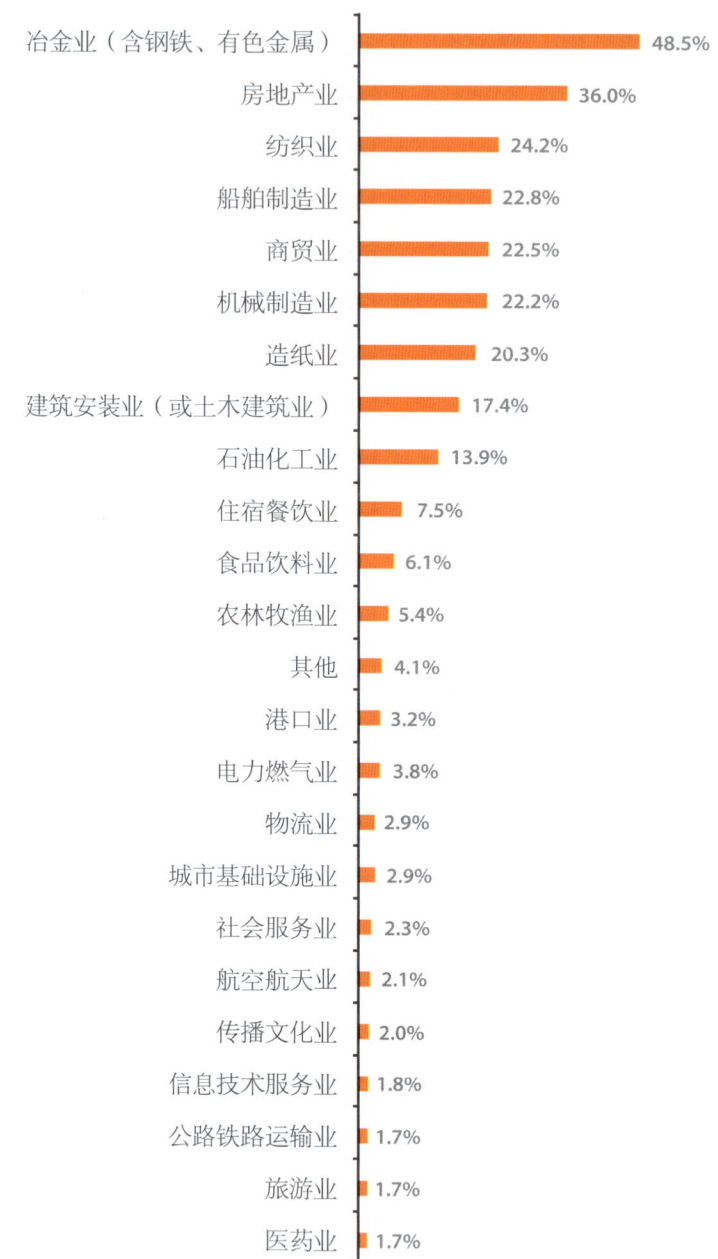

图3-10 2015年银行家认为预期不良率上升的行业

冶金业（含钢铁、有色金属）48.5%
房地产业 36.0%
纺织业 24.2%
船舶制造业 22.8%
商贸业 22.5%
机械制造业 22.2%
造纸业 20.3%
建筑安装业（或土木建筑业）17.4%
石油化工业 13.9%
住宿餐饮业 7.5%
食品饮料业 6.1%
农林牧渔业 5.4%
其他 4.1%
港口业 3.2%
电力燃气业 3.8%
物流业 2.9%
城市基础设施业 2.9%
社会服务业 2.3%
航空航天业 2.1%
传播文化业 2.0%
信息技术服务业 1.8%
公路铁路运输业 1.7%
旅游业 1.7%
医药业 1.7%

三、小微企业贷款仍是公司金融业务发展的重中之重

近年来，银行业积极支持小微企业发展，不断提升小微企业金融服务工作水平。针对银行业公司金融业务发展重点的调查显示，小微企业贷款以57.0%的占比连续六年位居首位，紧随其后的是集团客户贷款、供应链融资与项目融资，分别占比45.4%、44.3%及40.0%。随着银行利差水平的总体收窄和市场竞争环境的日趋严峻，将小微企业贷款作为公司金融业务发展的重点已成为银行家的共识。目前，各类金融机构普遍采用降低小微贷款门槛、提高放贷审批效率、提高小微企业不良贷款容忍度等方式来拓展小微企业贷款业务。

此外，伴随着中国集团企业客户群体的不断壮大，争揽集团客户成为银行发展公司金融业务的重要抓手。调查显示（见图3-11、图3-12、图3-13），集团客户贷款在公司金融业务中的重要性连续两年居第二位（45.4%）。调查还表明，供应链金融业务的占比显著提升（44.3%），这主要因为发展供应链金融业务有助于银行拓宽产品线，开拓上下游中小企业市场，降低贷款风险，增加银行综合收益。

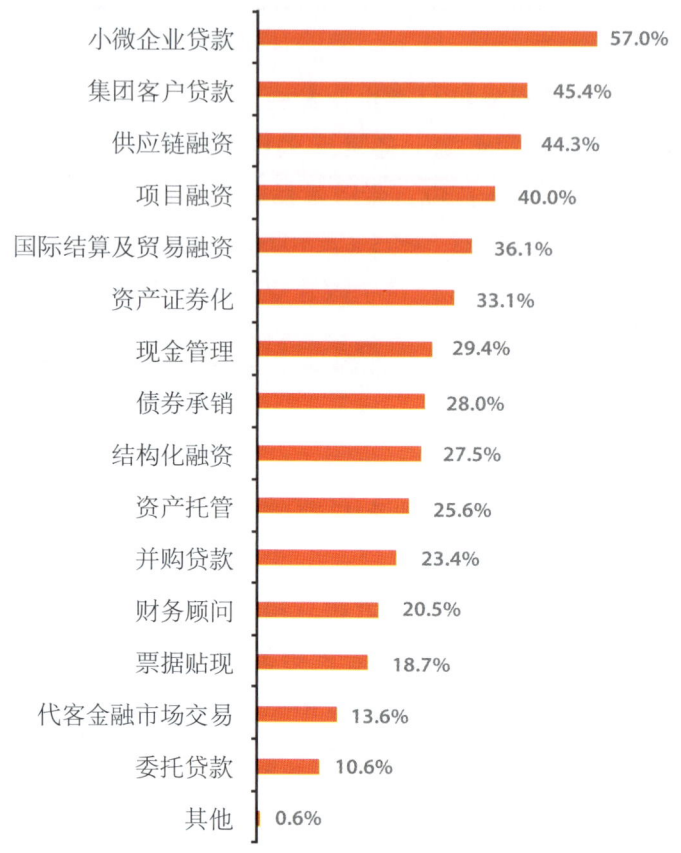

图3-11 2017年公司金融业务发展的重点调查

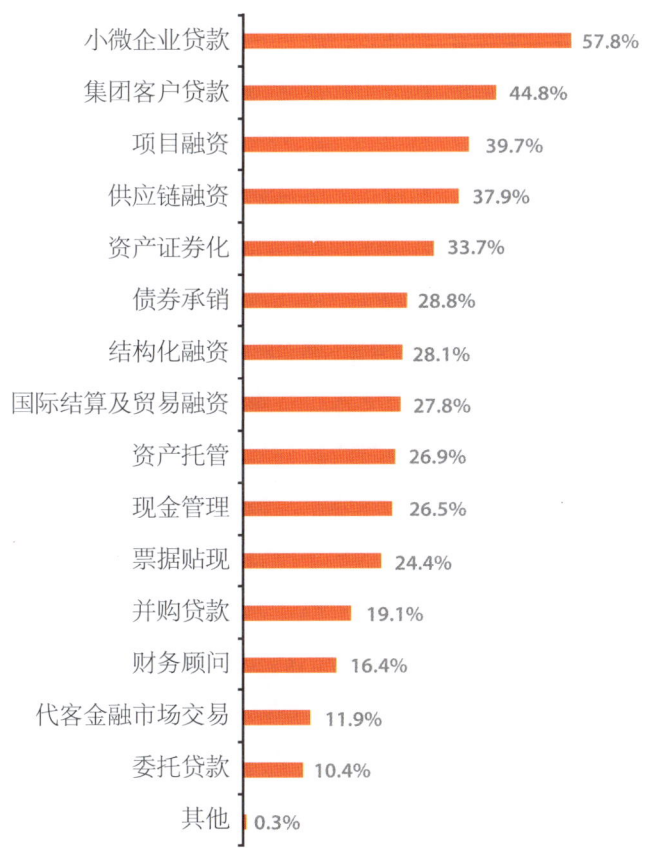

小微企业贷款　　57.8%
集团客户贷款　　44.8%
项目融资　　39.7%
供应链融资　　37.9%
资产证券化　　33.7%
债券承销　　28.8%
结构化融资　　28.1%
国际结算及贸易融资　　27.8%
资产托管　　26.9%
现金管理　　26.5%
票据贴现　　24.4%
并购贷款　　19.1%
财务顾问　　16.4%
代客金融市场交易　　11.9%
委托贷款　　10.4%
其他　　0.3%

图3-12　2016年公司金融业务发展的重点调查

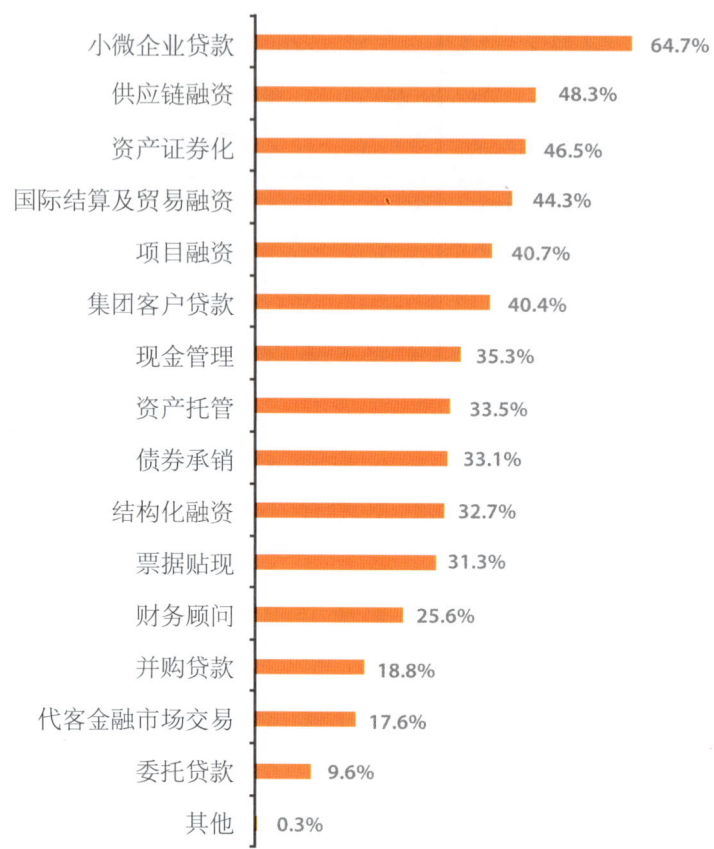

小微企业贷款　64.7%
供应链融资　48.3%
资产证券化　46.5%
国际结算及贸易融资　44.3%
项目融资　40.7%
集团客户贷款　40.4%
现金管理　35.3%
资产托管　33.5%
债券承销　33.1%
结构化融资　32.7%
票据贴现　31.3%
财务顾问　25.6%
并购贷款　18.8%
代客金融市场交易　17.6%
委托贷款　9.6%
其他　0.3%

图3-13　2015年公司金融业务发展的重点调查

四、个人消费贷款仍是个人金融业务的发展重点，财富管理业务关注度大幅提升

调查表明（见图3-14、图3-15、图3-16），个人消费贷款连续五年成为个人金融业务发展的重中之重，选择占比达70.3%。个人住房按揭贷款则由2016年的第二位下滑至第五位，占比为39.0%。此外，财富管理关注度跃居第二位，占比达51.7%，近年来，随着中国居民财富水平的不断积累，中间客户群体数量愈发膨胀，中国银行业主动适应这一趋势，普遍加快个人金融业务转型发展步伐，创新服务方式，不断提升综合财富管理水平。

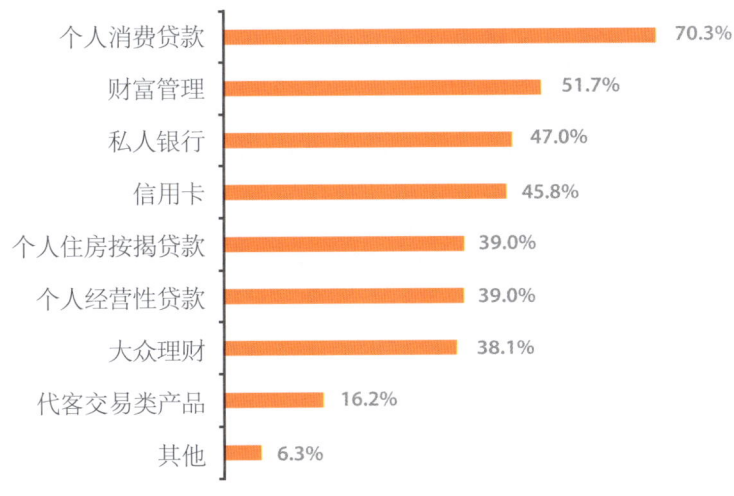

图3-14　2017年个人金融业务发展的重点调查

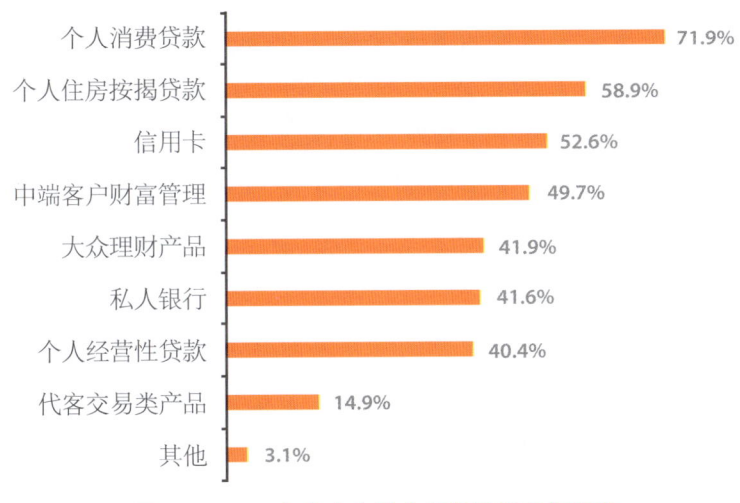

图3-15　2016年个人金融业务发展的重点调查

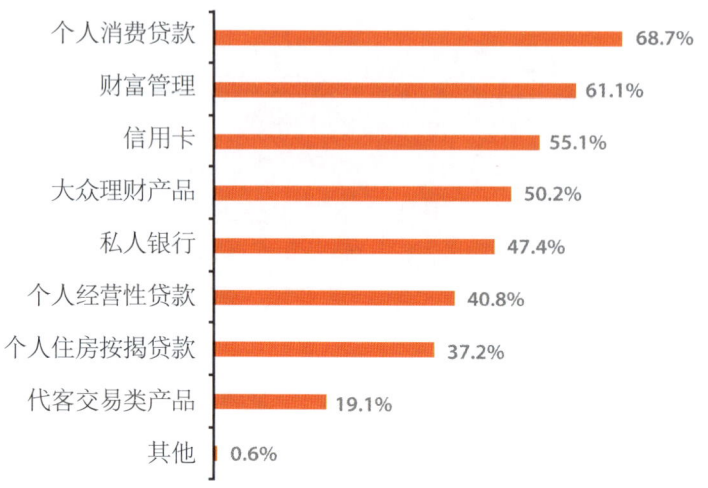

个人消费贷款　　　68.7%
财富管理　　　　　61.1%
信用卡　　　　　　55.1%
大众理财产品　　　50.2%
私人银行　　　　　47.4%
个人经营性贷款　　40.8%
个人住房按揭贷款　37.2%
代客交易类产品　　19.1%
其他　　　　　　　0.6%

图3-16　2015年个人金融业务发展的重点调查

五、理财业务收入在银行中间业务收入中的占比大幅下降

随着中国金融改革的不断深化，中间业务在商业银行整体业务布局中的重要性日益凸显。在对中间业务收入来源的调查中，投资银行业务收入、结算类业务收入、理财业务收入稳居商业银行中间业务收入来源的前三位，分别占比45.8%、44.0%与43.9%（见图3-17）。

值得注意的是，与2016年调查结果相比，理财业务收入占比较2016年大幅下降12.2个百分点（见图3-18、图3-19）。这主要与监管部门持续加大理财业务监管力度紧密相关。此外，在金融去杠杆的政策背景下，银行资金成本上升，使得部分银行将更多资源向表内业务倾斜。

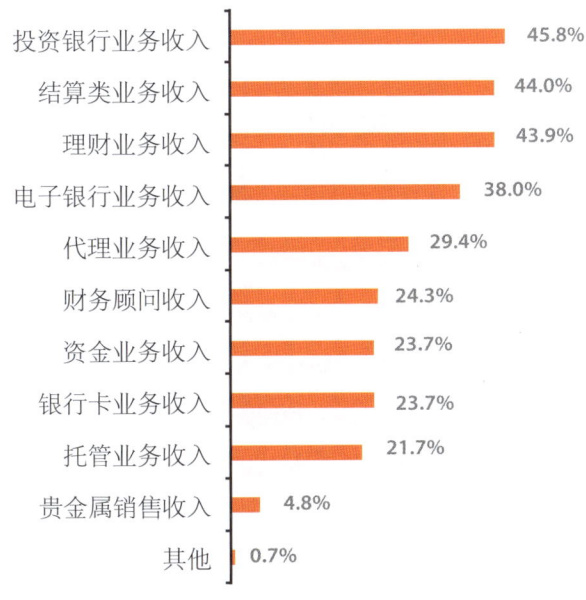

图3-17　2017年中间业务发展重点

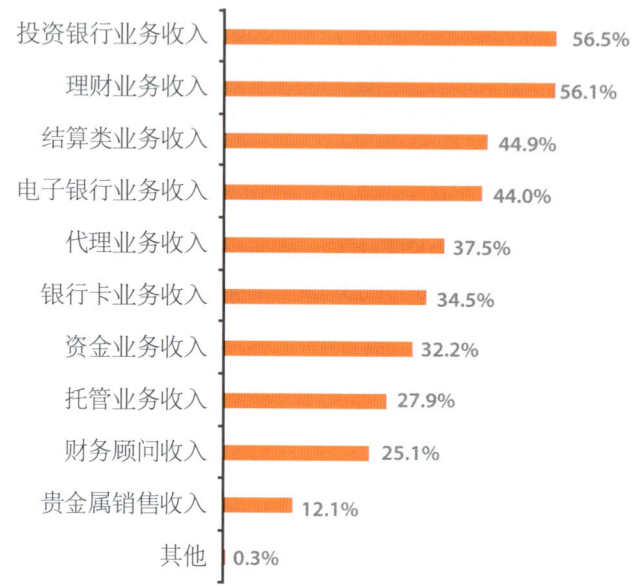

图3-18　2016年中间业务发展重点

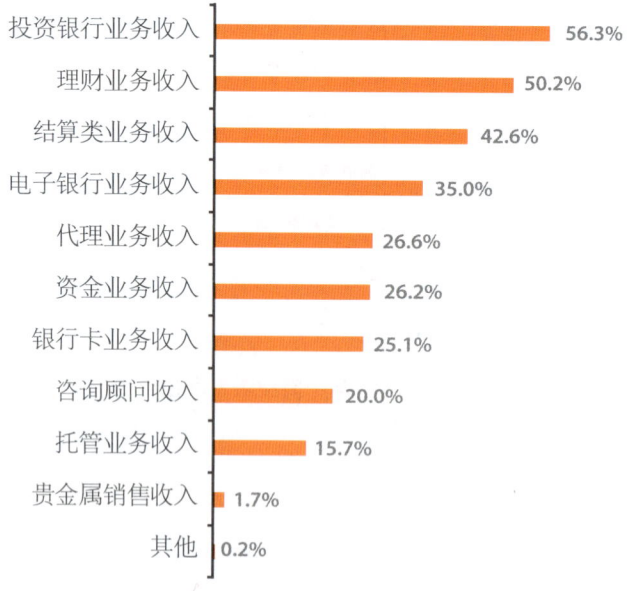

图3-19　2015年中间业务发展重点

六、银行理财业务流动性风险最受重视，增强产品研发能力成为理财产品管理重点

中央国债登记结算中心发布的《中国银行业理财市场报告》显示，截至2017年6月末，中国银行业理财产品余额28.38亿元，较年初减少0.67亿元，其中同业理财规模大幅下降。调查表明（见图3-20），52.9%的银行家认为期限错配导致的流动性风险是银行理财业务面临的最主要风险，选择占比由2015年的第三位上升至第一位。银行理财业务主要通过期限错配进行获利，由于资产端久期远大于负债端久期，理财规模下降导致负债端的流动性压力凸显，并直接反映在持续走高的理财产品预期收益率上。此外，产品投资销售等与监管要求不符带来的合规性风险选择比例也由2015年的26.3%上升至39.7%，各方权利义务定位不清带来的潜在法律风险则从9.5%上升至24.1%，这都从侧面表明监管趋严背景下理财业务发展需要更加审慎地遵循监管规则。

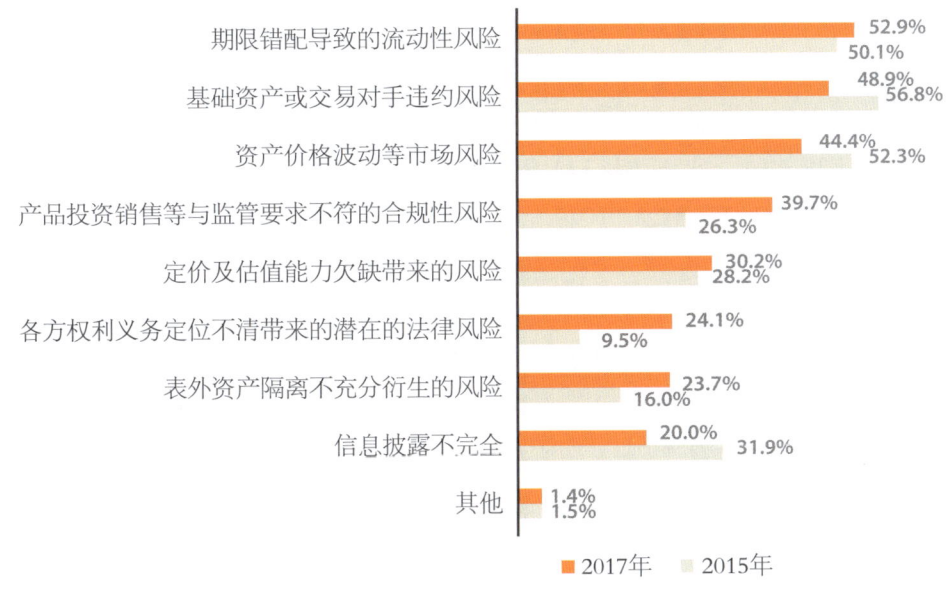

图3-20　2015年和2017年银行理财面临的主要风险

在产品管理方面，66.9%的银行家认为需要增强产品研发能力，丰富产品类型（见图3-21）。目前，银行理财产品同质性高，增强驱动力需要原生创新，减少套利交易，切实提高产品竞争力。57.9%的银行家认为应当引入"互联网+"，"大数据""智能化"等新技术，提升客户需求挖掘能力，有针对性地完成产品创新和开发。此外，理财产品逐步由封闭式向开放式、

由预期收益型向净值型转型的选择占比也达到46.8%，产品运作方式和收益形式的改变有利于改变客户将理财产品作为储蓄替代品的认识，打破理财产品刚性兑付，回归资产管理本质。而调整产品及客户结构占比仅为29.7%，2017年以来监管政策的逐步收紧，令同业理财规模持续下降，客户结构已出现明显变化。

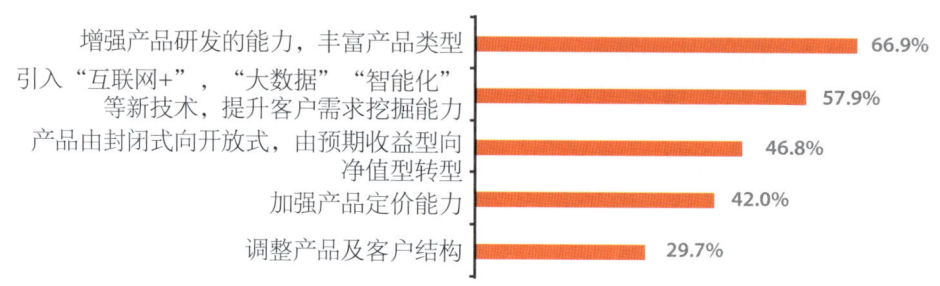

图3-21　2017年银行理财产品管理的重点

在投资研究方面，强化组合管理、提升主动管理能力和加强投资研究团队建设是银行家认为的银行理财投研建设重点，而前者的选择占比更是高达70.2%（见图3-22），说明银行家始终注重自身投资能力的提升，有助于银行理财回归"受人之托，代人理财"的业务本质。

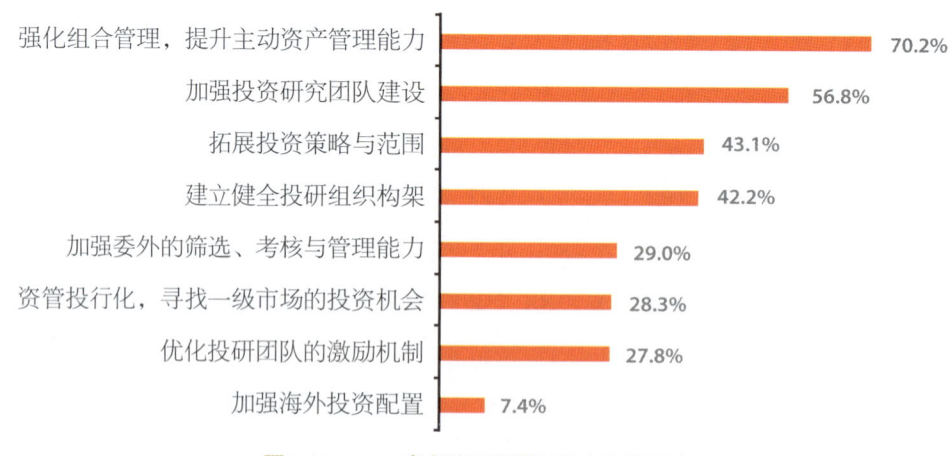

图3-22　2017年银行理财投研建设的重点

在风险管理方面，分别有64.8%和64.7%的银行家认为"完善风险评估及管理方法"和"建立健全风险管理制度"是目前银行理财产品风险管理的重点（见图3-23），风险管理制度及其方法论是银行风险管理的基础，商业银行应顺应监管要求和市场环境变化及时进行调整和完善。此外，选择"加强投资合规性管理""建立健全风险隔离机制""建立专业化的风险管理团队"的银行家占比也接近五成，表明银行家在理财产品风险管理问题上普遍比较谨慎。

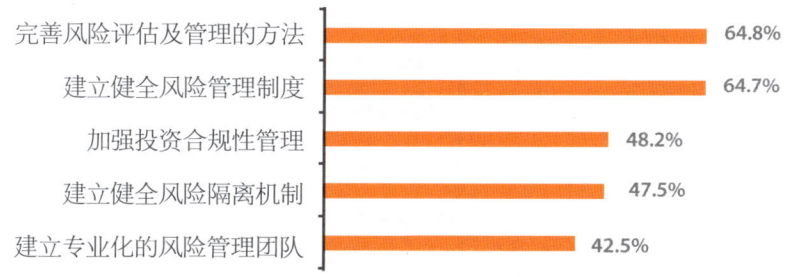

图3-23　2017年银行理财产品风险管理的重点

七、同业业务回归本源，通道类业务受重视程度逐年下降

同业业务作为银行实施资产负债管理的主要手段，在经历了前期的快速发展和监管整顿后，目前已逐步回归业务本源。调查显示，传统的同业存拆放、票据贴现和转贴现业务成为同业业务的主要发展方向，选择占比分别为57.0%和46.2%，位列第一位和第二位。相反，选择通道类业务作为同业业务发展重点的银行家比例则逐年下降，由2015年的24.3%下降至2017年的16.9%（见图3-24、图3-25、图3-26）。

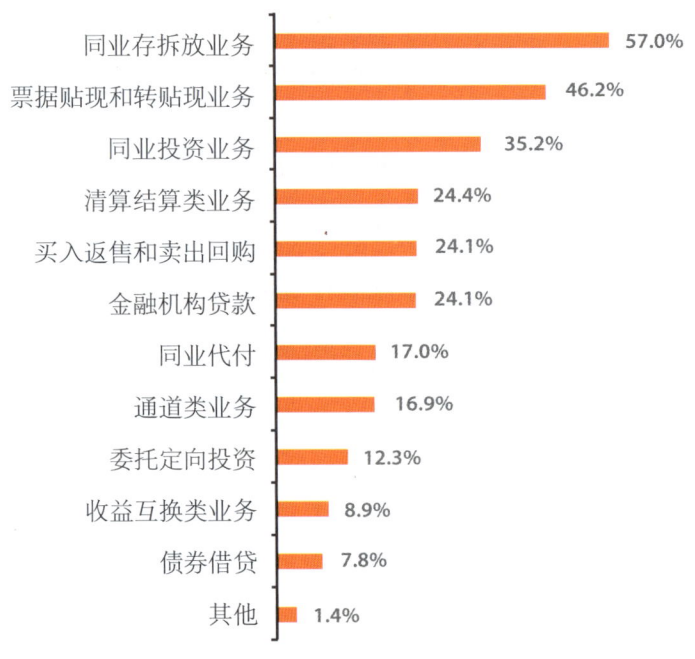

图3-24　2017年同业业务发展的重点

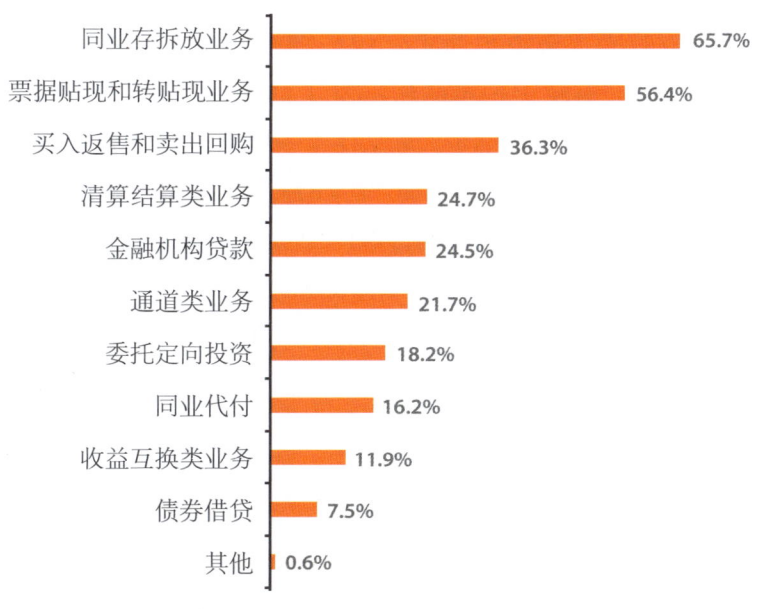

图3-25　2016年同业业务发展的重点

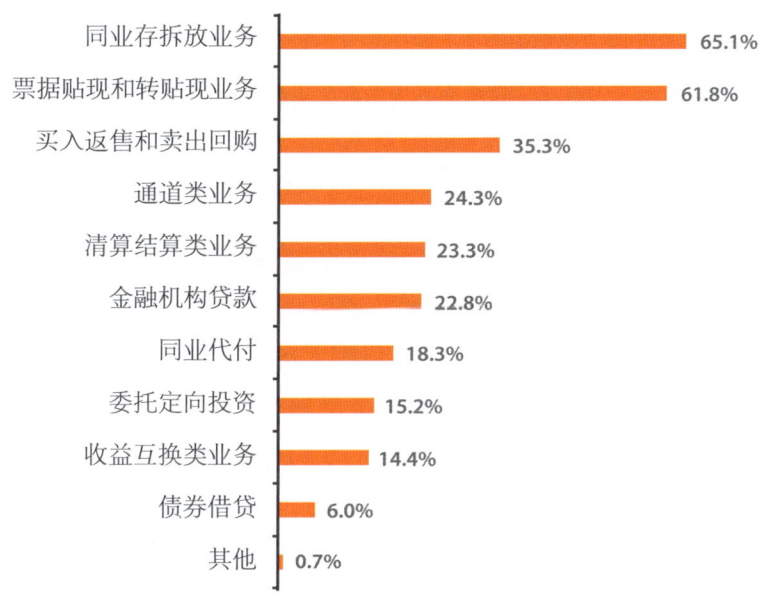

图3-26　2015年同业业务发展的重点

八、监管趋严背景下银行杠杆运用能力削弱，通道类业务受影响最大

2017年，为引导资金脱虚向实，银行理财及同业业务监管趋严，各类监管政策陆续出台。有超过一半的银行家（55.5%）认为受到监管趋严的影响，银行利用杠杆的能力削弱，"同业存单—同业理财—委外投资"的嵌套资金链条套利交易得到控制。截至2017年8月，同业资产与同业负债分别较年初减少3.2万亿元和1.4万亿元，银行以同业资金进行扩表的能力明显受限。同时受去杠杆政策影响，银行资金筹集成本有所增加（49.8%），资金募集渠道受堵，资金匹配困难（43.9%）（见图3-27）。

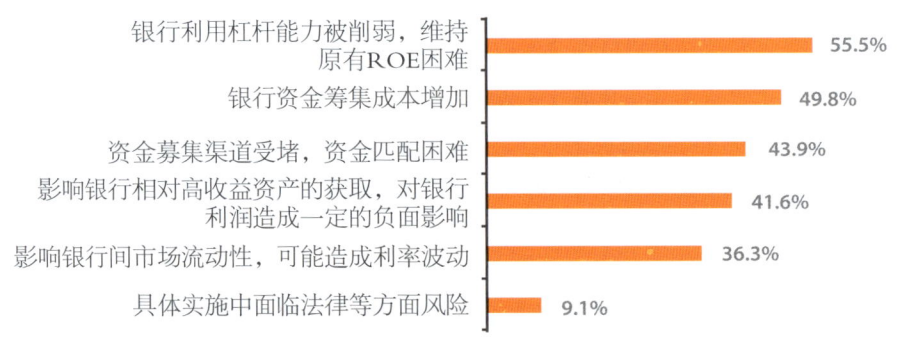

图3-27 监管趋严对银行带来的主要影响

在具体业务方面，多个政府部门出台的监管政策均指出，通道类业务具有监管套利特征，应当全面禁止。本次调查也显示，通道类业务受监管政策影响最为显著，选择占比高达47.9%（见图3-28）。目前，各家银行已按照监管要求对同业业务实施穿透式管理，规范交易行为。

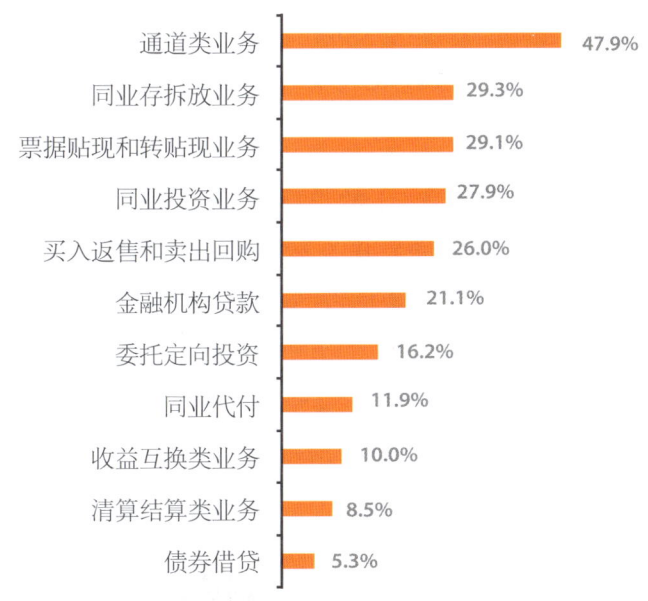

通道类业务	47.9%
同业存拆放业务	29.3%
票据贴现和转贴现业务	29.1%
同业投资业务	27.9%
买入返售和卖出回购	26.0%
金融机构贷款	21.1%
委托定向投资	16.2%
同业代付	11.9%
收益互换类业务	10.0%
清算结算类业务	8.5%
债券借贷	5.3%

图3-28　最受监管趋严影响的同业业务类型

　　针对同业业务的风险控制，银行家普遍认为应当将其纳入全面风险管理体系（66.4%）（见图3-29）。表外资产与表内资产有一定的同构性和替代性，而同构性的资产波动会对表内外产生一致性的影响，因此，强调全口径下的表内外全面风险管理成为同业业务风险控制的首要前提。此外，51.3%的银行家认为在开展同业业务的过程中应当建立相适应的同业业务治理体系，由法人总部对同业业务统一管理，健全前中后台分设的内控管理机制，加强内部检查与责任追究，保障同业业务依法合规开展。

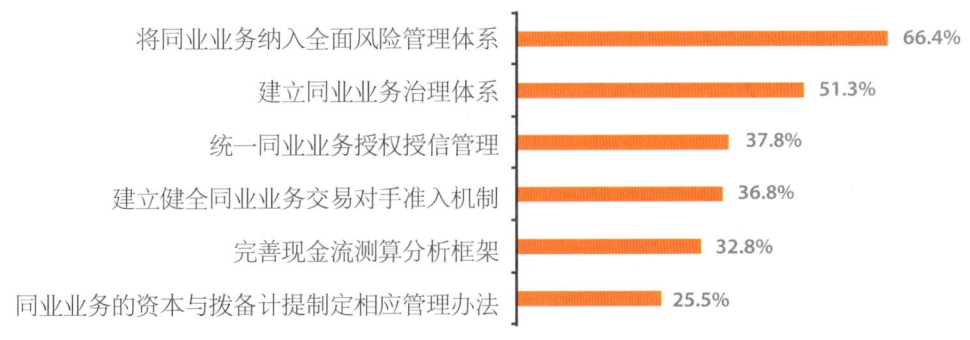

将同业业务纳入全面风险管理体系	66.4%
建立同业业务治理体系	51.3%
统一同业业务授权授信管理	37.8%
建立健全同业业务交易对手准入机制	36.8%
完善现金流测算分析框架	32.8%
同业业务的资本与拨备计提制定相应管理办法	25.5%

图3-29　银行同业业务内控重点进行完善的领域

九、投贷联动业务发展迅猛，
风险补偿体系仍需优化

投贷联动业务的开展，有助于缓解信息不对称问题，实现风险收益相匹配，提高银行参与中小科技企业融资的积极性，有助于缓解中小企业的融资难问题，并拓宽商业银行的盈利渠道。

调查显示，有近七成（67.4%）的银行积极响应国家"大众创业，万众创新"政策，发挥自身优势，创新开展投贷联动业务，其中有4.2%的银行家认为投贷联动业务将发展成为其所在银行利润的主要来源（见图3-30）。

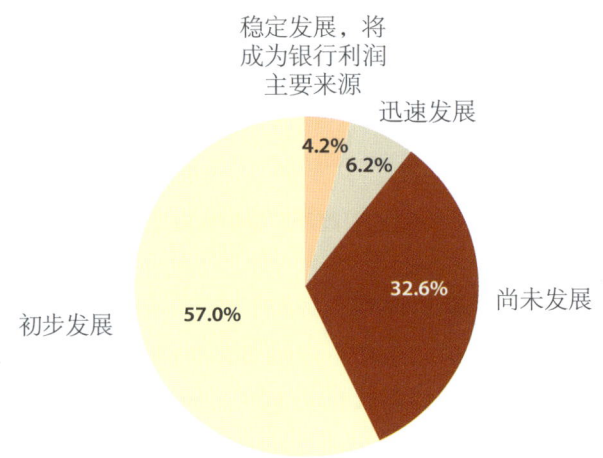

稳定发展，将
成为银行利润
主要来源
4.2%
迅速发展
6.2%
32.6%   尚未发展
初步发展   57.0%

图3-30　中国银行业投贷联动业务发展情况

在投贷联动业务模式方面，有34.3%的银行家选择"银行+私募股权投资（PE）/风险投资（VC）"的模式开展业务（见图3-31），主要是因为在该模式下，银行可以依赖外部机构的专业能力，通过跟进贷款的方式降低业务风险。25.7%的银行家选择采取"银行+银行投资子公司"的模式，说明部分银行仍倾向于发挥自身多元化经营优势进行展业。此外，21.4%的银行家选择采取"银行+特殊目的实体（SPV）"模式。总体来看，目前投贷联动业务各模式发展均衡，各银行都在积极尝试投贷联动业务的创新发展。

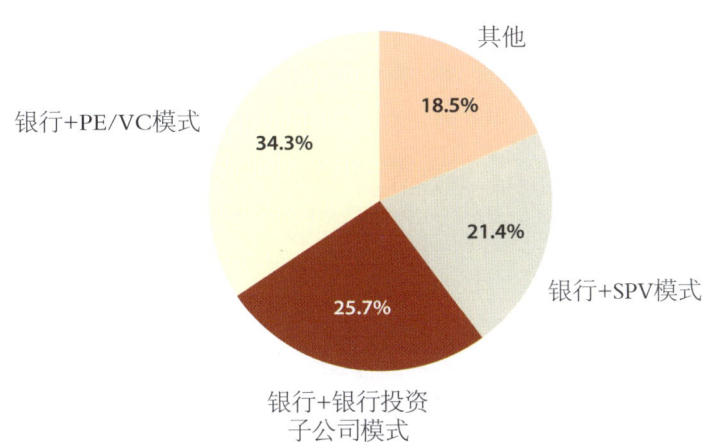

图3-31 中国银行业投贷联动业务模式

在投贷联动业务发展难点方面，52.8%的银行家认为风险补偿体系有待优化，表明银行开展投贷联动业务所获收益还难以有效覆盖其风险暴露，影响其业务的可持续开展。49.8%的银行家认为实施投贷联动业务缺乏相应的综合人才，43.6%的银行家认为业务发展规划还有待明晰（见图3-32）。

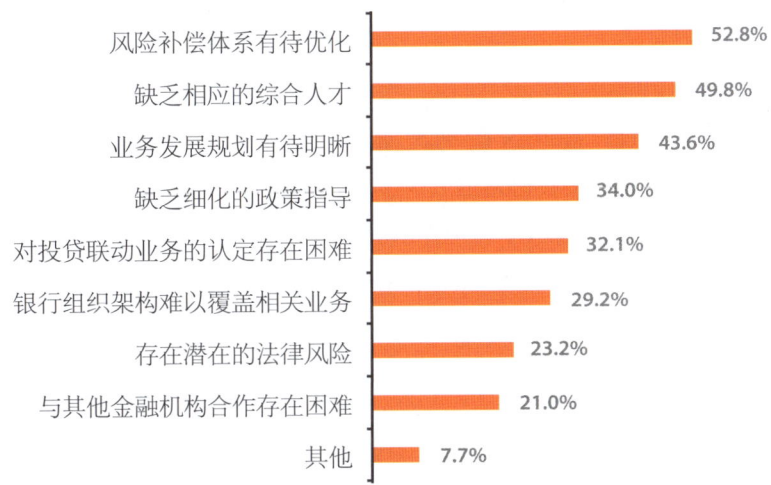

图3-32 中国银行业实施投贷联动业务的难点

十、银行业大力支持绿色产业，
助力"中国制造2025"战略推行

　　"中国制造2025"战略坚持"创新驱动、质量为先、绿色发展、结构优化、人才为本"的基本方针，是中国金融市场深化改革和繁荣发展的重大机遇。调查显示（见图3-33），近八成（78.1%）的银行家将提供综合性金融服务作为参与"中国制造2025"战略的主要方式。"中国制造2025"战略涉及面广，商业银行应当及时调整产品、服务及策略，通过综合性金融服务，支持制造业强国建设。同时，七成左右的银行家选择加大"多元化金融创新"和"对相关产业的信贷支持"力度，以有效地聚焦制造业发展的难点痛点，促进制造业结构调整、转型升级、提质增效。

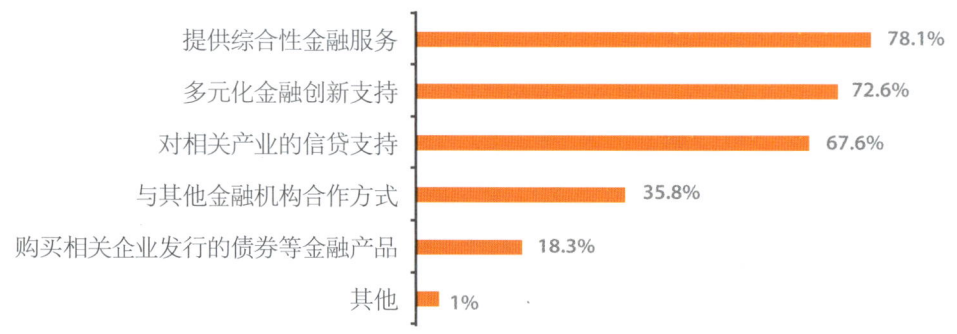

图3-33　中国银行业参与"中国制造2025"战略的方式

　　在支持行业方面，高端设备制造业和医疗设备制造业选择占比最高，分别达58.7%和58.2%；水泥制造业（4.3%）、化工行业制造业（6.6%）则居最末（见图3-34）。这显示了商业银行对于"新""旧"产业的强烈偏好差异。中央"三去一降一补"政策的推进使得以新产业、新模式、新业态为代表的新经济发展迅速，在高端装备制造等新经济领域，出现了大量的新市场新客户；同时，财富增长和消费升级下的医疗、养老等产业也方兴未艾，这加速了银行信贷资产结构调整的步伐。

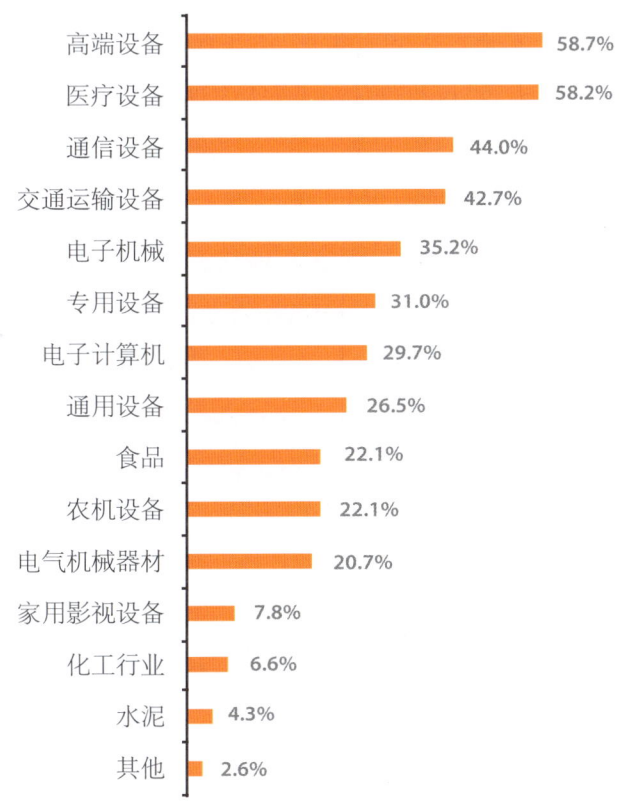

高端设备 58.7%
医疗设备 58.2%
通信设备 44.0%
交通运输设备 42.7%
电子机械 35.2%
专用设备 31.0%
电子计算机 29.7%
通用设备 26.5%
食品 22.1%
农机设备 22.1%
电气机械器材 20.7%
家用影视设备 7.8%
化工行业 6.6%
水泥 4.3%
其他 2.6%

图3-34 银行支持制造业的主要行业

如图3-35所示，在支持企业方面，八成（83.2%）的银行家选择重点支持绿色环保型企业，人工智能企业和互联网企业则分别为第二位（59%）和第三位（42.1%），这符合"中国制造2025"战略的基本方针，有利于促进制造业朝高端、智能、绿色、服务方向发展，培育制造业竞争新优势。

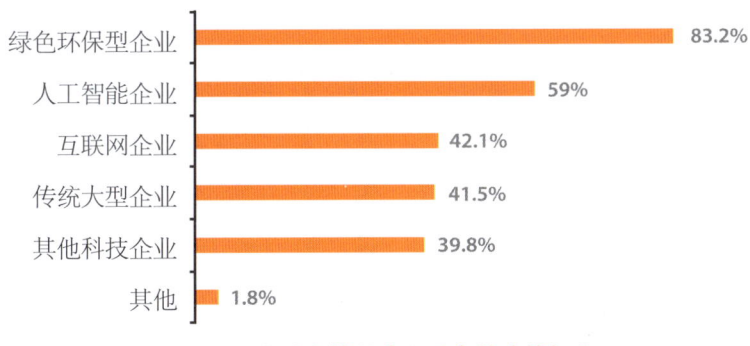

绿色环保型企业 83.2%
人工智能企业 59%
互联网企业 42.1%
传统大型企业 41.5%
其他科技企业 39.8%
其他 1.8%

图3-35 金融支持制造业重点关注的行业

在发展困难方面，"中国制造2025"战略的推行，孵化了大量初创期企业，银行需不断提高风险偏好来适应企业技术创新带来的不确定性，创新金融产品，完善风险管理体系。调查表明，59.1%的银行家认为现有的金融产品还难以贴合企业需求，56.2%的银行家认为现有的风险体系难以覆盖相关风险（见图3-36）。

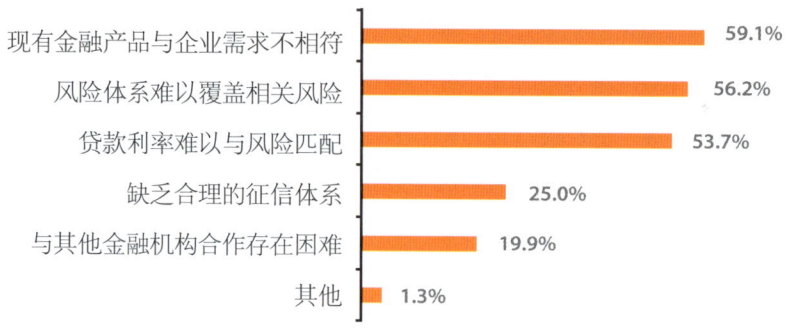

图3-36　银行业支持"中国制造2025"战略存在的困难

浦发银行副行长谢伟、交通银行首席经济学家连平、中国东方资产管理股份有限公司战略发展规划部总经理秦斌谈去杠杆进程中债转股的市场化发展

项目组：请您大致介绍一下贵行债转股业务的开展情况。

谢伟（浦发银行）：浦发银行高度重视和深入学习研究国务院指导意见及银监会相关政策指引，积极参与发改委、银监会、银行业协会等召开的债转股专题会议，并成立了由行领导牵头的政策研究小组，密切跟踪和关注相关政策进展，做好政策准备。

同时，浦发银行加强与资产管理公司和同业交流，积极探索同业合作模式与债转股实施路径；同时浦发银行积极参与国企、央企债委会工作，协助推进中钢集团、中铁物资等债转股项目，对于大连船舶重工、合肥熔安动力等一些企业债转股需求，浦发银行作为债委会参与行，围绕"银企双赢"的目标，正在积极配合方案研讨、磋商与项目推进工作。

连平（交通银行）：为落实积极稳妥降低企业杠杆率的要求，交行大力推进市场化债转股工作，成立专项领导小组，全面摸排客户需求，确定首批12家以央企和省属企业为主的债转股目标客户名单，拟签署市场化债转股框架协议达1380亿元。截至目前，已与10家企业签署1180亿元框架协议。同时，在银监会指导下，交行已上报关于设立银行系债转股实施机构的请示，力争获得首批试点资格。

2017年8月28日，交通银行与中国建材股份有限公司合作的债转股基金实现首期投放。该笔基金业务系交通银行在发改委备案的首单市场化债转股业务。基金拟合作规模100亿元，本次首期投放10亿元，基金主要以债权方式投资于中建材下属核心子公司，用于日常经营周转或债务偿还。通过本次产业基金业务合作，能调整企业债务结构，有效降低标的企业融资成本。后期，双方将加强协作，积极推动以股权投资方式参与产业投资基金模式创新。

秦斌（中国东方）：自1999年公司成立以来，中国东方开展了多单债转股业务。早期主要为政策性债转股，后来则以商业化债转股为主，成功的案例也不少，如"超日债"等债转股业务。在本轮债权转股权工作开展过程中，中国东方高度重视，积极响应国家积极稳妥降低企业杠杆率的政策，支持实体经济的发展。2017年8月15日，中国东方就与中国船舶重工股份有限公司、大连船舶重工集团有限公司签署债转股协议，中国东方以所持债权对中国重工下属子公司大连船

舶重工实施了总额20亿元的市场化债转股，其他还有一些债转股项目也在加紧洽谈中。

项目组：您认为债转股业务会给贵行和金融体系带来什么风险？其中对贵行影响最大的是哪种风险？贵行将采取哪些措施来应对上述几大风险？

谢伟（浦发银行）：在经济下行期，银行经营也面临诸多困难和挑战的情况下，债转股可能将企业的财务风险转变为金融风险，加大银行自身风险暴露，给银行的风险管控进一步增加压力。债转股业务会带来的主要风险包括：债转股过程中债权和股权的定价风险；债转股增加银行资本占用，加大资本消耗的风险；债转股后企业经营不善加大银行风险暴露的风险；对转股企业的股权如何实施有效管理所面临的管理风险；退出机制和渠道缺乏有效性的风险；企业道德风险等。

应对措施：浦发银行将充分研究国务院指导意见和相关债转股政策，一方面积极向监管部门提出建议，建议明确政策导向，建立白名单机制，在监管指导下，合理确定债转股范围和对象，选定那些对经济社会发展具有重要支撑意义且具有市场发展前景，但是因为负债率过高、财务压力大而存在暂时性困难的企业实行债转股，帮助其渡过暂时困难，获得新发展。对落后产能企业、"僵尸企业"和恶意逃废债企业等，注重分类处理，坚决按市场化原则出清，不应纳入债转股实施范围。同时，建议相关部委、监管部门在资本约束、债转股企业上市安排、证券市场交易等方面出台相关配套协调政策，以帮助银行合理选择持股主体及股权退出机制，拓宽和畅通债

转股后的股权退出渠道，除采用由企业回购的方式外，应大力探索通过资本市场建立和完善股权交易机制实现有效退出。另一方面，浦发银行将通过加强政策研究指导与实务积累，并积极利用债委会协调机制，不断健全完善浦发银行债转股工作体系，科学确定债转股的比例，以有效应对各类风险。

连平（交通银行）：当下需警惕的是实施债转股可能导致商业银行短期利润受损、资本充足率承压、可能需要放弃债权优先清偿次序这三类不利影响。

债转股通过利息收入、拨备冲回，以及债转股前后债权与股权账面价值差等渠道影响商业银行短期利润水平。对正常类、关注类贷款债转股主要导致利息收入损失，而拨备冲回效应和债转股前后债权与股权账面价值差基本可忽略。对不良贷款债转股同样导致利息收入损失，且往往仅能将债权价值的3~5折转换为企业股权，但债转股当年拨备冲回较大，或能回补部分利润损失。

我国相关监管制度规定，商业银行被动持有非金融企业股权风险加权资产对应风险权重两年内为400%，两年后上升至1250%，远高于持有贷款的风险权重。故而，实施债转股后商业银行风险加权资产将增大，若不通过增资扩股、利润留存等方式增厚净资本，则资本充足率将进一步下滑。

因股权清偿次序列于债权的清偿次序之后，因而假如债转股后企业经营不善而破产清算，银行能得到的回收率一般会大大低于持有贷款的回收率。假如债转股企业质量较差，未来无法扭亏为盈，则实施债转股只会导致商业银行遭受更大

损失。

为此，商业银行则应重点完善标的筛选标准，从源头上把控风险。可重点考虑强周期行业和涉及国计民生的基础性行业，并加强研究行业3~5年后的供需景气情况，实施债转股企业应具有上市公司平台和优质资产。可考虑组建项目制专家团队，严格审查拟债转股企业财务，审慎评估经营前景，严防质差企业通过财务粉饰甚至造假。可针对不同债转股业务模式制定相应的基本条款，避免分支机构研究力量不足或将条款制定权力过度下放而因地方政府压力导致所承担债转股风险过大。还应详细测算不同债转股规模对利润、资本充足率、拨备覆盖率等指标的影响，为合理制定债转股实施规模提供依据。

秦斌（中国东方）：债转股业务的可能风险主要有：首先是股权退出的不确定，债转股的股权持有期限长，少则五年，股权能否顺利退出存在很大不确定性；其次是企业杠杆率可能再次高企，特别是债转股后经营能力未能有效提升的企业更有可能加杠杆；最后是债转股后企业经营形势恶化，财务状况无法好转，甚至破产倒闭。

为有效控制风险，中国东方在开展进行债转股业务时，提前谋划，努力将尽职调查做细做实，在选好标的的同时，制订好股权退出方案，优先选择旗下有上市公司的企业或者有上市预期的企业进行债转股。另外，中国东方强调对派驻债转股企业的董事、监事进行规范管理，把住重点事项和风险环节，必要时争取一票否决权以保障自身权益。

项目组：您认为债转股业务和贵行其他业务

有何关联？债转股业务的开展对贵行发展有哪些好处？

连平（交通银行）：市场化债转股有助于商业银行提高风险管理水平，改善信贷资金配置效率，促进生产率的潜力释放。债转股新政策允许银行新设实施机构参与市场化债转股，其确定转股对象企业的过程即是筛选企业的过程。银行必须从行业发展前景、管理团队、产品竞争优势等多方面对企业未来经营的风险、现金流进行评估，这无疑会提高银行识别企业经营风险的能力，增强全方位评价企业风险的水平，促使银行以企业价值最大化而非抵押物和政府隐性担保的程度来对企业进行甄别。

秦斌（中国东方）：债转股业务与资产管理公司的不良资产业务和投融资等业务相伴而生。按照规定，本轮债转股既可以转不良类贷款，也可以转正常类、关注类贷款。前者直接处置已变成不良的贷款，属于传统不良资产业务；后者从不良资产迁徙的角度，解决可能变成不良贷款的、目前账面仍显示正常的贷款，是对传统不良资产债转股业务的延伸。

债转股业务与不良资产业务同属逆周期业务。在当前中国经济新常态的背景下，债转股业务为中国东方开展全周期金融服务提供了更加丰富的手段和业务类型，是中国东方服务实体经济的重要抓手及履行防范和化解金融风险使命的重要路径。

项目组：贵行在开展债转股业务时是否遇到一些困难？是如何应对的呢？

连平（交通银行）：一是适合推进债转股的企业遴选较为困难，其前提必须是对这些企业的资产负债、经营前景有较为清晰的预判，尤其需要对适合债转股的企业和"僵尸企业"进行界定；二是地方政府的干预、拉郎配的现象可能无法杜绝，尽管中央已经明确禁止拉郎配，但在实际操作过程中，地方政府的干预之手将无处不在；三是银行在推进债转股时也有自身的考虑，因为大多数银行考核主要是企业贷款本息回收状况，一旦进入债转股程序，企业贷款在考核上将可能成为非正常类贷款，直接影响到相关银行主管人员的经营业绩。

秦斌（中国东方）：在开展本轮债转股业务时，中国东方遇到的困难主要有两个方面。其一，资金来源受限。本轮债转股资金需求量大，资产管理公司自有资本有限，市场资金成本较高，债转股业务开展受限。其二，资本占用金额较大、期限较长。市场化债权转股权后，风险系数为200%，在较长的处置周期内，将持续对经济资本产生影响。针对以上困难，业内呼吁通过人民银行再贷款等方式，为资产管理公司开展债转股业务提供低成本资金，呼吁监管部门降低债转股业务占用经济资本的考核权重，并为资产管理公司发行资本债和引战上市提供政策支持。

项目组：您对本轮市场化、法制化债转股有何看法？与上一轮债转股相比有何不同？请稍作评价。

连平（交通银行）：通过市场化债转股的有效推动，有助于建立国有企业自身债务约束的长效机制。健全有效的现代公司治理是国有企业降杠杆和增效益的长效保障机制。按照"市场化、法制化"原则，银行和实施机构选择较好的国有企业实施债转股，可以实现国有企业股权多元化，助推混合所有制改革，建立机制合理、制衡有效的治理结构，引入先进管理理念和市场化人才激励机制，对企业进行深层次改组改制改造，真正以经济效益为目标确定最优的投资方向与规模、产品结构及资产负债结构，提高企业运行效率和经营效益，从而从根本上控制企业杠杆率和增强企业偿债能力。

市场化债转股有助于建立多层次资本市场，优化社会融资结构。债转股新政策规定债转股所需资金由实施机构充分利用各种市场化方式和渠道筹集，特别是可用于股本投资的资金。经过实施机构市场化筛选对象企业、股权债权市场化对价，实施机构依照"市场化、法制化"原则对对象企业进行改组改造后，企业未来股权价值可能会明显提升，在当前我国股权融资产品种类有待增加的背景下，市场化债转股的股权无疑将是一种新的投资品种，有助于通过市场化方式有序将存款转化为股权投资，从而提高股权融资的融资比重，优化社会融资结构。

秦斌（中国东方）：自2016年9月债转股正式被重启以来，这样那样的声音一直存在，在实施过程中，也遇到一些困难。但总的来说，本轮市场化、法治化债转股的设想是好的，能够支持有较好发展前景但遇到暂时困难的优质企业渡过难关，提升企业持续健康发展能力。短期看，债转股降低了企业财务杠杆，企业付息债务明显下降。长期看，银行或其他金融机构作为实施主体成为股东后，将参与转股企业的决策，提升转股企业的公司治理水平，既有利于实现企业的长远发展，又保证了银行权益。

与早期政策性债转股相比，本轮债转股在目的、原则、实施主体、资金来源、转股对象、标的债权等方面有明显不同。从面临的经济形势看，前者适逢中国加入世贸组织，经济腾飞，本轮债转股遭遇新常态。前者的主要目的是支持国企改革脱困，本轮债转股的目标主要是降杠杆、降成本、化解银行不良资产等；前者坚持政策性原则，本轮则强调市场化、法治化；前者的实施主体是四大金融资产管理公司，本轮的实施主体是银行成立的实施主体、金融资产管理公司及其他金融机构；前者的资金来源是国家出资，本轮主要靠市场化募集；前者的转股对象是国有企业，本轮债转股的转股对象既有国有企业也有民营企业；前者的标的债权是不良类，本轮扩展至正常类、关注类。

项目组： 贵行是否已建立或拟建立专司市场化债转股业务的子公司？您认为设立专职子公司有何利弊？若拟建立，目前进展如何？若已建立，请介绍一下业务开展情况。

连平（交通银行）： 根据《关于市场化银行债权转股权的指导意见》的有关精神，前期交行在有关部委、监管机构的关心指导下，积极推进了债转股实施机构设立的有关工作，已经开展的有关工作包括：

一是完成内部决策及审批流程。交行将债转股实施机构设立的有关事项经党委会批准同意后，分别于2017年1月18日、19日提交交行董事会战略委员会和董事会审议通过。

二是就设立实施机构向银监会上报请示文件。根据前期沟通情况，五大行设立债转股实施机构的总体方案已经过国务院批准，后续银监会还将就五大行设立实施机构的具体事项经有关部委签后上报国务院。根据银监会的要求，交行已于2017年3月10日向银监会正式上报了关于设立债转股实施机构的书面请示，力争在监管机构及部委的支持下与四大行同批设立实施机构。

三是积极开展实施机构筹备筹建的各项准备工作。交行对设立债转股实施机构的可行性进行深入研究，讨论和设计拟设机构的业务拓展策略、内控体系、风险管理机制等，制订了债转股实施机构的筹建方案。对实施机构组织管理架构和人员配置方案进行研究，根据岗位需求着手配备人才队伍。

项目组： 2017年7月结束的全国金融工作会议强调，要把国有企业去杠杆作为重中之重，抓好处置"僵尸企业"工作。您如何看待此轮债转股在国企改革的作用？

连平（交通银行）： 当前实施债转股的企业主要集中于钢铁、煤炭、有色等产能过剩行业。对过剩行业内优质大型企业实施债转股、降低其财务成本，有助于拉大行业内优质与低效企业之间的利润差异，激励优质企业积极生产，推动行业内"僵尸企业"出清。而过剩行业"僵尸企业"加速出清则有助于行业整体利润水平提升，实施债转股的企业利润水平也将随之提升。

第四部分
风险管理与内部控制

近年来我国宏观经济总体向好，GDP 的持续增长、经济结构的转型升级、新兴产业的快速发展、居民可支配财富的增长以及居民消费升级，为商业银行的发展提供了良好的外部环境，推动了我国银行业保持较快发展。但高速发展的背后隐藏的是发展速度和质量之间的失衡，这种失衡在GDP增速放缓、经济结构调整的转型期表现得尤为明显，并暴露出诸多风险。

银行家要准确判断我国银行业当前面临的主要风险，科学分析风险的成因，把主动防范化解系统性金融风险放在更加重要的位置，牢牢守住不发生系统性金融风险的底线。

一、信用风险仍最受关注，银行探索新型金融工具处置不良资产

根据银行家们对银行业2017年的风险关注情况的调查结果显示（见图4-1），信用风险、市场风险以及流动性风险依然是关注度最高的三类风险，分别占比为64.8%、41.9%、40.7%。信用风险的关注度在近九年中有八年的（包括本年度）关注度都占据榜首位置，信用风险始终是我国银行业最关注的问题。但从银行家们对于风险的关注度来看，信用风险的关注程度有所降低，这与2017年中国各项经济指标改善，企业信用风险得到缓释，银行业稳健发展，银行资产质量下行压力减缓有关。

市场风险的关注度位列第二位。近年来，随着我国金融市场化和国际化程度的提高，利率市场化进程的加快，商业银行面临的市场风险显著增加，也更加复杂和多变。未来，加强市场风险的预防仍是管控的重点，77.3%的银行家认为应重点加强对市场风险识别和预警机制的完善（见图4-2）。

流动性风险的关注度位列第三位，且占比基本与市场风险持平。在相对宽松的货币政策环境下，商业银行资产负债结构变化是近期流动性承压的主要原因。部分银行过度追求杠杆经营，交叉性金融业务发展较快，同时依赖于稳定性较差的同业负债来源，加大了银行流动性风险管理难度。

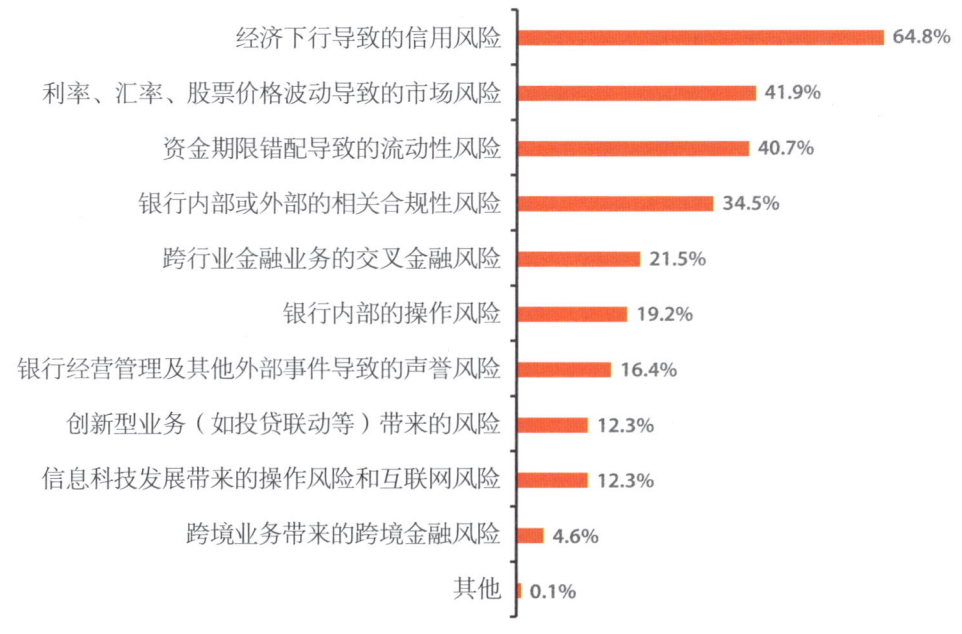

图4-1 2017年银行业面临的主要风险

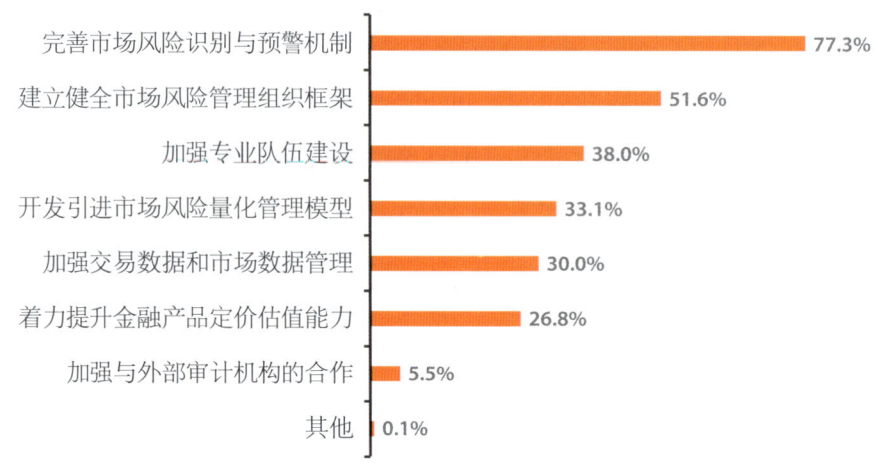

完善市场风险识别与预警机制 77.3%

建立健全市场风险管理组织框架 51.6%

加强专业队伍建设 38.0%

开发引进市场风险量化管理模型 33.1%

加强交易数据和市场数据管理 30.0%

着力提升金融产品定价估值能力 26.8%

加强与外部审计机构的合作 5.5%

其他 0.1%

图4-2 2017年银行业加强市场风险管理的重点

从不同银行类型来看（见图4-3），大型商业银行对于合规性风险的重视程度排在其所有指标的第二位，这与2016年的调查结果相同，可以看出大型商业银行依然注重合规性问题。在流动性风险方面，与2016年情况相同，其他类型银行对此的关注程度都高于大型商业银行，可以看出，大型商业银行流动性相对充裕且流动性风险管理能力也相对较强。

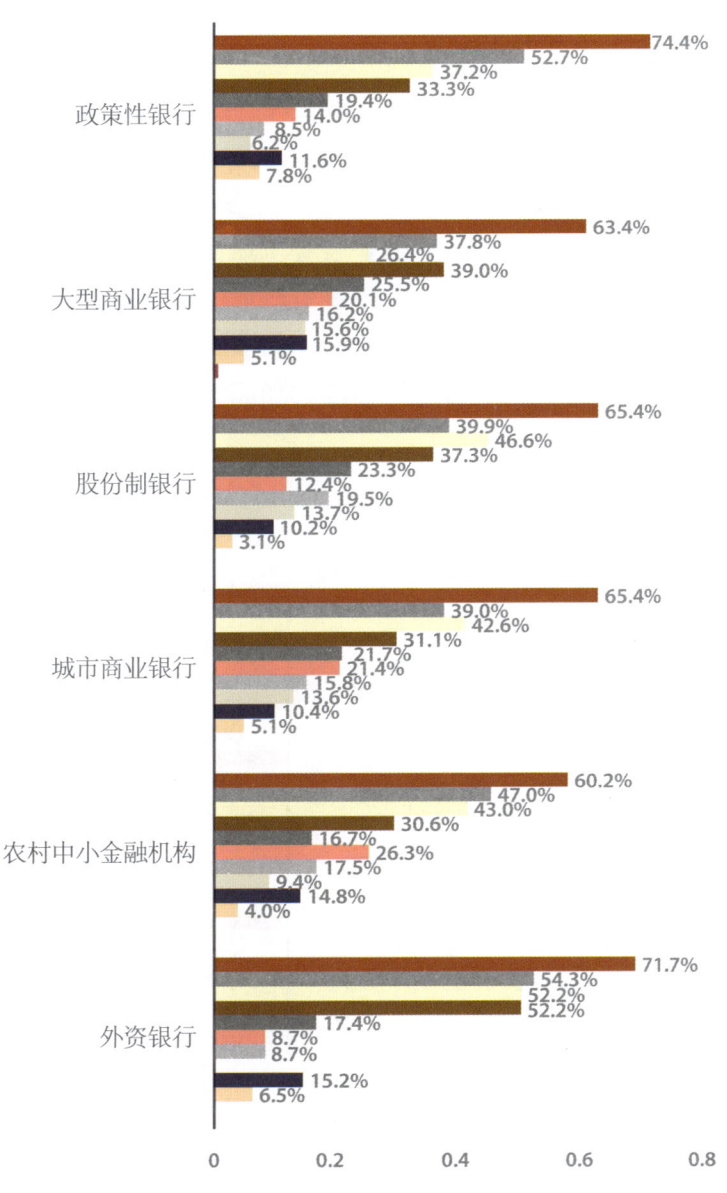

政策性银行
74.4%
52.7%
37.2%
33.3%
19.4%
14.0%
8.5%
6.2%
11.6%
7.8%

大型商业银行
63.4%
37.8%
26.4%
39.0%
25.5%
20.1%
16.2%
15.6%
15.9%
5.1%

股份制银行
65.4%
39.9%
46.6%
37.3%
23.3%
12.4%
19.5%
13.7%
10.2%
3.1%

城市商业银行
65.4%
39.0%
42.6%
31.1%
21.7%
21.4%
15.8%
13.6%
10.4%
5.1%

农村中小金融机构
60.2%
47.0%
43.0%
30.6%
16.7%
26.3%
17.5%
9.4%
14.8%
4.0%

外资银行
71.7%
54.3%
52.2%
52.2%
17.4%
8.7%
8.7%
15.2%
6.5%

0   0.2   0.4   0.6   0.8

- 经济下行导致的信用风险
- 利率、汇率、股票价格波动导致的市场风险
- 资金期限错配导致的流动性风险
- 银行内部或外部的相关合规性风险
- 跨行业金融业务的交叉金融风险
- 银行内部的操作风险
- 银行经营管理及其他外部事件导致的声誉风险
- 创新型业务（如投贷联动等）带来的风险
- 信息科技发展带来的操作风险和互联网风险
- 跨境业务带来的跨境金融风险
- 其他

图4-3 不同类型机构2017年面临的最主要风险

对于银行业风险的化解措施，60.4%的银行家认为要提高不良资产现金清收能力，加快不良资产核销和押品处置（见图4-4）。可见在不良资产的处置措施方面，不良资产核销和押品处置依然是各家银行的首选。44.0%的银行家认为要继续加大资产证券化、债转股等市场化处置不良资产处置工具的研究和运用力度。随着政策的支持，不良资产证券化业务正在成为商业银行处置不良资产的有效工具，提升潜力很大。而债转股有利于减轻企业债务负担，优化企业资产结构，随着市场化程度的加深，这种方式未来也有望得到更广泛的推广。

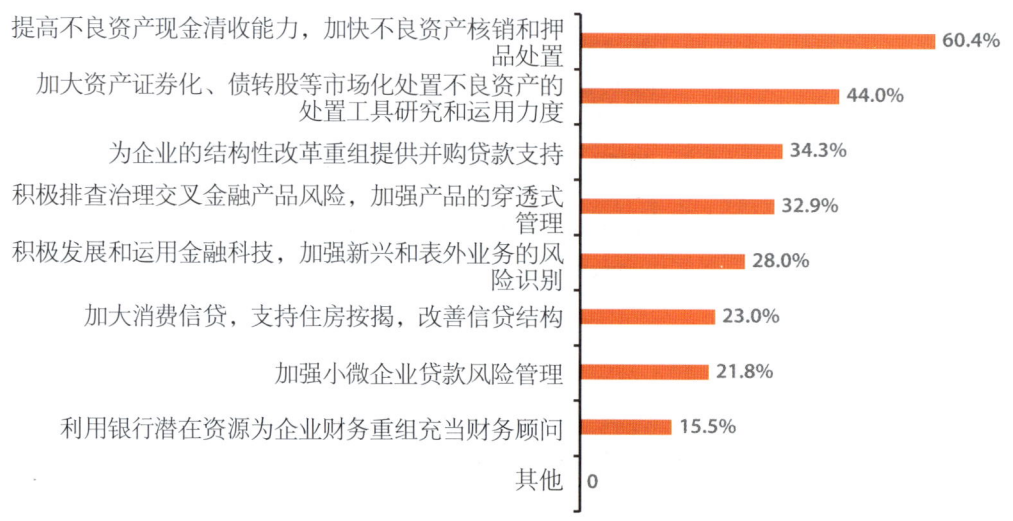

提高不良资产现金清收能力，加快不良资产核销和押品处置   60.4%
加大资产证券化、债转股等市场化处置不良资产的处置工具研究和运用力度   44.0%
为企业的结构性改革重组提供并购贷款支持   34.3%
积极排查治理交叉金融产品风险，加强产品的穿透式管理   32.9%
积极发展和运用金融科技，加强新兴和表外业务的风险识别   28.0%
加大消费信贷，支持住房按揭，改善信贷结构   23.0%
加强小微企业贷款风险管理   21.8%
利用银行潜在资源为企业财务重组充当财务顾问   15.5%
其他   0

图4-4　2017年中国银行业在风险化解上的主要措施

二、产能过剩以及小微企业贷款仍是风险重点，贷前审查与风险动态监测应齐头并进

如图4-5所示，产能过剩行业贷款仍然是银行家最为关注的信用风险（68.7%），但是关注度较2016年相比有所下降。一方面，国家对于过剩产能行业明确了有保有控的差别化金融政策，银行给产能过剩行业贷款审批会更加慎重，从而降低发生信用违约风险的可能性；另一方面，随着去产能力度的不断加大，相关贷款的违约风险也会逐步显现，行业整体信用风险仍不容忽视。

45.9%的银行家重点关注小微企业贷款的信用风险，这与小微企业缺乏规范的财务信息、必要的抵押物及长期持续经营的信用积累有关。但与2016年相比，该项风险的关注度有所下降，这主要得益于针对小微企业金融专业化服务水平的持续提升。28.0%的银行家关注房地产开发性贷款的信用风险，表明国家不断出台政策来稳定房地产投资并突出住房的居住属性，控房价防泡沫去库存并行，使银行对房地产开发性贷款更加审慎。

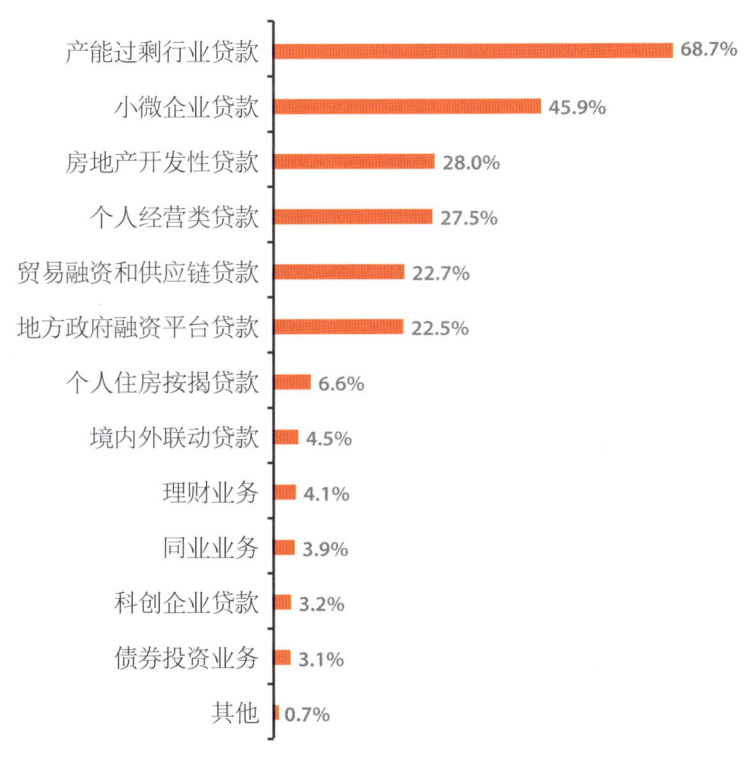

图4-5　2017年银行面临的主要信用风险

在信用风险的管理重点方面，贷前风险审查，严格准入管理的认可度最高（65.9%），排在第二位的是信用风险动态监测和实时预警的加强（42.7%）（见图4-6）。这说明银行家们更看重贷前的风险识别和贷中的风险监控，以便从源头切断信用风险。同时，加大不良贷款的管理和清收处置力度及其责任的认定和处理（36.2%）的关注度也较高，表明银行家对于贷后处理的重视程度有所提高。可以看出，银行家对于加强贷前审查、贷中监测和贷后管理的信用风险管理全流程的重视程度在加强。

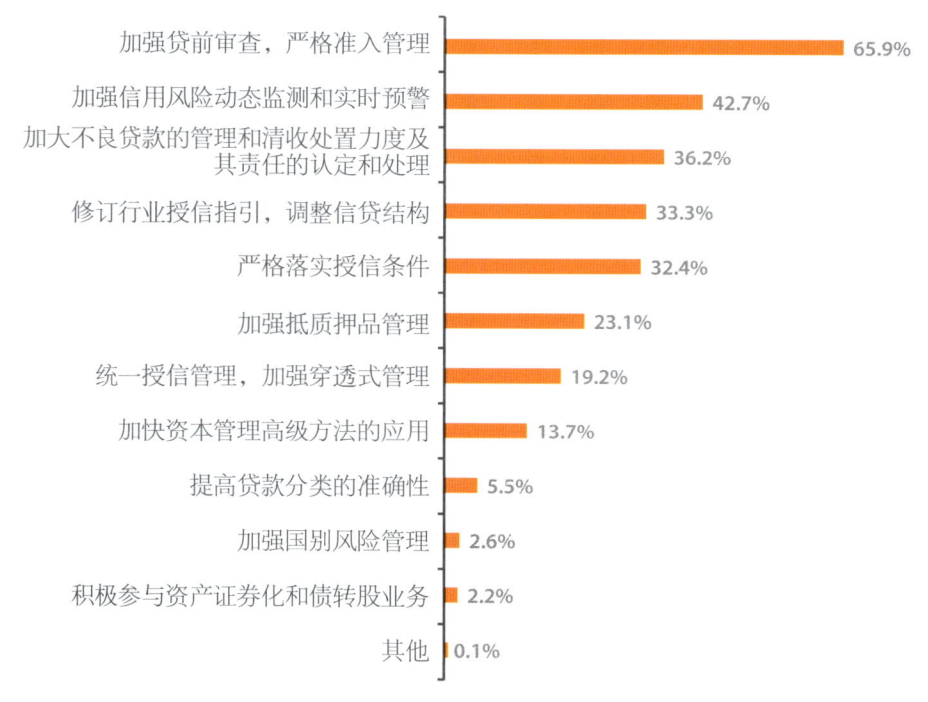

图4-6　2017年加强信用风险管理的重点

三、强化日常流动性管理，加强流动性风险监测是流动性风险管理的首要工作

在流动性管理方面，73.0%的银行家认为应该强化流动性的日常管理、加强对流动性风险的监测，该比例显著高于其他管理措施（见图4-7）。这一结果与信用风险管理类似，即银行在流动性风险管理方面也更加强调事前的监测，更加注重从源头方面识别风险、防范风险。另外，金融去杠杆的持续推进以及监管的不断强化，使得银行流动性平衡状态遭受冲击。在此背景下，银行家们认为要强化日常流动性的管理，对潜在的流动性风险进行实时监测。

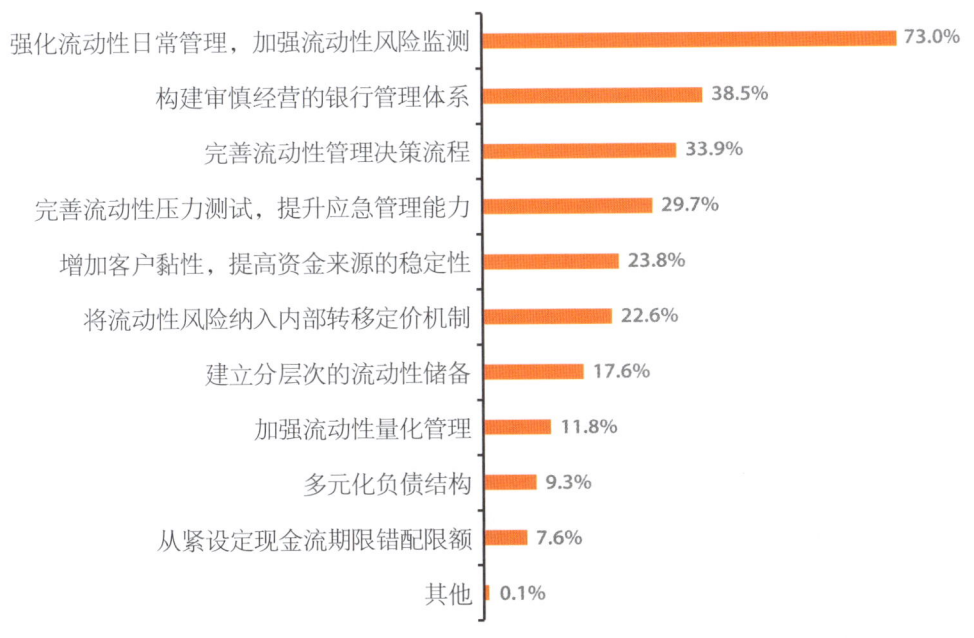

图4-7 2017年银行业加强流动性风险管理的重点

四、合规风险的管理重点在于加强内部管理，员工的违规操作是操作风险发生的最主要原因

合规经营是银行稳健运行的内在要求，也是防范金融案件的前提。根据《中国银行业监督管理委员会行政处罚办法》第八十八条有关"公开行政处罚信息"的规定，银监会自2015年9月起，在其网站上陆续公开了近年来各级银监部门开出的行政处罚信息细节，显示出监管部门对银行合规风险的高度重视，银行合规风险压力也在增大。

如图4-8所示，针对合规风险的管理，53.5%的银行家认为要加强员工行为的监督和排查，其意在加强员工行为的规范化和操作的合规化；51.5%的银行家认为要加强从业人员内控风险和执业操守教育培训，提高全员的合规意识；50.4%的银行家认为要加强内部监督检查，加大违规行为的问责和处罚力度。

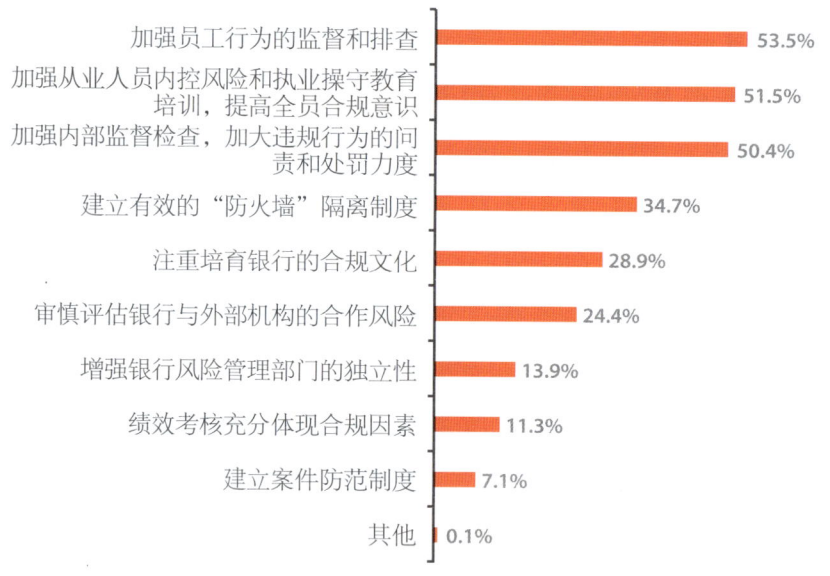

图4-8　2017年银行业加强合规风险管理的重点

对于银行业的操作风险，如图4-9所示，52.8%的银行家认为银行员工的违规操作是导致操作风险的主要原因，而其他选项的占比均相对较低。总体来看，相较于内控体系、规章制度等外部原因，银行员工的个人违规操作既会造成合规风险，同时也是导致银行操作风险的主要原因。

33.7%的银行家认为内控体系跟不上科技创新的步伐是产生操作风险的主要原因，这也说明现如今内控体系的建设与业务的创新发展不相适应，金融新业务、新知识、新技术层出不穷，内控制度在一定程度上存在滞后现象。

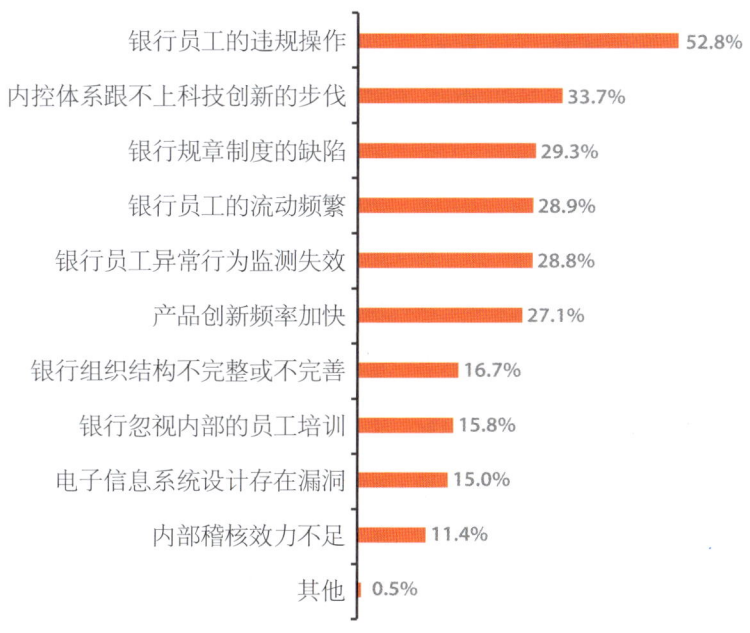

银行员工的违规操作   52.8%
内控体系跟不上科技创新的步伐   33.7%
银行规章制度的缺陷   29.3%
银行员工的流动频繁   28.9%
银行员工异常行为监测失效   28.8%
产品创新频率加快   27.1%
银行组织结构不完整或不完善   16.7%
银行忽视内部的员工培训   15.8%
电子信息系统设计存在漏洞   15.0%
内部稽核效力不足   11.4%
其他   0.5%

图4-9 2017年银行业操作风险产生的主要原因

五、银行内控要加强制度体系的建设和落实，并形成良好的内控文化

近几年，我国商业银行虽已经开始重视内控建设，但由于受主、客观因素的影响，内控机制运行中尚存在着一些薄弱环节，导致多家银行都发生过大案要案。内控机制的形成和内控效率的提高是银行稳健运行的基础，针对内部控制的完善重点，56.2%的银行家认为应该构建权责明晰的内部控制组织体系，47.8%的银行家认为应该建立严格的制度落实监督考核机制，43.9%的银行家认为应该加强内控文化的建设（见图4-10）。说明银行内部控制管理的完善主要还应以制度体系的建设和落实为核心，并坚持以人为本，加强内控文化建设，确保员工具有内控管理观念、意识和行为规范，形成全行齐抓共管的内控建设文化。

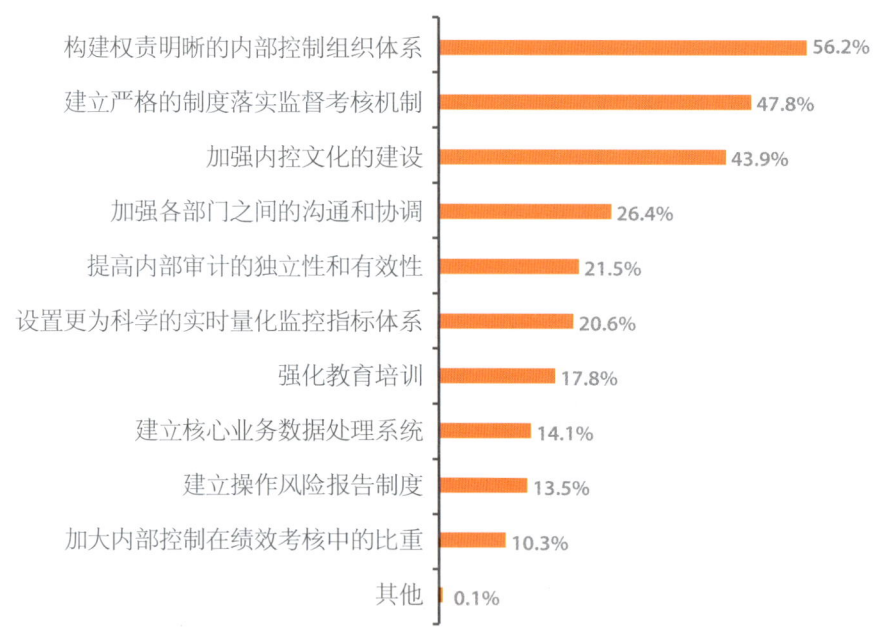

构建权责明晰的内部控制组织体系 — 56.2%
建立严格的制度落实监督考核机制 — 47.8%
加强内控文化的建设 — 43.9%
加强各部门之间的沟通和协调 — 26.4%
提高内部审计的独立性和有效性 — 21.5%
设置更为科学的实时量化监控指标体系 — 20.6%
强化教育培训 — 17.8%
建立核心业务数据处理系统 — 14.1%
建立操作风险报告制度 — 13.5%
加大内部控制在绩效考核中的比重 — 10.3%
其他 — 0.1%

图4-10 2017年银行业完善内部控制的重点

六、银行业服务"走出去"过程中侧重信用风险和合规风险的防控

近年来，我国企业与金融机构"走出去"的深度和广度不断提升。在此过程中，银行家认为信用风险（55.8%）是银行服务"走出去"企业的风险防控重点（见图4-11），这主要是由于各国的金融环境不同，信息的不对称性加大，数据的有效性降低，信用风险的识别难度加大，银行风险甄别能力不足。

52.8%的银行家认为应该重点防控合规风险，主要原因是我国企业的海外扩张主要围绕"一带一路"沿线国家推进，而这些地区经济发展水平总体较低，机构的准入法律体系不健全，监管文化与标准不同，商业银行面临的合规经营压力较大。

同时，只有26.8%的银行家重视环境与社会风险，主要原因是银行支持的很多项目都面临日益严峻的环境与社会风险，对银行的声誉带来负面影响，甚至在很多国家引起排华骚乱和抗议，而银行家对该风险的认识还不够。

图4-11　2017年银行服务"走出去"的重点风险管理

七、信贷类业务成为案件风险排查的首要关注点

近年来，银行业风险时有发生，对银行业的健康发展不利。根据2016年罚单业务金额统计，信贷业务为8275万元、票据业务为6290万元、内控合规为6097万元、其他业务为986万元，信贷类业务成为2016年风险案件中涉及金额最多的。

本次银行家调查结果也支持了上述统计（见图4-12）。对于2017年案件风险排查的重点，69.9%的银行家认为是信贷类业务，57.0%的银行家认为应该聚焦票据类业务。信贷类业务超过去年最受关注的票据类业务，成为今年最受关注的业务，说明随着中国实体经济增速放缓，信贷资产的质量逐年下降，前期蕴含的风险正在逐步释放，坏账问题开始显现。而票据类业务因在2016年经过监管部门的整顿，电子票据使用的全面力推以及上海票据交易所的开业，风险逐步被控制，关注度略有下降。

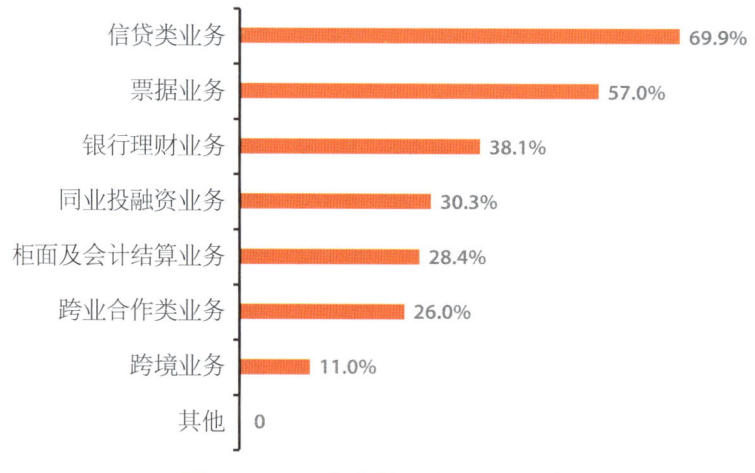

图4-12　2017年案件风险排查的重点

八、预防债券违约的传导风险最主要措施为内部防火墙的设置

截至2016年末，上市银行证券投资（包括可供出售金融资产、持有至到期金融资产、应收款投资金融资产和交易类金融资产）规模为37.5万亿元，较2015年提高6.83万亿元，增幅为22.3%；同时，债券承销也是商业银行中间业务收入的重要来源。2016年债市违约事件共涉及35家发行企业的79只债券，违约规模高达398.94亿元，相比2015年的违约规模117.1亿元有所增加。随着银行持债规模的提升、承销债券规模的扩大、债券市场违约事件的增多，债券违约风险向银行传导成为了一个日益凸显的问题。

对于防止债券违约向银行传导的风险的主要措施，58.3%的银行家认为应该健全银行信用债券交易、投资业务、债券承销以及公司信贷业务的防火墙制度，防止各部门各环节之间的违规操作导致的风险传导。54.9%的银行家认为应加强债券投资的统一授信管理。同时，40.5%的银行家认为应该加强企业信用债承销、托管环节的信息披露审查（见图4-13），这主要是为防止信息披露、尽职调查工作存在疏忽，当企业信用债出现违约时，银行将可能承担相应的责任，形成声誉风险。

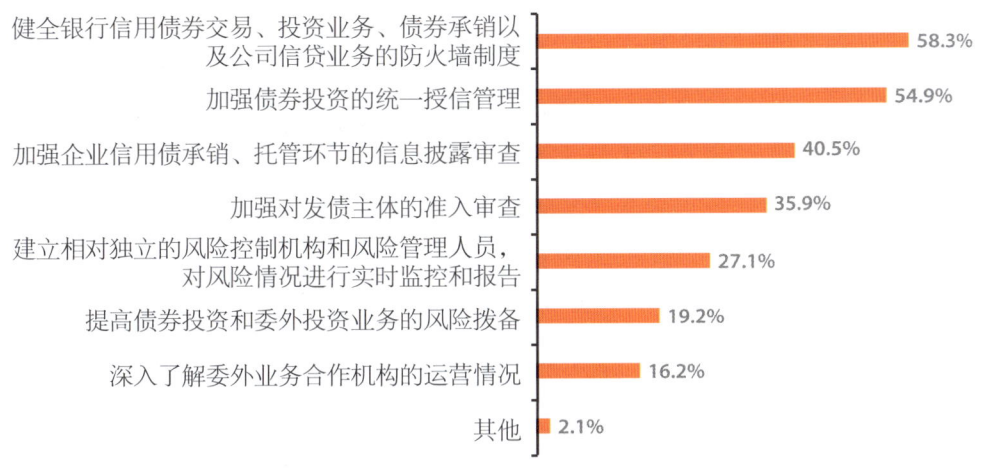

图4-13　预防债券违约向银行传导的风险的主要措施

九、防控房市风险重点要建立房地产开发企业甄选机制，严控商用房贷款

在房地产调控政策深化、房地产行业景气度逐步回落以及监管政策施压的背景下，银行对房地产开发贷可能持谨慎态度，实施差别化的信贷政策。调查结果显示（见图4-14），57.5%的银行家认为针对房地产市场"过热"的城市，开发贷应投向以保障性和普通商住为主，严控商用房贷款。38.6%的银行家认为针对房地产市场"过冷"的城市，应设计创新灵活的个人住房贷款和还款方式，鼓励居民买房。可见，银行对于不同城市的房企和有购房需求的居民将采取差异化的政策，但当前阶段，相比于房市"过冷"城市的去库存需求，银行家更为重视控制热点城市新增住房开发贷款，坚持"房子是用来住的、不是用来炒的"原则。

53.3%的银行家认为应建立房地产开发企业的甄选机制，差异化设置不同城市的客户准入政策。"过热"的城市房地产价格非理性上涨严重，而"过冷"的城市"去库存"压力大，区域市场存在严重的不平衡，针对此种情况，对不同城市客户设置不同的准入政策能有效缓解市场的不平衡。

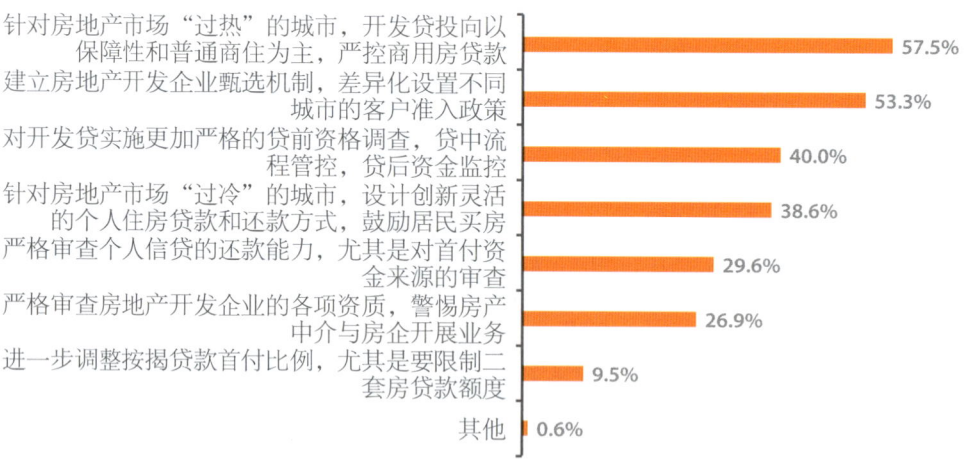

针对房地产市场"过热"的城市，开发贷投向以保障性和普通商住为主，严控商用房贷款　57.5%
建立房地产开发企业甄选机制，差异化设置不同城市的客户准入政策　53.3%
对开发贷实施更加严格的贷前资格调查，贷中流程管控，贷后资金监控　40.0%
针对房地产市场"过冷"的城市，设计创新灵活的个人住房贷款和还款方式，鼓励居民买房　38.6%
严格审查个人信贷的还款能力，尤其是对首付资金来源的审查　29.6%
严格审查房地产开发企业的各项资质，警惕房产中介与房企开展业务　26.9%
进一步调整按揭贷款首付比例，尤其是要限制二套房贷款额度　9.5%
其他　0.6%

图4-14　2017年银行业防控房地产贷款风险的主要管理措施

按区域划分来看（见图4-15），东部地区有61.9%的银行家更关注房地产市场"过热"带来的风险，这一点高于其他地区的比例。这主要是因为，我国房地产市场"过热"的城市相对集中在东部沿海的一二线城市，房地产市场在今年监管政策的施压下，东部地区对房地产市场"过热"的城市的用房贷款更加重视。

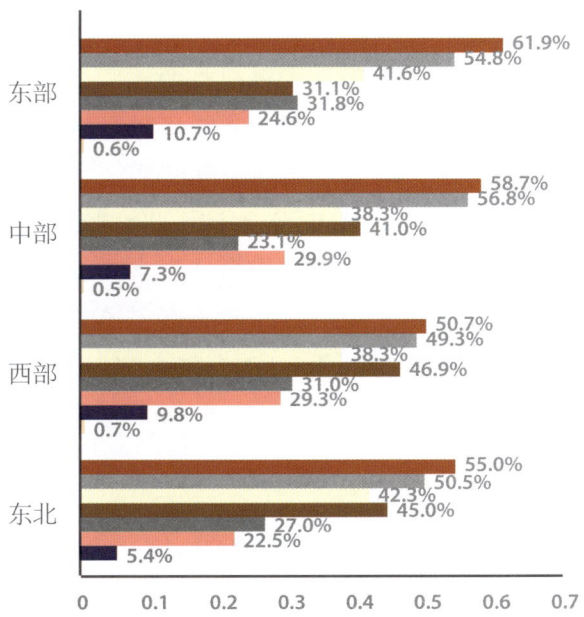

■ 针对房地产市场"过热"的城市，开发贷投向以保障性和普通商住为主，严控商用房贷款
■ 建立房地产开发企业甄选机制，差异化设置不同城市的客户准入政策
□ 对开发贷实施更加严格的贷前资格调查，贷中流程管控，贷后资金监控
■ 针对房地产市场"过冷"的城市，设计创新灵活的个人住房贷款和还款方式，鼓励居民买房
■ 严格审查个人信贷的还款能力，尤其是对首付资金来源的审查
■ 严格审查房地产开发企业的各项资质，警惕房产中介与房企开展业务
■ 进一步调整按揭贷款首付比例，尤其是要限制二套房贷款额度
□ 其他

图4-15 2017年不同区域银行业防控房地产贷款风险的主要管理措施

十、交叉性金融风险的防范重点在于
资管行业的统一规制

近年来，金融混业经营深化，资管领域跨市场、跨行业的业务交流增进，易导致交叉风险的传递。在此背景下，46.6%的银行家认为，应该对银行资产管理行业进行统一规制（见图4-16）。2017年11月17日，中国人民银行发布《关于规范金融机构资产管理业务的指导意见（征求意见稿）》，其核心思想即使各类金融机构的资管业务受到统一无差别的严格监管，以避免由于不同监管机构政策的不同而造成的监管空白和监管套利。

39.4%的银行家认为应该统一交叉性金融业务产品的登记系统，对业务链条的所有金融机构进行穿透登记。银行业金融机构要建立交叉金融业务监测台账，准确掌握交叉性金融业务的信息，对业务链条的金融机构实施穿透登记，防止多层嵌套。33.5%的银行家认为需要做好交叉性金融业务资产质量的分类，真实反映不良资产的风险。从市场情况看，个别银行为了降低不良资产率，粉饰财务数据，采取了将不良贷款腾挪出表，贷款风险分类不准确，财务报表不如实反映资产质量的手段。2017年，经过监管部门的监管摸底排查，贷款风险分类不准确的行为得到了一定的控制，但资产质量的真实分类仍需加强。

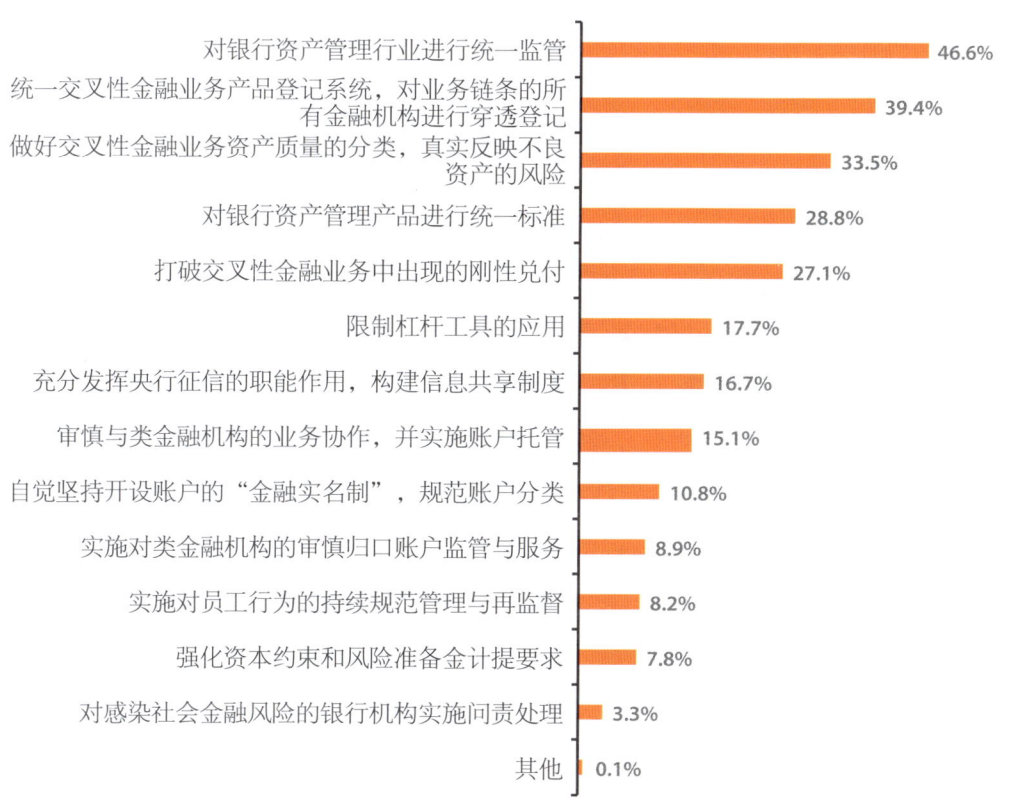

对银行资产管理行业进行统一监管	46.6%
统一交叉性金融业务产品登记系统,对业务链条的所有金融机构进行穿透登记	39.4%
做好交叉性金融业务资产质量的分类,真实反映不良资产的风险	33.5%
对银行资产管理产品进行统一标准	28.8%
打破交叉性金融业务中出现的刚性兑付	27.1%
限制杠杆工具的应用	17.7%
充分发挥央行征信的职能作用,构建信息共享制度	16.7%
审慎与类金融机构的业务协作,并实施账户托管	15.1%
自觉坚持开设账户的"金融实名制",规范账户分类	10.8%
实施对类金融机构的审慎归口账户监管与服务	8.9%
实施对员工行为的持续规范管理与再监督	8.2%
强化资本约束和风险准备金计提要求	7.8%
对感染社会金融风险的银行机构实施问责处理	3.3%
其他	0.1%

图4-16　2017年银行业防范交叉性金融风险的主要措施

第五部分
人力资源与财务管理

近年来，银行业在新的经济环境及转型升级背景下，正面临员工数量增长持续下降、人才不断流失等问题。因此，对银行业人力资源管理转型升级、留住人才、优化人员结构等方面提出更新、更高的专业要求。面对监管和市场的新形势，如何合理进行资产负债配置，以求在控制风险的前提下实现收益最大化是值得中国银行业深思的议题。此外，金融业实行"营改增"以来，在实施层面仍存在不少问题，进一步完善税制设计成为业界普遍呼声。而IFRS 9将于2018年1月1日正式实施，究竟会对银行业带来哪些影响，也是业界普遍关心的话题。

一、未来中国银行业员工数量增长预期持续下降，大型商业银行尤为明显

关于未来三年中国银行业员工数量的变化，调查结果显示（见图5-1），有67.7%的银行家认为将会增加，其中，仅有7.4%的银行家认为将增加20%以上；32.3%的银行家认为未来三年员工数量基本不变或会有减少。通过与2014年、2015年的调查数据对比，认为未来中国银行业员工数量增长的银行家比例呈下降趋势，认为员工数量不变或减少的比例越来越大。本年度的调查中，认为未来三年银行业员工数量会减少的银行家比例首次超过了10%。在中国经济步入新常态、互联网金融不断发展、中国银行业面临转型压力等多重背景下，多家银行以"轻型银行"为转型战略，减少人力成本、调整人员结构，对员工数量的需求将进一步放缓和减少。经济下行和银行业转型带来的"离职潮"也成为银行家对未来从业人员数量预期考量的重要因素。

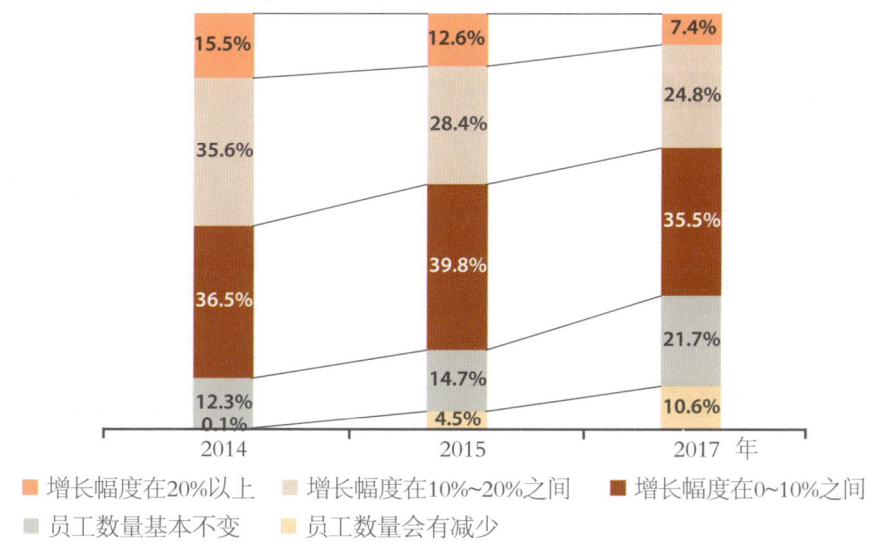

图5-1　2014年、2015年和2017年银行家对未来三年中国银行业员工数量变化情况的看法对比

按银行机构类型来看，如图5-2所示，银行家对未来三年的员工数量变化的看法出现了较为明显的差异。调查结果显示，大型商业银行未来员工数量减少的概率最高。30.9%的来自大型商业银行的银行家认为未来三年其所在银行的员工数量会减少，占比明显高于其他类型银行。大型商业银行营业网点多，人员基数大，而且操作性员工占比高，因此，在未来向智能网点的

转型升级中，减少员工数量成为降成本、提效率的一项重要措施。而城市商业银行未来人员扩充的概率最大，84.9%的来自城市商业银行的银行家认为其所在银行未来三年员工人数会增加。这主要是因为大部分城市商业银行资产规模小、建行时间短，从成立以来就坚持轻资本、低成本为特征的发展战略，网点数量少、人员基数小且以专业性和营销型人员为主，而且有着较为强烈的业务扩张冲动。

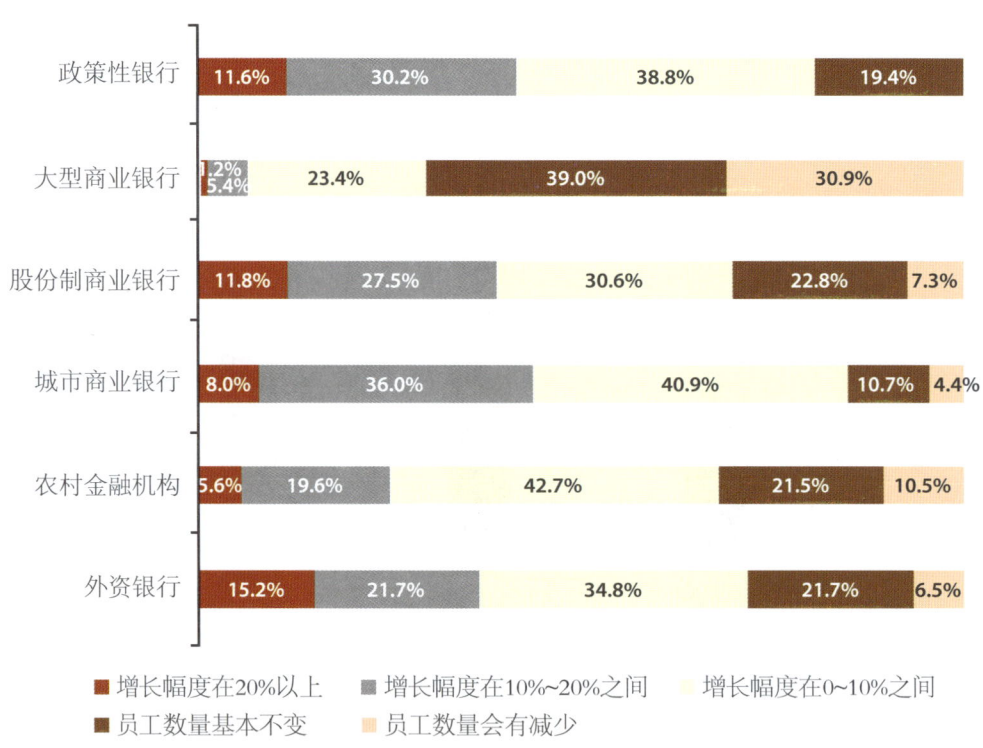

图5-2 不同类型银行未来三年员工数量变化情况比较

二、人才流失对银行业总体影响较小，互联网 金融的迅速发展和薪酬问题是人才流失的 主要诱因

对于人才流失给银行带来的影响，71.1%的银行家认为影响较小，10.4% 的银行家认为未产生影响，仅有18.5%的银行家认为影响较大（见图5-3）。 这说明虽然从数量上来看，近年来银行业人才流失情况较为明显，但并未对 银行业的发展造成太大影响。

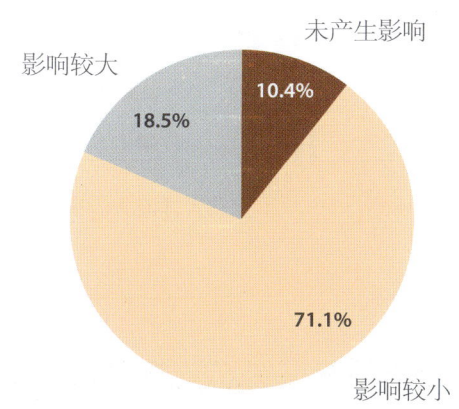

未产生影响
10.4%

影响较大
18.5%

71.1%

影响较小

图5-3　人才流失对中国银行业的影响程度

从人才流失的原因来看，如图5-4所示，一半以上（50.3%）的银行家 认为人才流失的主要原因是"互联网金融迅速发展使得人才流向创新金 融机构"，其次是银行业"缺乏合理有效的激励机制，薪酬体系单一" （46.7%）以及"经济下行，银行薪酬'大跳水'"（44.0%），而认为"当 前推进去产能、去杠杆等经济环境，融资需求下降，人员过剩"的原因仅有 16.4%，排在最后一位。可见，互联网金融迅速发展、经济下行等是人员流 失的主要外部因素，激励机制和薪酬体系不完善等则是人才流失的主要内部 因素。也正是由于大型商业银行在激励机制和薪酬体系方面存在的问题更为 突出，加上迅速发展的互联网金融对人才的吸引，使得大型商业银行的人才 流失现象较为明显，给银行经营带来的影响也相对较大（见图5-5）。

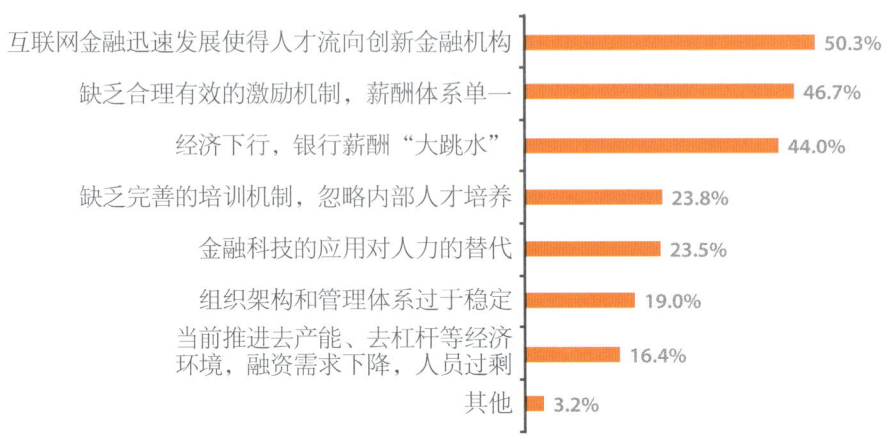

图5-4 中国银行业人才流失原因

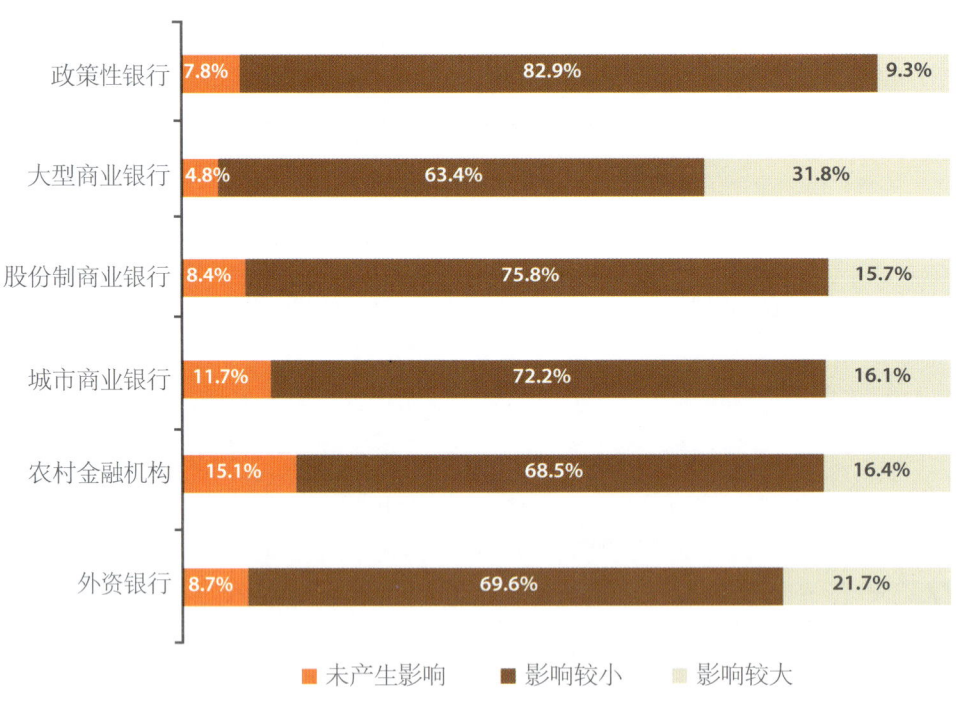

图5-5 人才流失对不同类型银行的影响程度

三、银行家多策并用留住人才，为员工搭建广阔的职业平台尤为关键

在留住人才的举措方面，如图5-6所示，77.1%的银行家表示将通过积极调整管理机制，为员工搭建广阔的职业平台的方式留住人才。可见，在当前银行经营管理体制下，人才晋升的空间依然有限，而且也较难为优秀人才提供干事创业的平台。66.9%的银行家将加强企业文化建设，激发员工的潜能和热情，56.6%的银行家将加强内部人才培养与开发。除此之外，其他措施还包括积极改进员工薪酬激励机制，加快引入并推广股权、期权等激励手段（54.3%）和在新的经济环境下，加快银行业务转型（41.1%）。从以上调查数据来看，各项措施的占比都超过了40%，而且差距不明显。因此，银行家在留住人才方面将采取多策并用的方式，希望通过职业平台搭建、企业文化建设、内部人才培养、薪酬激励机制以及银行业务转型等各项措施留住内部人才。

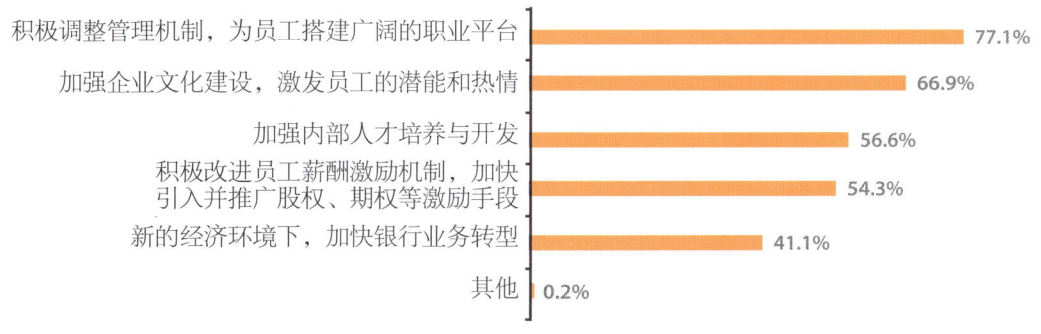

图5-6　中国银行业留住人才的措施

四、银行家多措并举推动人力资源管理转型升级

    在银行业转型的同时，人力资源管理也在不断转型升级。调查结果显示，"完善人才储备机制，加强员工培训"（71.9%）占比最高（见图5-7）。可见，越来越多的银行家从长远发展考虑，更加注重通过员工培训加强人才储备和人才梯队建设，通过优化学习发展体系，积累知识结构，建立学习型组织，更好地服务战略转型。其次是"加强专业序列建设，完善人员晋升机制"（69.8%），进一步说明银行家更加重视为员工搭建广阔的职业平台。除以上外，"适应转型需要，优化人员结构"（62.6%）、"建立健全合理有效的激励约束机制"（57.3%）和"完善可持续发展的人才流动机制"（54.3%）成为银行业人力资源管理转型升级的主要措施，占比均在百分之五十以上。可见，银行家在对人力资源管理转型升级方面仍采用多措并举的方式，更好地运用人力资源管理这一锁钥促进银行内部转型。

完善人才储备机制，加强员工培训   71.9%
加强专业序列建设，完善人员晋升机制   69.8%
适应转型需要，优化人员结构   62.6%
建立健全合理有效的激励约束机制   57.3%
完善可持续发展的人才流动机制   54.3%
提升适应当前环境的绩效考核机制   43.4%
实现人力资源管理的信息化和数据化   27.9%

图5-7　中国银行业在人力资源管理转型升级方面采取的措施

五、未来银行业人员结构优化调整主要偏向专业型和营销型岗位

根据调查结果可以看出（见图5-8），未来银行业将大大增加专业型岗位（82.3%）和营销型岗位（84.0%），维持管理型岗位的现状（66.3%），大幅减少操作型岗位（54.3%）。可见，随着经济下行、利率市场化以及互联网金融的迅速发展，银行业面临与金融科技企业、同业间竞争以及转型升级的压力下，急需提高专业人才及营销人才的占比，提升专业性和服务质量；同时，随着金融科技、人工智能的兴起与不断发展，操作型的岗位将进一步被机器所替代，大大节约银行人力成本、提高业务操作效率和准确率，未来银行业人员结构优化调整将向重专业、重服务、轻操作的方向转变。

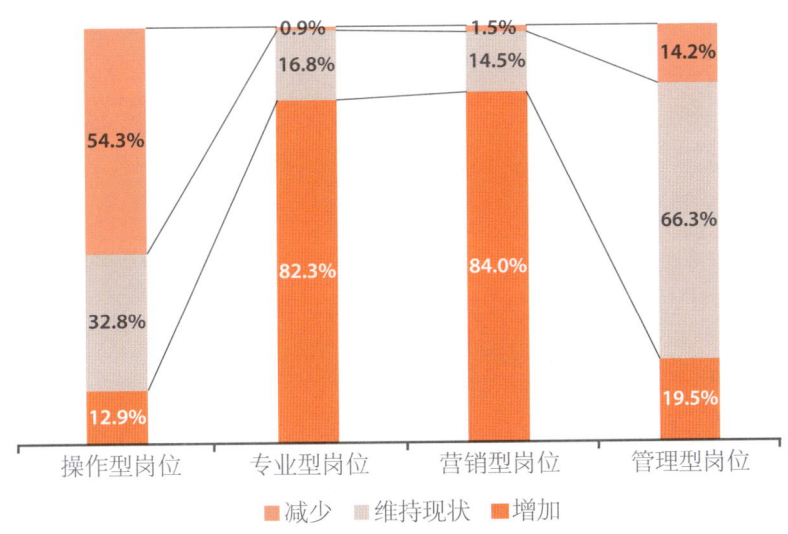

图5-8　未来银行业人员结构优化调整的方向

比较不同类型银行未来人员结果优化调整的情况，调查结果显示（见图5-9、图5-10、图5-11、图5-12），各类银行普遍会增加营销型和专业型岗位人员数量。其中，大型商业银行对营销型岗位人员的需求最大（93.7%），主要是因为近年来银行业竞争越来越激烈，大型商业银行的优势被削弱，必须加大业务营销拓展的力度，才能守住自己的阵地。而对于操作型岗位和管理型岗位人员数量的变动情况，不同类型银行之间存在一定分化。由于操作型岗位人员占比相对较高，随着网点智能化转型的推进，大型商业银行未来减少操作人员的可能性最大（77.2%），而政策性银行未来则可能增加操作人员，这与其自身的业务性质与转型发展需求有关。政策性银行的管理水平相对较低，在经济下行期，其对管理型岗位人员的需求更为迫切（30.2%），而由于机构过于庞大，管理层级过多，大型商业银行则有减少管理人员的可能。

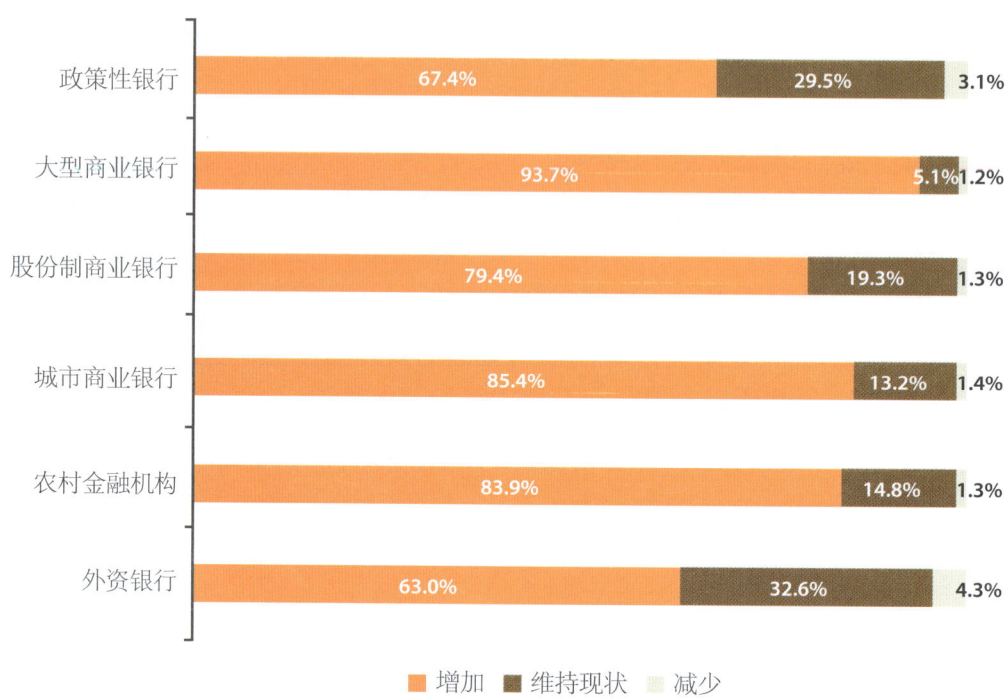

图5-9 不同类型银行未来营销型岗位人员数量的变动情况

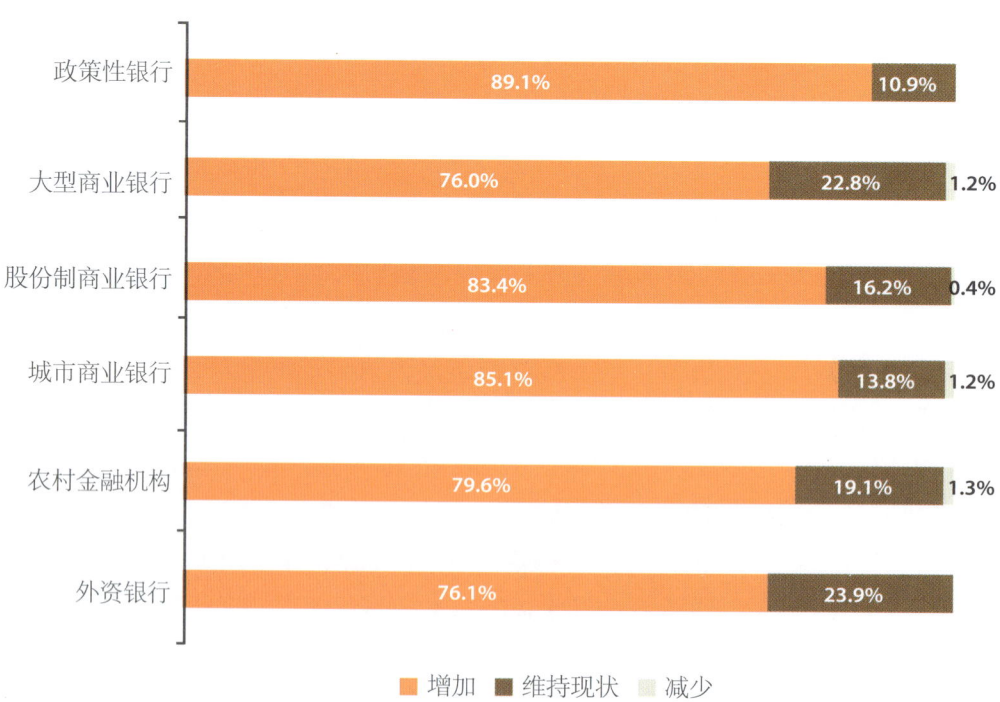

图5-10 不同类型银行未来专业型岗位人员数量的变动情况

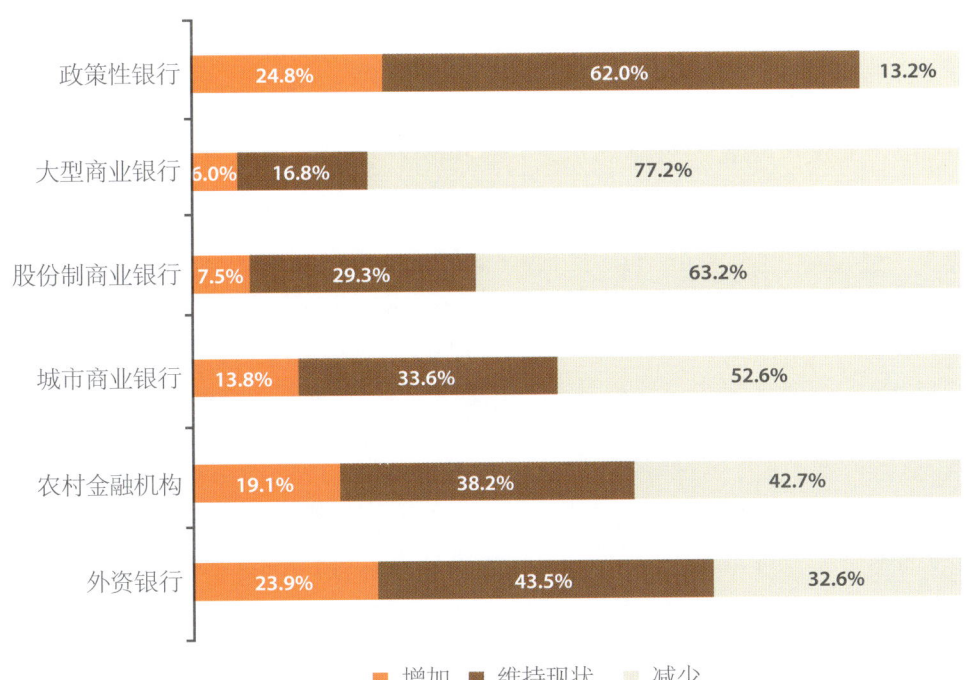

图5-11 不同类型银行未来操作型岗位人员数量的变动情况

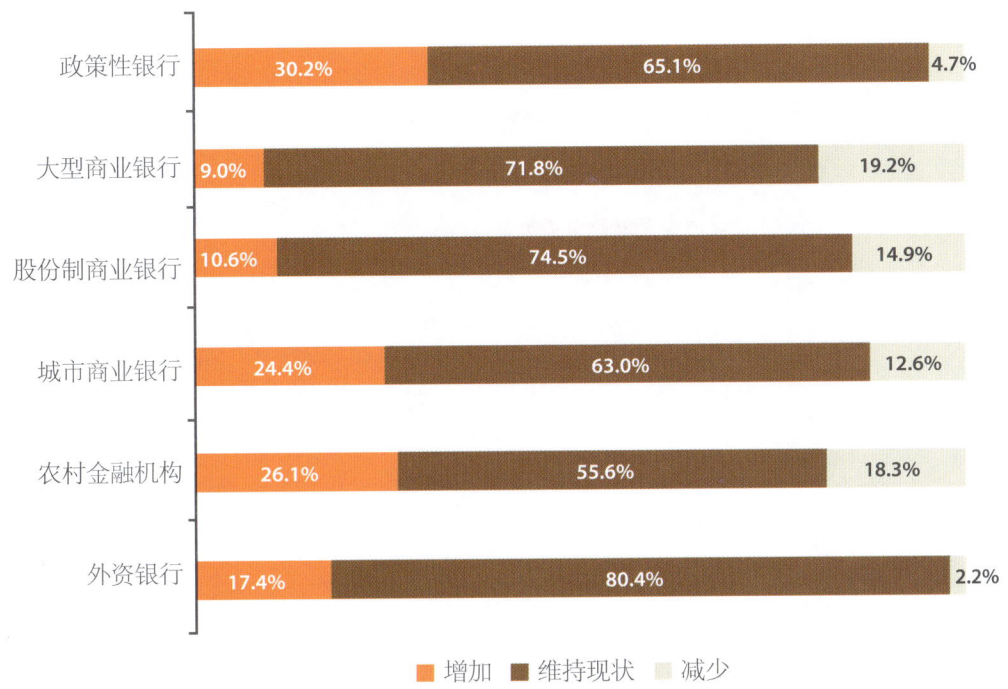

图5-12 不同类型银行未来管理型岗位人员数量的变动情况

六、未来一年资产配置情况将是以信贷为主、债券投资占比提高，负债来源仍以存款为主

中国银行业的资产配置仍以传统信贷业务为主，调查显示，未来一年，中国银行业资产配置的重点仍然是贷款类资产和类信贷资产，占比分别达到74.7%和49.0%（见图5-13），且这两类业务的选择占比较2016年的65.1%和48.6%均有所提高。由此可见信贷作为银行当下保持利润的重要来源将继续保持较稳定的增长。而且近年来股市持续低迷，直接融资的渠道不畅，银行贷款成为融资的主要渠道。此外，发行成本上涨让债券市场发行量大幅缩水，对企业融资带来了一些影响，一定程度上使得融资方式转向信贷。

值得一提的是，债券投资预期也有提升（由2016年的38.2%升至2017年的43.5%）。2016年以来，MPA影响持续、非标业务监管趋严等因素致使应收款项类同比增速下滑，不过国有及股份制商业银行对交易性金融资产的配置增强，导致债券投资规模虽同比增速下跌但仍处于高速发展阶段。未来一年，在应收款项类收缩的情况下，对其他三类债券投资规模将持续上行，届时对债券投资总规模将持续扩张，占总资产比重将继续增加。

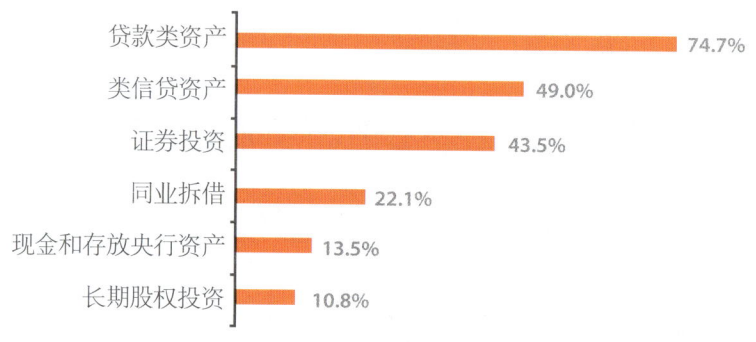

图5-13　2017年中国银行业的资产配置重点

负债来源方面与往年调查结果相近，如图5-14所示，存款仍是中国银行业未来负债的第一来源（73.9%）。其他来源中，同业业务占比相对较大，为35.4%，但相较与2016年的统计数据（45.1%）下降了近10个百分点。由于在MPA考核体系中，资产负债情况的考核100分构成为：广义信贷（60分）、委托贷款（15分）、同业负债（25分），因此银行主动压缩非银同业负债，导致增速明显放缓。而以同业负债作为重要途径的银行会受到较大影响，主动负债能力降低。

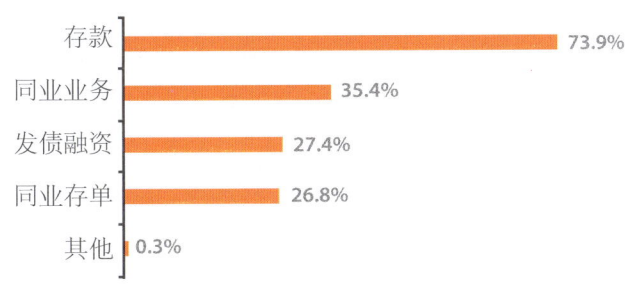

图5-14 2017年中国银行业的负债来源

七、"营改增"政策对银行财务系统及制度影响最大，增加可抵扣税项的呼声较高

"营改增"作为一项重要的税制改革，给中国银行业带来的主要影响集中于财务、税收和发票管理等方面。调查结果显示（见图5-15），银行家认为"营改增"政策对中国银行业影响最大的方面是财务系统及财务制度（73.9%），其次是实际税负（58.0%）和发票管理（47.7%）。而认为"营改增"导致银行业营业利润下降的银行家占比只有21.6%，排在最后一位，说明银行家普遍认为"营改增"并没有对银行业盈利带来负面影响。

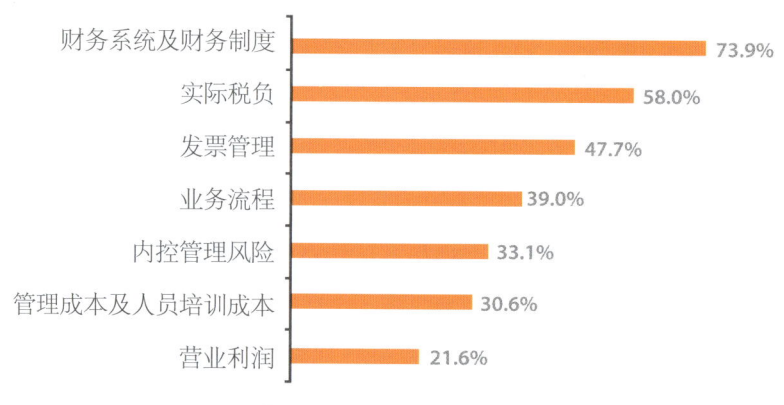

图5-15 "营改增"实施后对银行业的影响方面

在对中国银行业实施"营改增"后出现的问题中，如图5-16所示，出现抵扣凭证可获得性差问题的银行占比更高，达到66.8%，比如存款利息支出等主要成本不能抵扣，人力资源开支和营销支出等较难获得抵扣发票。其次是由于应纳税收入范围扩大导致的税负增加问题（51.2%）和信息系统改造难度大、投入大的问题（43.6%）。小部分银行还因银行科目归属不匹配出现了统计问题（32.8%）和税务筹划不完善的现象（25.4%）。基于金融业"营改增"实施进程中遇到的种种问题，政府未来要全面考虑到金融业复杂的税收结构、税收负担和税收征管，进一步完善增值税税制设计及相关政策、法规的制订工作，更好地发挥"营改增"在金融业的减税效应。

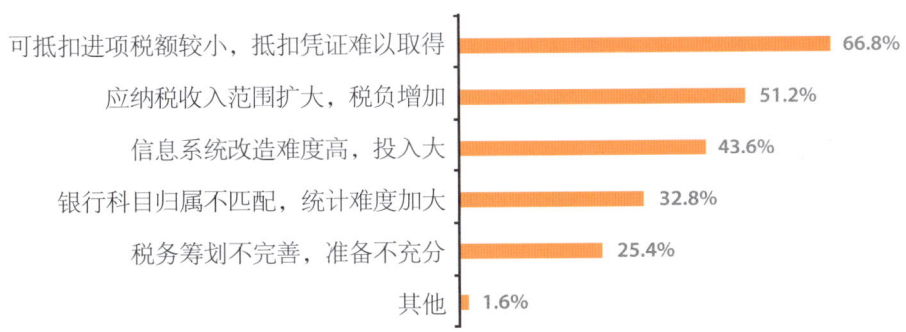

可抵扣进项税额较小，抵扣凭证难以取得　66.8%
应纳税收入范围扩大，税负增加　51.2%
信息系统改造难度高，投入大　43.6%
银行科目归属不匹配，统计难度加大　32.8%
税务筹划不完善，准备不充分　25.4%
其他　1.6%

图5-16　实施"营改增"后中国银行业面临的问题

对于"营改增"政策实施后，中国银行业遇到的可抵扣项少、减税效果不明显等上述种种问题，银行家提出了一些有针对性的政策建议。基于抵扣凭证可获得性差这一问题的普遍出现，63.2%的银行家认为应增加可抵扣费用种类，53.9%的银行家希望适当增设免税项目（见图5-17）。对于"营改增"进一步改革的其他政策呼声占比相当，尽快出台更多政策细则（52.7%）；考虑银行集中经营管理模式，统一增值税征管方式（48.9%）；合理设置税率区间，实行差异化计税（48.4%）。可见，各类银行目前期待税制的进一步规划完善，和相关政策细则的出台，尽快减轻金融业税负负担。

增加可抵扣的费用种类　63.2%
适当增设免税项目　53.9%
尽快出台更多政策细则　52.7%
考虑银行集中经营管理模式，统一增值税征管方式　48.9%
合理设置税率区间，实行差异化计税　48.4%
对农村金融机构继续保留营业税时代的较大弹性　17.0%
其他　0.23%

图5-17　银行家对于"营改增"下一阶段实施的政策建议

八、IFRS 9将主要影响银行业的风险管理和财务披露，各项准备工作需加快进度

国际会计准则理事会（IASB）于2014年7月24日发布《国际财务报告准则第9号——金融工具》（IFRS 9）终稿，新的会计准则将于2018年1月1日生效。IFRS 9的一个核心内容就是使用预期损失方法取代了当前的拨备计提制度。预计未来银行业将需要为IFRS 9的实施投入大量资源，这不仅会影响到财务部门，也将要求风险管理、公司报告、投资者关系等部门的参与和配合。根据调查结果（见图5-18），银行家普遍认为IFRS 9将会对风险资产评级（64.4%）和财务数据披露（64.2%）产生重大影响。另外，风险管理（59.6%）、数据口径及采集整合（56.4%）与业务及内控流程（33.2%）也将受到IFRS 9相当大的影响。可见，各银行需要重新建立会计政策和内部控制体系，以确保持续复核对信用损失的估计。同时，也需要对其内部信息系统进行升级或重建，以确保提供相关的原始数据以支持对信用损失的估计，并提供所须披露的信息。

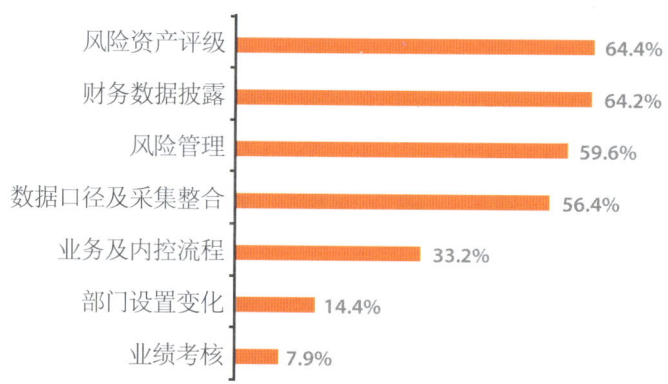

图5-18　IFRS 9的实施对中国银行业产生影响的方面

2017年4月，中国财政部修订发布了企业会计准则第22号、23号、24号三项新金融工具相关会计准则，三者合称为"中国版IFRS 9"。根据安排，H股上市银行及"A+H"股上市银行自2018年1月1日起需要施行新准则，其他A股上市银行自2019年1月1日起施行，其余非上市银行自2021年初起施行新准则，鼓励有能力的银行提前施行。对于中国银行业实施IFRS 9的准备工作，调查结果显示（见图5-19），尚有近六成的银行仍处于梳理需求阶段（59.2%），18.1%的银行已进入具体设计阶段。只有较少银行进入建立模型（11.5%）和测试实施（11.2%）阶段，且比例相当。总体来看，中国银行业为实施IFRS 9正在做积极的准备，但未来需要加快进度。

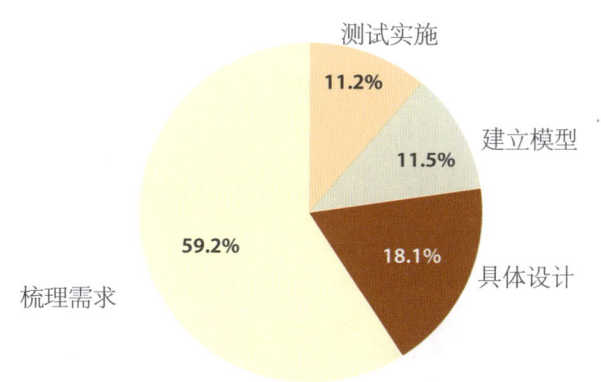

图5-19　IFRS 9准备工作所处阶段

不同类型银行的IFRS 9准备工作进度也有所不同。从调查结果看（见图5-20），大型商业银行进度最快，股份制商业银行次之。而政策性银行、农村金融机构和外资银行的进度则相对缓慢。这反映了不同类型银行对IFRS 9准备工作的重视程度、推进力度以及变革能力等方面存在差异。

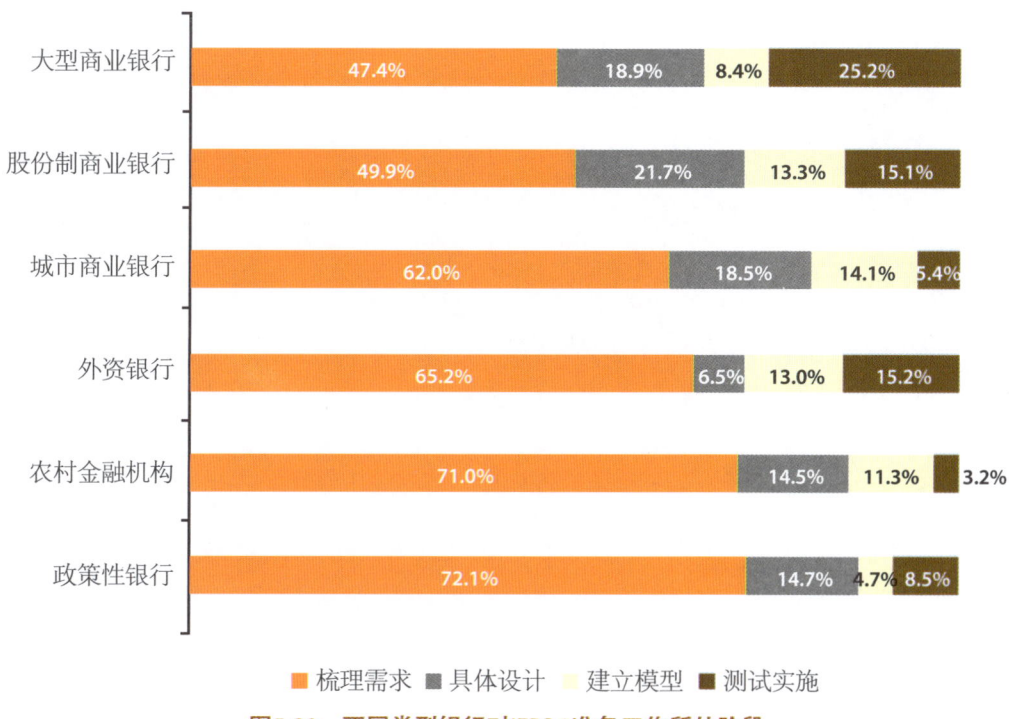

图5-20　不同类型银行对IFRS 9准备工作所处阶段

根据财政部的安排，上市银行实施IFRS 9的时间要早于非上市银行。因此，分上市与否来看，上市银行对政策的把握推进更加积极，IFRS 9准备工作进度整体快于非上市银行，18.9%上市银行已进入测试实施阶段，而非上市银行六成以上尚处于需求梳理阶段（66.6%）（见图5-21）。

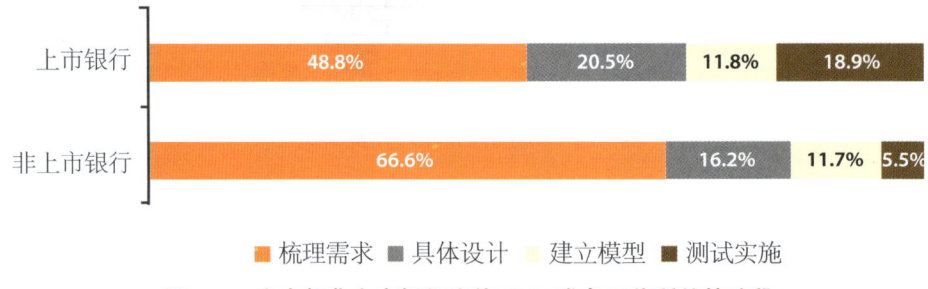

图5-21　上市与非上市银行实施IFRS 9准备工作所处的阶段

访谈手记之四

中国光大银行副行长卢鸿、平安银行副行长何之江、上海农商银行首席信息官周衡昌谈IFRS 9的实施

课题组： 实施IFRS 9将对银行管理的多个方面产生长期广泛的影响，涉及预算考核、资本管理、产品设计、交易定价、税务筹划等领域。贵行目前是否已经做好执行新会计准则的准备？已经做了哪些准备工作？在哪些方面还有欠缺？

卢鸿（中国光大银行）： 现阶段中国光大银行主要是针对IFRS 9在会计管理和风险管理层面进行相关的准备和实施，确保能够于2018年按期正式开始执行新准则，涉及金融资产的分类计量、预期损失减值模型的计算、新增需估值产品的估值等方面的准备工作。

目前光大银行已经完成全行金融资产重分类的梳理和分拆，新准则整体对银行资本充足率、拨备覆盖率、ROA/ROE等指标影响的衡量。减值方面已经完成了模型的开发和系统部署工作，也进行了多次的预期损失模型的减值试算，后续还将对模型进行进一步的校准。同时银行也正在启动减值管理系统和估值相关系统的建设工作，其他业务系统的改造工作也在同步推进中。

对于预算考核、资本管理、产品设计、交易定价、税务筹划等领域，各相关部门正在评估新准则带来的影响，通过修订完善制度、加快系统改造、加强专业培训等，多措并举积极准备，以更好适应新准则的变化。

何之江（平安银行）： 对于新会计准则，平安银行已在积极准备。目前已开展梳理业务的分类与计量的差异分析；确定减值和估值方法论，并进行测算及方法论证；分类与计量整体工作逐步进入系统测试阶段；持续推进流程优化及制度修订工作等。

因本次切换与年结时间重合，且涉及平安银行众多系统，平安银行还需进一步安排与完善切换当天的处理步骤与事项。对于监管报送、报表披露、执行日要求等相关问题，因还未收到监管部门的相关政策要求，还希望能尽快出台以便平安银行配合安排。

周衡昌（上海农商银行）： 新金融工具准则对不同类型企业制定了分阶段实施的时间表，上海农商银行属于非上市银行，根据准则要求执行新会计准则的日期为2021年1月1日。目前，针对新金融工具准则，上海农商银行的准备工作重点在于对新准则的学习、业务现状的梳理、差异分析和系统更新改造的可行性分析，主要内容如下：

1.在全行组织学习IFRS 9准则内容，着重研究新准则有关金融工具的分类和计量、减值、套期保值等方面的内容。

2.积极了解银行同业IFRS 9实施情况。

3.在全面梳理现行业务的基础上，进行差异分析和准则实施影响分析。初步评估新准则中有关金融工具的分类和计量、减值对上海农商银行的现有金融资产的分类和计量的影响，进而判断对利润、资产充足率等核心经营指标的影响。

4.初步评估IFRS 9中金融资产的分类和计量对上海农商银行金融资产会计科目体系的影响，规划相关业务系统和业务流程的改造方案。

5.接触咨询机构，评估IFRS 9实施的系统化解决方案的可行性。

课题组：IFRS 9终稿简化了现行金融资产分类和计量的会计处理，您认为其中金融资产分类标准的变化对银行业经营有何影响？贵行打算如何应对其对资本充足率、一般风险准备等监管指标的计算的间接影响？

卢鸿（中国光大银行）：金融资产分类首先将对会计科目体系设置和会计核算变更带来影响，也将对资产负债表和利润表的报表结构和项目产生影响；其次新准则中金融资产的分类和业务模式高度相关，业务部门在开展业务和变更业务模式时需考虑到新准则的相关要求；同时金融资产分类的变化直接带来新增部分金融资产未来需要进行估值，而估值的相关账务直接对资本充

足率、风险管理甚至宏观审慎管理产生影响。

未来受市场环境变化影响，产品估值可能产生较大波动，因此需估值产品的规模将直接影响全行的资本状况等，同时要考虑从已发生损失模型到预期损失模型的变化，不同业务产品的利润也将受到一定影响。因此，相关部门将在预算考核方面适当调整考核方案；业务部门也将对相应产品业务模式的设计和合同条款等进行重检，以更好地适应新会计准则的变化。光大银行也将在资本充足率管理中密切关注IFRS 9实施可能产生的影响，积极调整业务结构，优化风险资产结构，确保全行资本充足水平符合监管要求和管理规划。

何之江（平安银行）：IFRS 9的实施预计将会增加平安银行的资产减值准备，并相应减少利润留存和内生性资本补充，给平安银行核心一级资本和一级资本充足率带来一定压力，但由于可计入二级资本的超额拨备增加，预计对平安银行总资本充足率的影响不大。

周衡昌（上海农商银行）：依据新准则的分类标准，对上海农商银行现有金融资产进行了重新分类，结果显示：除基金、理财（保本浮动收益理财和非保本理财）、股票这三类金融资产的分类发生变化之外，其余金融资产的分类和计量不变。具体变化情况如下表所示：

金融资产		新准则下	原准则下	资产规模	对当期利润的影响
基金		FVTPL	FVTOCI	113亿元	+0.65亿元
理财	保本浮动收益	FVTPL	摊余成本	417亿元	-0.06亿元
	非保本	FVTPL	摊余成本		
股票	交易性	FVTPL	FVTOCI	—	+6.04亿元
	非交易性	FVTPL	成本	—	—

注：资产规模和对利润的影响是以上海农商银行2017年6月30日的数据估算。

从2017年6月末数据来看，对利润有一定程度的积极影响，但新准则对金融资产分类和计量的要求预计将会加大上海农商银行利润的波动情况。

新准则下金融资产分类标准的变化预计会造成上海农商银行资本充足率的小幅上升，一是由于分类变化导致资产估值发生变化，影响风险加权资产计量基础；二是由于分类变化引起交易账户资产增加，原本计量信用风险加权资产的资产调整为计量市场风险加权资产，两者的资本计量方式存在较大差异，预计上海农商银行风险加权资产将有所减小。

上海农商银行一般风险准备依据财政部印发的《金融企业准备金计提管理办法》按风险资产期末余额的1.5%计提。金融资产分类标准的变化对银行风险资产期末余额不会造成较大影响，故一般风险准备不会发生明显变动。

由于目前金融企业行业监管机构对资产减值的监管标准未出台与新准则的相关衔接，关于新准则实施后，金融资产减值计量方式的变化对银行指标的影响，目前无法量化评估。

课题组：业界普遍认为，IFRS 9将对商业银行的风险准备提出了更高的要求，推高了经营成本，对此，您是如何看待的？贵行有何战略调整？

卢鸿（中国光大银行）：在IFRS 9下，银行风险准备的计量采用预期损失模型，一方面，预期损失模型建立在银行内部评级之上，对银行的数据库建设水平要求较高，另一方面，新准则也需要构建新的减值和估值模型，并对原有系统进行重新改造。这都对银行的风险准备提出了更高

的要求。但与此同时，这对于银行来说也是一个机遇。银行借此可以提升自身的数据治理水平，提升会计和风险管理人员的专业素质。并且，新会计准则下，减值拨备计提由原来的个别计提与组合计提相结合的方式，变为对应每笔债项都根据模型计算其减值拨备，使得银行将能够对风险减值实现更精细化的管理，有助于提升银行风险管理水平。

何之江（平安银行）：措施主要有三个方面。一是加强内生资本积累。平安银行将大力推动业务转型，努力保持净利润的稳健增长，确保内生资本可持续增长。二是扩大外部资本补充渠道。目前平安银行正积极推进260亿元可转债的发行工作，转股成功后将补充核心一级资本。三是优化风险资产结构。平安银行将充分运用风险调整后的资本收益率（RAROC）管理工具，引导各级机构树立资本约束意识，优先发展综合收益较高、资本占用较少的业务。

周衡昌（上海农商银行）：IFRS 9的实施确实对银行的风险准备提出了更高的要求，主要体现在如下几个方面：

1.需要计提减值准备的金融资产范围拓宽：新准则实施要求计提减值的金融资产覆盖范围包括表内外全口径信用风险业务，即由现有的表内信贷资产、债券、同业等资产拓展到贷款承诺、财务担保合同等表外资产，也就是说几乎所有金融资产都要计提减值准备，减值计提的基数变大，可能导致比新准则实施前的减值准备增加。

2.内涵发生重大改变：新准则要求用预期损失模型取代已发生损失模型，以基于内评法下的

违约概率（PD）、违约损失率（LGD）、风险暴露（EAD）等风险参数计量逐笔业务的预期损失（EL）作为减值计提的基础，按照不同阶段划分及相应规则，实现对每笔业务按照风险实质差异精准化计提减值，真实反映各项业务风险成本。此外，对于信用风险显著恶化的金融资产，所需计提的减值准备从未来12个月的预期信用损失增加为整个生命周期的预期信用损失，这也可能导致银行需要计提的减值准备增加。

IFRS 9的实施涉及银行在数据、减值模型、系统、流程和内控等方面的梳理和改造，是一项系统工程。虽然从短期上来看，IFRS 9首次实施的成本和后续的持续运行成本将推高银行的经营成本，但IFRS 9更大的意义在于促进银行进一步加强风险管理水平，提高风险管理的精细化程度，从而促进风险偏好的有效传导，引导银行业务结构转型。新准则实施后，银行将实现对减值计提的精细化计量，并且可以把结果有效应用到银行经营管理中，例如用于机构、产品等各维度的财务成本核算、经济资本计量及RAROC、EVA等综合绩效指标的评价，实现财务利润核算与内部风险收益评价体系的全面统一；通过定价与考核领域的应用有助于客户经理选择高收益、低风险业务，促进业务转型和资本收益水平的提高。因此从长远看，IFRS 9的实施有利于促进银行进一步提高经营管理和风险管理水平。

课题组： 在当下融资收缩、信用风险愈发频繁的大背景下，未来银行金融资产计提减值准备的金额可能会有所增加，拨备覆盖率可能会进一步提高，从而影响到贷款和债券投资的利润，贵行在寻找盈亏合规平衡点方面有何政策建议？

卢鸿（中国光大银行）： 由于之前较少计提减值的业务开始计提减值，在开展业务时需要对风险成本进行更多的考虑，特别是银行承兑汇票等表外业务，收入来源仅靠手续费收入的话将无法覆盖风险成本。因此未来在开展业务之前最好对每笔业务的RAROC进行事前的预测算，只开展达到银行目标收益的业务，从而真正实现风险和收益的平衡。

何之江（平安银行）： 当下融资收缩、信用风险频发，叠加IFRS 9的逐步实施，未来银行金融资产计提减值准备的金额可能会有所增加，拨备覆盖率可能会进一步提高，从而贷款和债券投资特别是低信用评级部分的利润将受到较大侵蚀。在此背景下，建议对原有的获利策略进行检视，继续执行稳健的投资策略，把风险控制放在首位，寻求适当的回报，严格控制中低评级投资比例，规避高风险行业和地区。

周衡昌（上海农商银行）： 新准则下金融资产的减值计提要求用预期损失模型代替现有的已发生损失模型，增加了减值评估的主观性和复杂性，在参数估计、情景模拟和其他定性规则方面都有一定的空间，涉及较多的经验分析和专业判断，可能导致新准则的减值计提与现行监管政策及拨备覆盖率、拨贷比等指标要求之间的差异。这将需要银行与监管部门进行充分沟通和协调，在具体操作层面达成共识，以推进新准则的顺利实施。

对于银行自身来讲，由于会计准则变化可能导致某些业务产品的减值准备金额有所提高，进而推高持有此类产品的成本。银行需要从内部风险收益均衡的角度出发，根据资本回报情况并综合资产负债管理需求对资产结构进行优化调整。

课题组：您认为IFRS 9执行后，预期损失拨备压力程度有多大？哪类银行最先受到拨备冲击？贵行是否有值得借鉴和推广的经验和做法？

卢鸿（中国光大银行）：在新准则下，相比于目前使用的"已发生损失"模型，需要按照三阶段的预期损失模型计提减值拨备，并且，对于原先并未发生损失的非信贷类和表外资产，都会有一定程度的预期损失计提。总的来说，新准则下需要计提的减值准备会有一个显著提高。但相比国外20%~30%的拨备增提，由于我国的商业银行本身的拨备率较高，新准则对于国内银行的贷款减值准备影响相对要小些。对于中国光大银行来说，预计拨备在规模上会有一定增加。中国光大银行已初步确定受新准则影响而增提的拨备的会计处理，相关管理部门也将密切关注资本充足率和拨备覆盖率的水平，保证拨备的计提和全行各项指标的合理合规。

何之江（平安银行）：执行IFRS 9后，由于计提方法取消了组合计提，并要求引入评级预期变化调整因子等，预期损失拨备计提结果将较原来的计提结果有一定幅度的增加，但总体应在平安银行可承受范围内。

针对原有数据质量较差，特别是五级分类结果不严谨的银行，将首当其冲地受到更大的拨备冲击。

平安银行将进一步推进和加强风险计量体系建设，完善信用评级模型与夯实数据基础，以风险计量结果为基础，考虑多套宏观经济情景，力

求在减值准备计量过程中对预期损失的测算更加精确。

周衡昌（上海农商银行）：与国外银行相比，由于国内银行需要满足监管部门对商业银行的拨备要求（即拨备覆盖率150%，拨贷比2.5%），国内大部分银行拨备计提基本高于国外银行。由于各家银行的拨备计提水平不尽相同，拨备的压力程度与银行历史的拨备策略有关。如果历史上拨备覆盖率较高，则按照IFRS 9的实施要求，拨备补提压力不至于太大；如原有拨备覆盖率较低，则可能拨备补提的压力相对较大。从总量的角度来看，业界普遍预期在实施IFRS 9后大部分银行拨备计提与旧准则相比会略有增加，但增加幅度不会过大，对银行资本充足率的影响可能相对有限。

IFRS 9将于2018年1月1日开始实施，我国境内赴香港上市的商业银行将首先面临新准则实施的压力。

对于IFRS 9实施的建议如下：

首先，从国外银行积累的经验来看，前期进行广泛深入的影响评估是银行控制实施成本，提高实施效率的有效手段。国内银行在实施方面具备后发优势，可以借鉴国外银行经验开展评估，包括对数据、模型、系统和内控等方面的评估，识别出需要对现有系统和流程进行改造的领域，明确实施的主要问题和挑战，并对拨备计提和资本充足率的影响进行初步测算和评估，结合评估结果确定合理的实施时间表，进行需求设计，制订相应的实施方案。

其次，在整个实施过程中，不仅会影响到财务部门，也将要求业务管理、风险管理、资本和资产负债管理、公司报告和信息披露、投资者关系等部门的参与和配合。银行需要建立良好的协调机制，各部门通力协作配合，共同来努力推进IFRS 9的实施。

最后，在新金融工具准则的实施中会涉及较多具体的执行问题，例如SPPI测试评价标准，估值标准，金融资产分类涉及的资产范围，减值准备的计提标准等。目前，除了财政部发布的第22号准则以外，未见有详细的实施细则以及金融行业实施的指导意见。我们呼吁财政部和行业监管部门尽早出台或更新相应的实施细则和行业监管指引，来规范金融企业对新准则的实施，加强公开披露会计信息的可比性。

第六部分
互联网金融与信息化

　　2017年，金融科技领域的发展演变继续受到各方广泛关注。一方面，银行家持续关注科技与金融的结合，多数银行家表示未来将加大银行信息化建设投入，并且不同类型的银行关注点不同，而尤以支付和结算业务、直销银行等热点问题最受银行家的普遍关注。另一方面，金融科技领域的风险、尤其是银行自身的技术风险以及来自网络借贷行业的风险，依旧值得警惕。金融科技依托互联网、大数据、云计算、人工智能等科技，在提升金融服务实体经济等方面产生巨大作用，但其本质仍旧是金融活动，平衡风险与收益这一主题并未发生根本性改变。

一、金融科技发展提升银行家对信息化建设期望，未来投入继续增加

随着金融科技的迅猛发展，未来银行业经营管理水平与信息化建设息息相关。调查结果显示（见图6-1），逾六成（65.9%）的银行家对银行信息化技术建设成效持肯定意见。其中，认同感高的银行家较2015年和2016年的占比有所增加，28.3%的银行家认为银行信息化技术建设已经成为驱动业务创新发展的重要因素，较2016年增加了3.1%。值得注意的是，随着人工智能、大数据和区块链等金融技术的快速发展，也有越来越多的银行家对银行信息化技术建设的成效寄予更高的期望，不仅仅满足于现有业务经营与管理需要。从调查结果看，主要体现在三方面：第一，37.6%的银行家认为银行信息化技术建设已经能够满足业务发展与管理水平提升的需要，较2016年减少了6.8%；第二，26.2%的银行家认为银行信息化技术建设仅能满足现有业务经营与管理的需要，较2016年的调查结果增加了1.5%；第三，7.9%的银行家认为银行信息化技术建设对业务经营与管理形成较大制约，较2016年的调查结果增加了2.2%。

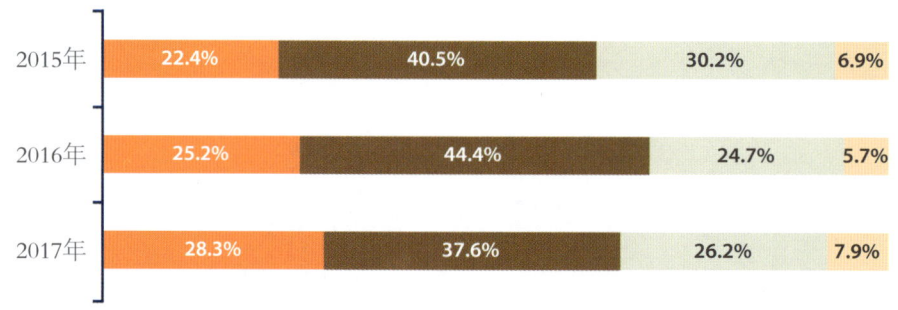

2015年	22.4%	40.5%	30.2%	6.9%
2016年	25.2%	44.4%	24.7%	5.7%
2017年	28.3%	37.6%	26.2%	7.9%

■ 已经成为驱动业务创新发展的重要因素　　■ 能够满足业务发展与管理水平提升的需要
■ 仅能够满足现有业务经营与管理的需要　　■ 对业务经营与管理形成较大制约

图6-1 中国银行业信息化技术建设现状

虽然我国各区域银行家关于信息化技术对业务发展的影响看法略有差异，但超过六成的银行家认为信息化技术建设水平已经成为或能够满足业务

发展与管理水平提升的需要。具体来说，东部地区银行信息化技术建设水平受到的认可度最高（32.6%），东北地区银行信息化技术建设水平的认可度最低（20.7%）。东部地区和西部地区银行家对信息化建设期望较高，选择"仅能满足现有业务经营与管理的需要""对业务经营与管理形成较大制约"两项合计比例分别有34.3%和37.6%，高于东北地区（31.5%）和中部地区（29.9%）持相同意见银行家的比例（见图6-2）。

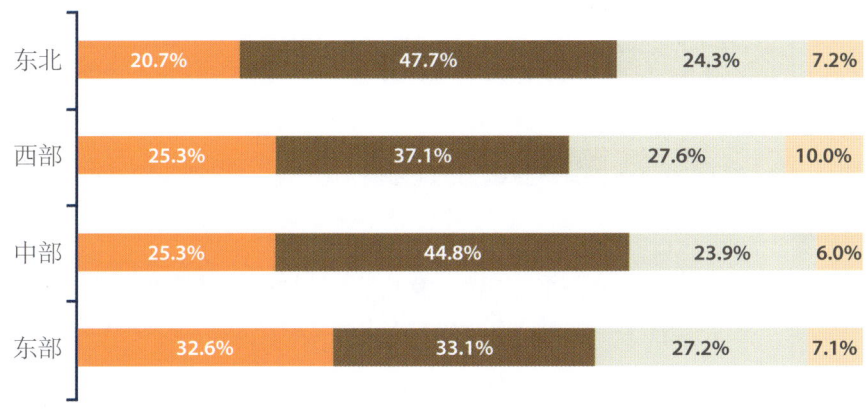

图6-2 各区域银行信息化技术建设现状

调查显示（见图6-3），各类机构的银行家对银行信息化技术建设水平的认同度均超过五成，尤其是大型商业银行（76.8%）以及股份制商业银行（74%）。政策性银行、外资银行和农村金融机构对信息化建设期望较高，15.5%的政策性银行、13.7%的农村金融机构认为银行信息化技术建设水平对业务经营和管理形成了较大制约。

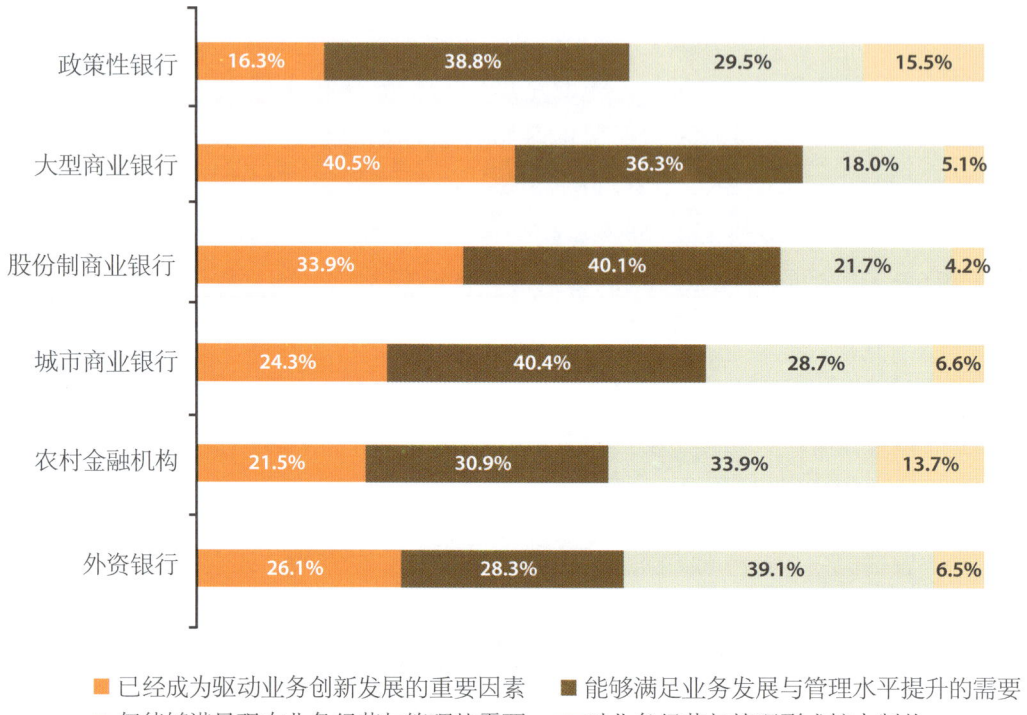

政策性银行 16.3% | 38.8% | 29.5% | 15.5%
大型商业银行 40.5% | 36.3% | 18.0% | 5.1%
股份制商业银行 33.9% | 40.1% | 21.7% | 4.2%
城市商业银行 24.3% | 40.4% | 28.7% | 6.6%
农村金融机构 21.5% | 30.9% | 33.9% | 13.7%
外资银行 26.1% | 28.3% | 39.1% | 6.5%

■ 已经成为驱动业务创新发展的重要因素　　■ 能够满足业务发展与管理水平提升的需要
■ 仅能够满足现有业务经营与管理的需要　　■ 对业务经营与管理形成较大制约

图6-3　各类银行信息化技术建设现状

　　我国上市银行的银行家对银行信息化技术建设水平的认同度更高，达到了74%；10.3%的非上市银行的银行家认为银行信息化技术建设水平制约了业务经营和管理，较上市银行多出6.1%（见图6-4）。

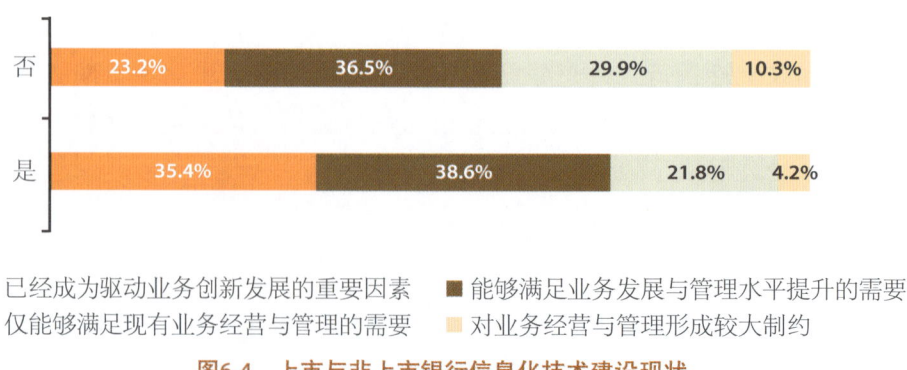

否 23.2% | 36.5% | 29.9% | 10.3%
是 35.4% | 38.6% | 21.8% | 4.2%

■ 已经成为驱动业务创新发展的重要因素　　■ 能够满足业务发展与管理水平提升的需要
■ 仅能够满足现有业务经营与管理的需要　　■ 对业务经营与管理形成较大制约

图6-4　上市与非上市银行信息化技术建设现状

关于未来三年银行信息科技建设投入的调查结果显示（见图6-5），银行家在银行信息化技术建设中的投入将继续增加。45.7%的银行家表示，将在未来三年加速信息系统建设、大幅增加投入，较2016年的调查结果增加5.5%。50.9%的银行家表示，将继续保持投入稳定、根据业务发展需要调整投入重点，较2016年的调查结果减少6.7%。这在一定程度上反映了，为应对金融科技迅猛发展带来的机遇和挑战，银行家对银行信息化技术建设的重视程度继续增强、投入持续增加。

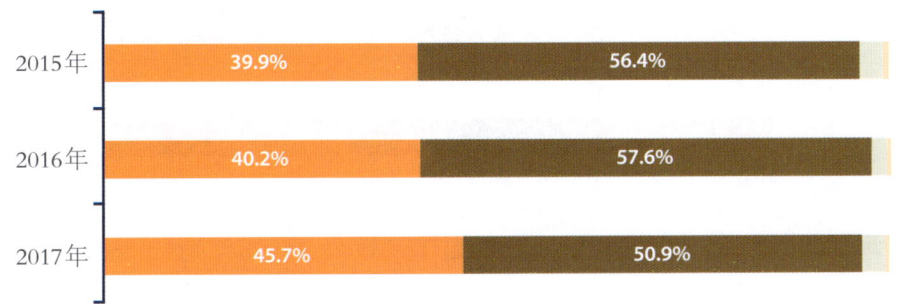

2015年 | 39.9% | 56.4%
2016年 | 40.2% | 57.6%
2017年 | 45.7% | 50.9%

■ 加速信息系统建设，大幅增加投入　■ 保持投入稳定，根据业务发展需要调整投入重点
■ 投入水平与投入结构均没有变化　■ 减少投入

图6-5　未来三年银行信息技术建设投入情况

各类机构对信息化技术建设的投入整体增加，如图6-6所示，超过半数政策性银行的银行家认为应当大幅度增加投入（53.5%），依次是城市商业银行（50.4%）、股份制商业银行（46.8%）、大型商业银行（42.9%）以及农村金融机构（37.9%），而尽管前文中外资银行的银行家对信息化技术建设水平的认可度较低（45.6%），但71.7%的外资银行在未来将保持稳定投入、增加投入的比例（23.9%）最少。不同类型的银行对信息化技术建设投入的认识存在差异，可能与其现有系统先进程度不同和对信息化技术的需求程度不同密切相关。

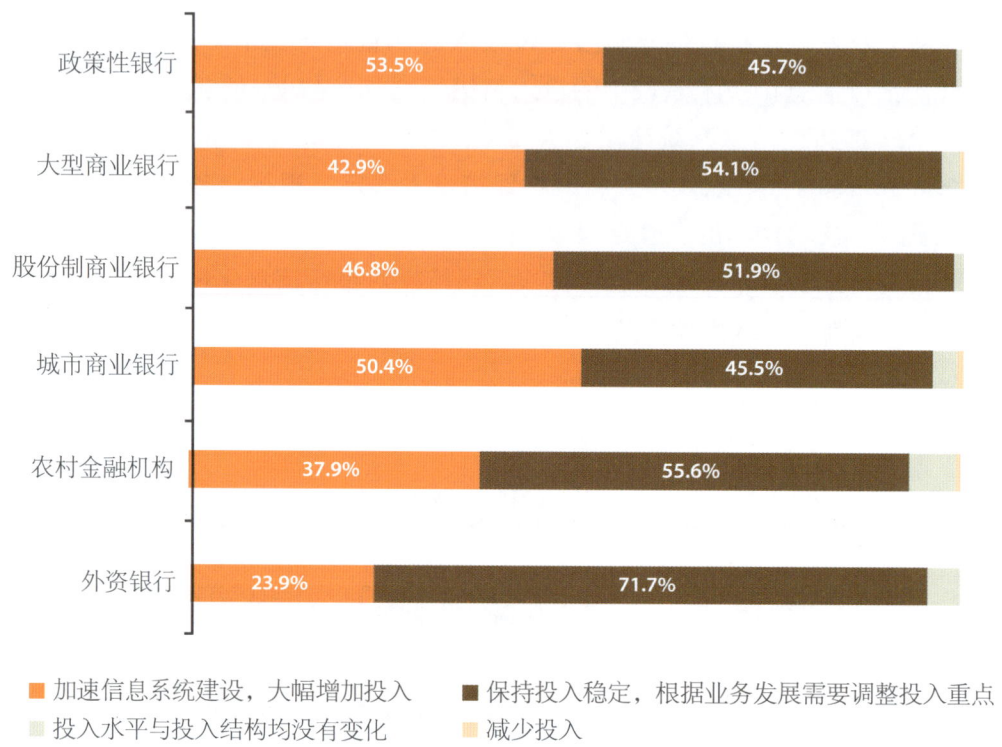

政策性银行 53.5% 45.7%

大型商业银行 42.9% 54.1%

股份制商业银行 46.8% 51.9%

城市商业银行 50.4% 45.5%

农村金融机构 37.9% 55.6%

外资银行 23.9% 71.7%

■ 加速信息系统建设，大幅增加投入　　■ 保持投入稳定，根据业务发展需要调整投入重点
■ 投入水平与投入结构均没有变化　　■ 减少投入

图6-6　各类银行未来三年银行信息技术建设投入情况

二、银行家持续关注信息科技风险，对互联网金融企业违规风险关注度下降

金融科技为银行业务发展带来新的动力，同时也蕴含不可忽视的潜在风险。调查结果显示（见图6-7），开发新业务和新系统面临的信息科技风险最受银行家重视，达57.6%，而且呈逐年升高走势。法律定位不明导致的法律风险（36.0%）以及互联网企业先发优势导致的竞争风险（35.8%）、业务不熟悉导致的战略决策失误风险（34.1%）以及内部控制不完善或员工技术不熟练导致的操作风险（31.2%），同样是银行家关注的风险，其关注度与2015年、2016年调查结果变化不大。另外，因违法违规互联网金融企业导致形成的风险受银行家的关注度继续下降，由2015年的42.6%、2016年的21.6%下降至2017年的18.9%，这可能与互联网金融领域监管制度日趋完善相关。

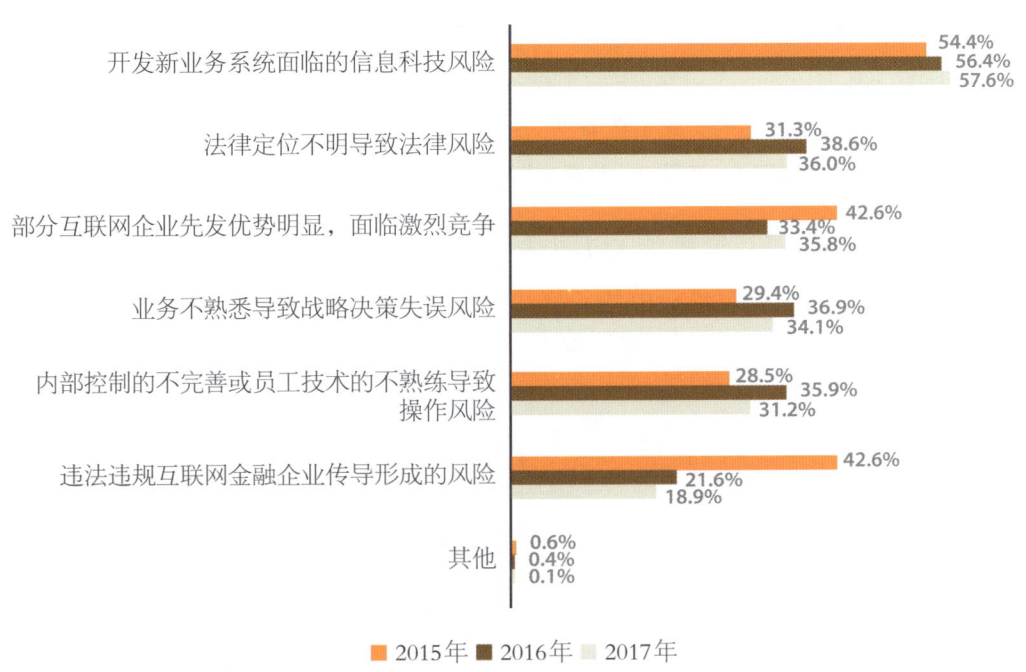

图6-7　银行家在银行信息化技术建设中持续关注的风险

不同区域银行家关注的风险不同（见图6-8）。例如，东部（21.6%）和东北地区（19.8%）银行家较中西部同行更为关注违法违规互联网金融企业传导形成的风险，而中部（39.9%）和西部（34.0%）银行家则较东部及东北地区银行家更为关注内部控制的不完善或员工技术的不熟练导致操作风险。

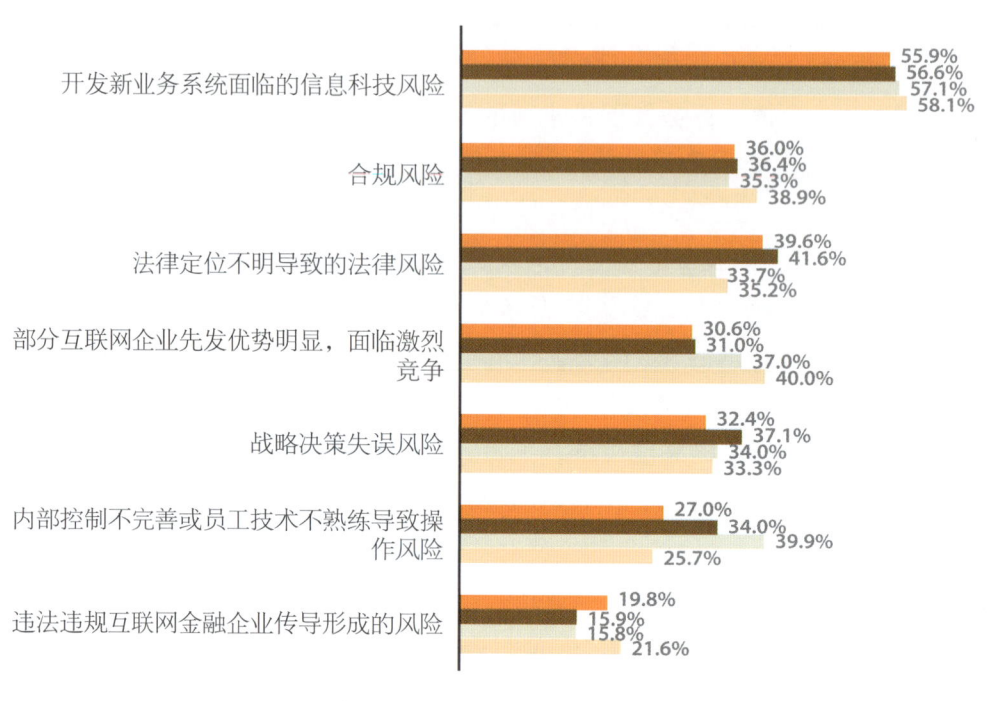

图6-8　各区域银行家在信息化建设中持续关注的风险

上市银行的银行家更为关注竞争风险（44.9%），较非上市银行的银行家多出15.1%。非上市银行的银行家则较为关注误操作风险（33.7%）和战略决策失误风险（38.0%），分别较上市银行的银行家多出6.5%和8.3%（见图6-9）。

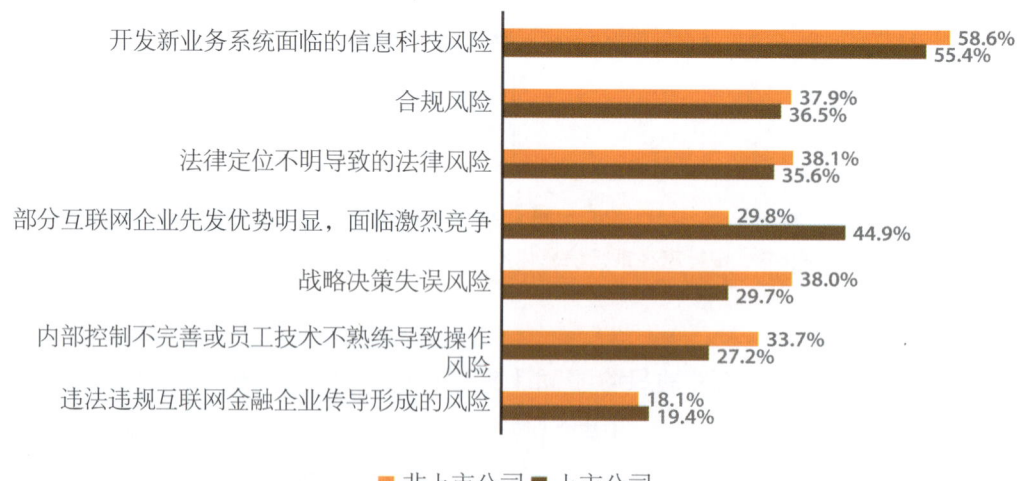

图6-9　上市与非上市银行信息化建设中持续关注的风险

三、七成银行家认为金融科技对支付结算影响最大，第三方支付成为银行家最关注领域

随着金融领域技术更新日趋加快，金融科技对银行业务产生显著影响。如图6-10所示，七成（70.0%）银行家认为，金融科技对支付结算业务的冲击最大。随着网络支付和移动支付的迅猛发展，第三方支付方式已经成为人们越来越频繁使用的支付模式。根据相关统计数据，2016年网络支付用户规模为4.74亿人，同比增长14.01%；而移动用户规模已达4.69亿人，同比增长31.17%，近四年来移动支付使用率逐年提高，2016年已达到64.90%，与网络支付使用率相当。近年来网络借贷行业快速发展，超半数（56.2%）的银行家认为个人信贷受互联网金融影响较大。随着人工智能技术和智能投顾等新兴概念的出现，四成（42.5%）银行家认为财富管理业务受到互联网金融影响较大。紧随其后的受影响业务分别是信用卡（31.5%）、投资交易（20.7%）、公司信贷（16.3%）、代理业务（14.2%）和投资银行（10.6%）。

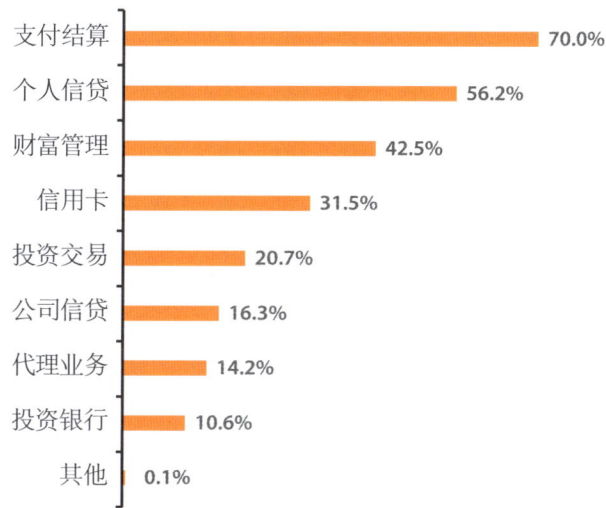

图6-10　2017年不同类型银行业务受金融科技的冲击程度

从金融科技不同领域的维度看，调查结果显示（见图6-11），随着支付宝、微信钱包等服务的出现和普及，第三方支付成为银行家最关心的领域，获得了48.0%的关注度。智能投顾则吸引了32.9%的银行家注意，互联网金融产品代销（29.4%）、电子货币（25.0%）、电子自动交易（23.4%）和网络借贷（23.0%）均吸引超过20%的银行家的关注。

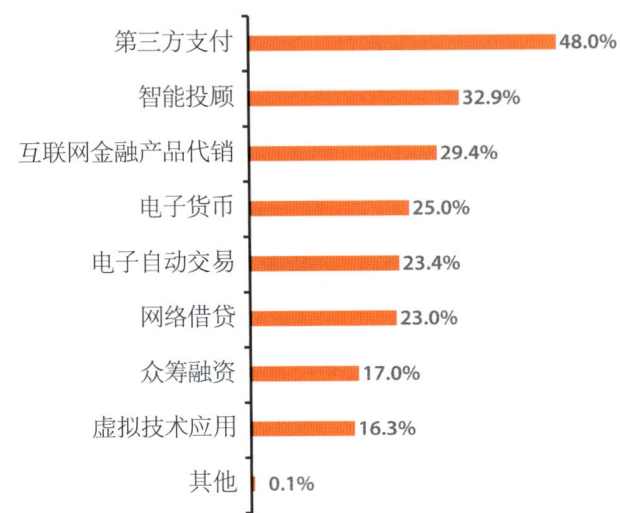

第三方支付　48.0%

智能投顾　32.9%

互联网金融产品代销　29.4%

电子货币　25.0%

电子自动交易　23.4%

网络借贷　23.0%

众筹融资　17.0%

虚拟技术应用　16.3%

其他　0.1%

图6-11　2017年银行家关注的互联网金融热点领域

四、银行家积极应对金融科技，发力移动支付和网络银行等离柜业务

银行家积极应对金融科技浪潮带来的机遇和挑战，一方面积极发展移动支付、网络银行等离柜业务，另一方面则主动优化网点、强化智能网点服务。根据调查结果（见图6-12），超过一半（57.5%）的银行家以移动支付作为应对金融科技的重点发展领域。主推直销银行的银行家约占41.5%，而将网络银行作为重点发展领域的银行家则达48%，这也反映出直销银行、网络银行是银行家较为重视的发展领域。另外，除移动支付、直销银行等各类离柜业务，23.2%的银行家选择以智能网点的方式对实体网点进行优化。

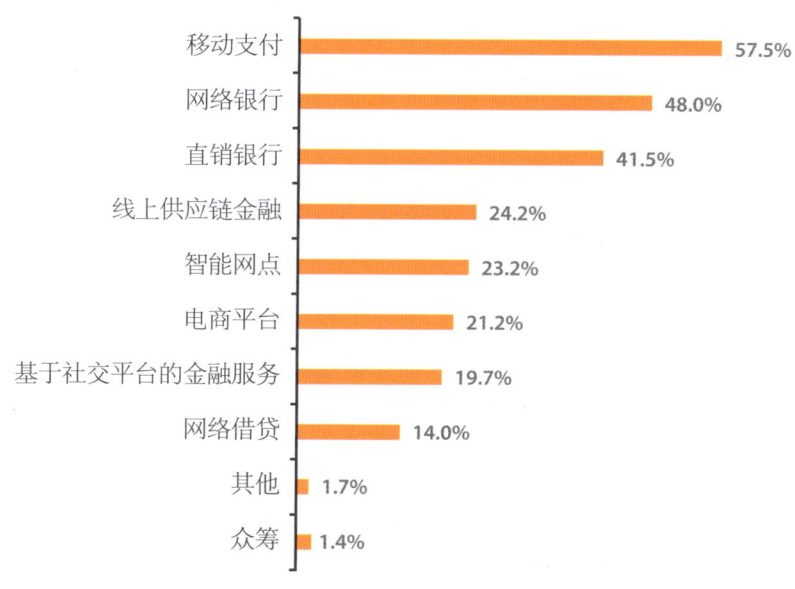

图6-12　2017年中国银行业应对互联网金融的重点发展领域

不同类型银行布局互联网金融领域时的整体选择类似，均较为关注移动支付、网络银行和直销银行等，但侧重点不同。由于直销银行不设物理网点、不发放实体银行卡、主要通过信息化渠道经营等特点，直销银行打破了传统银行的时间、地域、网址的限制、向用户收取的服务费更加低廉、用户办理理财业务更加便捷，因此受到股份制商业银行（54.8%）和城市商业银行（60.4%）的重点关注，而其余类型银行对直销银行的关注度均不超过三成。移动支付领域的关注度差距同样存在，政策性银行因为其特殊业务性质，对移动支付的关注度不及两成，外资银行紧随其后、不足四成，而其余

各类机构对移动支付的关注度均超过了五成，其中，大型商业银行以71.8%的关注度居首位。大型商业银行（31.8%）和农村金融机构（29.8%）则比较关注电商平台，而其余各类银行对此的关注度不超过两成（见图6-13）。

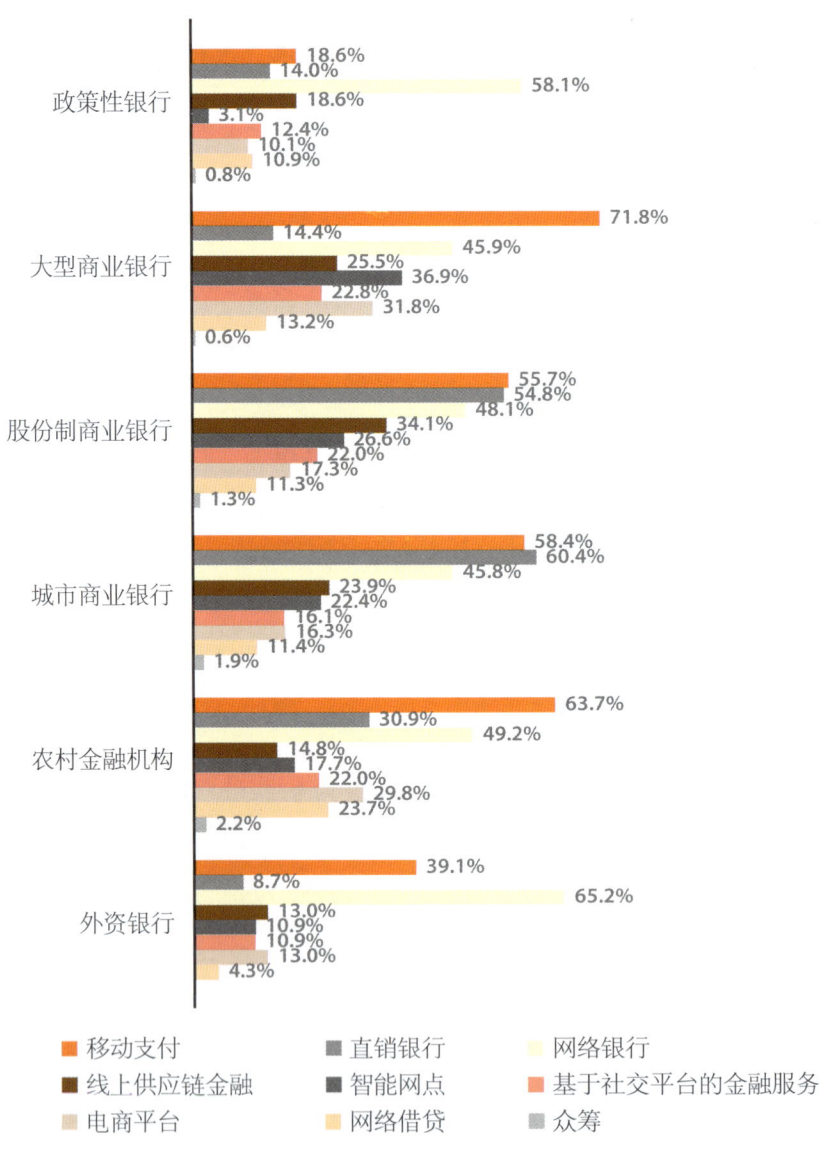

政策性银行
18.6%
14.0%
58.1%
18.6%
3.1%
12.4%
10.1%
10.9%
0.8%

大型商业银行
71.8%
14.4%
45.9%
25.5%
36.9%
22.8%
31.8%
13.2%
0.6%

股份制商业银行
55.7%
54.8%
48.1%
34.1%
26.6%
22.0%
17.3%
11.3%
1.3%

城市商业银行
58.4%
60.4%
45.8%
23.9%
22.4%
16.1%
16.3%
11.4%
1.9%

农村金融机构
63.7%
30.9%
49.2%
14.8%
17.7%
22.0%
29.8%
23.7%
2.2%

外资银行
39.1%
8.7%
65.2%
13.0%
10.9%
10.9%
13.0%
4.3%

■ 移动支付　　　■ 直销银行　　　网络银行
■ 线上供应链金融　■ 智能网点　　　■ 基于社交平台的金融服务
电商平台　　　网络借贷　　　众筹

图6-13　2017年各类银行应对金融科技的重点发展领域

五、银行家持续关注大数据技术，移动互联网和大数据技术应用程度较高

随着各种大数据技术的发展和应用，在众多新兴技术中，超过七成（76.3%）的银行家较为关注大数据技术，较2016年的调查结果增加了12.2%。银行家对互联网技术的关注度一直较高（57.7%），但较2016年的调查结果减少了14.7%。迅速发展的人工智能技术同样吸引了银行家的关注（38.1%）。云计算技术和物联网技术则分别获得了35.3%和22.4%的关注度，较2016年的调查结果分别增加了5.6%和7.8%。区块链技术的关注度则由2016年的7.8%迅速增加到2017年的27.7%，涨幅达19.9%，增速较快（见图6-14）。

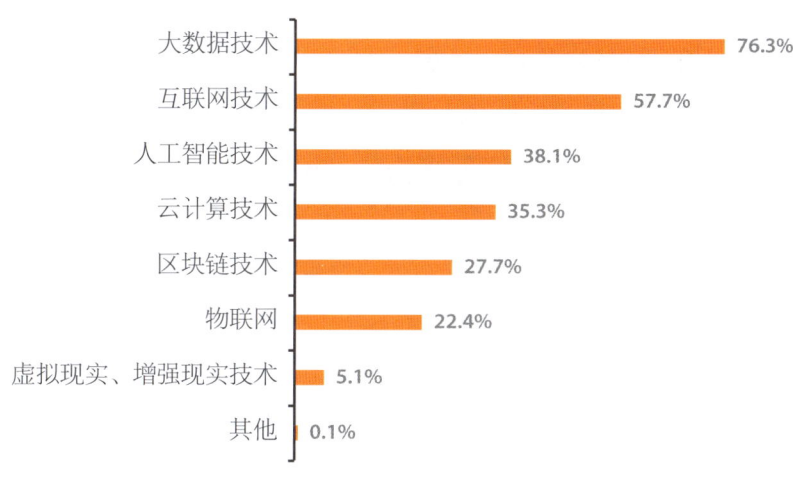

图6-14 2017年银行家关注的热点技术

从不同技术的应用情况看，如图6-15所示，移动互联网技术是银行信息化建设中使用最为广泛的技术，其正在开发（16.8%）和已经使用（41.9%）比例总计达到58.7%，32.0%的银行家正在对其进行技术应用研究评估，仅8.5%的银行家未将其规划在战略中、或评估后认为应用可能性不大。银行家同样关注大数据技术的开发与应用，28.3%的银行家已经将大数据技术应用到银行的经营管理中，22.1%的银行家正在开发相应产品，40.4%的银行家正在进行技术应用研究评估，未将其规划到战略中、或评估后认为其应用可能性不大的银行家仅占8.4%。物联网、云计算、区块链和人工智能技术的普及度还不高，未将物联网、云计算、区块链和人工智能技术规划到战略中的银行家占比均超过了20%，超过40%的银行家正在对这四项技术进行技术应用研究评估。

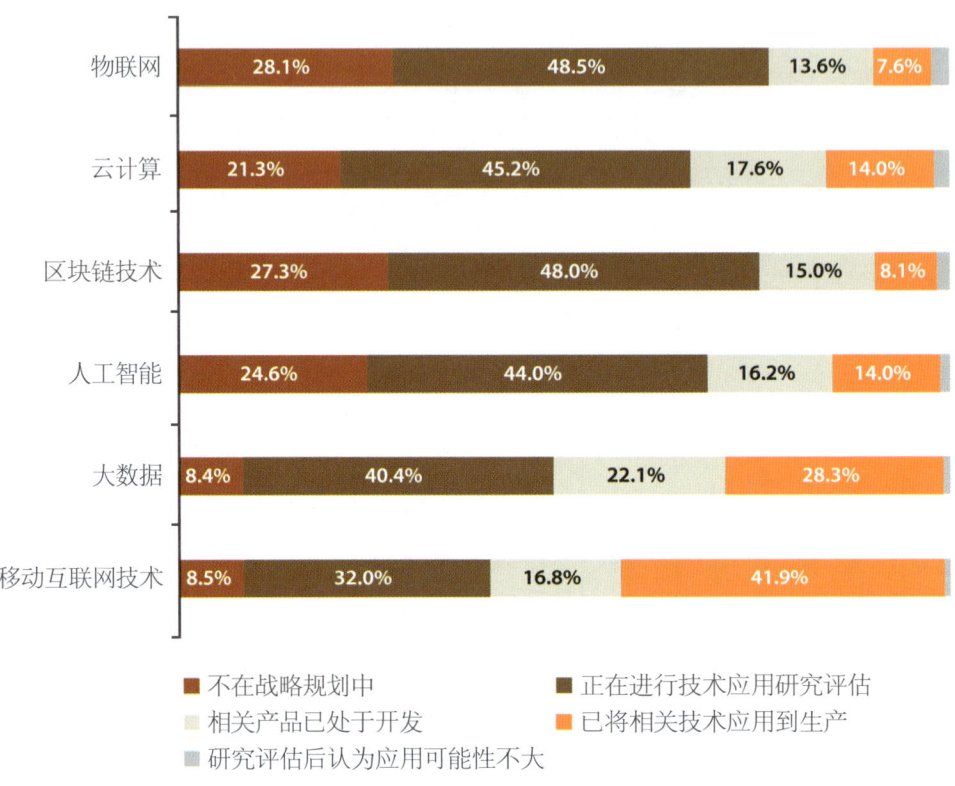

物联网　28.1%　48.5%　13.6%　7.6%

云计算　21.3%　45.2%　17.6%　14.0%

区块链技术　27.3%　48.0%　15.0%　8.1%

人工智能　24.6%　44.0%　16.2%　14.0%

大数据　8.4%　40.4%　22.1%　28.3%

移动互联网技术　8.5%　32.0%　16.8%　41.9%

■ 不在战略规划中　　　　■ 正在进行技术应用研究评估
■ 相关产品已处于开发　　■ 已将相关技术应用到生产
■ 研究评估后认为应用可能性不大

图6-15　2017年中国银行业开发应用金融科技技术现状

六、银行家普遍关注网络借贷领域的风险

对于不同金融科技领域的风险关注程度，调查结果显示（见图6-16），银行家最关注的是网络借贷行业的风险（74.5%）。其次是众筹融资的风险（54.3%）。此外，超过四成的银行家较为关注互联网金融（43.5%）和第三方支付（40.8%）。随着比特币等电子货币的发展，25.7%的银行家也对电子货币的风险表示关注。

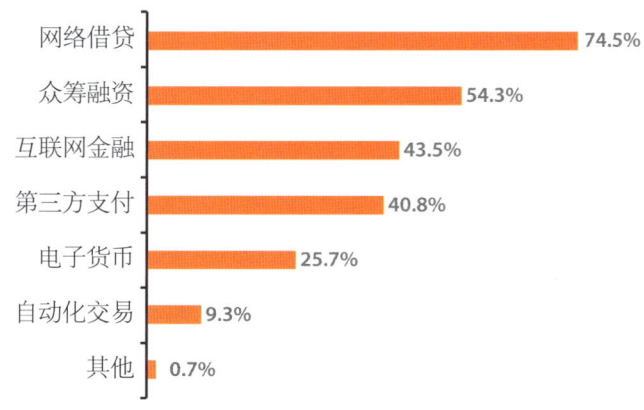

图6-16　2017年银行家关注的金融科技风险

渤海银行董事长李伏安、浙商银行行长刘晓春、中国光大银行卢鸿副行长、交通银行首席经济学家连平、上海农商银行首席信息官周衡昌谈金融科技

项目组：您认为金融科技的发展对国内商业银行将产生哪些方面的影响？

李伏安（渤海银行）：金融科技对传统金融行业的冲击和影响主要表现在以下几个方面：

第一，对传统金融商业模式形成冲击。一是数字银行挑战传统零售银行业务。对现有的银行消费者尤其是长尾客户而言，数字银行的发展对银行而言提高了经营效率、降低了运营成本，对客户而言提高了体验享受、获得更好的服务和更大的效用。二是P2P网贷平台挑战传统贷款融资方式。P2P借贷的兴起和发展，既满足了小额资金投资人获得较高投资收益、实现财富增值的需要，又为借款人提供了一条快速、便捷、低成本的融资渠道。三是移动支付工具挑战传统信用卡。进入互联网时代后，第三方支付公司应运而生，它们运用互联网、数字化技术优势，开发出一系列的APP，绕过传统的信用卡公司和银行，形成独立的支付平台。四是智能投顾挑战传统资产管理。智能投顾与投资经理最大的区别在于：它会采集全方位的数据，并整合起来综合分析。同时，智能投顾也将利用这些数据，构建金融模型、进行智能算法，并得出一个资产配置方案。另外，机器人较人力优秀的地方在于：可以排除因情绪、

心理、失误、噪声等所引起的人类行为不可控性和不可预见性。

第二，传统金融机构的创新主导权的转移。21世纪以来，高科技互联网公司、电子商务企业凭借某一领域的优势和专长，介入金融服务业并不断推陈出新，提高了金融的服务效率和质量，也推动了普惠金融的发展，并逐渐获得市场尤其是新生一代的大力支持。另一方面，金融科技风潮近年来不断地冲击和挑战传统金融服务，挤压了传统金融机构的生存空间和营收利润，迫使金融机构金融科技新创公司展开竞争与合作，共同推进金融创新。

第三，对传统金融机构经营绩效的影响。金融科技新创公司利用各自的技术、客户、创意等优势从支付、转账、汇兑、征信、贷款、身份识别、投资理财、保险、智能合同、区块链等各个细分领域不断地挑战和冲击着金融系统，对银行、保险和证券等传统金融机构的市场份额、经营收入等造成影响。一般地，银行的利润主要来自存贷利差和中间业务的服务收费。但面对金融科技新创公司的低价服务的竞争，银行等传统金融机构的市场份额、潜在客户和利润都将压缩和减少。

第四，对传统金融机构从业人员的影响。金融科技对传统金融体系的破坏性创新，除了对金融机构经营绩效的冲击，也对金融机构的从业人员造成巨大的影响：一方面必然造成银行分支机构等网点的关闭，大量从业人员离职；另一方面，为了满足金融科技发展的需要，在岗人员必须与时俱进，跟进第四次工业革命的步伐，努力学习金融科技相关领域的知识和技能，使自己成为拥有金融理论知识、具备互联网思维和大数据分析能力的跨界跨业人才。

刘晓春（浙商银行）：第一，银行在业务区域上突破了原先物理网点的局限性。互联网打破了空间的局限性，这正是数字技术的巨大优势之一。所以现在对于银行经营来讲，我们不需要所有业务都到物理网点办理，在任何地方、任何时间都可以办理业务。

第二，突破了银行营业时间的局限。现在银行一天24小时、一年365天都可以接受业务的办理。时间、空间的两个界限都被突破了。

第三，突破了银行和客户之间的界限，这对银行的经营管理来说是非常深刻的影响。从前办理个人存款需要跑到网点填好存款单，包括姓名、账号、存多少钱、活期或是定期、定期期限等项目。填好以后客户把钱交给银行柜台，后面都是银行的业务，包括点钞、记账，记账又分为流水账、现金账、明细账。但是现在，储蓄存款可以在网上完成，可以在ATM上存钱，可以说客户自己完成了银行人员在做的事情。再举个例子，银行给企业提供了代发工资的服务，现在企业发工资不需要到银行领现金，然后再回去给员工发钱，而是只要把数据导入到代发工资的系统当中，自然而然就把一系列的工作完成了。这就相当于企业帮银行做了现金提取、个人客户储蓄存款的工作；另一方面银行系统又帮企业做了领取现金、分发现金的工作。此外，银行系统之间是互相参与的，也就是说银行系统会接入到企业系统当中，反过来企业系统也接入到银行系统当中，银行和企业之间的界限也被打破了。

第四，突破了银行业务之间的界限，前后台之间的界限也被打破。银行为企业提供代发工资的服务，就银行原来的分工而言是一项对公业务。但是从结果而论它是一项对私业务，也就是说银行不同业务条线的功能、业务间的界限被打通了。另外，原本银行柜台业务是单纯的柜台业务，金库是金库，后台的会计最终核算是会计最终核算业务，前台的信贷员是信贷员。但是现在，只要输入数据，从流水账、风控账、一直到总账，计算机全部完成，这些前后台业务的界限也因为数字技术的应用被打破了。

第五，风险的界限。原来银行的风险除了信用风险、利率风险、汇率风险以外，其他风险都在控制范围内——包括操作风险、偷窃风险、抢劫风险等，这些都在我们的"砖头墙"里面。但是，由于数字技术和互联网技术的发展，银行风险也突破了时间、空间的界限。偷盗不需要撬门，在网上也可以进行偷盗，安全性较差的手机也容易被偷盗。另外，银行系统和企业系统进行对接，包括和支付宝、微信支付等对接。人们使用支付宝和微信支付，最终钱都是在银行之间交易，操作失误有可能也会产生影响到银行系统本身的风险。银行和企业系统对接以后，银行的系统升级了，企业却没有进行升级或相应的调整，或者企业升级了系统却没有通知银行导致信息没有及时更新，这都会造成操作风险。总之，风险类型增多了，原来的界限也被打破了。所以从银行角度而言，数字技术为经营管理带来了很大变化。

连平（交通银行）：金融科技重点影响的领域有零售银行、投资及财富管理、融资、支付与转账以及区块链等。金融科技的崛起给国内商业银行既带来了挑战，又创造了机遇。

商业银行最直观的感受就是极致的客户体验隔断了银行与客户之间的直接连接，银行的金融中介地位受到挑战，客户大量流失。具体的表现是利差收入少了、替代渠道多了、客户期望高了、竞争格局变了。导致这些现象的背后原因是传统金融机构的文化理念和体制机制受到严峻挑战。一是商业银行以客户为中心、主动营销的意识比较薄弱。二是传统业务管理流程已不再适应互联网金融服务的需要，客户体验与传统流程管理存在矛盾。三是IT应用的迭代速度跟不上市场变化，互联网应用的开发模式与传统银行的IT管理存在较大差异。四是整合性、适用性创新方面，传统金融强调"稳健、责任"与互联网强调"创新、开放"之间存在文化冲突。

认清并发挥好传统金融机构的优势十分必要。一是渠道优势。利用好网点、网银、手机银行、微信银行等多渠道，布局好客户线上线下（O2O）的接触点。二是信息安全优势，也可以说品牌声誉优势。银行具有健全完备的IT体系，在信息安全管理方面积累了丰富的经验，深得客户信赖。三是风控优势。长期风控数据的沉淀，为银行积累了成熟的风控经验与技术优势。

周衡昌（上海农商银行）：金融科技是指将新的科技成果应用于金融领域，使金融与科技融合、创新发展的过程，从而对金融产生重大影响。金融科技的不断完善、进化，不仅重塑了传统银行的业务运作模式与流程，还衍生与成长出许多金融产品与服务，最终形成供给能力更充沛、经营成本更低廉、风控能力更强大、客户获得更便利、运转效率更快捷的全新金融生态。

一是金融科技驱动金融服务渠道的改变。在金融科技迅速发展的今天，客户金融消费习惯已经发生了重大变化，提供全渠道、无缝式、便捷化的产品和服务逐渐成为大势所趋。部分银行业务从线下转移到线上，客户可从网上银行、手机银行、微信银行等多种线上渠道获得服务，操作流程标准化，用户不再需要排队等候，业务处理速度快，实现了为用户提供7×24小时跨市场、跨地区的服务，还可以针对不同用户推出个性化产品和服务。

二是金融科技革新传统业务的服务模式。在支付清算方面，由于网络支付具有能够满足用户存、取、借贷、理财、记账等多元化需求的特点，已经成为主流的使用方式，这就要求商业银行积极推动数字账户快速融入社交、旅游、消费等生活场景，提升用户使用便利性。在融资借贷方面，"去中介化"的网络融资理念已经逐渐被社会理解并接受，商业银行需要搭建融资平台，对接投融资需求，重构借贷业务模式以获取新的竞争力。在理财服务方面，技术成熟降低了理财服务门槛，促使网络理财放量增长，银行可借助机器人投顾变革传统的服务方式、提升运营效率，进而将服务客户拓展至大众市场。

三是金融科技推动风险控制的新探索。科技的进步使银行充分利用其海量的底层数据进行风险控制成为可能，银行通过挖掘客户信息、产品交易、信贷行为、征信、合作方和第三方平台等多个不同领域的风险数据，对客户进行综合的评价和推断，形成细致的客户分群和诚信评级，立体评定客户的最高可授信金额。在反欺诈方面，通过分析客户线上行为的一致性、终端设备、IP、区域等信息，预测客户申请和交易中的欺诈可能性；通过分析客户与客户之间信息所呈现的共性特征，预测群体客户的欺诈可能性，从而最大限度地规避集团性、规模性的欺诈行为。

项目组：您认为未来三至五年哪些金融科技领域发展潜力较大？

刘晓春（浙商银行）：一是云计算，是使运算速度更快、容量更大、调用更方便的概念，本来需要另外的工具，如果应用的过程中没有很好的统计基础，可能出现运用不合理的现象。二是区块链，主要有两方面：在交易场景下，可以实现点对点的功能；在管理内部信息的流转上可以应用区块链。区块链的去中心化不一定可以节省成本，虽然它具有不可篡改性，但是不能完全规避安全性问题。三是人工智能，以基本的信用风险、信用卡的客户背景进行分析，可以加快批量操作的速度。四是量子通信的加密技术，量子通信是目前技术条件下即使理论上也完全无法破解的加密机制，对于金融信息安全具有重大意义。

在金融科技中，最重要的不是起步使用金融科技的时间，而是能否合理运用成熟的技术，我们不排斥任何技术融合到内部管理和客户服务上的可能性。对于银行来讲，科技不在于先进不先进，而是适用不适用。在相同成本下，有没有提高效率，或者说在相同的效率下能降低成本，同时在同样的成本和效率下，有更好的安全性，这才是我们应用科技的基本原则。

连平（交通银行）：总体来说，通过创新科技能显著提升金融服务质效的业务应该是未来三至五年发展潜力较大的领域。一是人工智能在财富管理领域的应用。通过智能算法实现后台资产配置自动化，为客户提供定制化且性价比高的财富管理服务和投资组合建议，有效地改善传统金融服务不到、服务不好的长尾客群的金融服务体验。二是大数据在小额贷款领域的应用。包括面向零售长尾客户和小微企业的贷款。通过多维度海量大数据分析精准刻画客户特征，数据不局限于金融交易数据，还包括社交、电商、生活缴费等多维度数据，对客户信用进行360度全面评级，弥补长尾客群未纳入央行征信系统的短板，克服小微企业融资难的问题。

周衡昌（上海农商银行）：金融科技，在银行业不应该仅仅是一个概念，而是一种武器、一种商业模式，是解决银行业战略转型的重要驱动力。利用金融科技创新转型，提供更好的金融服务才是银行业真正应该关注的落脚点。展望未来，科技发展及与金融的融合，会推动金融业态根本性改变。根据目前行业发展趋势，结合技术发展的成熟度，可以有四大类应用场景设想：一是大数据技术。银行开始深化大数据应用来应对银行传统经营模式面临的挑战，未来银行将利用大数据构建的企业运营全景视图来进行风险管理、产品营销、业务创新等活动，进而寻找最优的模式支持商业决策，通过大数据技术来获得竞争优势。二是生物识别技术。生物识别技术的普及，通过指纹识别、人脸识别、虹膜识别、静脉识别、声纹识别等技术在银行业的应用，如利用人脸识别技术实行远程开户，将大大节省客户的时间成本，同时也让内部控制的安全性提升。三是人工智能技术。利用机器学习的自适应技术，可以评估信贷风险和监测金融诈骗，也可以通过机器对语义的深入理解来简化金融行业中各类信息的处理流程。比如自动理解客服系统收到的客户咨询，并对部分常见问题自动解答，还可以通过智能投顾进行资产配置。金融行业被看作是人工智能应用前景最广阔的领域。四是区块链技术。区块链作为一种颠覆式技术，由于"去中心化"，区块链技术将大大缩短金融资源的交互与匹配过程。同时，因为所有痕迹被记录下来且不能篡改，金融企业凭借区块链技术就可以随时发现与追踪骗贷、洗钱等犯罪行为，从而最大限度地屏蔽经营风险。

项目组：您认为国内商业银行发展金融科技面临哪些困难、风险？

李伏安（渤海银行）：一是信用风险。以P2P网络融资为例，个人消费性贷款的客群，在银行授信违约率统计上属于高风险客群，究其原因是消费性贷款本身不具备自偿性，没有明确的还款来源，再加上申请小额贷款的部分消费者，存在经济上的弱势，专业知识及风险观念稍显不足，而P2P网络融资专门承销这类贷款，实际财务杠杆倍数会远大于银行，在征信专业能力弱于银行的情况下，若无担保品提供抵押，违约的概率会相对增高。二是洗钱风险。反洗钱是合规风险中最重要的议题，金融监管机关要求金融机构必须落实反洗钱工作，要秉承KYC原则开展业务，但金融科技的便利性及部分隐匿的特质，却有利于犯罪者进行洗钱，如何有效执行洗钱风险将会是未来必须严肃面对的问题。三是信息泄露风险。个人信息的保护是金融科技应用必须注意的重要课题，传统银行业者对此均相当重视，并以严谨的内部控制程序执行保存、查阅及应用，在未来数据数字化后，个人所有信息若不被有效保护及管理，轻则会被应用于诈骗，重则会损及客户有形财产及无形声誉的损失，金融科技业者在内部控制制度的建立与执行上，都必须重视且要有落实执行的决心。四是系统风险。信息安全维护是推动金融科技发展最重要的基石。金融科技为消费者带来便利性，但同时也因为开启更多与消费者连接的渠道，加大了金融业者被攻击的可能性。

刘晓春（浙商银行）：银行发展金融科技的困难在于不掌握核心技术，例如目前兴起的云计算、区块链、人工智能、大数据等技术，大多数银行仍然需要从外部引入底层技术供应商，而银行自身以应用实现为主，这在响应效率、支持力度、融合程度上都弱于在底层技术、上层应用和业务目标深度融合的互联网金融企业。

连平（交通银行）：一是体制机制对金融科技创新的支撑力度不够。新兴技术对于金融业务的驱动引领作用有待进一步加强，通过加强技术与业务的融合及联动，满足互联网应用灵活、快速响应的需求，加快推动互联网金融产品从创意到创新的转化。二是金融科技人才储备及激励机制有待优化，亟须进一步完善市场化人才选聘机制及配套激励约束政策，借助体内培育与体外引进双渠道，构建起金融科技人才梯队。

周衡昌（上海农商银行）：各商业银行都试图用金融与科技相结合的方式来改善银行的服务，然而由于基础类技术自主研发难度大，资金投入巨大，并且相关技术非常专业，商业银行无相关积累。商业银行将通过与科技公司合作或收购科技公司的方式来获得相关技术，这就需要政策和制度上的支持。

尽管金融科技在提高金融服务能力与效率等方面产生了重大影响，同时这种创新也给金融安全带来了新的挑战。一是金融科技可能助长金融脱媒风险。金融科技使资金供给能够绕开现有的商业银行体系，直接输送给资金需求方和融资者，完成资金体外循环，金融交易脱离现有金融监管的情况愈发严重。值得注意的是，这种金融脱媒风险具有金融风险与技术风险相叠加的特征，一旦发生，势必会扰乱整个金融秩序，进而可能引发系统性风险。二是金融科技极有可能造成数据风险。数据资源已然成为金融科技核心竞争力，金融机构对数据的收集近乎狂热，抢占入口和渠道的风险愈发明显，信息集中度大幅提高。一旦出现问题，将对个人隐私、客户权益甚至金融安全构成威胁。同时，部分机构在开展业务的同时将客户信息作为牟利筹码，导致数据资源的随意共享与肆意滥用。三是金融科技必然提升金融网络安全风险。金融科技的快速发展得益于互联网技术的发展，通信网络更加开放导致金融网络安全隐患愈发突出。而且，由于各银行的规模和发展阶段不一样，安全防控水平也参差不齐，差异较大，风险的"洼地效应"格外明显。

项目组：请问贵行在金融科技应用方面开展了哪些实践？

李伏安（渤海银行）：第一，充分利用互联网，推动线上化转型发展。一是创新建设了场景银行，具备了在线获客、在线传播推广和在线业务拓展的线上经营能力；二是创新建设了平台银行，拓展了综合金融服务能力和行业金融服务能力，为电商平台推出"渤商赢"平台业务解决方案；三是持续完善直销银行建设，在产品方面定期推出直销理财、直销基金、直销资管产品和养老保障产品等多元化直销银行产品；四是深化拓展移动金融服务体系，推出微信银行、短信银行，丰富移动支付功能，推出移动支付、近场支付、二维码支付等功能，形成了渤海银行移动金融服务业务体系。

第二，深入应用大数据，提升个性化服务能力和风险防控能力。一是客户管理层面，实时掌握客户在渤海银行的服务状态，导出客户服务指引，客户经理根据管户范围，可直接链接各类产品和服务平台，为客户提供各种产品和服务。实现多渠道、多平台的同步处理和跟踪，提升服务品质和便捷程度。二是精准营销层面，建立以产品维度、客户分类维度、区域维度等多元导向的精准营销模块，模块通过导入客户交易数据，产品参数以及其他客户相关必要数据等，计算产生精准营销清单，包括目标客户清单、产品组合清单等。三是内部管理层面，整合各种管理信息，以业务发展计划和管理考核为出发点，各类管理信息充分整合，形成一目了然的业务管理实时监测数据舱，直观展示，分层分级无缝链接，可深度探底底层数据，也可即时组合提取形成不同目的的报表，作为各级管理团队的管理工具。四是在风险控制层面，利用大数据技术提高各类业务环节、各类风险的控制水平。信用卡业务的贷前、贷中、贷后各环节，分别运用大数据技术，采取相应措施，构建大数据风控体系。渤海银行还基于全行统一的数据仓库，建立了风险数据集市，并在此基础上建立了风险管理信息应用的"中央雷达"。

第三，稳步引入人工智能，提升渤海银行生产力和客户体验。一是提升客户服务体验和满意度。渤海银行首家智能网点在2016年开业，将人脸识别技术与视频监控系统进一步融合，将VIP客户人脸识别技术引入接待环节。渤海银行的智能化设备还体现在"数字海洋""信息瀑布与信息池塘""渤海空间""移动视窗"等多个智能模块，为客户提供了智能多样的互动体验。并且，在移动客户端体验区还配置了多部智能终端，客户可以在这里完成查询、转账、理财、自助缴费等多项业务，节省等候时间。二是加强数据分析处理方面的智能化。根据金融数据分析自动发现规律，经过运算可提前预测交易变化趋势，提前作出相应对策；通过数据筛选、建模和预测打分，将不同的资产分类，对借款人还款能力进行实时监控，以减少因坏账而带来的损失；结合个人客户的风险偏好和理财目标，利用人工智能算法和互联网技术为客户提供资产管理和在线投资建议服务，实现个人客户的投资顾问服务等。三是加强业务操作层面的风险控制智能化。可通过用印的智能化（电子印章）对用印流程进行线上管理，用印与审批系统实现无缝线上连接；通过纸文本读取技术，排查所有交易单据，建立关键词提示技术，建立风险模型，及时发现可疑交易

等。四是加强人工智能在身份认证领域的应用。参考同业经验，渤海银行探索使用人工智能特别是语音认证和识别的方法，切入如信用卡催收、信用卡客服等业务，提升业务办理效率和客户体验。

刘晓春（浙商银行）： 为主动拥抱金融科技时代，浙商银行创造性规划适合互联网时代业务特点的"双库""双核""双模""双云"新型企业级技术架构，通过底层焕新有效支持金融科技应用创新和业务快速发展。专门成立金融科技应用创新中心、大数据应用管理中心等部门，着力建设了基于云平台的新型企业级技术架构、大数据、人工智能、区块链、智能投顾等多个前沿金融科技项目，从组织架构、技术平台建设和场景探索等多维度推动金融科技创新。

具体应用方面浙商银行建设了大数据平台，并基于此构建覆盖行内外、机构非机构的全行数据资产，构建自助智能分析平台、互联网客户行为分析平台，大幅度提高数据建模挖掘能力；在年初业内首推移动数字汇票平台的先发优势基础上，第三季度正式上线了应收款链平台，创造性地将前沿金融技术融入到企业流动性服务当中，并逐步打造链上生态圈，服务同业与实体经济核心企业；在营销和风控两个方向深入人工智能技术的应用，将机器学习技术应用于信用卡账单分期外呼营销场景，并取得成功率提升50%的成效，目前也正积极研究和推进智能投顾建设；针对人脸识别、虹膜识别等新兴生物识别技术进行了大量探索和储备；从硬件和软件两方面入手对浙商银行物理网点进行智慧化改造，并且推出了数个智能旗舰网点，大大提升网点的科技含量与服务体验；建设云平台，不但实现本行系统大多数迁

移到云上运行，还可为其他金融机构提供云计算能力，实现基础设施服务能力输出。

卢鸿（光大银行）：一是支付结算作为银行的核心业务之一，也是电子银行和互联网金融领域起步最早的业务。光大银行将支付视为电子银行领域的发展重点，在2008年正式推出电子支付服务后，持续丰富完善产品功能，于2015年升级推出了"云支付"服务品牌。"云支付"是整合本行与跨行、线上与线下、境内与境外、B2C与B2B等各项支付业务为一体的综合支付解决方案，是连接公私客户与光大银行互联网金融的重要纽带。2014—2016年光大银行电子支付交易金额复合增长率达110%。二是互联网时代，在金融科技的推动下，普惠金融正由社会理想变成生动的社会实践。金融科技具有边际成本较低、服务效率高、覆盖面广等优势，可以较好地平衡成本与效益，使普惠金融兼顾公平与效率，实现鱼和熊掌兼得。因此，在落实普惠金融过程中，光大银行充分结合电子渠道与金融科技优势，聚焦实体经济发展，积极创新数字化金融产品与服务，促进简化服务流程、降低融资成本、优化支付环境，承担起应尽的社会责任，为普惠金融、精准扶贫事业贡献智慧与力量。

连平（交通银行）：金融科技在交通银行的应用主要体现在移动互联网、支付结算、大数据、人工智能等四方面。

在移动互联技术上，交通银行主要运用在手机银行和网上银行。2016年11月，交通银行整合全行的手机银行、网上银行、电话银行成立线上金融业务中心。2017年上半年，交通银行线上中心建设取得了积极的成效，线上金融业务实现了快速发展。1~6月，手机银行和网银客户数分别增长500万户和345万户，手机银行月度活跃用户数在6月达到了865万户，为历史峰值，比中心成立前的均值增长200万户；线上渠道客户月度活跃数（含手机和网银）首次突破1000万户，达到1009万户；线上渠道交易量在2017年上半年达到24.13亿笔，同比增长63.3%。根据第三方APP市场权威监测机构的数据显示，交通银行手机银行APP在2017年6月的排名中位列196位，较2016年末提升了31位，在金融行业的APP排名中也从第10位跃升至第8位，相比而言，招商银行APP在6月的排名较去年末仅提升3位，交通银行手机银行发展的提升势头超越招行。

在支付结算技术上，交通银行主要运用在个人二维码支付和商户收单业务上。在个人结算方面，交通银行着力完善二维码支付体系，涵盖C2C、C2B主扫及被扫，优化客户移动支付体验，提升客户黏性。在收单业务方面，交通银行着力搭建聚合支付收单系统，以适应二维码、NFC、云闪付等各类快捷支付的全面普及。

在大数据技术运用上，主要在客户销售管理方面。用好、用活大数据，着力"以数据服务业务，用分析创造价值"。一是建设数据模型，支撑客户经营策略制定。结合个金和线上中心的业务需求，建立了涵盖近300个模型变量的数据建模模型变量库，并在不断地优化和扩大。目前，"睡眠户和流失客户预测模型"投入运用，"理财、保险、贵金属"等多个响应率预测模型也建立完毕。二是加强重点项目的数据支撑，着力增加项目效益。在"貔貅项目""新客礼包/回馈礼包""广场舞大赛"等重点项目上，数据团队充分利用大数据分析，强化对项目的数据支持。三是加大数据分析课题研究，提升营销精准度。围绕业务中的突出问题和矛盾，数据团队积极开展课题研究，完成了代发现状分析、活期富客群分析、理财到期规律分析等课题研究，提高了客户营销的精准度。上半年，交通银行对代发客户、理财到期客户、保险客户、新客户等实施大数据分析，推进了十多个重点项目，开展名单式销售。

在人工智能技术运用上，主要在智能理财、智能客服等方面。一是智能理财。利用后台系统的智能分析能力，针对客户的资产、年龄、风险偏好和收益目标等，从客户需求角度出发，自动分析和制定投资规划，为大众客户提供大众化的、简单易用的、专业可靠的财富管理整体解决方案，以解决80%的客户理财需求。二是智能外呼。外呼机器人应用行业顶尖的灵云语音识别（ASR）、语义理解（NLU）、语音合成（TTS）技术，可根据预先设置的名单呼叫客户电话，按照预设的外呼逻辑与客户交流，通过多轮对话、话术引导，达到外呼业务目标，未来将优先在卡片激活、贷款催收、活动推广等领域，对机器沟通失败或无法继续的通话将再转人工坐席处理。

周衡昌（上海农商银行）： 近年来，上海农商银行积极探索新技术在金融领域的应用，利用高科技促使金融服务更有效率，以应对传统银行业面临的挑战，主要体现在对大数据技术的应用方面：一是完善大数据基础平台。上海农商银行完成大数据平台的搭建，探索增加外部数据来源，不断丰富面向结构化数据和面向非结构化数据的基础数据平台。建设离线数据处理集群、在线处理集群和流式数据处理集群。探索大数据同云计算平台的结合，构建相应的分析应用平台，将数据决策融入营销和风控过程。二是构建数据分析应用平台。通过客户行为分析，实现个性化理财、交叉销售和重点客户挽留，提升客户营销水平。优化信用评级模型，完善自动化授信审批功能，针对小微企业或特定产品，推出信贷差异化定价体系，实现不同产品、不同行业、不同区域的差别化定价。

项目组： 请问贵行未来三至五年在金融科技应用方面有哪些计划？

李伏安（渤海银行）： 未来将继续依托信息技术使传统银行加速向智能化、轻型化方向转型，提供更高的金融服务效率，努力降低金融服务成本，创新建设互联网金融平台，全力构建新金融生态。一是将持续探索数字化战略，以直销银行和交易银行的传统银行业务数字化为先导，全面加速数字化转型，加强产品重新包装能力，塑造专业化的产品和服务；二是将实现多渠道组合战略，打造高度整合的多渠道"线上线下"覆盖模式，要以客户体验为核心持续加强多渠道整合设计，有效提升客户体验，实现轻型获客；三是将进一步深化平台化战略，在现有平台的基础上加速业务拓展，扩大业务覆盖范围，提升产品的多元化和个性化，通过合作伙伴引流销售等多种形式全面加速向盈利中心的转型。

刘晓春（浙商银行）： 未来金融科技应用是一个系统工程，一是要进一步加大金融科技人员队伍建设，高素质的人才队伍是提升金融科技建设和应用水平的核心力量；二是加强体外数字化进程，即加强对外部技术的引入、技术供应商的紧密联系、高校的横向合作关系；三是在产品服务创新上进一步将区块链、人工智能、大数据等应用深入融合到业务、产品、服务中，并构建金融服务生态，实现金融服务与客户场景的无缝融合；四是提升内部管理互联网化，在数字运营、智慧风控、智能决策、精准营销等方向上取得突破，全面构建智慧银行体系。

卢鸿（光大银行）：支付领域，光大银行将从产品端及场景端持续完善云支付服务。一是紧跟支付领域最新趋势，持续丰富和创新支付结算产品。在支付介质方面，持续探索完善二维码支付、生物支付等新介质。在支付功能方面，持续完善跨行支付、跨境支付、手机支付、本外币一体化支付等创新模式。二是推进与真实场景深度融合，加强精细化管理，打造适应不同行业及支付场景的综合支付解决方案。例如：E账通是光大银行利用云支付及资金监管系统，为企业级电商平台提供的完整"支付—账户—结算"服务体系，能够满足企业级电商平台上下游资金流、信息流、分级分账管理需求，为企业提供完备的支付+账户综合解决方案。同时，基于创新产品合作，光大银行正在打造跨行收单平台，为电商平台参与各方提供更便捷高效的支付服务。

大数据领域。未来，在大数据风控领域，将从以下三个方面继续探索数据化技术的开发与运用。一是拓展大数据引入的广度与深度。加强与第三方优质企业合作，丰富客户评估维度，努力构建客户360度全景视图；同时努力寻找稳定性强、风险区分度高的数据源，通过严谨的数据测试充分论证数据的可用性，引入更高质量的外部数据资源。二是强化大数据运用的监测与管理。

一方面持续建设大数据管理平台，开发多维度数据监测体系，完善数据评价指标，提升数据运用效果；另一方面建立并完善数据管理制度，从组织职责、引入原则及流程、应用与投产、监控与调优、退出机制、合法合规及隐私保护等方面细化外部数据管理办法，形成有效的外部数据管理机制。三是丰富大数据的应用场景与技术手段。充分结合贷前、贷中、贷后风险管理周期各阶段特点，加强大数据在信用卡额度管理、卡片升级、账单分期等客户生命周期管理各阶段的风险精细化运营管理。同时，积极引入机器学习、人工智能、社交网络等互联网大数据技术，探索信用卡风险识别、计量和控制等方面的新技术手段应用，提升先进技术在风险管控决策支撑上的即时性、全局性和预见性。

连平（交通银行）：未来交通银行在运用新技术提升传统金融业务效率、改善客户体验的同时，将进一步推进科技与金融的深度融合，重点从产品创新、搭建生态平台、大数据风控与营销平台三方面发力。一是产品创新方面，结合微型客户"用款较急切、提款无定时、原始积累少"等特性，交通银行面向贸易流通领域个体工商户，专门设计推出互联网小贷产品——即时贷。该产品依托互联网技术和大数据理念，采取"批量获客+O2O"模式，设计全新信贷流程，基本实现客户审贷、提款全流程电子化操作。二是平台搭建方面，围绕构建线上版"新三位一体"目标，交通银行将创新搭建互联网金融服务APP——果实微金融，立足于长尾客户需求痛点，借助互联网新兴技术，创新"跨界+自建+聚合"的平台模式，不断增强互联网获客展业能力与跨界经营能力，实现融合内外、整合集团、贯通上下。

三是在经营管理方面，结合集团内与相关跨界合作企业的数据信息，交通银行将尽力构建融合风险管理、客户洞察、精准营销、服务保障、运营分析等功能为一体的大数据平台，开展大数据应用，打造智能决策支持能力，支撑精准营销维度下的目标客户定位、营销过程监控、营销效果评估，互联网小贷业务项下的客户征信、模型构建与优化、批量集中审批、风险监测与预警，以及互联网金融平台的整体运营多维分析、报表展现、业绩预测、移动跨屏分析操作等。

周衡昌（上海农商银行）：上海农商银行将密切跟踪金融科技新技术发展，积极开展业务创新，在持续推进大数据平台及相关应用在上海农商银行落地实施的基础上，重点探索生物识别、人工智能的应用场景，努力推动应用场景落地。一是生物识别方面，搭建集成生物认证平台，拓展生物识别应用。研究搭建上海农商银行统一的集成生物认证平台，利用人脸识别监控、人脸识别比对检索等技术，探索生物特征识别在上海农商银行直销银行远程开户、ATM自助开户等实际业务应用场景中的落地，为客户提供即时可用、随时随地的个性化金融服务，推动网点转型及业务流程、管理模式的创新与变革，顺应金融科技发展趋势。二是人工智能方面，紧密围绕总行"新兴发力"发展战略，为金融市场交易、资产管理、投资银行和消费金融等领域市场发展和产品创新提供智能数据分析与决策支持。根据业务发展需求，研究和跟踪人工智能在银行业的最新应用，力求在智能投顾等领域有所突破。研究开发具有上海农商银行特色的智能投顾应用，基于大数据平台，借助计算机和量化交易技术，为客户提供自动化的资产管理服务和符合其风险偏好的投资建议。

第七部分
公司治理

　　党的十九大报告明确提出："党政军民学，东西南北中，党是领导一切的。"中国银行业的党建工作对于银行的经营发展同样至关重要，新形势下党建工作备受关注。2017年中国银行业的公司治理又是不同寻常的一年，从年初的全国银行业监督管理工作会议提及的关联交易，银监发[2017]7号文①要求加强股权监管，到年中工作座谈会上明确提出"加强对股东的穿透监管，严格监管股东关联交易、利益输送、不当干预行为"，银监会的一连串动作将我国银行业的公司治理的问题放到了聚光灯下。毫无疑问公司治理问题仍然是制约我国银行业现代化发展的难题之一，激励监管机制不到位、股权异动和关联交易频发、独立董事不"独立"等问题在我国仍然存在。毋庸置疑，这些问题将对中国银行业的公司治理产生深远影响。

---

① 《中国银监会关于切实弥补监管短板 提升监管效能的通知》|银监发【2017】7号。

一、新形势下党建工作备受关注

　　银行党建工作是银行各项工作的保障。在现在的市场经济建设中，银行起着极其重要的作用。增强其党建工作不仅能保证党和国家方针政策得以贯彻实施，而且能推动银行保持高效运转、全面可持续发展。调查显示（见图7-1），银行家认为党建工作最重要的两个方面分别是：狠抓思想建设，深化"两学一做"学习教育（77.2%），和持续保持良好政治生态，更加广泛深入地凝聚创业正能量（57.6%）。

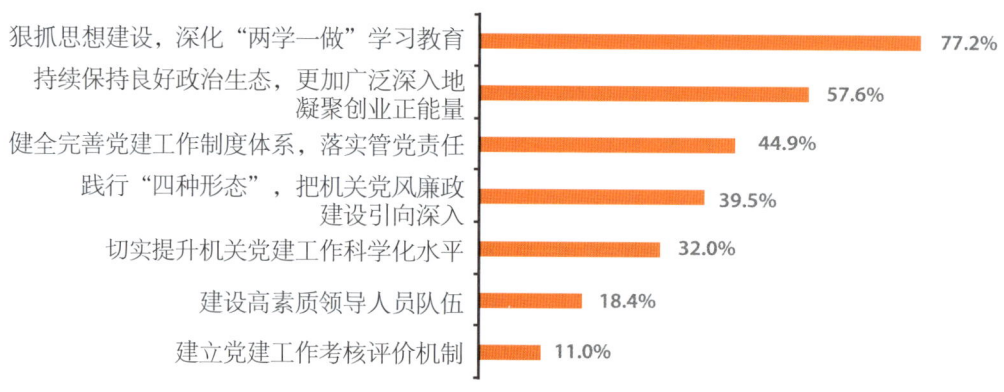

图7-1　银行业推进党建工作的重点

　　关于银行业加强基层党建工作的入手点，调查结果显示（见图7-2），银行家认为加强基层党建工作的入手点主要有三个方面："强化党建工作领导，培养高素质的基层党建领导队伍"（63.6%）、"加强党的理论教育和党性教育"（54.9%）、"将党建工作与业务经营工作结合部署"（53.8%）。

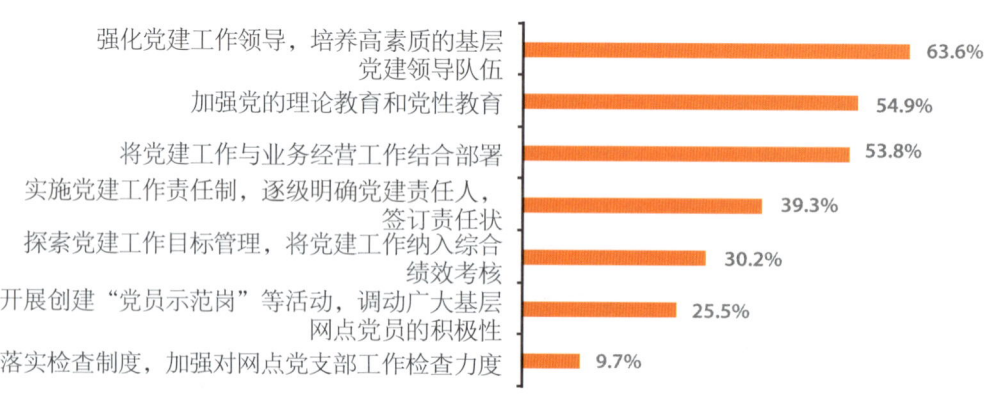

图7-2　银行业加强基层党建工作的入手点

二、银行公司治理水平全面提升，激励监管方式仍是短板

近年来，在监管机构、商业银行等各方协作推进下，中国银行业公司治理水平呈现持续改善的向好势头。调查显示（见图7-3），与2016年相比，各项评价指标均有不同程度的上升。其中银行家对于银行履行"社会责任"的评价最高（4.71分），表明我国银行业社会责任感不断提高；对"权益相关者的保护程度"的评价次之（4.55分），反映出随着目前中国银行业市场化水平的提升，对保障股东权益的重视程度也日益增强。

"激励和监督机制的有效性"获得的评价最低（4.27分），仍是公司治理中的短板，反映出在高管限薪及部分银行员工持股计划暂停的背景下，银行面临着激励手段匮乏的限制，现阶段激励和监督机制的有效性仍显不足。但与2016年相比，该指标有较大幅度提升，表明各行都在积极探索新的长期激励机制。"社会责任""对权益相关者的保护程度"及"信息披露和透明度"的评分有较大幅度的提高，显示我国商业银行的公司治理市场化观念明显提升，对投资者保护的重视程度显著提高。同时，从银行类型看（见图7-4），大型商业银行在各项评分均高于城市商业银行，尤其在对权益相关者的保护程度、信息披露和透明度以及股权结构等方面均有显著优势，说明大型商业银行在公司治理方面改革更为充分。

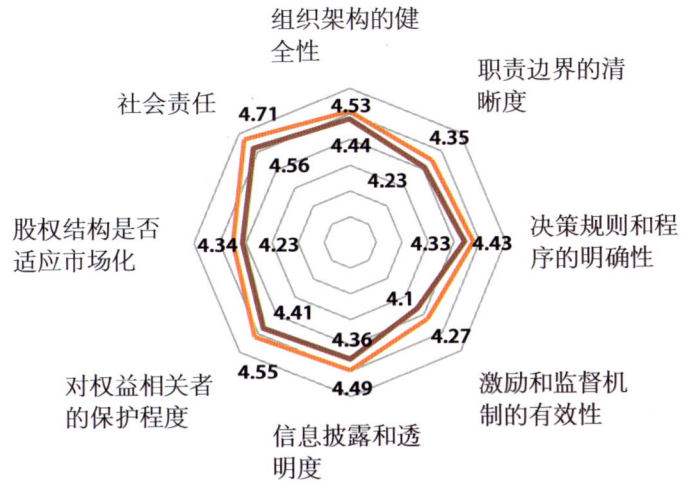

—— 2017年银行家对于公司治理的评价　　—— 2016年银行家对于公司治理的评价

图7-3　2016年、2017年银行家对中国银行业公司治理的评价（满分为5分）

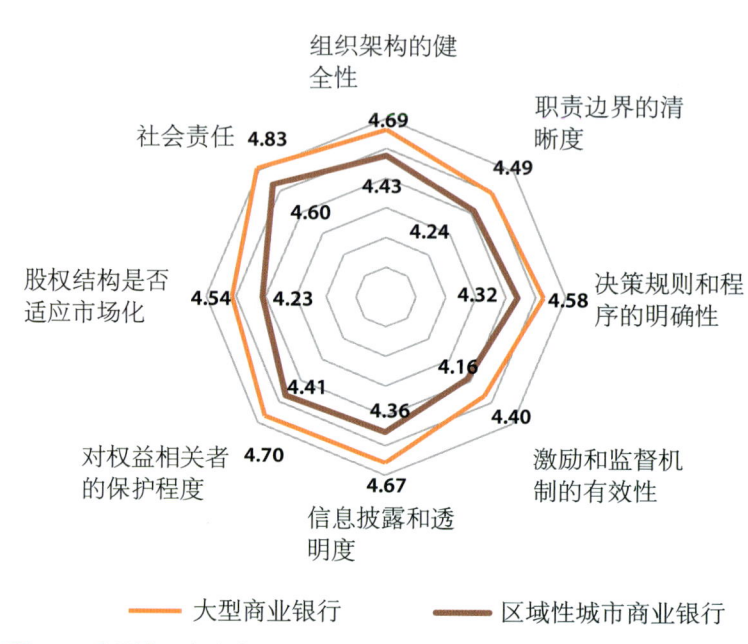

组织架构的健
全性
职责边界的清
晰度
社会责任 4.83
4.69
4.49
4.43
4.60
4.24
决策规则和程
序的明确性
股权结构是否
适应市场化
4.54
4.23
4.32
4.58
4.16
4.41
4.36
4.40
对权益相关者
的保护程度
4.70
激励和监督机
制的有效性
信息披露和透
明度
4.67

——— 大型商业银行 ——— 区域性城市商业银行

图7-4 大型商业银行与区域性城市商业银行的各项得分（满分为5分）

三、超八成银行家认为员工持股计划对公司治理的改善具有正面影响，但限薪令给银行业带来人才流失等问题

自2014年中国证监会出台了《关于上市公司实施员工持股计划试点的指导意见》后，员工持股计划就备受业界关注。虽然近期几家银行的员工持股计划因未通过审批暂时搁浅，但调查显示（见图7-5），仍有总计约81.4%的银行家对员工持股计划表示一定程度的认同。多数银行家认为在银行业利润下降、高管限薪的背景下，员工持股对于提升团队凝聚力，避免员工短期化行为具有正面作用，但在具体的作用大小方面存在判断差异。其中46.4%的银行家认为员工持股计划将成为改善公司治理的关键手段；另有35.0%的银行家认为虽然存在持股架构设计、股权估值等技术难题，但员工持股计划仍可作为部分银行改善内部治理的辅助手段。只有5.9%的银行家认为可能因高管无法参加员工持股计划等问题产生内部利益冲突，影响公司治理。总体来看，银行家普遍肯定员工持股计划，认为其能够有效提升团队的稳定性，激励员工的积极性，改善公司治理结构。

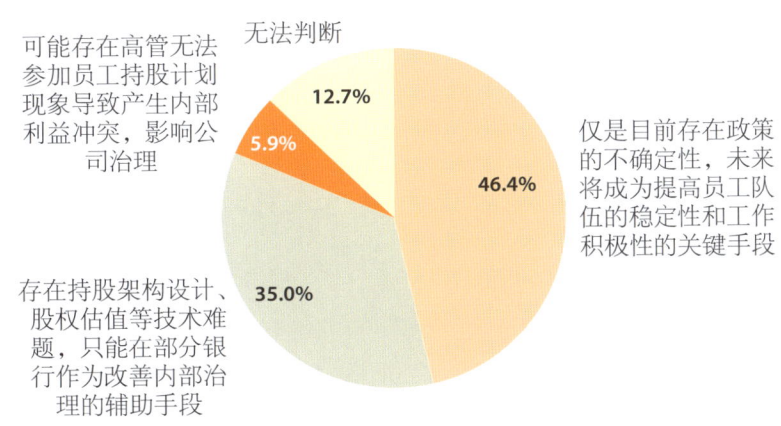

图7-5　银行家对于员工持股的评价

而针对银行业的高管层，2015年1月1日，《中央管理企业负责人薪酬制度改革方案》正式实施，限薪令的实施效果引起了业界的高度关注。调查显示（见图7-6），近半数银行家（49.7%）认为高管限薪导致了人才的流失；44.1%的银行家认为除高管层外，其他管理层的人员薪酬也受到了限制；37.4%的银行家认为限薪政策挫伤了高管人员的工作积极性；仅有21.6%的银行家认为限薪加快了人员的流动，增加了内部人员升迁机会。

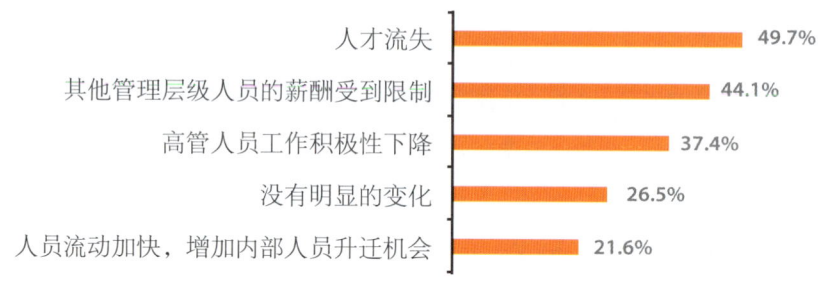

人才流失 49.7%

其他管理层级人员的薪酬受到限制 44.1%

高管人员工作积极性下降 37.4%

没有明显的变化 26.5%

人员流动加快，增加内部人员升迁机会 21.6%

图7-6 银行家认为限薪令带来的问题

四、规避关联交易审批违规授信是关联交易领域的主要问题

2017年初，在全国银行业监督管理工作会议上，时任银监会主席尚福林指出我国银行业现阶段存在风险控制不严，关联交易较多的现象，而在年中工作座谈会上，银监会也将严格监督股东关联交易、利益输送等违规现象作为下半年的工作重点。调查显示（见图7-7），34.3%的银行家认为关联交易的主要问题是通过掩盖或不尽职审查关联关系、少计关联方与商业银行的交易、以不合格风险缓释因素计算对关联方授信敞口，规避重大关联交易审批。有28.7%的银行家认为通过借道其他银行、信托、证券等同业机构向关联方间接提供授信资金是关联交易的主要问题。另有24.2%的银行家认为利用内部交易转移资产，调节业务规模以及不良、拨备、资本等监管指标是主要问题。针对上述问题，银监会于2017年11月发布了《商业银行股权管理暂行办法（征求意见稿）》，将新型交易类型纳入管理范围，进一步规范商业银行关联交易管理。

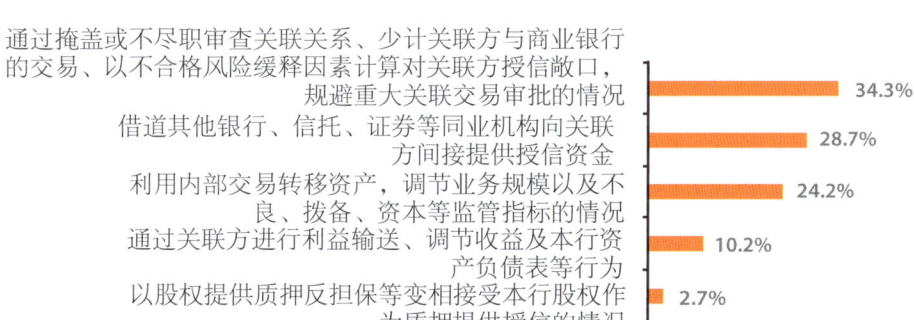

图7-7　2017年银行家认为关联交易的主要问题

五、超三成银行家表示本行股权管理比较完善，且股份制银行比例高于城商行

2017年银监7号文将银行股东的行为及股权管理作为重要的监管议题，要求银行梳理主要股东及情况，掌握其重要变化。同时将严格监管股东行为确保其依法合规行使控制权，严禁不正当干预经营决策，严禁通过关联交易获取不正当利益作为未来的工作重点。

针对股权管理，调查显示（见图7-8），33.7%的银行家认为在掌握主要股东及关联方的重大变化、对股东授信的风险审查等关联交易管理、主要股东行使权利、转让股权的合法合规和股权集中托管等重要方面比较完善，24.7%的银行家认为在掌握主要股东及关联方的重大变化方面有所不足，23.7%的银行家认为对股东授信的风险审查等关联交易管理存在问题。

分银行类型来看（见图7-9），44.1%的股份制银行家表示其所在银行的股权管理较为完善，显著高于城商行银行家的比例（27.3%），一定程度上说明股份制银行内部风险控制优于城商行，股东干预经营的情景大幅少于城商行，市场化水平更高。

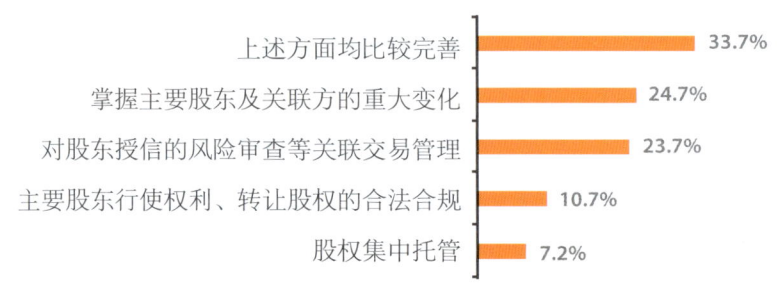

图7-8 银行家认为股权管理存在的问题

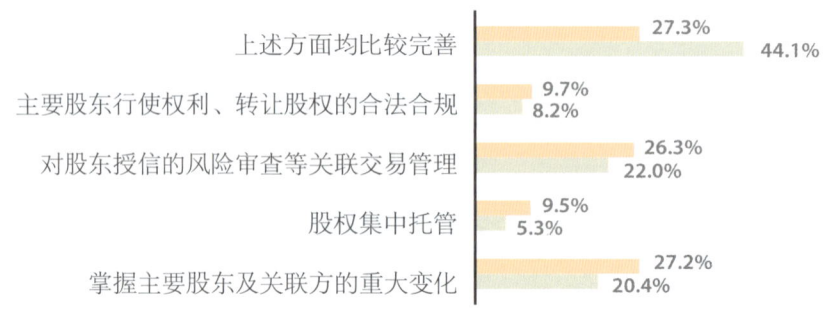

图7-9 股份制银行与城市商业银行比较

六、建立有效的激励约束机制仍是公司治理中亟待解决的问题

据调查,超五成银行家(58.0%)表示"建立有效的激励约束机制"是当下银行公司治理最需要解决的问题,同比上升了9.3%,反映出在同业竞争日益激烈的情况下,行之有效的激励机制成为银行家关注的热点。排在第二、第三位的依次是"减少行政干预"(37.1%)和"明确党委与董事会、监事会其他治理主体的权责边界"(36.2%)。如图7-10和图7-11所示,2017年有待改善的前三项公司治理内容与2016年几乎一致,说明我国银行业公司治理领域的上述问题依然有待改善,仍需继续探索现代化发展道路。

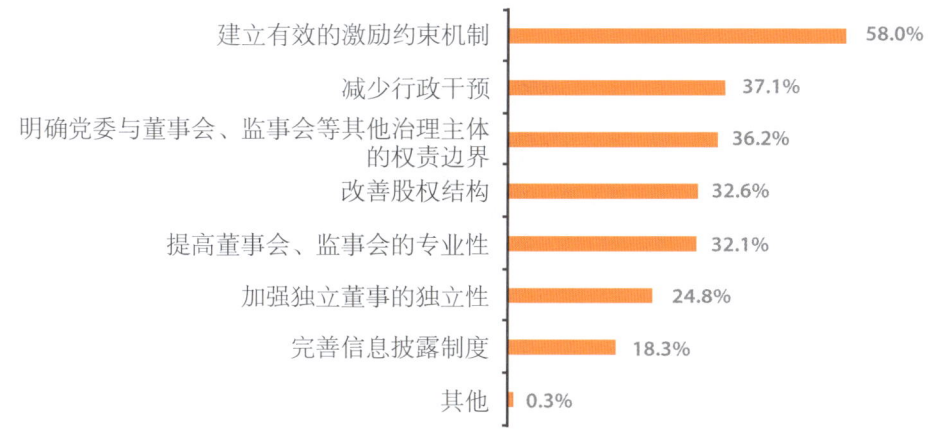

图7-10　2017年银行家认为商业银行公司治理需要改善的方面

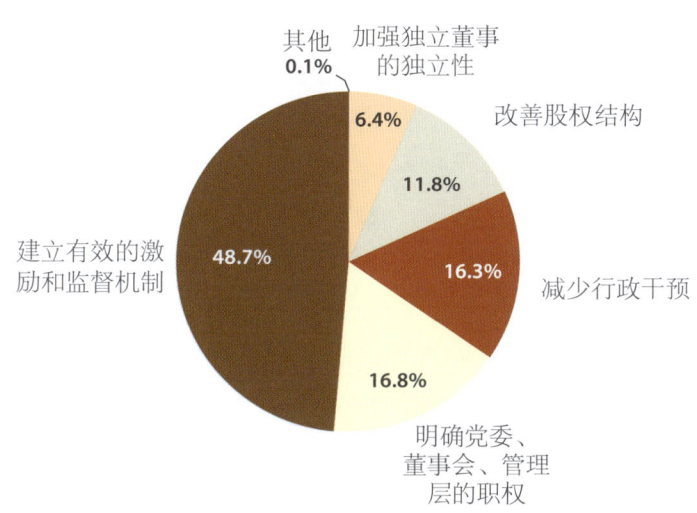

图7-11　2016年银行家认为商业银行公司治理需要改善的方面

七、银行家对当前中国银行业独立董事的履职独立性评价分化

　　银行家对我国独立董事的独立性评价并不乐观。独立董事的作用体现在以公正的立场发挥专家的作用，防止董事会流于形式或内部人控制等情况发生。但在实际运作中，由于专业素养、掌握资料有限，以及激励约束不足等原因，独立董事尽职往往不尽如人意。调查显示（见图7-12），46.0%的银行家认为国内商业银行独立董事独立性一般，认为独立董事独立性很强的银行家只有5.3%。说明目前独立董事受重视程度依然不高。但也有38.4%的银行家给予了一定的肯定，表示我国银行独立董事的独立性较强。

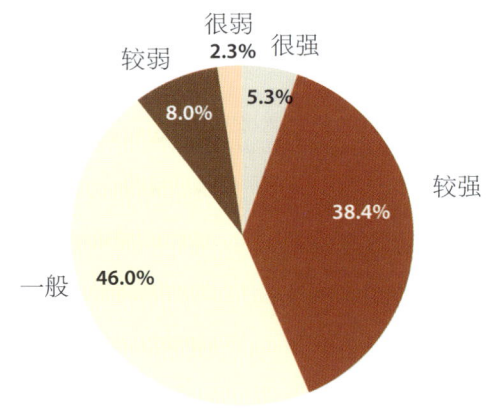

图7-12　银行家对于独立董事的评价

第八部分
企业社会责任

近年来，中国银行业的社会责任意识逐步增强，但也存在着落实宏观调控措施有待加强、金融服务有待提升、消费者金融服务满意度不高和员工权益保护有待加强等诸多不足，需要做出更多努力。

一、银行履行社会责任的领域主要受政府引导、社会需求等因素综合影响

调查显示（见图8-1），银行履行社会责任的领域主要受政府引导、社会需求和战略目标的影响，占比均超过60%，社会舆论的影响则相对较小（22.3%），反映了中国银行业主要根据政府的方向引导和社会需求，兼顾自身战略目标定位，综合统筹选择履行社会责任的领域。

2017年，全国金融工作会议进一步提出金融服务要以服务实体经济为根本出发点，强化了银行业落实国家政策的要求。在相关政策影响下，与2016年调研结果相比，政府引导因素由第二位升至第一位（见图8-2）。

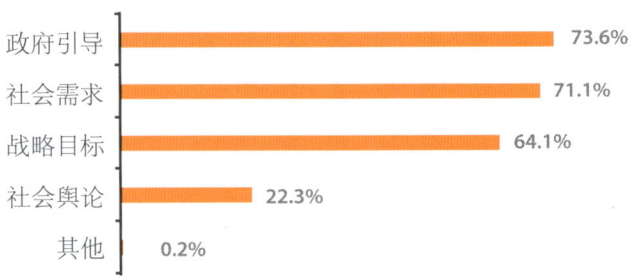

图8-1 银行承担社会责任领域的影响因素

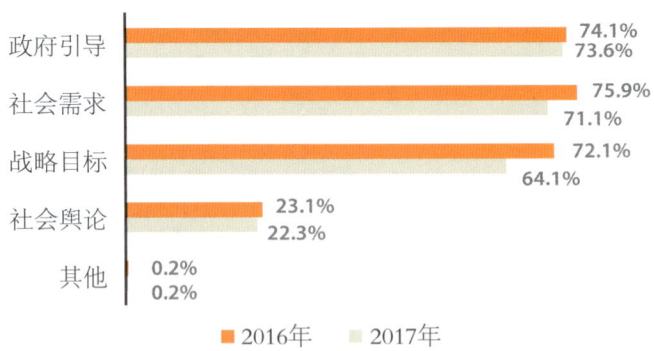

图8-2 2016年、2017年银行承担社会责任领域的影响因素

二、小微金融服务仍是经济金融领域履行社会责任的重点方向

2017年全国金融工作会议强调，要建设普惠金融体系，加强对小微企业、"三农"和偏远地区的金融服务，推进金融精准扶贫，鼓励发展绿色金融。大多数银行家表示将大力投入小微金融服务，占比达到66.2%（见图8-3）。同时，超过三分之一的银行家都选择了承担绿色金融服务、扶贫金融业务、提升涉农金融服务水平、维护消费者权益等方面的社会责任。由于近年部分银行社区金融服务尝试取得成果有限，仅25.5%的银行将其作为社会责任主要领域。选择承担"大众创业，万众创新"的银行家占比最少，仅为11.9%。创新创业的企业或项目处于起步阶段，盈利较少也难有抵押物进行贷款，银行对发展相关企业或项目较为谨慎。

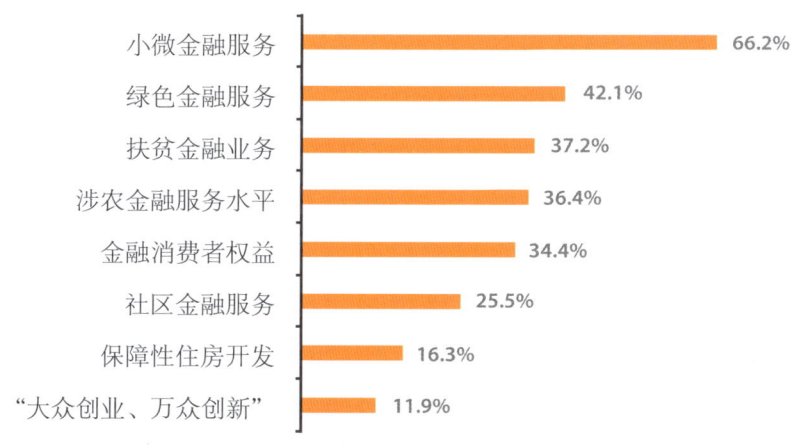

图8-3　经济金融领域银行履行社会责任的主要方向

如图8-4所示，与2016年相比，小微金融服务领域虽然占比有所降低，但一直是银行业在经济金融领域履行社会责任的重点领域。另外，随着政策导向和支持，选择绿色金融服务和金融消费者权益作为社会责任重点方向的银行家占比上升。在社区金融服务方面，银行的重视程度较2016年下降幅度较大，从主要领域的第二位下降到最后一位。

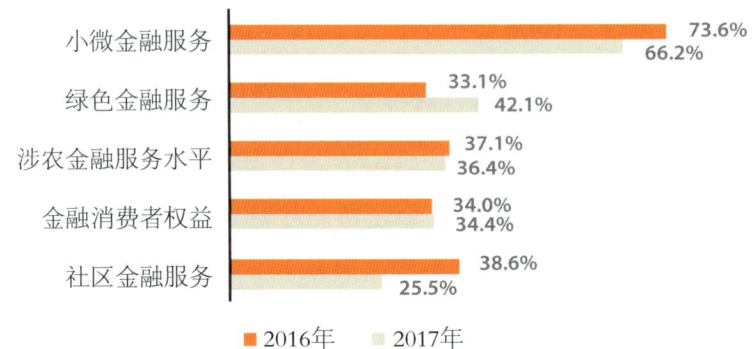

小微金融服务　　73.6%　　66.2%

绿色金融服务　　33.1%　　42.1%

涉农金融服务水平　　37.1%　　36.4%

金融消费者权益　　34.0%　　34.4%

社区金融服务　　38.6%　　25.5%

■ 2016年　■ 2017年

图8-4　2016年、2017年银行承担社会责任重要领域的变化

三、扶贫工作仍是社会领域履行社会责任的重点方向

社会责任领域方面，作为国家战略，扶贫工作一直是银行在社会领域履行社会责任的重点，选择的占比连续两年超过60%，反映了银行业积极响应国家政策号召，加强对困难和偏远地区的扶贫力度。其次是公益慈善事业，占比46.4%；再次是环境保护和员工权益，占比分别为38.7%和33.7%（见图8-5、图8-6）。

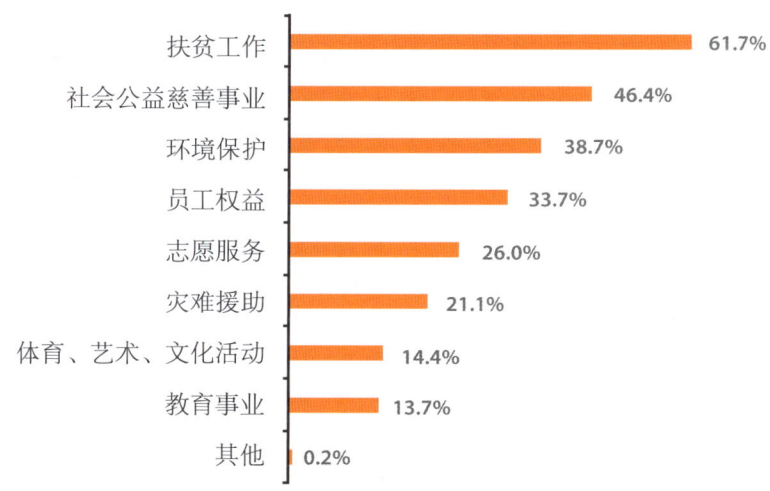

图8-5　社会领域银行履行社会责任的重点方向

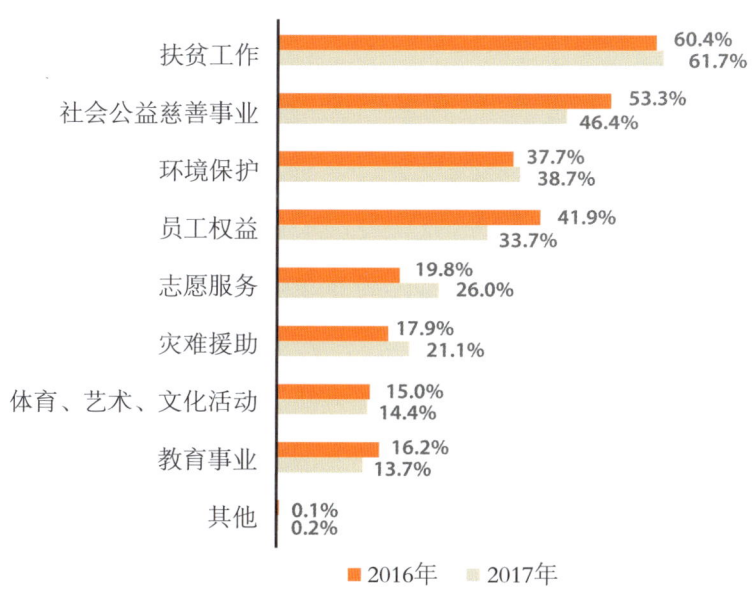

图8-6　2016年、2017年社会领域银行履行社会责任的变化

按机构类型，如图8-7所示，政策性银行（87.6%）、大型商业银行（77.8%）、城市商业银行（55.3%）和农村金融机构（60.8%）中大多数机构把扶贫工作作为社会领域履行社会责任的重点方向，与整体调查结果保持一致；股份制银行（58.1%）和外资银行（58.7%）则更偏重于选择社会公益慈善事业作为社会领域履行社会责任的重点方向。

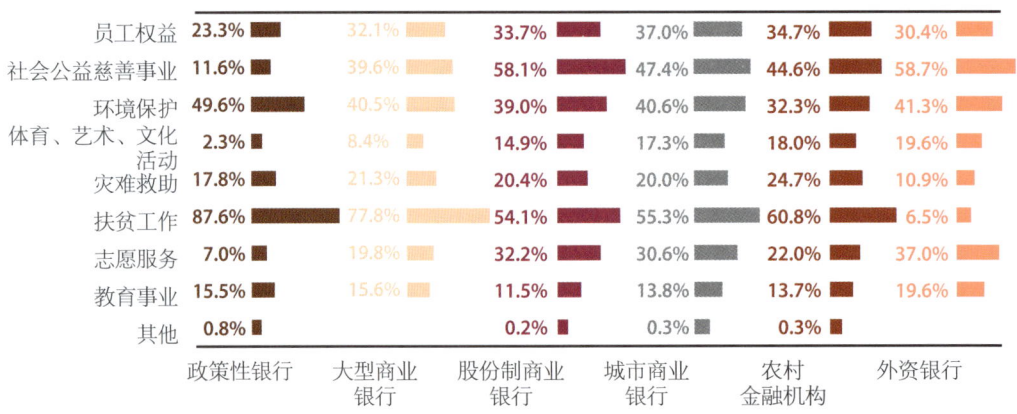

	政策性银行	大型商业银行	股份制商业银行	城市商业银行	农村金融机构	外资银行
员工权益	23.3%	32.1%	33.7%	37.0%	34.7%	30.4%
社会公益慈善事业	11.6%	39.6%	58.1%	47.4%	44.6%	58.7%
环境保护	49.6%	40.5%	39.0%	40.6%	32.3%	41.3%
体育、艺术、文化活动	2.3%	8.4%	14.9%	17.3%	18.0%	19.6%
灾难救助	17.8%	21.3%	20.4%	20.0%	24.7%	10.9%
扶贫工作	87.6%	77.8%	54.1%	55.3%	60.8%	6.5%
志愿服务	7.0%	19.8%	32.2%	30.6%	22.0%	37.0%
教育事业	15.5%	15.6%	11.5%	13.8%	13.7%	19.6%
其他	0.8%		0.2%	0.3%	0.3%	

图8-7　社会领域不同类型银行履行社会责任的重点方向

四、缺乏创新意识是最亟待改进的问题

近年兴起的金融科技浪潮加快了银行业金融产品与服务创新步伐，但在社会责任领域，创新意识目前还较为缺乏。如图8-8所示，41.4%的银行家认为创新意识是社会责任履行中最亟待改进的问题；其次是激励机制（34.7%），商业银行需要建立适当的激励机制来克服企业盈利性和社会公益性的矛盾；员工主动性（30.0%）和战略规划（28.1%）也在一定程度上需要改进。

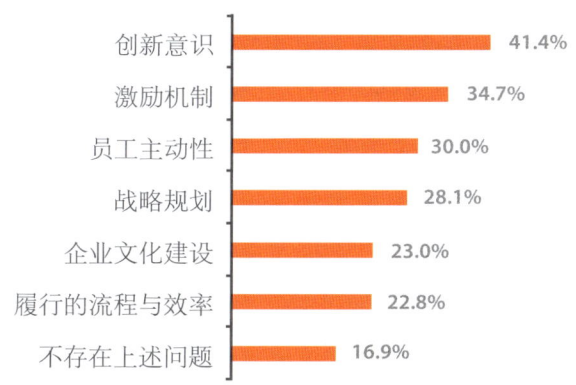

图8-8　银行履行社会责任工作中亟待改进的问题

按区域划分（见图8-9），东部（38.6%）、西部（46.2%）和东北（49.5%）地区的银行家认为在社会责任履行中亟待改进的问题是缺乏创新意识，与整体调查结果一致；而中部地区有39.1%的银行家认为，在社会责任履行中亟待改进的问题是激励机制。按银行类型划分（见图8-10），外资银行对自身的企业社会责任机制建设和工作履行情况评价较高，认为自身不存在问题的占比为30.4%，显著高于其他银行。

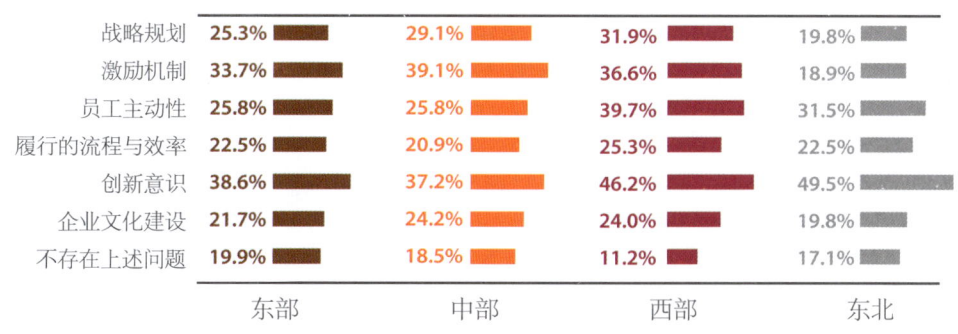

图8-9　各地区银行履行社会责任中亟待解决的问题

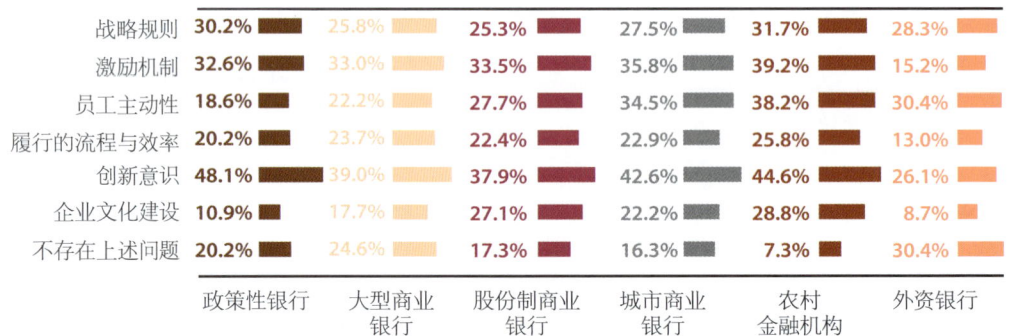

	政策性银行	大型商业银行	股份制商业银行	城市商业银行	农村金融机构	外资银行
战略规则	30.2%	25.8%	25.3%	27.5%	31.7%	28.3%
激励机制	32.6%	33.0%	33.5%	35.8%	39.2%	15.2%
员工主动性	18.6%	22.2%	27.7%	34.5%	38.2%	30.4%
履行的流程与效率	20.2%	23.7%	22.4%	22.9%	25.8%	13.0%
创新意识	48.1%	39.0%	37.9%	42.6%	44.6%	26.1%
企业文化建设	10.9%	17.7%	27.1%	22.2%	28.8%	8.7%
不存在上述问题	20.2%	24.6%	17.3%	16.3%	7.3%	30.4%

图8-10 各类型银行履行社会责任中亟待解决的问题

五、"财政贴息、担保分散风险"是银行履行社会责任最有效的激励机制

对于最能有效促进银行履行社会责任积极性的激励机制，如图8-11所示，超过三分之一（37.7%）的银行家选择财政资金向扶贫企业提供贴息、担保等分散信贷风险，表明多数银行家迫切希望在政策上提供风险分散措施以缓解贫困企业风险大的问题。25.7%的银行家希望通过税收政策激励机制来促进社会责任的履行。19.7%的银行家希望统一绿色、小微、"三农"等行业性标准，以便于银行的操作实施。还有16.2%的银行家则选择政策性放宽流动性监管指标。

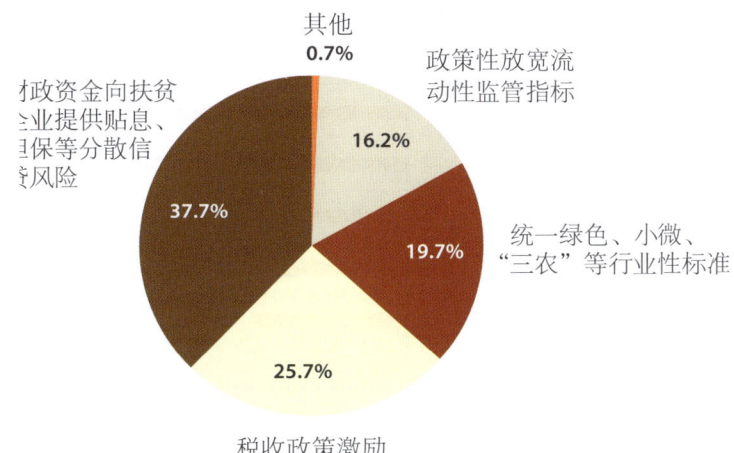

图8-11　有效促进银行履行社会责任积极性的激励机制

按银行类型划分（见图8-12），国内银行均把财政资金向扶贫企业提供贴息、担保等分散信贷风险作为履行社会责任最有效的激励机制；而外资银行更看重税收政策的激励作用，占比为45.7%，比例高于其他银行。

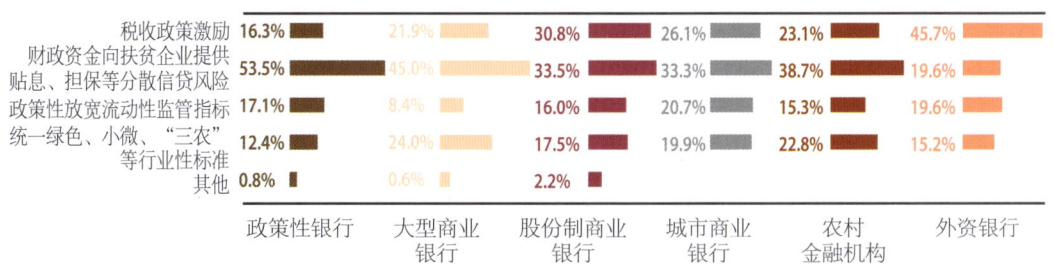

图8-12　各类型银行履行社会责任积极性的激励机制

六、降低成本是银行业加强扶贫金融发展的迫切需要

对于加强扶贫金融工作发展的措施如图8-13所示，56.5%的银行家表示关键问题是降低扶贫金融成本，过高的扶贫金融成本已经成为工作开展中的一项较大阻碍，无法保障金融机构自身的盈利能力，以持续推进扶贫金融工作；55.9%的银行家表示需要增加"信贷+金融创新"机制应用，创新服务模式；45.1%的银行家表示要建立健全信贷尽职免责制度，根据贫困地区金融机构贷款的风险、成本和核销等具体情况，对不良贷款比率实行差异化考核，适当提高贫困地区不良贷款容忍度；最后分别还有36.0%和27.1%的银行家表示需要提高扶贫金融服务供给和差异化建立贷中监测分析，保证扶贫金融发展的可持续性。

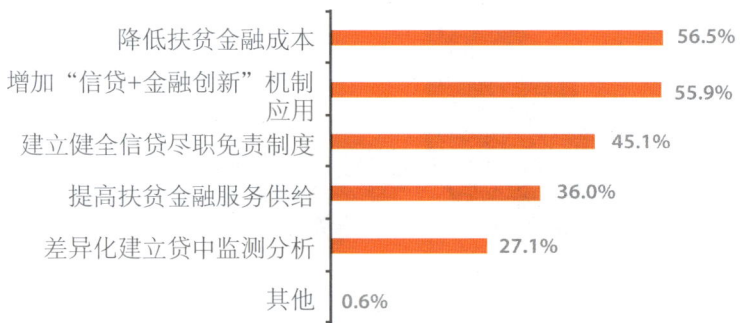

图8-13　银行加强扶贫金融发展的需要采取的措施

对于构建精准扶贫金融服务，调查结果显示（见图8-14），57.3%的银行家选择加大创业担保贷款、扶贫贴息贷款等的推广力度，这反映出加强信贷支持仍然是银行首要关注的措施。54.2%的银行家表示应创新农村金融产品和服务方式，以加强创新服务模式。46.9%的银行家表示要择优选定金融支持项目，遵从目标清晰、优质优先的原则。

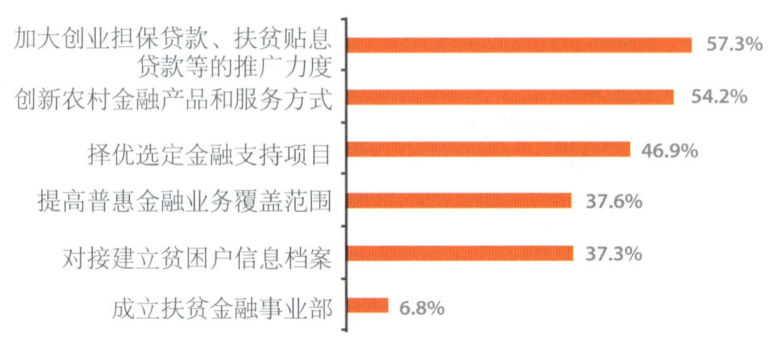

图8-14　构建精准扶贫金融服务的关键措施

七、个人金融信息安全保护是加强金融消费者合法权益保护的首要措施

在金融科技方兴未艾的今天，依托信息技术，金融服务水平得到了显著的提高，但同时，个人金融信息安全等问题日益凸显，调查结果显示（见图8-15），80.6%的银行家认为应加强个人金融信息安全保护，完善内部管理机制，维护社会公众对金融机构的信心。62.3%的银行家选择完善金融消费纠纷处理机制，提高投诉处理的质量和效率。同时，61.6%的银行家选择从金融消费者教育入手，加强对公众的金融信息保密的常识普及，对典型案例进行披露，提高信息主体人的自我保护意识。最后，34.5%的银行家选择建立损失补偿机制，实现受害人权益的有效补偿。

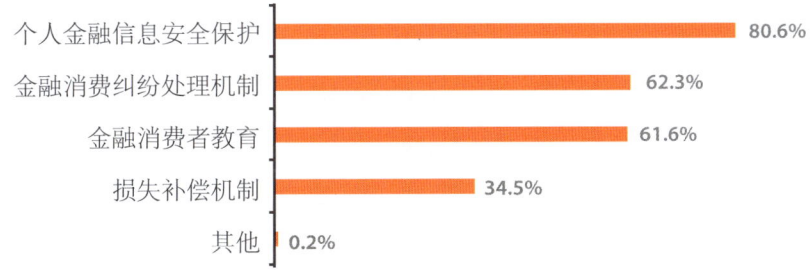

图8-15　银行加强金融消费者合法权益保护的措施

八、发展绿色金融债的难点主要是第三方认证机构鱼龙混杂，绿色评估缺乏统一标准

第五次全国金融工作会议提出要大力发展绿色金融。绿色债券是近年来在国际债券市场上兴起的一个新的债券品种，所募集的资金专门为可实现缓解和适应气候变化的项目提供资金支持，成为绿色金融领域的热点。

对于目前发展绿色金融债存在的困难，如图8-16所示，首先，多数银行家（62.3%）认为第三方认证的机构鱼龙混杂，绿色评估缺乏统一标准，第三方认证缺乏统一规范认证的边界、流程和报告内容，报告缺乏社会公信力；其次，51.3%的银行家认为绿色金融债发行无成本优势；最后，43.2%的银行家认为发行绿色金融债的政策支持力度不大。

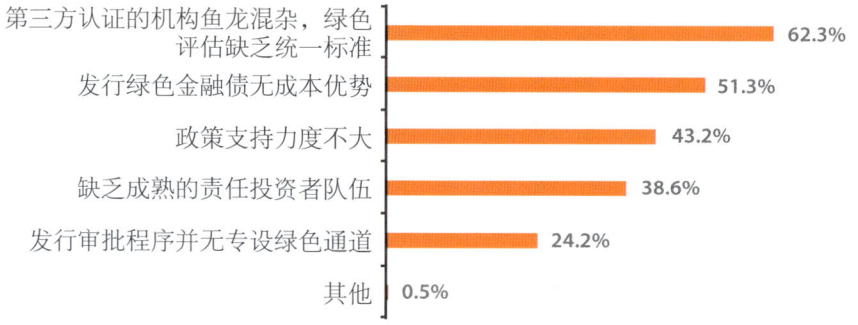

图8-16 银行发展绿色金融债存在的难点

九、设置差异化的监管考核指标是当前最适宜的绿色信贷评价体系

绿色信贷将纳入宏观审慎评估体系（MPA）考核，对于当前中国银行业适宜的绿色信贷评价体系，66.1%的银行家认为应按照银行的规模、性质，设置差异化的监管考核指标，这体现不同类型银行特点的同时，能够发挥更好的激励效果；17.2%的银行家认为应设置统一的监管考核指标；还有16.5%的银行家指出应该由银行根据自身市场定位，建立自评价体系（见图8-17）。

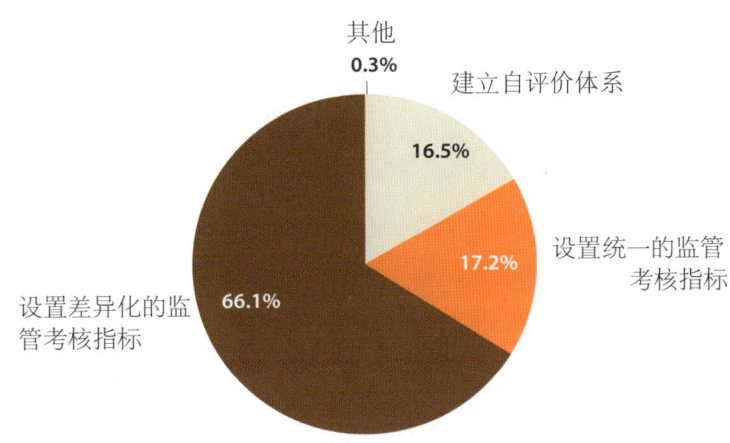

图8-17　对于中国银行业适宜的绿色信贷评价体系

十、大多数银行已着手建设普惠金融体系，改善普惠金融服务

全国金融工作会议上提出要建设普惠金融体系，对此银行业的整体响应情况比较积极。68.9%的银行在此前已有相关规划并开展了相关工作，对建设普惠金融体系给予大力支持，探索了一定的经验；15.6%的银行此前已有相关规划但落地工作还在筹备，还未进入实际工作的部署；仅有15.5%的银行还未有相关的筹划（见图8-18）。

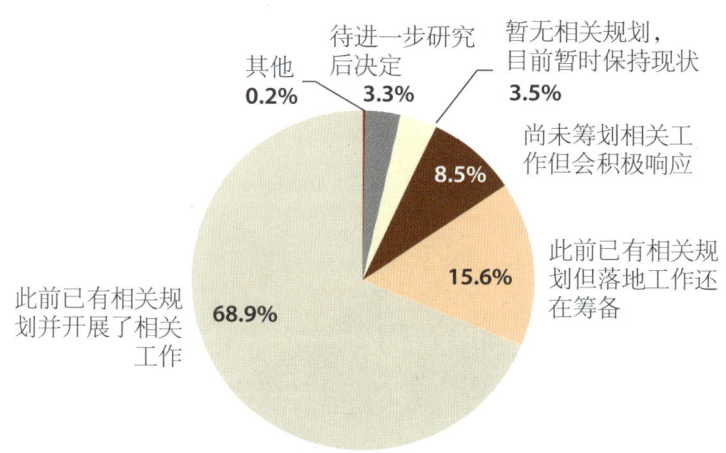

图8-18 银行建设普惠金融体系的措施

按银行类型划分（见图8-19），对于建设普惠金融体系的进程，外资银行中32.6%的银行家表示尚未筹划相关工作但会积极响应；国内银行中，超过60%的银行家表示此前已有相关规划并开展了相关工作。

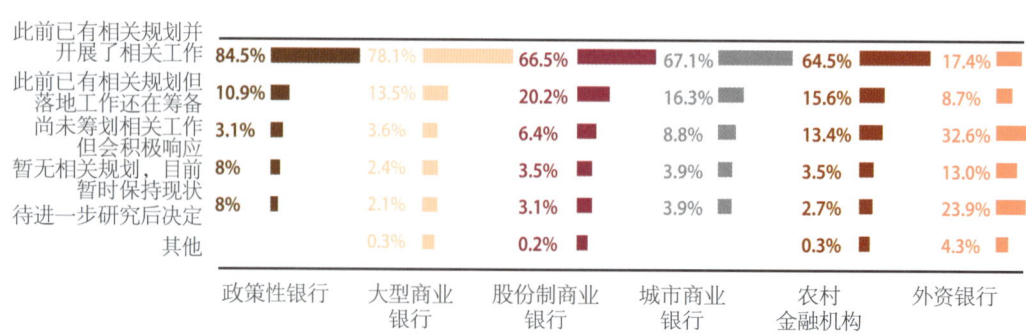

图8-19 各类型银行建设普惠金融体系的措施

改善普惠金融服务，提高金融服务的覆盖率、可得性和满意度是国家致力倡导的政策。对于改善普惠金融服务的工作，56.2%的银行家选择通过加强创新金融产品，借助互联网等现代信息技术手段，降低金融交易成本，延伸服务半径，拓展普惠金融服务的广度和深度；50.9%的银行家选择加强对金融消费者权益保护，建立健全普惠金融消费者权益保护制度体系（见图8-20）。上述两项占比较高，成为银行改善普惠金融服务的主要措施。

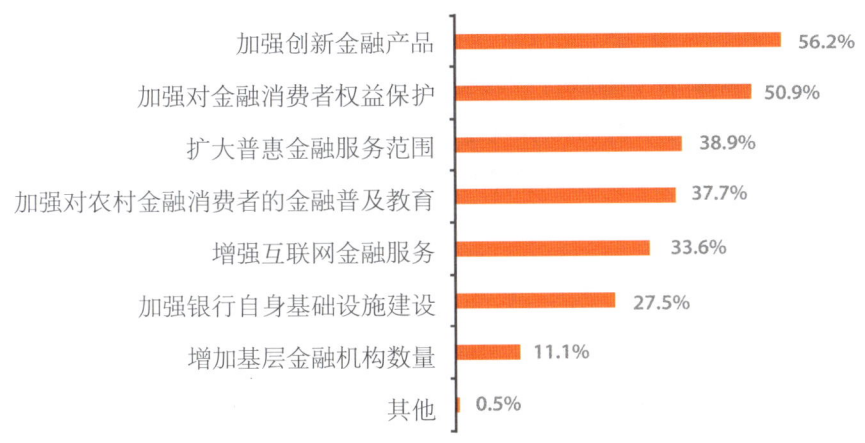

图8-20　银行改善普惠金融服务的措施

按银行类型划分（见图8-21），针对改善普惠金融服务工作的措施，股份制商业银行（62.7%）和外资银行（65.2%）的银行家主要选择加强对金融消费者权益保护；农村金融机构中56.7%的银行家表示应加强对农村金融消费者的金融普及教育；其他类型金融机构主要选择加强创新金融产品。不同的措施倾向反映了各类型机构的性质和战略定位的不同。

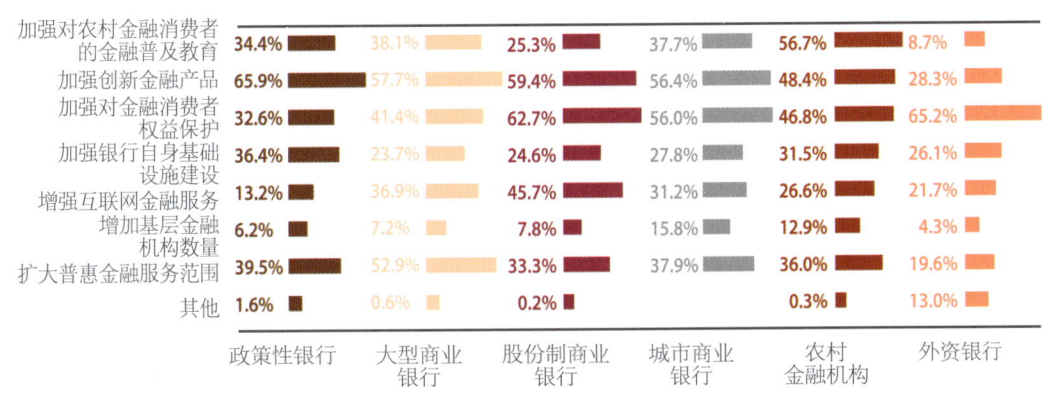

图8-21　各类型银行改善普惠金融服务的措施

第九部分
银行家群体

2017年，金融科技等外部变革持续推动中国银行业转型发展，深入影响着银行家群体的业务管理、成长发展、规划选择等方方面面。银行家对其工作与生活的满意度回升，在当前较高的职业化程度下，个人的管理能力能够通过银行绩效指标得到部分体现，然而银行家在激励约束机制和经营自主权方面面临的困扰也更为突出。业界认为银行高管离职趋势将趋于稳定，与此同时，若考虑到其他机构发展，多数银行家倾向于传统优势银行和互联网金融机构。

一、银行家对工作与生活各方面的满意程度明显回升

2017年前三个季度，中国经济稳中向好的态势持续发展，银行业盈利保持稳健，资产质量趋稳向好，这些积极变化一定程度上纾解了银行家的焦虑。在2016年达到低点以后，银行家无论是在工作还是在生活的相关方面，满意度均同比全面提升，各项评价都在4分以上（见图9-1）。

在本年度的调查中，银行家对工作环境（4.48分）和成就感（4.44分）的满意度评价最高，与上一年度保持一致。对薪酬水平的评价为4.1分，取代工作压力成为满意度最低的方面。

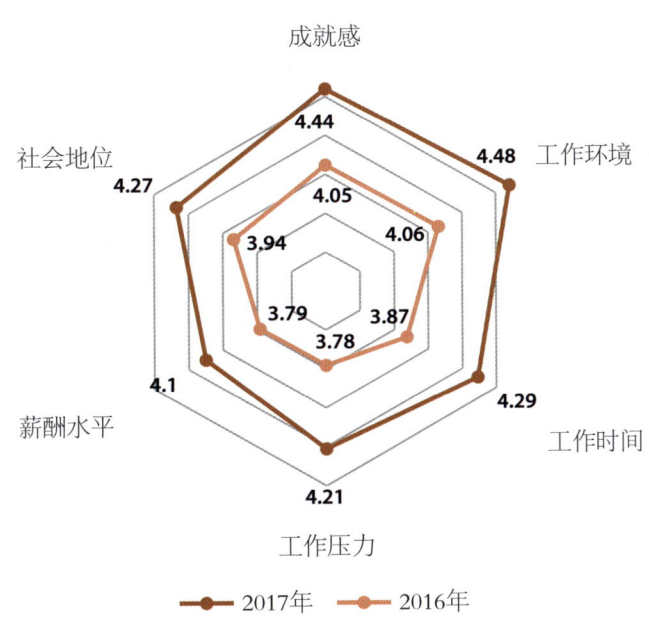

图9-1 银行家对工作相关方面的满意程度（满分为5分）

在生活的相关方面，如图9-2所示，家庭婚姻（4.58分）对于银行家而言依然满意程度最高，但与2016年不同的是，对幸福感的评价（4.41分）超过了社会交往（4.38分），排到第二位。各方面中，业余生活的满意度（4.1分）最低，与2016年一致，无论银行业的外部环境、竞争格局和经营状况如何变化，对于银行家而言，属于个人的时间始终较少。

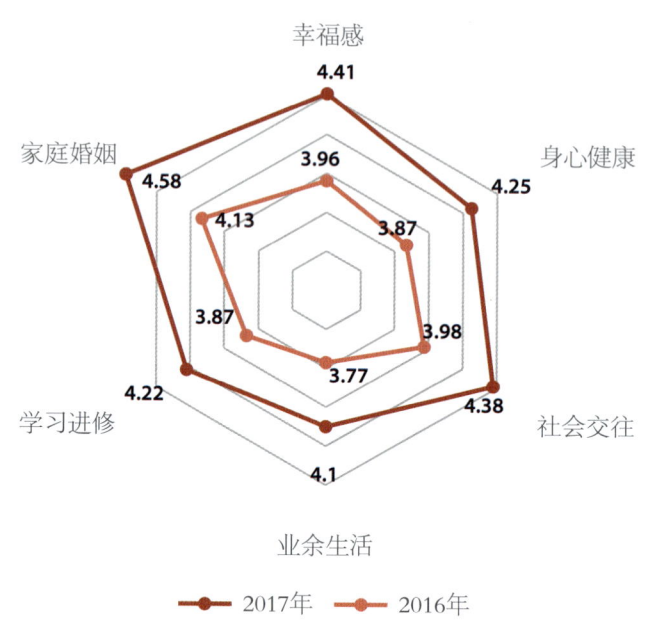

图9-2 银行家对生活相关方面的满意程度（满分为5分）

　　如图9-3所示，由于所在银行的区域、性质、上市情况以及经营层级的差异，银行家对工作与生活的满意程度也体现了一定的差异性。从具体分类情况来看，由高到低分别是：东北、中部、东部、西部；政策性银行、其他类型商业银行、外资银行；上市银行、非上市银行，但在工作时间和压力方面，非上市银行的满意程度却相对更高。与2016年相反，除了工作时间和工作压力外，分支行层级的银行家相对于总行的银行家有更高的满意程度。

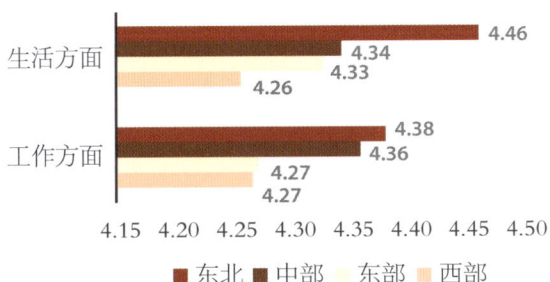

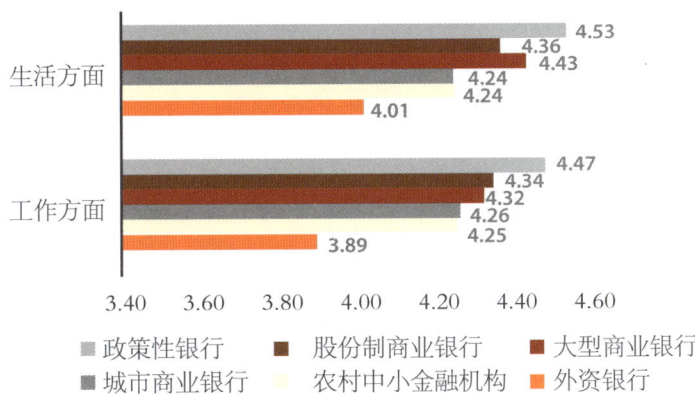

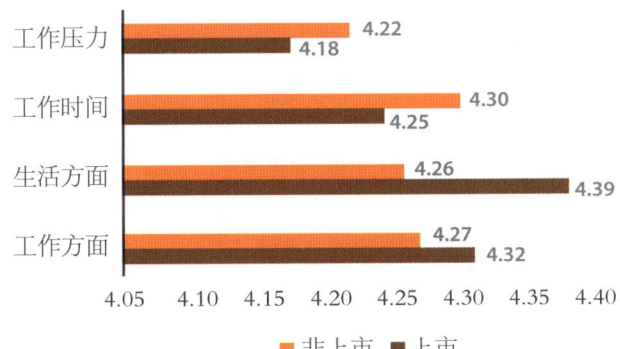

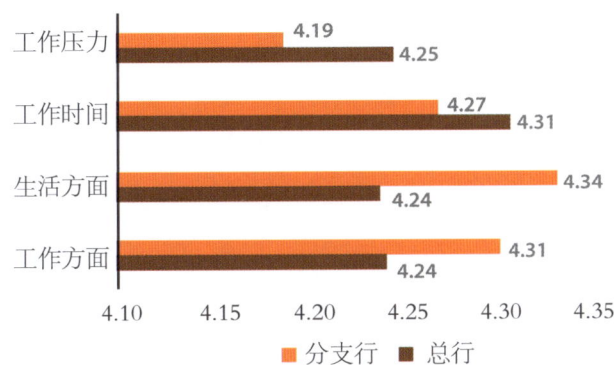

图9-3　不同类别的银行家对工作与生活的满意程度（满分为5分）

二、七成银行家属于"导航者"管理风格

经济新常态下，商业银行的发展转型需要银行家承担持续的管理和引领责任。据调查（见图9-4），七成银行家自认为属于"导航者"管理风格，主要通过管理活动的控制实现目标，控制是其管理活动的核心。与之相对，近五成银行家将自己的角色定位为"培育者"，面对内外部环境的变化，虽然最终是否能够实现预期的结果存在着很大的不确定性，但他们会通过有意识的管理培育促进组织质量不断改善。另外，有41.7%的银行家自我定位为"指挥者"，为了达到管理目的，管理者以明确的方式指挥组织，组织的生存和发展极大程度上依赖于他们的决策。

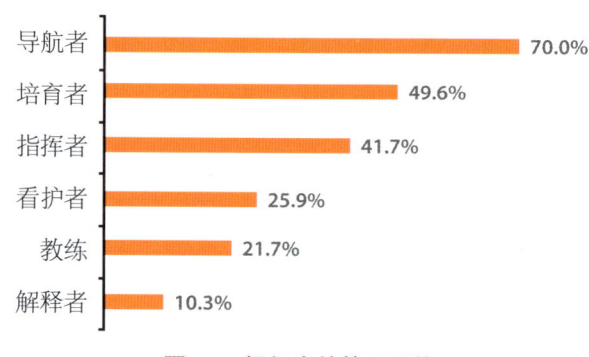

图9-4　银行家的管理风格

三、中国银行家队伍已具备了较高的职业化程度，但仍有提升空间

关于中资商业银行管理者职业化、非行政化的程度，56.0%的银行家认为较高，体现了对近年来中国银行业开展市场化改制、建立现代银行制度的认可。与此同时，也有接近三分之一的被调查对象表示目前银行业高管的职业化程度一般，说明部分机构仍然在一定程度上受行政力量干预的影响。另外，8.4%的银行家认为国内银行管理者职业化程度很高。表示职业化、非行政化程度较低和很低的银行家，占比较少，仅为2.8%和0.5%（见图9-5）。

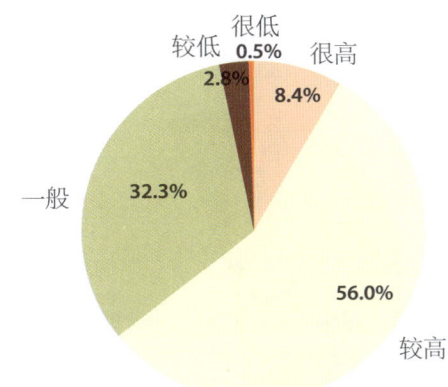

图9-5　中资商业银行的管理者的职业化、非行政化程度

分银行类型来看（见图9-6），外资银行高管的评价明显低于国内的商业银行高管。选择"很高"和"较高"的外资银行家比例，在所有银行家中占比是最低的，而选择"一般"的外资银行家，占比却超过五成，超出其他银行家10个百分点以上。

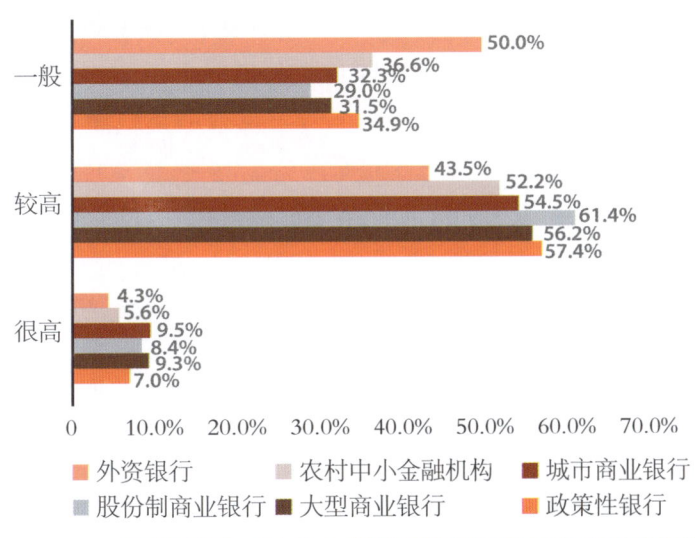

图9-6　不同类型银行对中资商业银行管理者的职业化程度的评价

四、关于绩效指标反映管理能力的程度，银行家的判断存在分化

调查结果显示（见图9-7），多数银行家认为ROE、ROA、ROI、不良率等指标可以反映其管理能力，但具体的反映程度存在分化。45.4%的银行家认为其所在银行的ROE、ROA、ROI、不良率等指标情况，能够较大程度上反映其管理能力，同时另有42.4%的银行家认为能够在一定程度上反映，选择基本不能反映（2.6%）与完全充分反映（6.1%）的银行家占比都比较小。

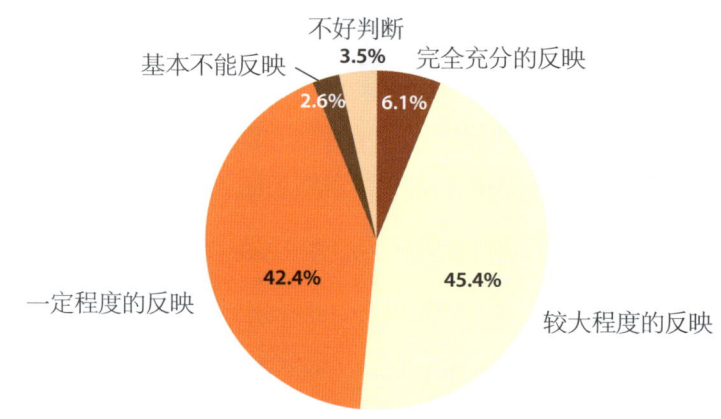

图9-7　银行相关绩效指标反映管理能力的程度

各类银行业机构中，农村金融机构面临着成本高、风险大、信用环境较差的经营难点，银行经营绩效受到更多约束。因此与其他类型的银行不同，农村金融机构中认为银行绩效指标只能在一定程度上反映银行家管理能力的被调查对象占比最高（45.7%），而其他类型银行的银行家多数认为能够较大程度的反映（见图9-8）。

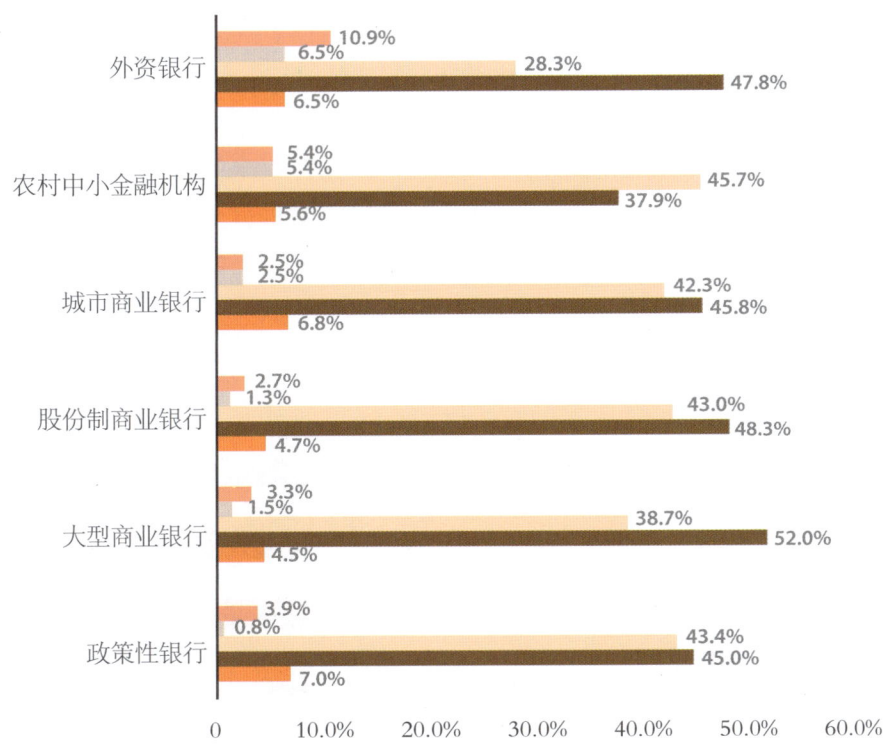

图9-8　较多农村金融机构的银行家认为银行相关绩效指标只能在一定程度上反映银行家管理能力

　　从银行家的反馈数据来看，银行的上市有助于强化银行家管理能力与银行绩效的相关性。在选择"较大程度"和"一定程度"反映的近九成银行家中，上市银行高管观点以"较大程度的反映"为主，占比为52.1%，高出非上市银行高管13.7个百分点。而非上市银行高管中，认为"一定程度的反映"的比例，占比为45.1%，略高于上市银行高管（见图9-9）。

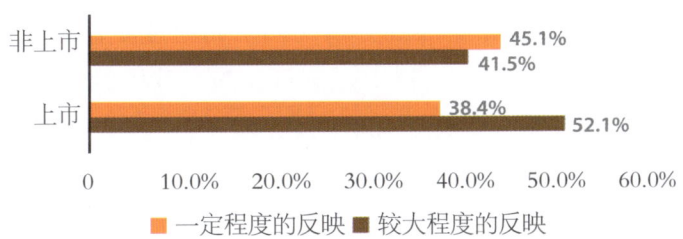

图9-9　上市与非上市银行关于银行绩效指标反映管理能力的程度的看法

五、缺乏有效的激励约束机制和充分的经营自主权对银行家成长的阻碍更为突出

与2016年相比，如图9-10所示，银行家成长过程中存在的主要阻碍未能得到有效的解决。分别有31.7%和24.3%的银行家表示其成长面临的最大阻碍是"缺乏有效的激励约束机制，责权利不匹配"和"没有充分的经营自主权，不能完全按照市场化规则办事"，延续了2016年以来的态势，其占比也均继续提升，表明银行家对上面两项阻碍因素的感受程度更加突出。与此相对，在人事任免、考核评价、学习培训和流动机制等方面的阻碍作用，在银行家看来相对减弱了，选择占比均同比下降。

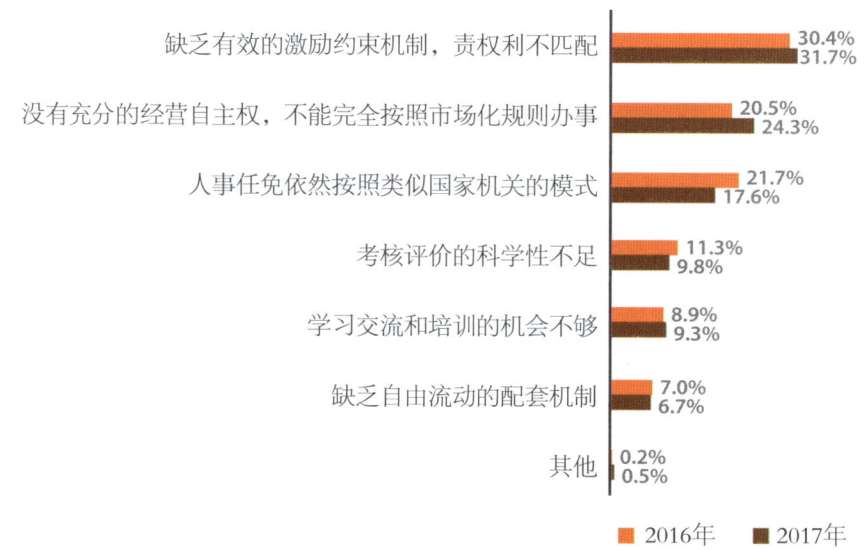

图9-10　银行家成长过程中面临的最大阻碍

值得注意的是，虽然整体看来"缺乏有效的激励约束机制，责权利不匹配"是目前银行家最大的阻碍，但站在外资银行的角度，"没有充分的经营自主权，不能完全按照市场化规则办事"的阻碍程度更甚，高达45.7%的外资银行高管持有此看法（见图9-11），这可能与在我国经营的外资银行主要是分行、子行，决策主要依赖国外母公司相关。

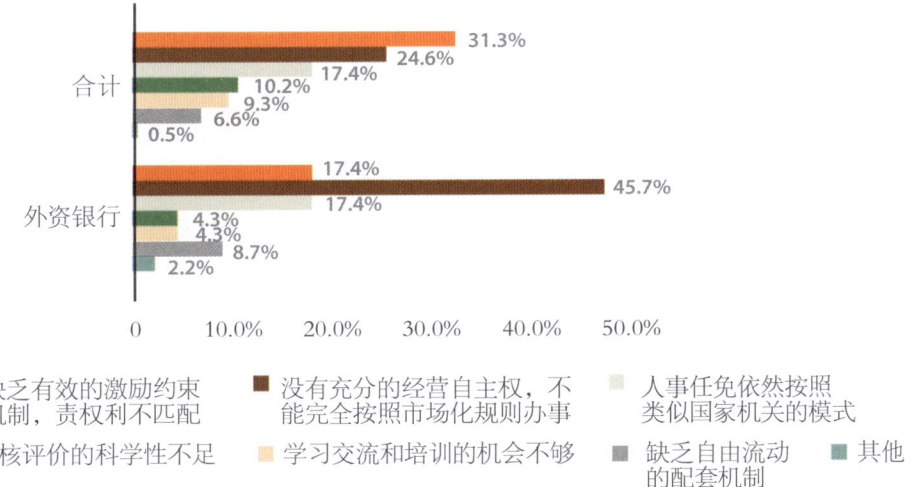

合计

外资银行

31.3%
24.6%
17.4%
10.2%
9.3%
6.6%
0.5%

17.4%
45.7%
17.4%
4.3%
4.3%
8.7%
2.2%

0   10.0%   20.0%   30.0%   40.0%   50.0%

■ 缺乏有效的激励约束　　■ 没有充分的经营自主权，不　　　人事任免依然按照
　机制，责权利不匹配　　　能完全按照市场化规则办事　　　类似国家机关的模式

■ 考核评价的科学性不足　　学习交流和培训的机会不够　　■ 缺乏自由流动　　■ 其他
　　　　　　　　　　　　　　　　　　　　　　　　　的配套机制

图9-11　外资银行的银行家对银行家成长面临阻碍的看法

六、银行高管离职趋势渐趋稳定

对于2017年银行中层及以上管理人员离职的趋势将如何发展，银行家的看法变得更为集中。59.0%的银行家判断将保持平稳，比2016年上升了17.2个百分点。认为会进一步加剧、有所减缓和不好判断的银行家，则分别仅占23.3%、11.7%和6.0%，均同比下降（见图9-12）。也就是说，在银行家看来，经过近两年来的调整，银行高管离职的趋势虽然仍未扭转，但总体态势已趋平稳。

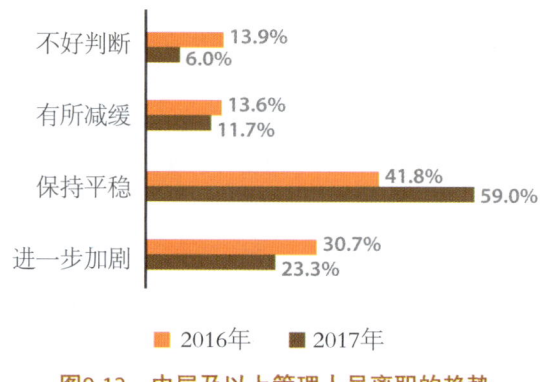

图9-12 中层及以上管理人员离职的趋势

七、股份制等传统优势银行和代表金融业转型方向的互联网金融机构是银行家施展才能的理想选择

当获得工作流动的机会时，如图9-13所示，64.5%的银行家表示将仍留在现机构发展。在愿意选择其他机构的另外约三分之一被调查对象中，13.7%的银行家选择股份制商业银行，5.3%的银行家选择国有控股大型商业银行，这两类机构以其较强的市场基础和竞争优势，为银行家提供了较好的发展平台。

值得注意的是，随着金融与科技的深度融合以及金融科技的快速发展，银行家对互联网金融机构的认可程度明显超过城市商业银行（3.5%）、农村信用社（2.5%）、政策性银行（1.9%）、民营银行（1.9%）和外资银行（1.8%），占比达到5.0%，仅次于国有控股大型商业银行和股份制商业银行。

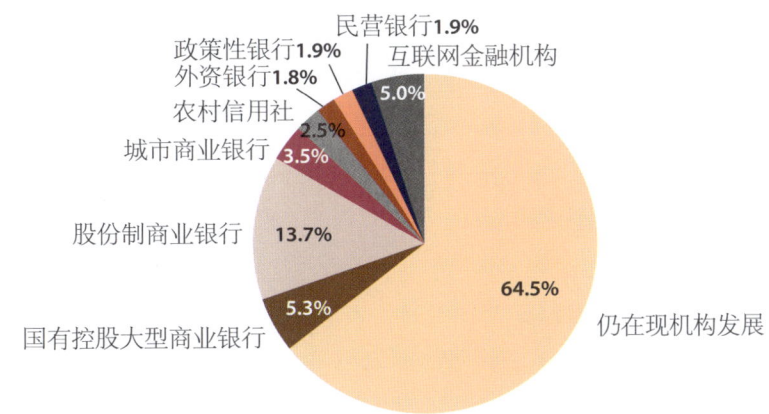

图9-13　银行家愿意前往发展的金融机构

各类型机构中，政策性银行的银行家的岗位稳定性最强，当面临去其他银行发展的机会时，77.5%的政策性银行高管仍愿意留在现机构（见图9-14）。其他依次为大型商业银行、股份制商业银行、外资银行和城市商业银行的高管，农村金融机构高管的岗位稳定性最弱，有将近半数的银行家愿意去其他银行进一步发展。

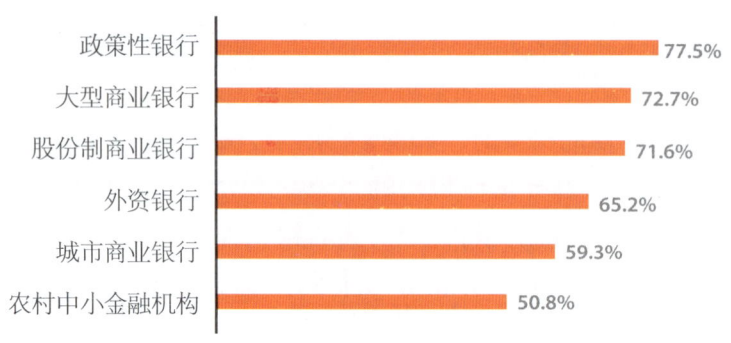

图9-14　仍愿意在现机构发展的各类型银行机构的银行家占比

从不同类型的银行机构来看（见图9-15），股份制商业银行、大型商业银行和外资银行的银行家在选择新的发展平台时，倾向于选择同类型的银行，同样的经营和管理机制有利于这些银行家尽快融入新的环境。与上面三类机构的银行家不同，农村金融机构和城市商业银行的银行家更多地选择了股份制商业银行，政策性银行的银行家更多选择大型商业银行，以谋求更有利于成长的发展平台。

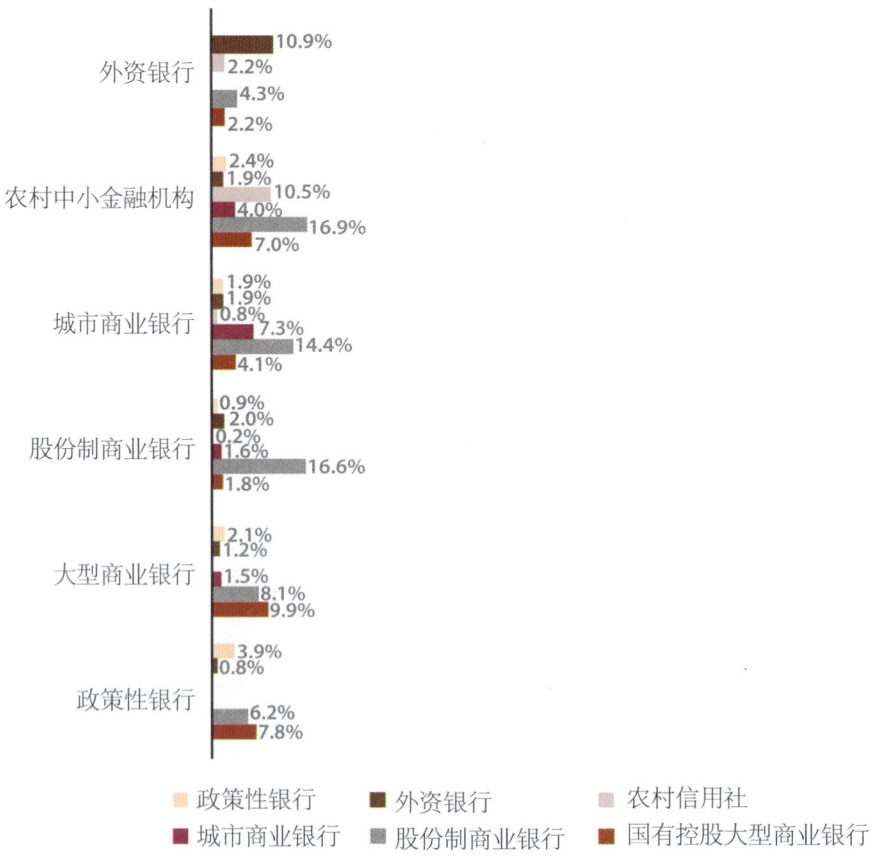

图9-15　不同类型银行的银行家愿意前往发展的银行机构

对于民营银行、互联网金融机构等新兴金融机构，如图9-16所示，在各类银行业机构中，外资银行、城市商业银行的态度最为积极，尤其高达10.9%的外资银行高管表示，如有机会愿意前往互联网金融机构发展。其次是农村金融机构和股份制商业银行。大型商业银行和政策性银行的银行家，态度则相对保守，愿意去两类新兴金融机构的被调查对象占比低于其他类型银行。

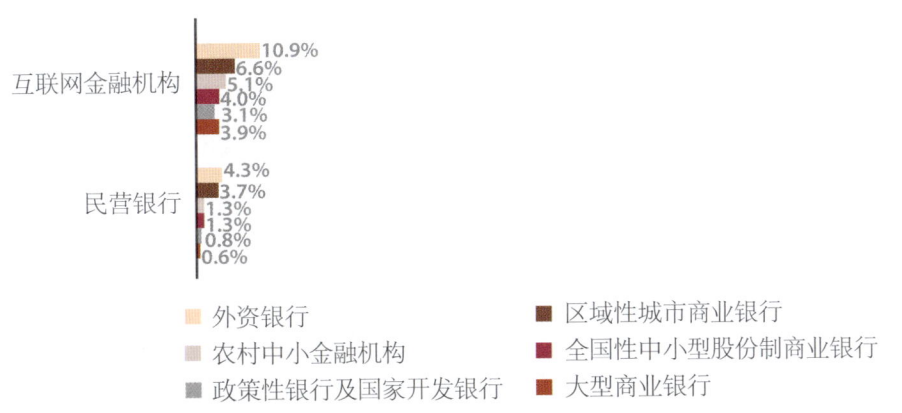

图9-16　认为在互联网金融机构和民营银行能够最大程度地施展出才能的银行家所在机构

银行是否上市，在一定程度上也影响了银行家们的选择，上市商业银行建立了更完善的公司治理机制，按照更加规范的方式进行管理。在面临选择的机会时，71.7%的上市银行高管更愿意留在现机构，而非上市银行的这一比例则明显更低，为58.8%（见图9-17）。

图9-17　上市与非上市银行的银行家愿意在现机构发展的比例

第十部分
监管评价

　　党的十九大要求"健全金融监管体系，守住不发生系统性金融风险的底线"，监管体系协调和系统性风险成为业界普遍关注的热点话题。近一段时间，中国银监会密集出台了多项监管政策，组织开展了系列专项治理活动，直指银行经营管理中的种种乱象和风险，防止系统性风险发生。在强监管背景下，虽然银行家认为"合规"压力进一步增大，资本充足率持续承压，但是超半数给予积极评价。银行家普遍期待"国务院金融发展稳定委员会"能发挥协调"一行三会"，统筹监管政策和监管行动的作用。银行家认为政策收紧对未来地方政府债务规模影响不大，而地方金融监管存在诸多问题。另外，随着中国"一带一路"倡议的大力实施和人民币国际化进程的加快，监管差异和全球税务账户申报标准化法案（CRS）的推出将给银行反洗钱带来压力。

一、监管整体评价较高，能够有效实现监管目标

近年来，银行家对主要监管指标的评价总体维持在较高水平。从2017年的调查结果来看，与2016年的评分纵向比较，各项指标的得分均出现明显提升，反映出银行家对目前各项监管指标的设定及合规运用具备更强的信心（见表10-1）。横向来看，银行家对资本充足率、拨备覆盖率、流动性覆盖率、拨贷比、净稳定资金比例等监管指标的总体评价普遍较高，特别是资本充足率指标已连续五年评价最高，表明银行家对巴塞尔新资本协议在中国落地实施的机制设计和监管成效的认可。

表10-1　主要监管指标评价（单项满分为5分）

单位：分

时间 指标	2017年	2016年	2015年	2014年	2013年
资本充足率	4.46	3.93	4.30	4.08	4.19
拨备覆盖率	4.4	3.87	4.18	4.03	4.18
流动性覆盖率	4.37	3.81	4.16	3.97	4.10
拨贷比	4.34	3.88	4.04	3.91	4.00
净稳定资金比例	4.32	3.81	4.07	3.90	3.98
杠杆率	4.25	3.76	4.01	3.91	4.00
存款偏离度	4.11	3.66	3.65	—	—
平均得分	4.32	3.82	4.06	3.97	4.08

在对主要监管手段的评价中（见表10-2），"监管政策制定"获得了较高评价，连续五年在九项监管手段中位居前列，显示了银行家对宏观层面银行业监管方向规划、监管政策制定、监管理念传导等工作的肯定。"非现场监管""监管问责""现场检查"等的排名与2016年基本持平，表明银行家对2017年以来强监管工作成效基本认可。此外，"主动信息公开"与"跨业跨境监管交流合作"连续三年排名最末，在一定程度上反映出中国监管机构在国际监管合作以及跨业监管交流力度方面有待提升，也反映出银行家希望监管机构能够更加主动、及时、全面地披露监管工作信息，加强市场沟通，

提高监管政策的可操作性。此外，各项监管手段评价分差逐渐收窄，反映出中国监管机构协调推进各类监管手段的整体趋势，国际监管合作及跨业监管交流等监管短板也在逐步弥补。

表10-2　主要监管手段评价（单项满分为5分）

单位：分

指标 ＼ 时间	2017年	2016年	2015年	2014年	2013年
市场准入	4.32	—	—	—	—
监管政策制定	4.31	3.87	4.11	4.02	4.07
非现场监管	4.3	3.85	4.07	4.00	4.01
监管问责	4.29	3.85	4.04	4.01	3.97
现场检查	4.27	3.84	4.05	4.02	4.00
金融风险处置	4.27	3.82	4.01	3.95	4.02
行政处罚	4.24	—	—	—	—
主动信息公开	4.24	3.80	3.92	3.84	3.81
跨业跨境监管交流合作	4.15	3.75	3.89	3.74	3.74
平均得分	4.27	3.83	4.03	3.96	3.97

二、商业银行资本充足率指标持续承压

金融去杠杆和资本考核趋严的政策背景下，商业银行"合规"压力进一步增大，资本充足率持续承压。中国央行于2016年起引入宏观审慎评估体系（MPA），其中宏观审慎资本充足率是决定评估结果的最核心指标之一。2017年央行又将表外理财业务纳入广义信贷统计口径，一定程度提高了MPA中宏观审慎资本充足率的达标门槛。44.1%的银行家认为，当前资本充足率指标对经营存在较大压力（见图10-1）。

2017年第二季度末，中国银行业不良贷款率为1.74%，与上季度末持平。这主要是因为中国宏观经济的阶段性筑底企稳，以及银行不良贷款核销和风险管控力度的不断加大，使整体不良率有所控制，但中国经济发展仍然面临较多问题，经济平稳增长的基础还不牢固，尚无明显证据表明不良贷款率的拐点已经到来。本次调查也显示，39.1%的银行家认为不良贷款率指标压力仍然较大。34.0%的银行家对拨备覆盖率的压力也感受明显，表明在银行利润增速明显回落的情况下，拨备计提对银行利润的侵蚀更为明显；而拨备覆盖率的下降，也将进一步压缩不良资产核销的空间，增加不良资产化解的难度，商业银行资产质量将继续承压。

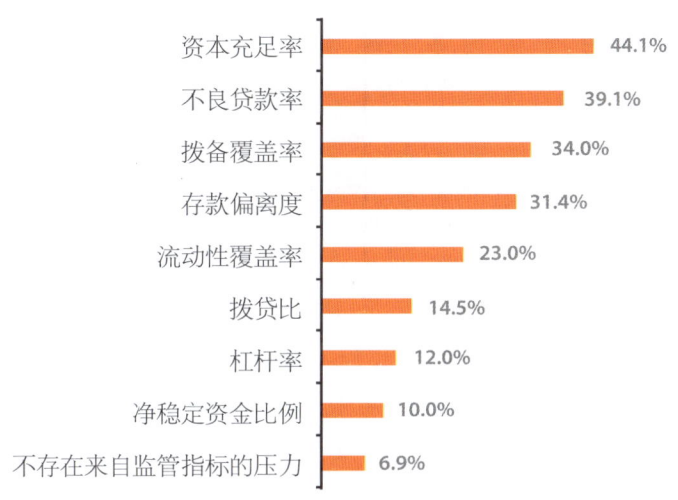

图10-1　监管指标对经营压力的判断

三、银行家普遍看好金融发展稳定委员会的设立

随着金融创新的不断增强，跨市场跨行业产品和业务规模日趋扩大，传统的分业监管模式受到挑战，监管协调不足导致的监管短板日益凸显。加强金融监管协调，保障金融业稳健运行，成为中国金融监管体系改革的重要内容。第五次全国金融工作会议指出要加强金融监管协调，补齐监管短板，设立"国务院金融发展稳定委员会"，银行家对此普遍认可。如图10-2所示，74.4%的银行家认为此举将"有利于统筹金融发展和监管问题，防范和化解金融风险"，58.7%的银行家认为"有利于加强金融监管协调"，49.6%的银行家认为"有利于强化金融监管的专业性、统一性、穿透性"，33.4%的银行家认为"有利于补齐监管短板"，这反映出银行家对于加强"一行三会"监管协调，统筹监管政策和监管行动，强化金融监管履职的普遍期待。

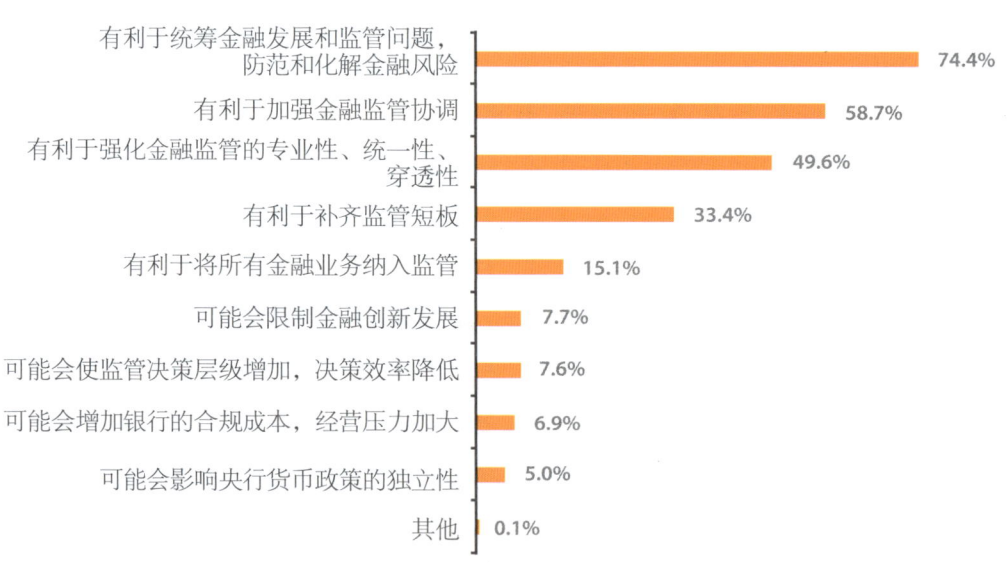

图10-2 成立"国务院金融发展稳定委员会"可能对银行业的影响

关于如何加强监管协调，调查显示（见图10-3），银行家认为应首要提升货币政策与监管政策之间的协调（41.1%）。货币政策离不开金融市场和金融机构的有效传导，但监管重压下的市场行为容易导致货币政策传导途径的变异，影响货币政策的实施效果。同时，银行家也认为，还应进一步落实金融稳定发展委员会职能（41.0%），提升宏观审慎管理与微观审慎监管之间的协调（37.2%），多措并举改善监管协调机制。

货币政策与监管政策之间的协调有待提升　41.1%

金融稳定发展委员会职能有待进一步落实　41.0%

宏观审慎管理与微观审慎监管之间的协调有待提升　37.2%

交叉性金融产品、跨市场金融创新的协调有待提升　29.8%

金融监管协调部际联席会议实际发挥作用有限　29.1%

监管信息与统计信息共享不足　23.4%

中央与地方监管协调有待提升　17.5%

缺乏金融监管间争议协调解决机制　12.1%

联合监管、联合检查实施较少　4.8%

其他　0.2%

图10-3　监管协调机制有待加强的方面

四、强监管形势下银行家感受强烈，超半数积极评价

2017年以来，监管形势呈现强监管、重合规、严问责的高压态势。上半年，中国银监会密集出台了多项监管政策，组织开展了一系列专项治理活动，直指银行经营管理中的种种乱象和风险，加大了银行自查和监管检查及问责处罚的力度。对于监管强度的增加，超九成银行家感受强烈，其中近五成银行家感受非常强烈（见图10-4）。

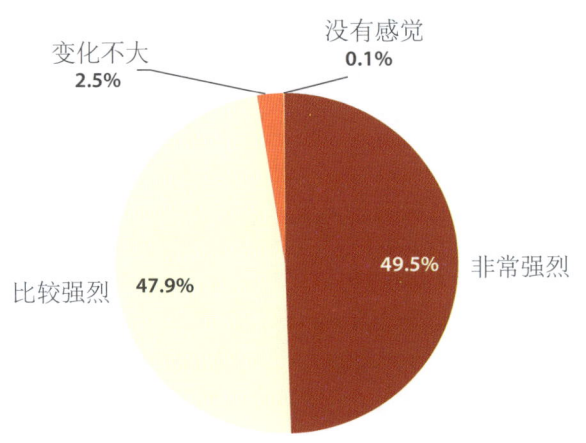

图10-4 对监管强度增加的感受

面临不断加大的监管行政处罚力度，大多数银行家评价正面。如图10-5所示，69.4%的银行家认为"有利于银行提升合规水平，健全风险内控机制"，69.2%的银行家认为"有利于提高管理人员风险合规意识，强化高管责任"，67.5%的银行家认为"有利于整治市场乱象，营造良好经营环境"，17.8%的银行家认为"有利于督促银行完善公司治理架构"。但也有少数银行家认为"增加了银行的合规成本，经营压力加大"（15.7%）、"创新业务收缩，不利于金融创新的开展"（9.0%），而且"不同银行、不同地区面临的监管压力存在一定差异，监管套利仍有存在"（9.0%）。

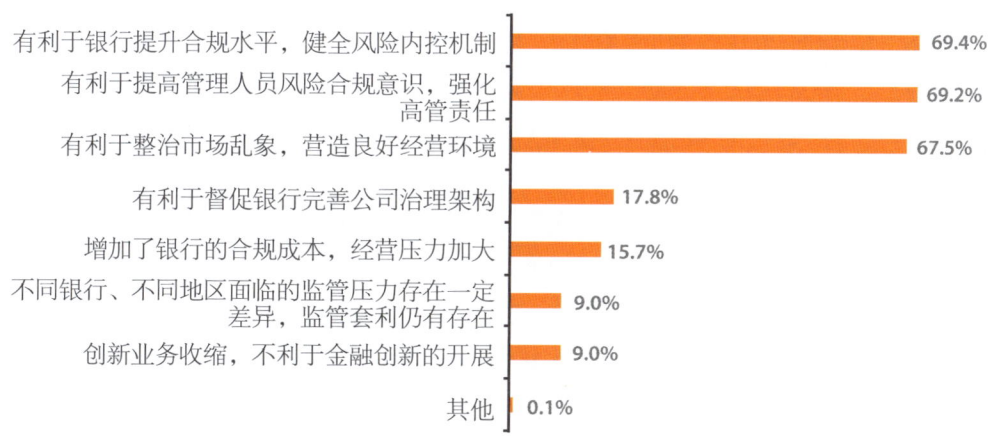

有利于银行提升合规水平，健全风险内控机制 — 69.4%

有利于提高管理人员风险合规意识，强化高管责任 — 69.2%

有利于整治市场乱象，营造良好经营环境 — 67.5%

有利于督促银行完善公司治理架构 — 17.8%

增加了银行的合规成本，经营压力加大 — 15.7%

不同银行、不同地区面临的监管压力存在一定差异，监管套利仍有存在 — 9.0%

创新业务收缩，不利于金融创新的开展 — 9.0%

其他 — 0.1%

图10-5　力度不断加大的监管行政处罚对银行的影响

下阶段，按照全国金融工作会议要求，加强金融监管、防范系统性风险将成为金融监管工作的主基调。为应对或将进一步加强的监管力度，银行一方面"对照监管要求全面自查，逐条对标，边查边改"（74.1%），另一方面也注重"强化日常业务流程管控和风险监测力度"（61.9%），"完善内部控制制度流程"（53.2%）（见图10-6）。

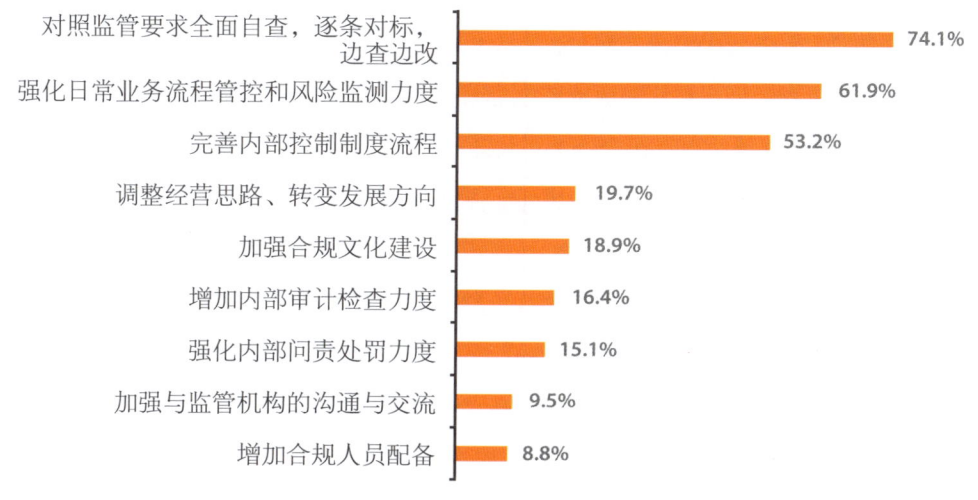

对照监管要求全面自查，逐条对标，边查边改 — 74.1%

强化日常业务流程管控和风险监测力度 — 61.9%

完善内部控制制度流程 — 53.2%

调整经营思路、转变发展方向 — 19.7%

加强合规文化建设 — 18.9%

增加内部审计检查力度 — 16.4%

强化内部问责处罚力度 — 15.1%

加强与监管机构的沟通与交流 — 9.5%

增加合规人员配备 — 8.8%

图10-6　银行应对进一步加强的监管力度采取的策略

从具体业务来看，如图10-7所示，银行家认为信贷业务（45.9%）领域合规压力较大，从中国银监会公布的2016年处罚信息也可看出，信贷类业务受到的处罚金额占比最高。同时，银行家认为表外业务（36.4%）和同业业务（36.4%）也面临较大的合规压力。这表明宏观审慎考核（MPA）和连续实施的"三、三、四"专项检查等政策行动明显加大了对银行业风险尤其表外和同业业务的监管力度，商业银行发展表外业务和同业业务更加审慎。对于未来仍应加大监管力度的业务领域，银行家看法不一，其中表外业务（32.1%）、互联网金融业务（28.3%）和同业业务（26.3%）关注度相对较高（见图10-8），也在一定程度上反映出银行家对于这些较为新兴的业务领域合规风险的预判。

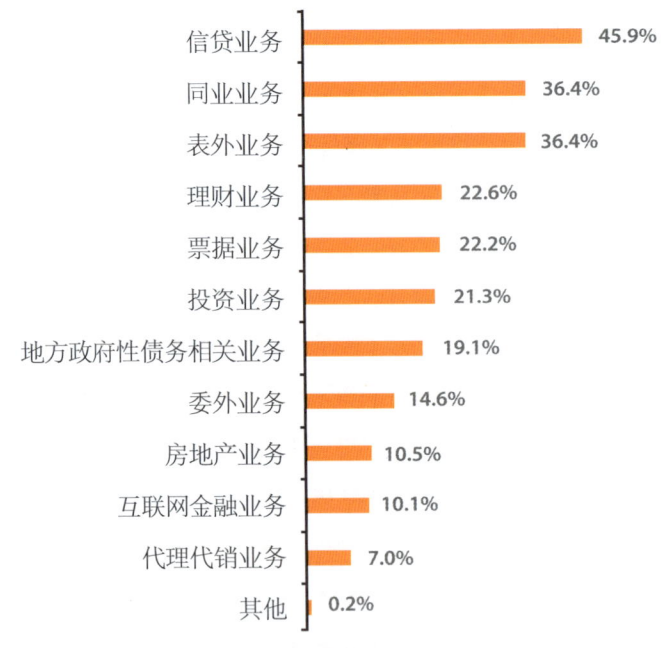

图10-7　合规压力较大的业务领域

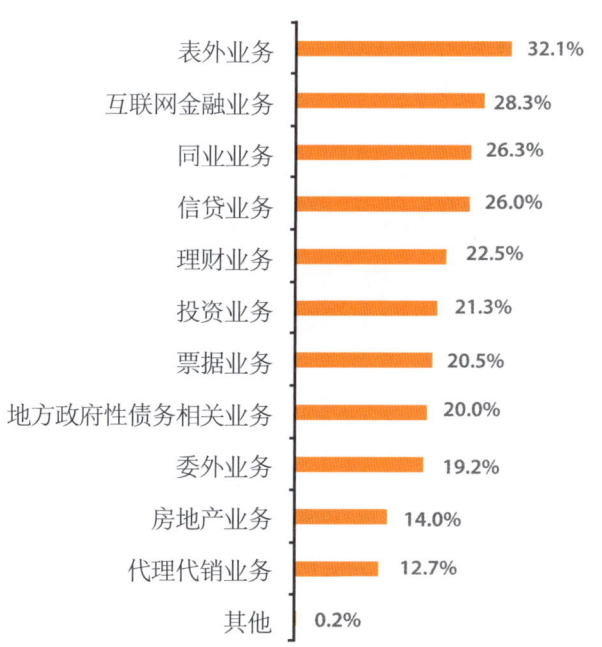

表外业务 32.1%
互联网金融业务 28.3%
同业业务 26.3%
信贷业务 26.0%
理财业务 22.5%
投资业务 21.3%
票据业务 20.5%
地方政府性债务相关业务 20.0%
委外业务 19.2%
房地产业务 14.0%
代理代销业务 12.7%
其他 0.2%

图10-8　应进一步加强监管的业务领域

五、近七成银行家认为政策收紧对未来地方政府债务规模影响不大

地方政府债务风险近年来一直广受市场关注。调查显示，55.4%的银行家重点关注"经济增速减缓致使地方政府偿债能力弱化"可能带来的风险。可见随着中国经济增速从高位回落，银行家对于地方政府财政收入增速相应降低、从而影响其偿债能力的担忧已逐渐凸显。另外，银行家对地方政府"'借新还旧'带来债务风险转移和风险累积"（52.9%）、"与房地产高度关联带来的地方政府债务违约风险"（49.6%）以及"地方政府融资平台运作不规范，投资低效或无效产生的经营风险"（31.3%）等风险隐患也表示担忧（见图10-9）。

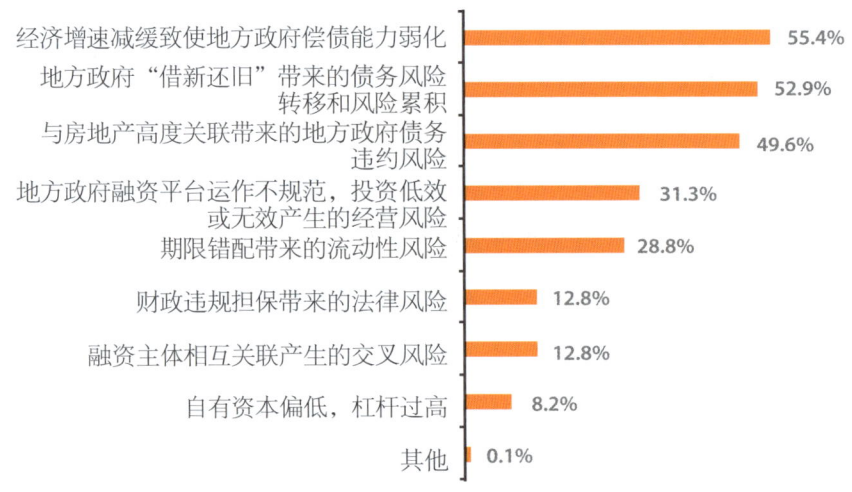

图10-9　当前地方政府债务存在的风险

2017年以来，财政部针对地方政府的违规操作，连续出台《关于进一步规范地方政府举债融资行为的通知（财预〔2017〕50号）》等多部文件，规范地方政府融资行为。第五次全国金融工作会议也提出要"严控地方政府债务增量，终身问责，倒查责任"。然而近七成银行家认为这些政策并不会对未来地方政府发债规模产生明显影响，其中47.8%银行家认为地方债务规模将略微减少，13.4%的银行家认为可能会保持不变，8.4%的银行家认为会略微增加（见图10-10）。这表明中国地方政府通过发行一般债券和各种专项债进行融资的行为已受到《预算法》的严格约束，在财政部监管新规及全国金融工作会议进一步明确"倒查责任"之后，发债融资将成为地方政府唯一合法的举债模式，因此上述政策对地方政府发债规模的影响不大。此

外，具体到地方政府债务终身问责、倒查责任的重点，银行家认为应着重倒查违法违规举债（57.1%）、脱离实际过度举债（56.8%）、违法违规担保（48.6%）、违规使用债务资金（42.9%）和恶意逃废债务（31.5%）等方面（见图10-11）。

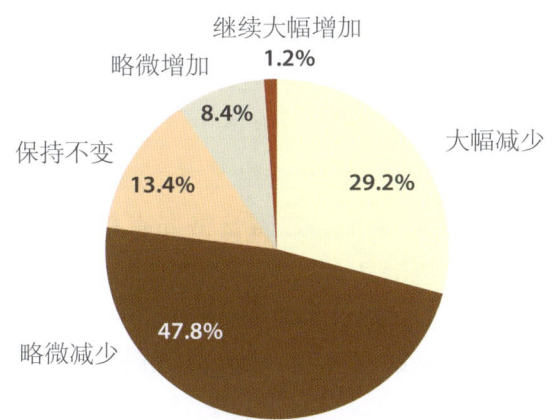

图10-10　全国金融工作会议指出要"严控地方政府债务增量，终身问责，倒查责任"对地方政府发债规模的影响

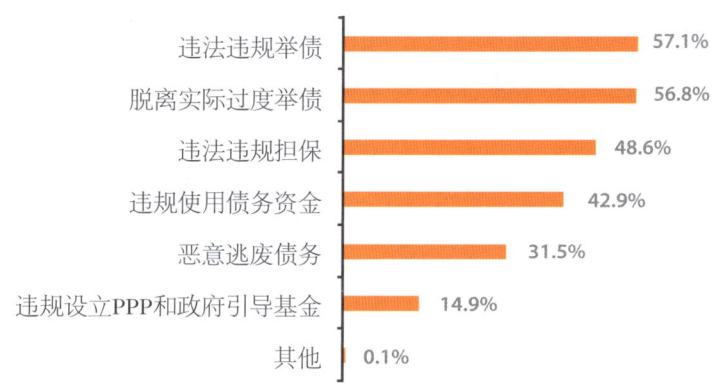

图10-11　应对地方政府债务的终身问责、倒查责任的行为

六、地方金融监管存在诸多问题，应着力加强和完善属地风险处置责任

金融监管属于中国中央政府事权。然而近年来，随着中国金融业的不断发展，各类新兴金融机构日益涌现，其中由地方政府实际监管的金融机构和类金融机构已逐步覆盖至小额贷款公司、融资担保公司、融资租赁企业、地方资产管理公司、区域股权市场、典当行、商业保理公司等七类金融机构和辖内投资公司、农民专业合作社、社会众筹机构、地方各类交易所（即所谓"7+4"类机构），涉及资本监管、行为监管及功能监管等职责。

相较于"一行三会"系统组成的中央监管体系，现行地方金融监管体制存在严重短板，部分区域地方金融发展混乱，金融乱象及风险事件时有发生，区域性风险隐患突出，地方金融监管的属地风险处置责任存在缺失。银行家认为问题主要集中在地方监管格局有待完善、监管协调仍需融合提升（48.2%），地方金融主体发展不规范、发展与监管难以有效平衡（41.7%），地方政府金融监管机制带有明显的融资目标和动机（31.4%）以及监管方式单一、缺乏有效的风险事前识别控制能力（25.2%）等方面（见图10-12）。

要加强和完善地方金融监管的属地风险处置责任，银行家认为首先要明确地方金融监管的职责范围和职权划分（48.1%）、全面梳理整合各部门地方金融监管职能（39.4%），其次要加强地方金融监管法制环境建设（38.8%），此外，还应理顺地方金融管理体制，提高监管水平（29.5%），建立地方金融监管信息共享机制（28.2%）等（见图10-13）。

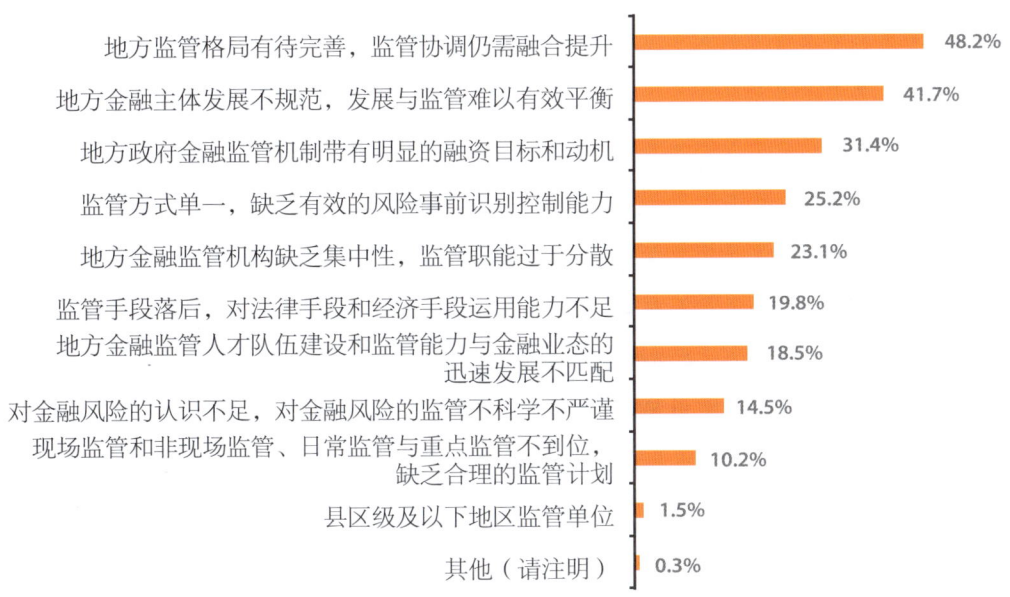

图10-12　当前地方金融监管存在的主要问题

图10-13　加强和完善地方金融监管的属地风险处置责任

七、境内外监管差异是导致中资银行反洗钱监管合规压力的首要原因

随着中国"一带一路"倡议的大力实施、企业"走出去"步伐的加快、人民币国际化进程的推进，银行业金融机构的海外布局明显加快。近年来，随着境外监管当局监管强度和检查力度的增加，中资银行面临的监管合规压力与日俱增，反洗钱合规更是重中之重。对于近期发生的数起中资银行境外反洗钱合规风险事件，57.4%的银行家认为主要归因于中国反洗钱监管理念、规则、标准和处罚力度与境外监管要求存在一定差异，需要加强监管沟通与协调。另外，银行家认为中资银行对于反洗钱等合规问题的重要性认识不足（50.6%）、反洗钱管理体系与快速增长的业务量不相匹配（32.1%）、反洗钱合规部门的重要性和独立性体现不足（32.0%）和反洗钱管理未实现业务全流程覆盖（28.0%）也是导致近来中资银行境外反洗钱合规事件频发不可忽视的重要原因（见图10-14）。

针对反洗钱合规风险上升的挑战，如图10-15所示，银行家认为商业银行应首先从加强反洗钱日常主要工作着手，提高客户尽职调查标准，加强可疑交易的监测报告（55.5%）。同时，加强自身制度建设，完善相关政策的制定和重大风险的核查处置（54.0%）；强化合规考核培训，提高工作人员反洗钱的意识和能力（42.7%）；加强反洗钱工作考核激励机制，将反洗钱合规与各级机构综合绩效考核挂钩（40.9%）等，持续提升洗钱风险防控能力。

图10-14　近期发生数起中资银行境外反洗钱合规风险事件的主要原因

提高客户尽职调查标准，加强可疑交易的监测报告 55.5%

加强自身制度建设，完善相关政策的制定和重大风险的核查处置 54.0%

强化合规考核培训，提高工作人员反洗钱的意识和能力 42.7%

加强反洗钱工作考核激励机制，将反洗钱合规与各级机构综合绩效考核挂钩 40.9%

加强与境外监管当局交流沟通 19.0%

加强员工的行为监管以及违规行为的处罚力度 17.5%

加强反洗钱合规检查频率和覆盖范围 15.6%

推进全国税务账户申报标准化法案CRS的实施 12.1%

其他 0.6%

图10-15 商业银行应如何应对境外机构反洗钱合规方面的问题

中国政府在2014年9月承诺将在国内推广实施《全球税务账户申报标准化法案（CRS）》，并将于2018年9月首次对外交换信息。开展金融账户涉税信息自动交换，有助于从法律和操作层面建立健全金融机构向税务部门主动报送金融账户涉税信息的机制，有利于税务机关识别、分析、监控和应对跨境税务风险，一定程度上也有利于跨境反洗钱监管合作。对于CRS对商业银行产生的影响，银行家的判断不一，可能与不同商业银行海外业务发展情况、海外板块合规风险管理能力相关，其中40.7%的银行家认为CRS的推出将对银行业反洗钱工作产生很大影响，44.0%的银行家则认为影响一般（见图10-16）。分机构类别看，外资银行中有60.9%的银行家认为CRS对银行业反洗钱工作影响很大，反映出外资银行由于国际客户和国际业务较多，受到CRS的影响也更大（见图10-17）。

对于CRS实施可能对商业银行哪些业务产生影响，银行家认为主要的海外金融账户即存款账户（55.7%）、托管账户（52.7%）将受到较大影响，同时含有现金价值的保险账户（40.3%）和持有的金融机构股权账户（24.0%）等资产账户也将受到一定影响（见图10-18）。

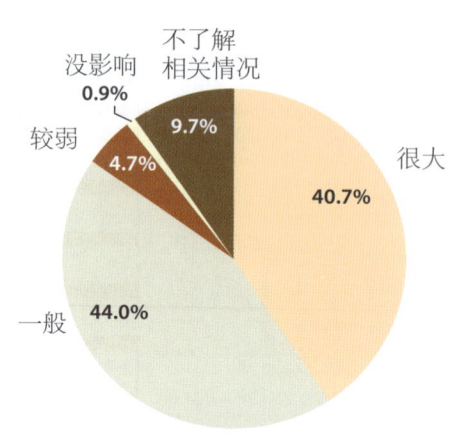

图10-16　全球税务账户申报标准化法案（CRS）对银行业反洗钱工作的影响程度

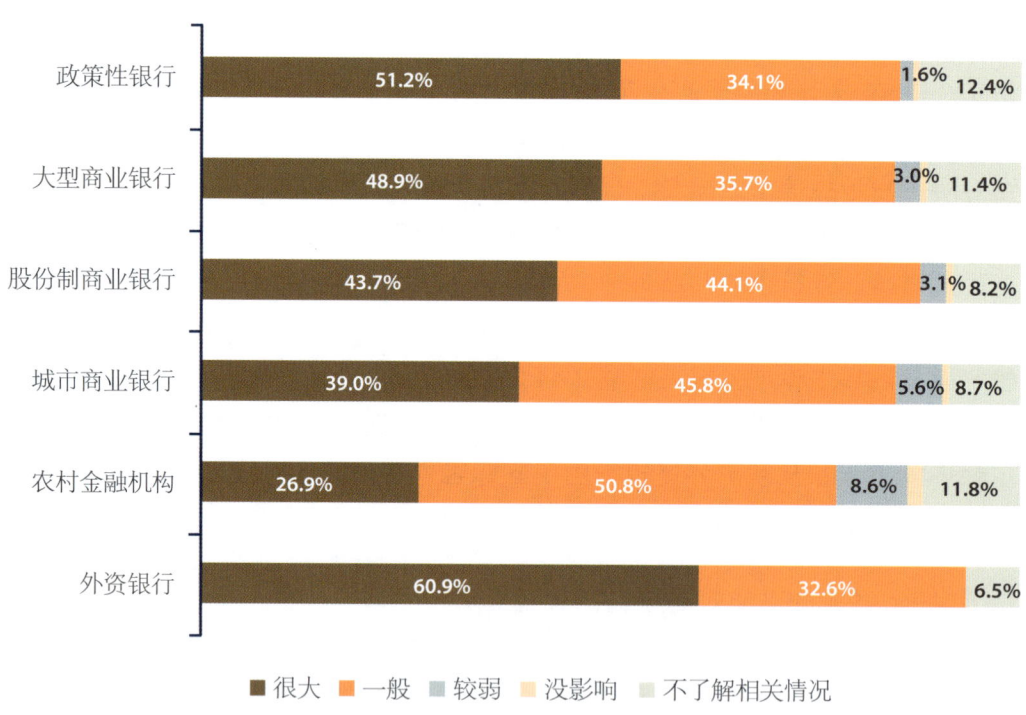

图10-17　CRS对银行业反洗钱工作的影响程度（分机构统计）

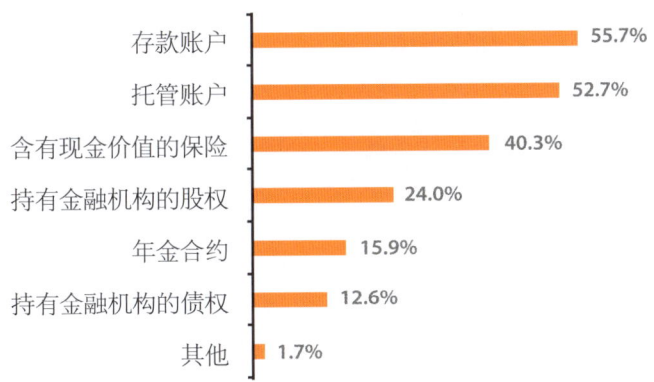

存款账户　　　　　　　　　　　　55.7%

托管账户　　　　　　　　　　　52.7%

含有现金价值的保险　　　　　40.3%

持有金融机构的股权　　24.0%

年金合约　　15.9%

持有金融机构的债权　12.6%

其他　1.7%

图10-18　全球税务账户申报标准化法案（CRS）实施对客户各类资产账户的影响

上海浦东发展银行副行长谢伟、平安银行副行长何之江谈资产管理业务统一规制

课题组：您如何评价近年来我国资管行业及银行理财业务的发展情况？

谢伟（浦发银行）：我国资管业务产生和发展根源主要来自两个方面：从需求的角度来看，资管业务是对传统金融压抑的突破。在我国以商业银行为主导的间接融资体系，且利率市场化尚未实现的情况下，金融的供求两端均受到压抑，传统的信贷模式无法实现有效的金融资源配置。具体地，从投资者的角度，财富的不断积累需要丰富的投资渠道，同时投资者群体差异化的扩大也催生了多元化的投资需求，但由于我国金融市场尚不发达，并且实行相对严格的资本管制，造成可供投资的渠道相对单一，特别是对于中小投资者，只有银行存款、股票和基金投资等少量选择。这其中的绝大部分资金进入了银行存款，无法对冲利率风险，很多情况下只能承受着低利率甚至是负利率；还有部分进入了资本市场充当散户投资者，投资于股票和基金，但是由于大部分人缺少专业的投资知识和投资经验，大部分散户都以亏损告终；也正因为如此，为了资产保值增值，很多社会资本进入不动产，推高了房价，催生了泡沫，不仅不利于经济的健康运行，而且存在着风险隐患；从融资者的角度，在以信贷为基础的货币传导过程中，传统的信贷业务模式导致企业只能通过负债获得资产，增加了资产负债表的压力，特别是中国经济进入"新常态"以后，经济增速明显放缓，企业出于自身资产负债表压力开始主动去杠杆，但是传统债权融资仍在加大企业资产负债表的杠杆风险，企业迫切需要商业银行改变融资供给模式，提供直接金融体系的权益类融资供给。并且，很多真正亟须融资的民营企业和中小企业在传统的信贷体系中难以获得融资。资产管理业务的产生和发展很大程度上缓解了这一矛盾。尤其是银行理财业务，一方面为投资者提供了多元化的投资渠道，增加了投资收益；另一方面也为融资者提供了多元化的融资方式，满足了融资者的需求，有效地支持了实体经济的发展，优化了资源配置。

从供给的角度来看，资管业务是金融机构应对经济环境变化的创新之举。资管行业主要是从2009年开始才呈现爆发式发展的态势。这是因为2008年国际金融危机以后，面对经济步入"新常态"，以及利率市场化改革、汇率形成机制改革、人民币国际化、新资本管理办法实施以及互联网金融的兴起，这一系列的改革和创新，使得以商业银行为代表的金融机构传统的业务模式难以为继；传统增长动力衰减、人口红利减小、产能过剩突出、房地产市场调整、地方债务和影子银行风险积聚等问题，也为其经营增添了种种困难。在此情况下，以商业银行为代表，各类机构

均大力发展资管业务。

资管行业经历了原始粗放式增长阶段，正处于向精细化发展的转型阶段。中国的资管行业从产生到现在仅仅过去二十年左右，目前总规模已经超过60多万亿元，可以说，这个发展速度是非常惊人的。这一阶段资管业务属于原始积累阶段，从机构、市场到监管都在不断探索中前进。如此快速的发展是多方面原因共同造就的：既有超预期的业务需求推动，客观经济环境又为业务发展提供了空间，同时还与业务发展初期受到的限制较小有关。在这一过程中业务发展相对粗放，资管机构更多追求规模的扩张，而缺少对业务的精细化运作和长效发展机制的规划。

但是，随着近几年经济增长速度开始减缓，资管业务此前存在的一些固有问题也开始逐渐凸显，监管从紧的趋势导致资管既有的发展模式难以为继。转型业务模式已是大势所趋，各家资管机构也都在寻求转变，不过最终转型的节奏和路径尚需要监管的有效引导。可以预期，未来的资管行业将向着精细化、专业化的方向转变。

何之江（平安银行）：在经济结构转型、利率市场化和资本管制加强的背景下，资管业务的战略地位越来越受到各家银行的重视，理财业务在近几年得到了大力发展，2016年底理财业务规模超过了28万亿元，很好地满足了广大投资者的金融需求，丰富了银行在传统业务之外的轻资本业务，也为实体经济发展和金融市场繁荣作出了一定的贡献。

课题组：您认为当前阶段银行理财面临哪些新问题和新挑战？

谢伟（浦发银行）：银行理财当前阶段面临的主要问题有以下几个方面：一是银行理财缺乏法律主体地位。这一问题一直是理财业务发展的重要掣肘。由于理财业务没有主体地位，导致业务开展必须要通过"通道"实现，不仅造成成本增加，而且导致多层嵌套问题。同时，作为"代客理财"性质的理财业务，必须要与银行传统自营业务进行有效的风险隔离，以防止风险在主体不同业务之间传导，而理财业务的独立法律主体地位就是风险隔离的重要前提。

二是业务属性定位存在两难困境。毫无疑问，真正的理财业务是"受人之托，代客理财"，客户将资产交由资产管理机构管理，风险由客户承担。资产管理机构给客户提供多元化产品和服务，收入来源主要是资产管理费和服务费。然而，从客观环境来看，目前商业银行风险定价能力有限，多层次风险控制系统并不健全，难以合理评估金融资产风险。无论是商业银行自身的能力，还是监管制度的完善程度，以及投资者的认知水平，都决定了商业银行理财业务在短时期内难以真正实现"代客理财"的本质属性，在此情况下，如果寻求快速打破刚性兑付，就有可能导致理财业务处于两难困境。

三是商业银行管理理念和管理能力不适应业务发展需求。从管理理念来看，仍然局限于传统信贷思维模式，无论是风险控制、客户服务还是管理机制，对于遇到的新挑战均准备不足；从管理能力来看，银行在传统信贷业务方面已经比较成熟，已经形成比较完备的风险控制系统和管理流程。但是，涉及多层次风险控制，比如市场风险、流动性风险管理等方面，商业银行应对市场冲击的经验不丰富，主动管理能力不足，交易能力比较欠缺。

四是业务发展滞后于市场需求。在管理理念和管理能力方面的不足，直接导致了理财业务发展远远滞后于市场的需求。类信贷的业务模式固定了商业银行理财业务的刚性兑付性质，不仅弱化了投资者的风险承担意识，而且导致了在资产投资上的局限性。在业务的发展中，更多注重的是规模的发展，而不是质量的提升，在大类资产配置方面也远远滞后于市场。投资和交易能力的缺乏使得商业银行只能将很多主动管理型资产交给专业机构，通过"委外"业务来实现，大大限制了商业银行理财能力的提升和理财业务的发展。

银行理财当前阶段面临的挑战主要来自以下几个方面：

一是同业竞争的挑战。理财业务已经成为各金融机构转型发展的重要战略领域，尤其是在未来资管业务逐步向代客理财属性回归的情况下，银行理财将面临包括基金、证券、保险、信托和互联网金融等在内的大资管行业非银机构的竞争和挑战。

二是监管规范的挑战。央行统一资管指导意见、银行理财新规等都在积极酝酿和讨论进程中，去通道、去杠杆的力度加大，对银行理财产品形态、资金池运作模式、刚性兑付资本约束、投资领域、基金化管理等方面都可能有进一步的规范要求，银行理财套利空间将显著缩小，既有业务模式必然会受到较大的冲击，如何顺应监管的方向，循序渐进地实现业务模式转变是亟待解决的课题。

三是人才竞争的挑战。专业化、市场化的人才机制是资管业务的核心竞争力，如何保持商业银行理财专家队伍的稳定，吸引更多更好的资管专业人才，是我们面临的重要挑战。

四是金融科技的挑战。互联网金融、金融科技、智能投顾的发展，对商业银行理财的投资理念、投资方式、组合管理、产品创新、风控管理等都将产生较大的影响，唯有拥抱金融科技，利用金融科技实现资管的转型和蜕变，才能在竞争中占得先机。

五是市场波动和经济下行压力的挑战。在当前形势下，经济下行压力依然存在，市场存在很多的不确定性，监管政策的出台以及经济基本面的表现都会对市场产生较大的影响，加大了资管业务开展的难度。

何之江（平安银行）：目前银行理财业务仍面临着很多挑战。一是很多媒体包括投资人对银行理财存在一定误区，将金融市场中资金空转、无法"脱虚向实"、未支持到实体经济等问题部分归因于银行理财。二是银行理财业务面临转型压力，转型的最大障碍在于商业银行对其战略定位与资管业务本质之间的冲突，在新形势下，商业银行需要将资管业务回归到"受人之托、代客理财"的本质上来。三是银行理财的法律主体地位一直未得到明确，在很多业务投资领域与投资方式上掣肘较多。

课题组：目前贵行对于理财业务的风险防控有哪些制度安排？

谢伟（浦发银行）：浦发银行资产管理业务采用风险派驻的模式，开展全面风险管理，涵盖信用风险、市场风险和操作风险。派驻模式下，可以紧跟各类业务创新快速反应，及时协调风险条线工作，探索更适合浦发银行理财业务发展的风险管理方法及流程。同时也保持了条线管理的独立性，确保将浦发银行资产管理业务整体风险偏好及风险管理框架纳入全行统一的风险管理及报告体系下。

在具体的风险管控方面，浦发银行建立了总分联动、动态管理的风险管理模式。自2016年起，在全行38家分行逐步建立了理财投资业务风险检查监测机制，将风险检查监测工作进一步下沉，夯实风险管理基础。通过到期监测、现场检查、非现场监测等风险监测机制，强化分行风险管理意识，规范风险管理要求。对于出现风险信号的业务，能做到逐户制订预警及应急管理方案，定期汇报风险化解进展。做细、做实风险管理工作，切实掌握理财业务风险程度，适时调整业务策略。通过这些措施设置，可以完善理财投资业务的风险检查监测机制，充分发挥分行贴近市场、熟悉客户、及时掌握第一手信息等优势，提高全行风险检查监测能力和效率。

在理财投资的风险管理体系方面，浦发银行设立总行资产管理部负责集中统一经营管理全行理财投资业务。同时，为强化对理财投资业务的风险管理，总行风险管理部门内设立"资产管理部风险管理处"（即风险监控部派驻处室），将理财投资业务的风险管控作为重点工作之一。理财业务风险管理已经建成"统一风险管理框架、分别授权审批、风险部门派驻机构"的业务管理

部分与风险管理部门分工共管的模式。风险部门与业务部门有效结合，从风险政策偏好，到具体业务的尽职调查、准入和审批，再到投后管理都有严格、完善的制度规定和操作流程。

课题组：您认为贵行理财业务发展过程中是否还存有风险隐患？

谢伟（浦发银行）：理财业务最终投向是实体经济，尤其是在政府倡导金融支持实体经济的大背景下，浦发银行更是加大了理财业务支持实体经济的力度。在宏观经济下行，经济进入新常态的背景下，实体经济不景气必然会加大尤其是以银行为代表金融机构的经营风险。所以，经济下行周期必然会导致金融机构风险上升，这是一个大的趋势，理财业务也不能独善其身。

不过，在这一背景下，更是考验金融机构的风险防控能力，越是在容易发生风险的情况下，那些风险管理严格，防控措施完善的金融机构就更有竞争优势。正如在以上介绍的，浦发银行对风险控制比较严格，在理财业务方面已经摸索出比较成熟的风险控制体系，各项风险控制措施比较完善，从实际效果来看也非常不错，但总体上浦发银行理财业务的不良率非常低，远低于同业。

课题组：您对资管产品增值税按照3%简易征收政策有何看法？对贵行资管业务有何影响？

何之江（平安银行）：《关于资管产品增值税有关问题的通知（财税〔2017〕56号）》（以下简称"56号文"）的出台使资管行业增值税问题在一定程度上得到了明确，有助于管理人合规履行纳税义务，简易征收也有利于计算分配投资

产生的收益并交税。简易征收避免了进项税额分摊和抵扣的问题，减少了平安银行系统改造的工作量；且3%的征收率也比原来预想的一般征收方式下的6%的税率低，在银行没有大量进项可以抵扣的情况下，整体而言是减负的。但由于此前并未正式全面开始征收运营环节增值税，开征以后必然会提高平安银行业务成本，压缩利差。56号文将政策实施日再次向后延续至2018年1月，因仍有些问题待明确，预计后续将会出台明确诸如保本含义界定、持有至到期含义等问题的文件。

银行理财的增值税成本需要通过降低产品端预期收益率或者提高资产端收益率来弥补，利差进一步被压缩。对于资产管理人而言，会同时遇到缴纳增值税的问题，行为中既有着共性，也要面临市场竞争的结果。如何在缴纳增值税后，保持产品收益率仍然具有市场吸引力，则是每个管理人的难点，需要进一步增强投资管理能力，提高市场竞争力。

课题组：您是否感受到监管机构加大了对资管业务的监管强度？这种监管强度的增加对于贵行的理财业务有哪些影响？对贵行的监管指标和整体经营有哪些影响？贵行将如何应对？

何之江（平安银行）：近一两年以来，各类针对资管业务的监管政策频频出台，明确体现了监管趋严的趋势。在各项监管政策的压力下，银行理财增速将明显减缓，负债端成本居高不下抑制了银行理财扩张负债的意愿，资产端可投领域收紧得也较为明显，高收益资产的获取难度在不断加大，因此头尾两端挤压银行理财的生存空间。由于银行理财目前整体体量很大，深入参与到金融市场的各个领域，银行理财规模无明显增

量甚至是增速放缓都将深刻影响整个市场的活跃度和流动性。

在新阶段，供给侧结构性改革将不断深化，需要一个健康、规范、有序的资产管理行业提供配套金融支持，银行理财面临的既有机遇也有挑战。资管新政有利于统一各类资产管理业务的监管标准，消除监管套利，防范金融风险，实现长期健康发展。对于长期规范经营的资产管理机构而言，总体判断是短期阵痛、长期利好。

应对措施的根本还是在于银行理财必须加快转型。在战略上要放弃继续做大表外银行的幻想，真正回到资管本源的道路上，提高资管业务独立性，回归资管业务"买者自负、卖者有责"的代客业务本质。要结合自身资源禀赋，找准自身在大资管行业定位，在渠道、投研和基础设施等方面加强核心能力建设，固优势补短板，真正开启转型步伐。一是产品形态要转，预期收益型产品必须转为开放浮动收益型和净值型产品，打破刚兑，避免风险资本超额计提。二是资产要转，加大债券、权益等标准化资产的投放力度，提高非标转标平台的吞吐能力，避免回表风险。三是销售理念要转，在监管强约束下，未来预期收益型产品难以为继，不能习惯性地销售预期收益产品，必须加大净值型产品和开放式浮动收益产品销售力度。四是盈利模式要转，未来不允许留存超额收益的情况下，利差盈利模式将不复存在，必须转为管理费收入的盈利模式。

课题组：您如何看待当前监管环境对未来银行理财业务乃至创新业务发展的影响？

谢伟（浦发银行）：当前监管方向有利于未

来银行理财业务规范和创新业务发展，但是监管政策的推进节奏非常重要。从2016年开始，理财的监管政策是逐渐趋紧的过程。尤其是从2016年下半年以后，在金融去杠杆的背景下，各项监管政策频繁出台。2017年以"三三四"检查为代表，进一步加大了监管收紧的力度。当前监管的方向是引导资管业务规范运作，打破刚性兑付，实现向真正的代客理财业务回归。从长远来看，这一监管方向有利于银行理财业务的规范和发展。不过，当前银行理财接近30万亿元的规模，在全社会投融资体系中所起的作用举足轻重。业务转型有一个渐进的过程，如果监管措施节奏过快，会有可能产生新的风险。事实上，商业银行依托自身建立于传统信贷的风控体系，在风险控制上要比其他同业严格得多。因此，如何通过合适的路径设置，进行相应的压力测试，掌握好监管政策推进的节奏，是监管部门需要解决的课题。

课题组：您对未来监管态势的展望如何？

谢伟（浦发银行）：首先，未来监管的框架将会统一，分业监管与功能监管之间的政策套利空间将会被大大压缩。无论是此前央行发布的金融稳定报告，还是最近的全国金融工作会议，都指出了统一规制的方向。尤其是最新的全国金融工作会议已经提出了较为具体的监管机构调整措施，可以设想，从顶层设计的角度，未来一段时间将会很快进行相关的机构以及职能调整，这将会在很大程度上解决不同监管主体之间的长效协调机制问题。在此之后，监管政策将会进行调整，针对不同金融机构的监管措施将会进行统一，分业监管与功能监管将会进行有效的协调，套利的空间将会被大大压缩。

其次，针对理财的监管措施将会陆续出台。当前，监管部门仍然处于检查和摸底阶段。此前监管对于理财资产的掌握程度有限，尤其是在嵌套了多重资管计划之后，由于不同机构的统计口径差异，理财投资的资产类型、实际规模很难真实得到反映。通过这次检查，监管部门可以掌握理财行业真实完整的信息。在此基础上，针对性的监管措施就会陆续出台。特别是统一规制框架目前已在构建之中，所以未来出台的政策措施一定会经过各监管部门之间相互协调。

最后，监管的措施将会区别对待，方向体现结构性调整。目前市场上对于监管政策的解读多数是监管从严，这其实并没有错，不过我们认为实际上监管的方向将会出现结构性的调整。从短期来看，目前很多监管政策已经出台，只不过在执行过程之中的松紧程度以及解释口径方面的差异，导致在落实过程中有很多的变数。加上此前监管框架没有统一，不同机构可以通过相互合作规避监管政策，实现监管套利。本次监管政策的调整透露出很明确的目标，就是统一规制框架，减少套利空间，规范理财业务。从中长期来看，针对理财的监管将会出现结构性的变化。完全打破刚性兑付是一个长期的过程，在这一进程中，会允许一些类信贷的理财类业务存在，但是这部分业务将受到"类信贷的监管"。而真正的由客户承担风险的部分产品，是监管鼓励的方向，这部分的监管就会按照真正代客理财的监管措施执行，通过这种方式鼓励引导商业银行逐步压缩类信贷类产品的比重。

课题组：您遇到过由于多头监管给资产管理业务带来的麻烦吗？在现有"一行三会"监管框

架下，您认为可以从哪些方面加强资产管理方面的监管协调机制？

谢伟（浦发银行）：从银行理财的角度来看，多头监管带来的困扰是间接的。主要是由于目前银行理财没有法律主体地位，在债券市场、资本市场、非标市场的开户和投资只能通过"通道"实现。由于不同通道分属不同的监管机构，在监管制度方面有差异，一方面导致不同机构在包括投资范围等监管要求等方面的不平等，另一方面也造成相似业务不同的监管标准，比如目前实质性为同一类别的资管产品，其可投资范围、杠杆要求、销售门槛、合格投资者认定、信息披露规范、从业人员、备案登记、统计数据、风险计提标准等并没有一致规定。这些差异导致在交易结构上复杂化，增加了中间环节，提高了成本，不利于资管市场的有序竞争。

从沟通协调机制方面，在"一行三会"监管框架之下，需要建立统一的协调沟通机制，要突破机构监管下的标准差异，进行功能监管和穿透式监管，做到同类产品适用同一标准。通过这一沟通协调机制，不仅需要实现不同监管部门之间有效协调，而且需要监管与金融机构之间有效沟通协调，让监管政策的出台更科学和实际。重点是要给予所有资产管理机构产品统一标准和资质：一是应当给予所有资产管理机构、产品同等的债券市场、资本市场、非标市场的开户和投资的身份，减少多层嵌套、降低业务风险。如银行资管可以像信托直接发放贷款，则抵质押物可在银行资管名义下，后续质押物管理与处置更为安全与便捷。在未赋予理财主体资格的过渡期，按照"谁出资金、谁负责"的原则穿透管理。二是

对于非标资产定义统一标准，避免监管套利。例如股票质押回购，在银行理财被定义为非标，但在券商是标。三是建议资产管理业务指导意见对于销售过程也要同步规范，包括统一标准和下发信息披露规范与标准合同。现阶段，银行理财在客户准入、起点金额、首次面签、代销机构等方面都更为严格。四是风控指标方面，希望能够根据业务实质和产品类型制定不同机构统一适用的资本计提要求和杠杆限制，机构也就不需要通过嵌套来开展交易。就目前看，信托、基金、基金子公司均有风险准备金的计提要求，信托、券商、基金子公司实行了净资本管理，建议银行理财未来根据底层资产和产品类型设定差异化的资本计提比例，对于鼓励发展的业务类型，可不计提或减少资本计提。

何之江（平安银行）：今年以来"一行三会"的监管政策表现出高度的协调性，目标一致，监管标准逐步趋于统一，力度上就像拧螺丝一样逐渐加码，监管意志坚决，执行力度加强，更加强调问责和处罚。随着监管机构对资管行业的重视程度不断提高，也对各行资管业务相关信息的完备性和及时性提出了更高的要求，尤其是今年来各项监管检查较多，很多监管材料要求的内容也有重叠，银行还需要进一步领会监管精神，理顺报送口径和报告路线。

对于监管协调方面，"一行三会"和外管局已经在就金融机构资产管理业务新规征求意见，希望能在吸取业内合理化建议的基础上，尽快正式出台，完善银行资管业务顶层架构，明确法律关系，指明转型方向。同时建议资管方面规定和各监管机构新规细则最好同步出台，建立各类机

构、各类业务统一适用的基本监管标准，防止出现监管套利或过度监管。在明确监管办法的基础上，加强监管有效性，消除因监管套利造成的不公平竞争，真正做到奖优罚劣。在实际政策出台过程中建议注意节奏控制和加强监管协调，明确各业务主要监管主体，加强数据共享。

课题组：您认为对资管业务实施统一规制可能对整个金融业乃至整体宏观经济产生什么样的影响？

何之江（平安银行）：实施统一规制的核心目标是防范和化解系统性风险，重塑健康规范的金融体系，更好地服务实体经济发展。带有影子银行特性的大资管业务已完成其降低金融压抑的阶段性历史使命，下一步通过降低杠杆、去资产池化等措施减弱大资管行业影子银行特征，直接效果就是使大资管行业的发展速度慢下来，实现从求"量"到求"质"。中国实体经济最需要的，就是与供给侧结构性改革相配套的金融服务。资产管理行业的统一、规范和可持续发展将极大地服务于供给侧结构性改革和实体经济发展。

课题组：您对资管统一规制有哪些建议？

谢伟（浦发银行）：一是资管业务的健康发展需要统一的监管框架。当前资管业务出现的一些问题，一定程度上是由于不同机构之间的规则和监管标准差异导致。没有统一的监管标准，不仅造成机构之间无序竞争，效率降低，而且造成不同资管机构将业务重点放在规避监管制度上。通过机构合作实施监管套利的选择弱化了创新发展资管业务的动力；没有统一的业务规范，不同

机构的资管产品无法实现规范和有效的对接，在管理上也无法实现穿透，导致交易结构复杂和风险累积；没有统一的市场规则，则会造成市场分割和市场秩序的混乱。因此，需要从顶层设计开始，将宏观审慎与微观审慎、机构监管和功能监管相结合，统一规制框架，以引导和规范资管业务长期健康发展。

二是统一规制要与差异化监管相结合。在我国的投融资体系中，不同金融机构的侧重点与优势存在着较大的差异。比如商业银行依靠其成熟的风险控制体系以及渠道优势，在传统信贷领域优势明显，资源获取能力比较强；相比于银行，券商和基金在投研和交易方面的优势明显；其他机构如信托、保险等也是各有特点。正是这些差异性保持了市场的多元化和活力。各金融机构之间可以取长补短密切合作，在合作中参与市场竞争。未来随着规则的统一和市场的规范将使得金融机构之间的竞争和合作更加有序。从监管的角度看，在统一规制的框架之内需要保持不同金融机构的独立性和差异性，将分业监管和功能监管有效结合，使得不同金融机构可以充分发挥各自的比较优势。

三是监管目标实现是一个循序渐进的过程。监管制度的制定、实施和完善是一个循序渐进的过程。需要与业务现状、经济发展以及市场主体成长情况相结合。以打破刚性兑付为例，至少有以下必要的前提：要求投资者有足够的风险认知和承受能力；要求资产管理人有较高的风险评估、定价以及投资交易能力；要求多层次资本市场体系相对完善；同时还要求相关的法律制度要比较完备。当前，这些前提并不具备。所以，需

要从这几个环节同时入手，逐步实现刚性兑付的打破。其他政策实施也同样需要针对具体情况分阶段进行，否则有可能会影响业务乃至市场的稳定。

四是在具体的内容上，有以下建议。首先，在统一规制框架之下各资管的主体要平等，这就需要给银行资管正名，明确银行资管的法律主体地位。同时，在统一规制的框架之下，相同业务的标准与规范应该一致，不同机构之间在法律关系上应该平等一致。其次，引导银行理财产品结构和资产结构的调整建议充分考虑实际情况。从产品端来看，产品的净值型转化是未来的方向，但由于打破刚性兑付是一个相对长期的过程，所以目前不能简单地对预期收益率型产品的一味否定。建议当前应更多地关注产品管理过程中各环节的操作规范，如是否严格执行了"三单"管理、资产交易价格的偏离度是否严格控制、信息披露是否充分等。在此基础上，引导商业银行充分发挥自身的优势，提高自身的投资和交易能力，逐步增加净值型产品的比重。从资产端来看，未来随着利率市场化的实现、刚性兑付的打破，非标资产的需求会大大降低，非标资产的收缩将成为市场化主动选择的结果。但是，在当前的市场环境中，非标资产的需求仍然十分旺盛。相对于其他资产，非标资产更直接地投资到实体经济中；而从商业银行的角度来讲，银行有大量优质的资产端客户，依托于传统的风控体系，这部分资产风险远低于目前标准化资产的投资。因此在当前建议理性看待非标资产投资，在限额管理的基础上，支持商业银行开展非标资产业务，保持银行系资管业务特色。最后，关于资金池操作和期限错配。资金池的消失也是一个长期的过程，在刚性兑付未打破的情况下，资金池不但没有扩大风险，反而降低了风险——一对一的产品出问题了就是100%，不是一对一的话，不良从概率上就可能是5%。因此在当前的情况下，监管可能更需要通过制度设计引导商业银行降低资金池操作的风险。同样期限错配宜限制而非禁止，禁止错配后很多业务没法开展。不应把期限错配妖魔化，操作上、比例上建议适当容忍。

何之江（平安银行）： 建议监管机构在实行统一规制后，对银行理财法律主体地位予以明确，同时针对去杠杆类的政策实行一定的过渡期，避免短期剧烈波动。实际上银行理财的产生过程是居民财富管理的内生需求，并且随着居民财富的增长，对这类需求日益强烈。作为市场化的金融工具，银行理财很好地满足了广大客户的金融需求，同时也丰富了银行在传统业务之外的轻资本业务，与国际性的主流银行发展也有共同之处。银行理财业务作为相对年轻的金融业态还将有较为广阔的发展空间，需要在确保风险可控的前提下给予鼓励和支持。

第十一部分
发展前瞻

2017年以来，中国经济稳中向好的态势持续发展，供给侧结构性改革取得新进展。全球经济的稳步复苏，也为中国经济增长营造了有利的外部环境。因此，银行家对中国银行业未来三年的营业收入与税后利润增长预期出现了积极信号。调查显示，尽管分别仍有八成和半数左右的银行家预计今后三年中国银行业的营业收入和税后利润增长率将低于10%，但预期增长率在5%~10%区间的银行家占比逐年上升，显示了银行家对中国经济增长较为乐观。

银行家认为，中国宏观经济短期内仍处于L形底部（30.4%）是银行业未来发展面临的最大风险和挑战；而提高资产质量（58.5%）和调整客户结构（53.0%）是利润增长的主要措施。很多银行家开始将发展重点放在贷款质量的控制上，七成以上银行家预期未来三年银行不良贷款率将低于2.0%，而且逐年下降。

与2016年相比，中国银行业拨备覆盖率较为稳定，近四成的银行家认为2017年末，银行业拨备覆盖率仍将保持在150%以上。此外，资本充足率也将得到明显改善，超过六成的银行家认为2017年末银行资本充足率将在11.5%以上。

一、未来三年营业收入与利润增速或将触底反弹

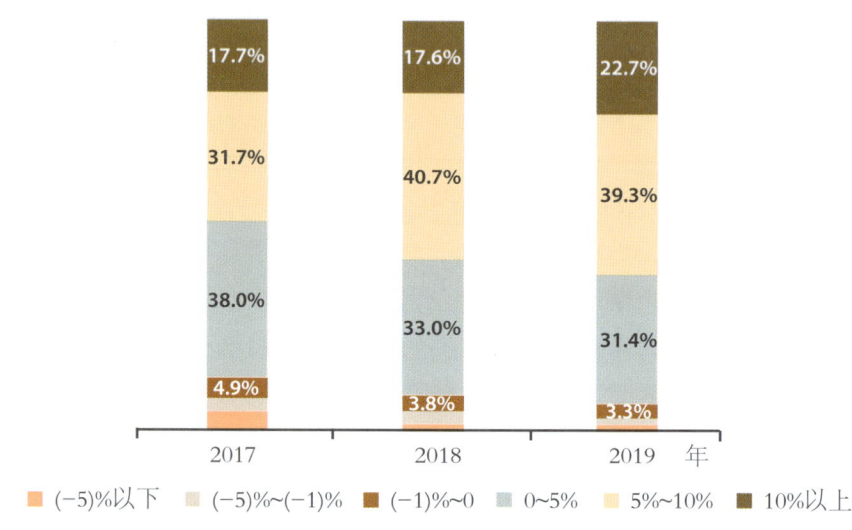

图11-1 受访银行未来三年的营业收入增长预期

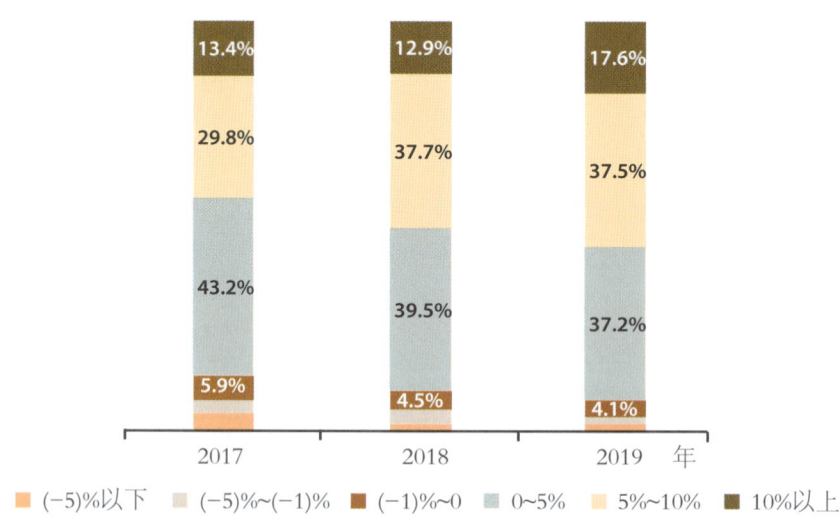

图11-2 受访银行未来三年的税后利润增长预期

二、提高资产质量成为银行摆脱未来利润增长困境的首要措施，不良贷款率预期下降

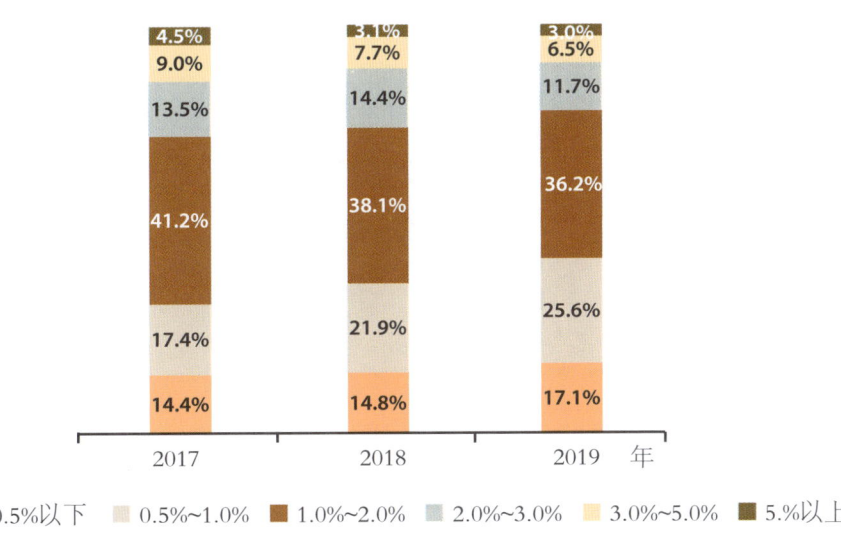

0.5%以下 ■ 0.5%~1.0% ■ 1.0%~2.0% ■ 2.0%~3.0% ■ 3.0%~5.0% ■ 5.%以上

图11-3 受访银行未来三年的不良贷款率预期

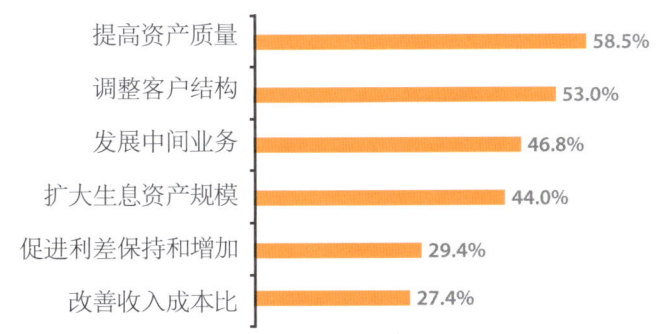

图11-4 受访银行未来摆脱利润增长困境的主要措施

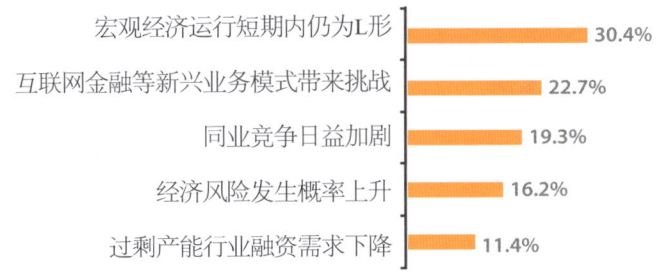

图11-5 受访银行未来发展面临的最大风险和挑战

三、近四成的银行家认为2017年末银行业拨备覆盖率将保持在150%以上

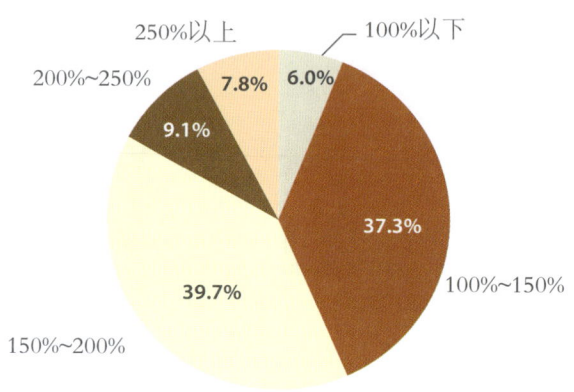

图11-6 受访银行2017年拨备覆盖率预期

四、超六成银行家认为2017年末资本充足率高于10.5%

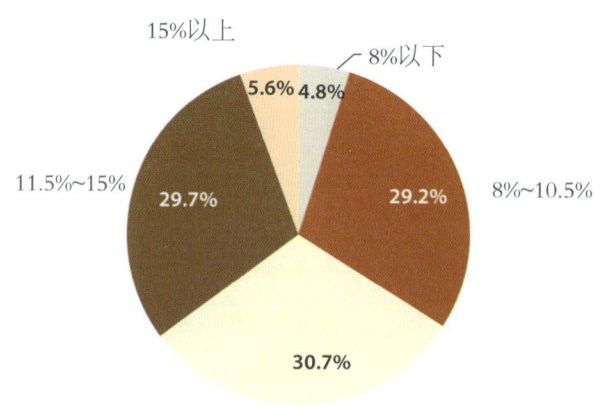

图11-7 受访银行2017年资本充足率预期

第十二部分
同行评价

本次调查要求银行家对小微信贷、贸易融资、同业业务、债券投资、理财业务等14项银行主要业务的竞争力强弱作出评价，并列示出了银行家选出的每项业务竞争力排名前五的银行，从一个侧面展示了中国银行业的竞争格局。

从调查结果可以看出（见图12-1至图12-14），国有大型商业银行总体上仍然保持着明显的竞争优势，但部分股份制商业银行着力开展特色化经营，并在一些领域取得了显著的业绩，受到银行家的认可。如招商银行经过多年的发展，在多项业务中与国有商业银行齐头并进，特别是信用卡业务、私人银行业务已超越各大行位列首位，在银行家心中成为竞争力最强的银行；中国民生银行在小微信贷业务上竞争优势明显，已连续多年位居榜首；上海浦东发展银行在贸易融资领域取得了一定成绩；此外，广发银行、中信银行分别在信用卡业务和私人银行业务中上榜。

调查结果表明，国有大型银行在各个领域依然具有领先优势，但经过多年充分竞争，一些商业银行已通过自身发展在某些业务领域取得了独特的竞争优势，随着商业银行业务经营日趋多元化，中国银行业的竞争将不断加剧，特色化经营将成为银行业战略转型的重点之一。

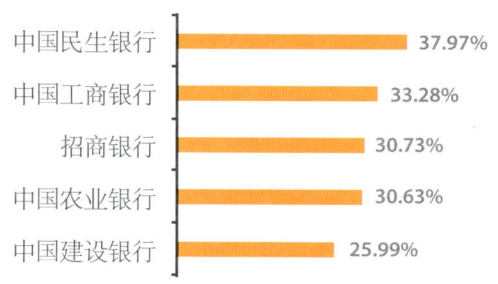

图12-1　2017年小微信贷业务同行评价

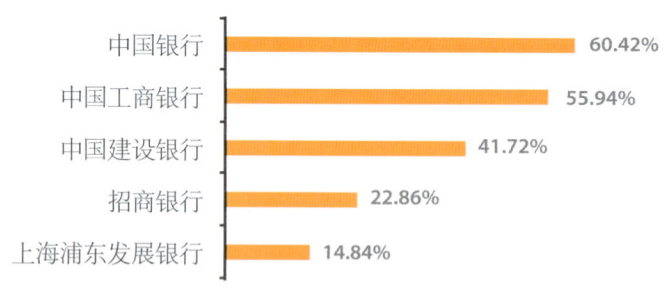

图12- 2　2017年贸易融资业务同行评价

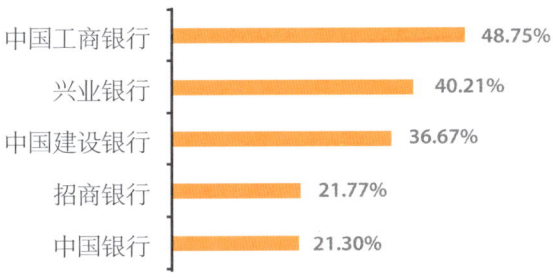

图12-3　2017年同业业务同行评价

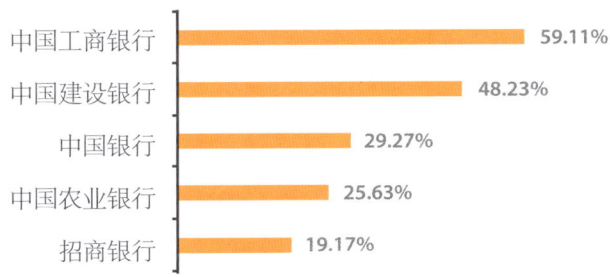

图12-4　2017年债券投资业务同行评价

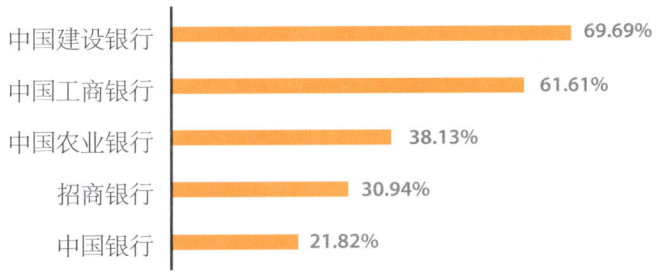

图12-5　2017年个人按揭业务同行评价

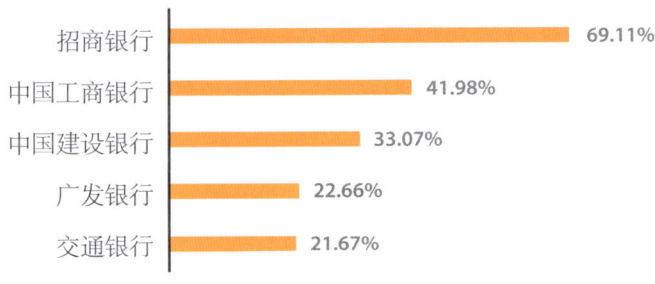

图12-6　2017年信用卡业务同行评价

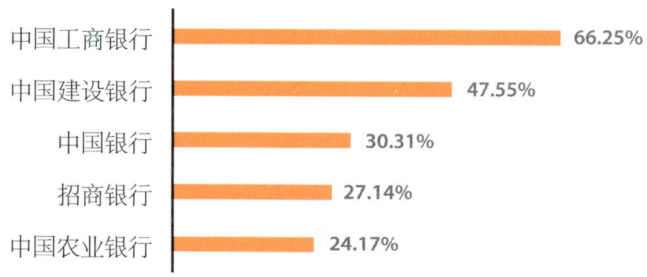

图12-7　2017年资产管理业务同行评价

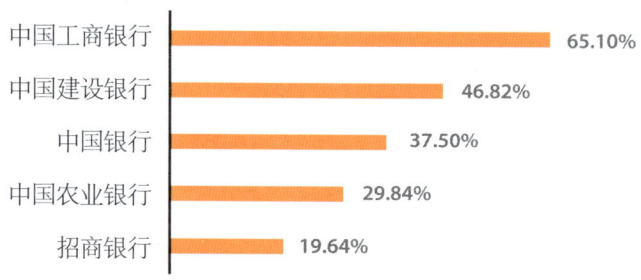

图12-8　2017年资金业务同行评价

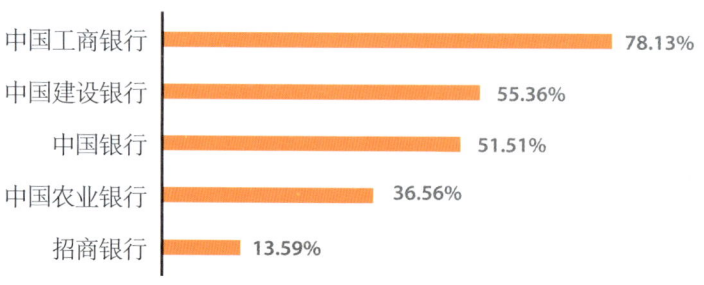

图12-9　2017年资金清算业务同行评价

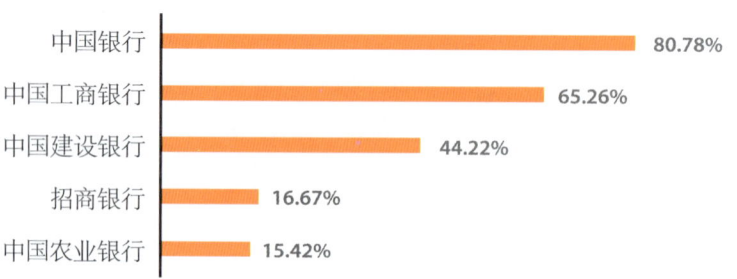

图12-10　2017年国际结算业务同行评价

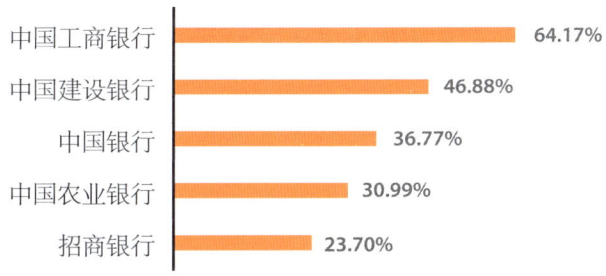

图12-11　2017年代理服务业务同行评价

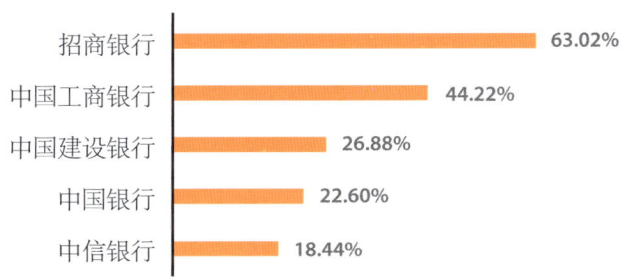

图12-12　2017年私人银行业务同行评价

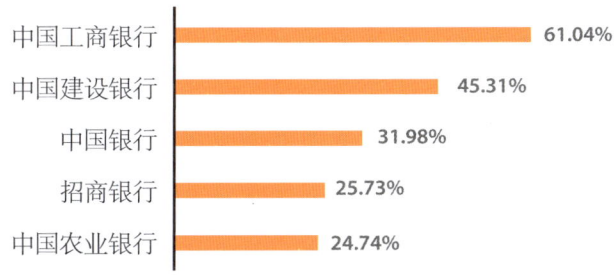

图12-13　2017年资产托管业务同行评价

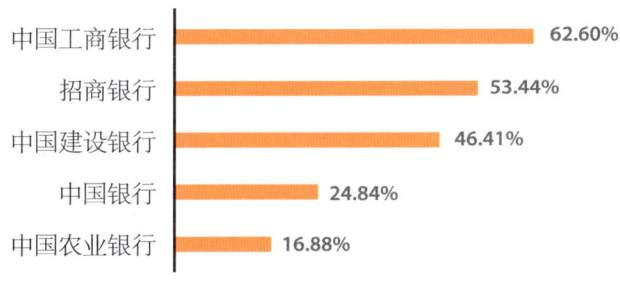

图12-14　2017年电子银行业务同行评价

第十三部分
专题篇

第十三部分

宏观审慎评估体系（MPA）考核

2016年开始，中国人民银行将差别准备金动态调整和合意贷款管理机制升级为宏观审慎评估体系，随后MPA不断完善，目前已将表外理财纳入广义信贷，未来还会将同业存单纳入同业负债考核口径。MPA重点考虑资本和杠杆情况、资产负债情况、流动性、定价行为、资产质量、外债风险、信贷政策执行等七大方面十四个指标，其中资本充足率是评估体系的核心。宏观审慎评估体系对于银行机构的资产配置、资产腾挪、资本金、发展模式等将带来较为重大的影响，表内外资产轻、资本消耗少、中间业务多、资产证券化程度高或将成为银行发展的模式选择。

一、三分之二的银行家认为MPA考核将有效防范系统性金融风险

MPA考核旨在全面有效地管理金融部门多元复杂的资产端，加强货币政策的逆周期调整作用，进一步完善宏观审慎政策框架，防范系统性风险，提高金融体系的稳定性。调查结果显示（见图1-1），高达66.5%的银行家表示MPA考核将更有效地防范系统性金融风险。53.1%的银行家认为其将抑制冲规模的商业银行发展模式，使得银行业更注重稳健经营。51.4%的银行家认为MPA考核将遏制银行业资金空转的现象，引导资金进入实体经济。MPA考核将通过指标约束对银行的行为方式产生显著影响，抑制金融杠杆过快增长，引导资金脱虚向实。

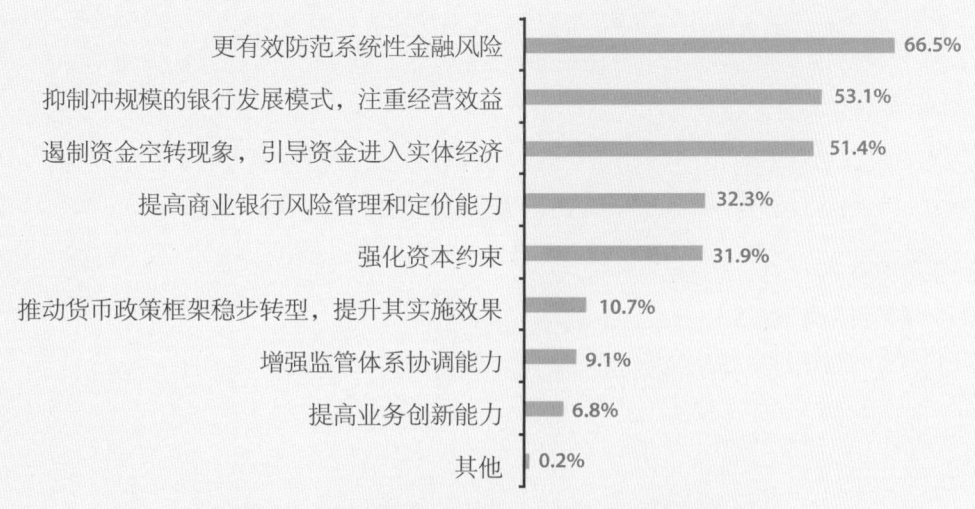

图1-1　MPA考核对金融体系和银行业产生的影响

二、MPA宏观审慎评估体系下，银行广义信贷增速将放缓

在MPA宏观审慎评估体系下，预计银行业整体的广义信贷增速将从高位回落。主要是因为构成宏观审慎资本充足率的诸多因子中，结构性参数、系统重要性参数、宏观经济热度等参数为既定的系数，而系统重要性附加资本、目标GDP增速、目标CPI增速等因子银行基本很难改变，要使得宏观审慎资本充足率达标，只能压缩广义信贷增速。调查结果显示（见图1-2），有27.0%的银行家认为所在银行的广义信贷增速将在10%以下，54.1%的银行家认为增速在10%~20%之间。而在MPA考核实施之前，部分中小银行的广义信贷增速甚至超过50%，MPA考核将有效地抑制银行冲规模的粗放发展模式。

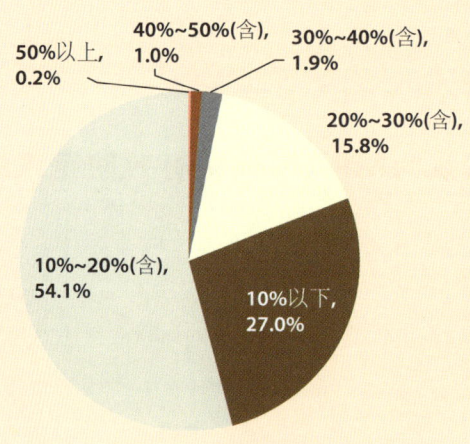

图1-2 MPA考核下广义信贷增速的预测

分银行类型来看（见图1-3），大型商业银行的广义信贷增长更为缓慢。来自大型商业银行的问卷结果显示，有45.6%的银行家认为所在银行的广义信贷增速在10%以下，41.1%的银行家认为在10%~20%之间，两者之和为86.7%。而股份制商业银行的银行家中，认为所在银行广义信贷增速在10%以下的仅为23.8%，城商行有更多的银行家认为本行广义信贷增速在10%以上。上述差异的出现一方面与大行的资产规模基数较大，增速本就较低有关，另一方面可能与股份商业制银行和城商行表外理财规模高速增长有关。

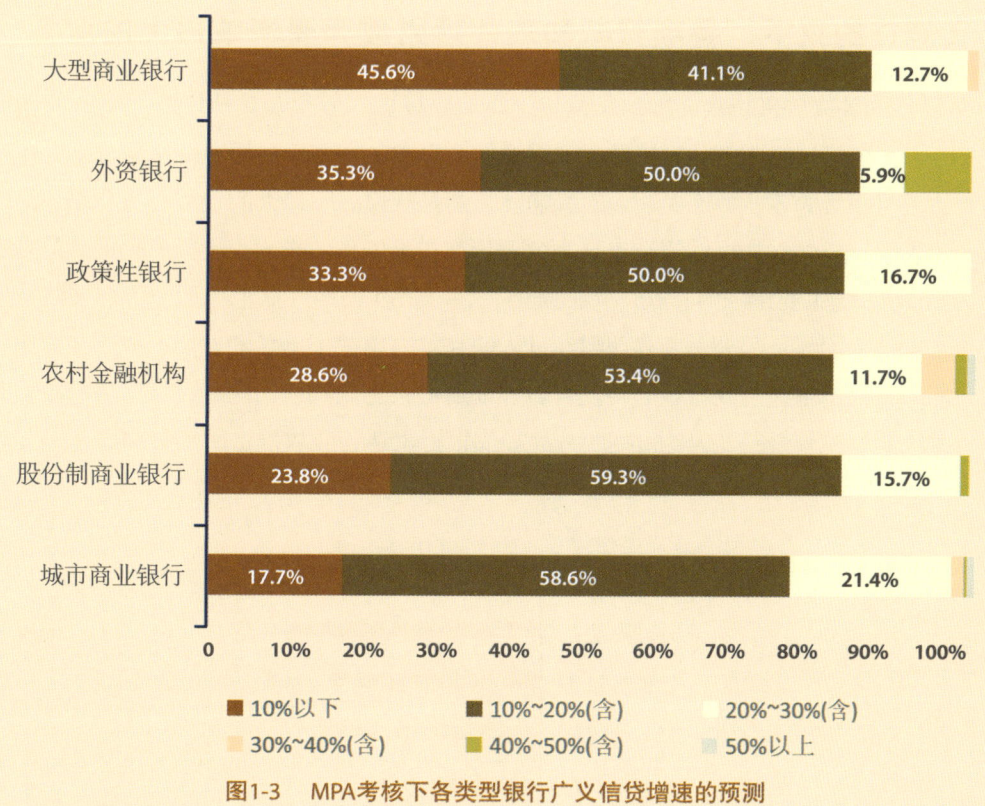

大型商业银行	45.6%	41.1%	12.7%
外资银行	35.3%	50.0%	5.9%
政策性银行	33.3%	50.0%	16.7%
农村金融机构	28.6%	53.4%	11.7%
股份制商业银行	23.8%	59.3%	15.7%
城市商业银行	17.7%	58.6%	21.4%

■ 10%以下　　■ 10%~20%(含)　　□ 20%~30%(含)
□ 30%~40%(含)　　■ 40%~50%(含)　　■ 50%以上

图1-3　MPA考核下各类型银行广义信贷增速的预测

三、"资本和杠杆情况要求"成为银行MPA考核中达标压力最大的项目

MPA考核所涉及的七大类中，要求最严的是资本和杠杆类与定价行为两类，因为这两类只要有一项不及格，MPA考核便不达标。而定价行为银行达标的难度不大，关键在于资本和杠杆类。调查显示的结果亦是如此，对于MPA重点考核的七个方面，有62.8%的银行家认为包括资本充足率在内的资本和杠杆情况要求是MPA考核中达标压力最大的项目；47.3%的银行家认为是资产负债情况要求；流动性要求和资产质量要求分别占比42.7%和41.7%；而跨境融资风险是银行家认为MPA考核中银行压力最小的指标（见图1-4）。

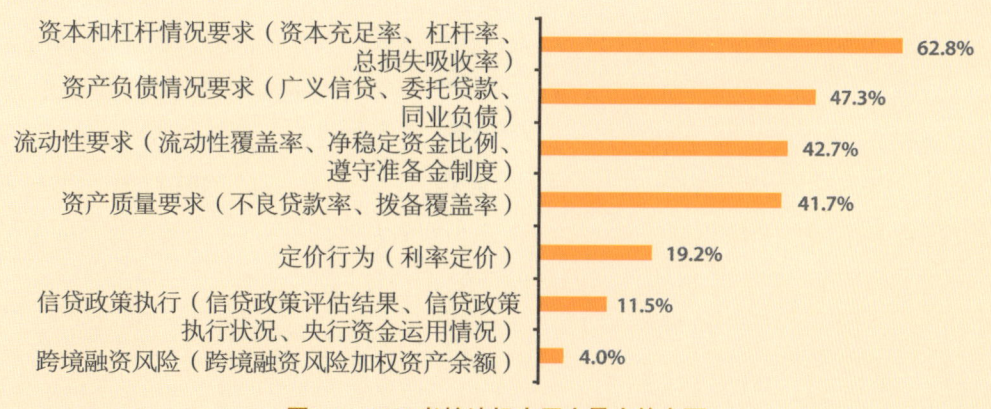

资本和杠杆情况要求（资本充足率、杠杆率、总损失吸收率）	62.8%
资产负债情况要求（广义信贷、委托贷款、同业负债）	47.3%
流动性要求（流动性覆盖率、净稳定资金比例、遵守准备金制度）	42.7%
资产质量要求（不良贷款率、拨备覆盖率）	41.7%
定价行为（利率定价）	19.2%
信贷政策执行（信贷政策评估结果、信贷政策执行状况、央行资金运用情况）	11.5%
跨境融资风险（跨境融资风险加权资产余额）	4.0%

图1-4　MPA考核达标中压力最大的方面

四、广义信贷约束下，各项贷款和表外理财成为受影响最大的业务

MPA体系从以往的关注狭义贷款转向广义信贷，将债券投资、股权及其他投资、买入返售、存放非存款类金融机构款项等新型资产端组成部分悉数纳入到管理体系之中，有利于引导金融机构减少各类腾挪资产、规避信贷调控的做法，对银行的各业务产生明显的影响。特别是规模占比最大的贷款业务和增速最快的表外理财业务。调查显示（见图1-5），55.5%的银行家认为各项贷款将是广义信贷约束下受影响最大的业务，而表外理财次之，占比为41.1%。这主要是因为，在广义信贷中，各项贷款仍然占据主体地位，广义信贷增速的下滑对各项贷款的直接影响最为明显；另外，表外理财在过去的几年内出现了迅猛的发展，成为部分中小银行弯道超车的重要途径，而广义信贷增速的收敛也必将使得表外理财扩张受到约束。同时，认为债券投资是受到最大影响业务的银行家占比超过三分之一，大约占据四分之一的银行家认为股权投资所受影响最大。

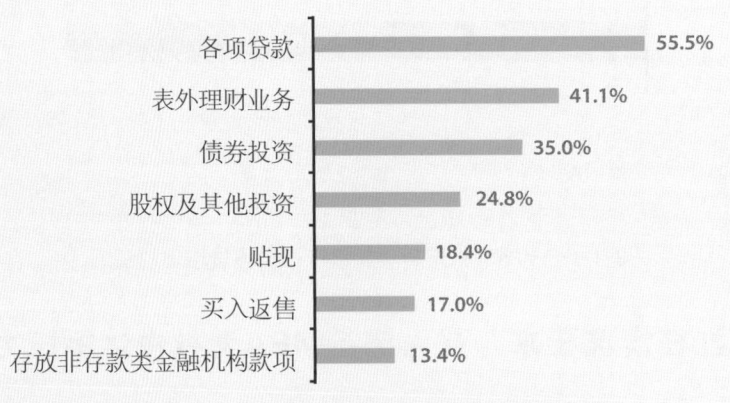

图1-5　广义贷款约束下受影响最大的业务

五、超七成银行家认为MPA对银行表外理财业务产生影响，且股份制商业银行所受影响程度最大

人民银行于2017年第一季度评估时开始正式将表外理财纳入广义信贷范围，以合理引导金融机构加强对表外业务风险的管理。对于表外理财业务本身来说，上述调整有助于促进银行提高表外理财业务的风险管理意识，规范业务发展模式，推动表外理财业务回归资产管理本质。在调查中，仅有16.72%的银行家认为MPA考核对所在银行表外理财业务增长的影响不大，而35.56%的银行家认为MPA对表外理财增长会产生较大的影响，40.02%的银行家认为会有一定程度的影响，两者合计占比为75%以上（见图1-6）。

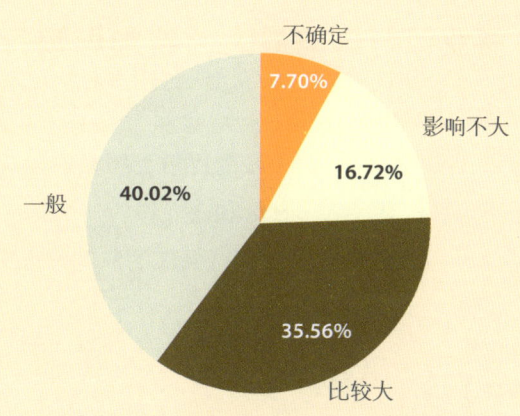

图1-6　MPA考核对于银行表外理财的影响

相对于大型商业银行，股份制商业银行和城市商业银行受影响程度更大。在接受问卷调查的股份制商业银行中，43.6%的银行家认为所在银行将受到比较大程度的影响，46.5%的银行家认为会受到一般程度的影响，两者合计高达90.1%；对城商行银行家的问卷结果显示，43.5%的银行家认为所在银行会受到比较大的影响，41.2%的银行家认为影响程度一般，两者合计84.7%。相比之下，大型商业银行的银行家中认为影响程度较大的只有32.9%（见图1-7）。

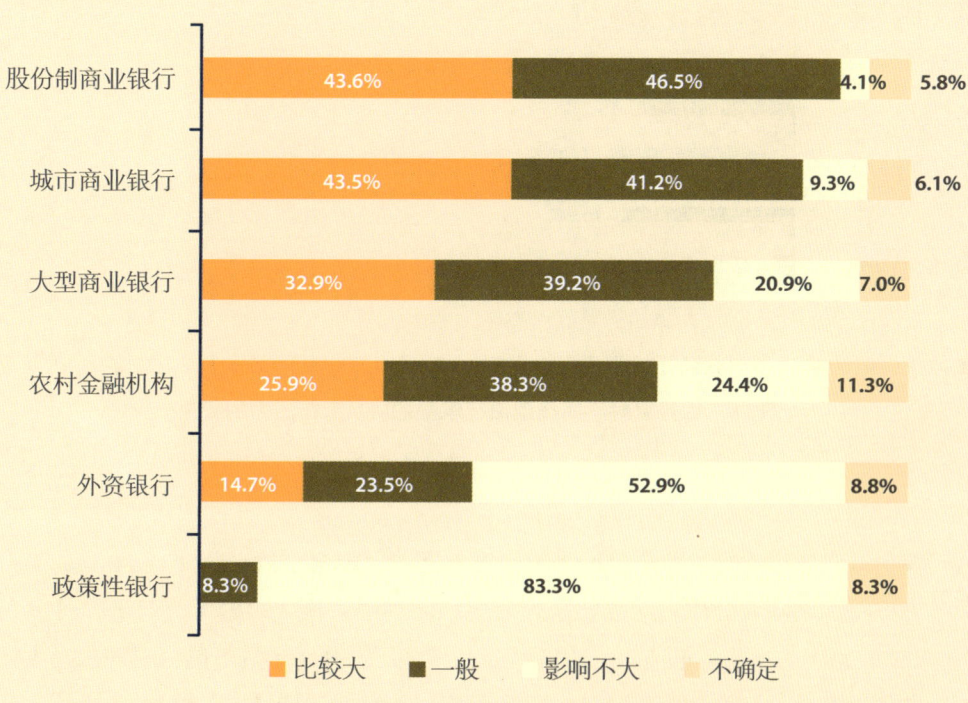

图1-7　MPA对不同类型银行表外理财的影响

六、MPA考核对城市商业银行影响最大，将加剧银行同业分化

除大型商业银行和政策性银行外，参与调查问卷的银行家普遍认为自己所在银行的类型将承受更大的MPA考核压力。来自城商行的银行家中，有68.4%认为城商行承受压力最大。而来自股份制商业银行的问卷结果中，有51.2%的银行家认为在诸多类型的银行中，股份制商业银行压力最大。而政策性银行和大型商业银行均认为MPA考核对城商行压力最大。从调查结果看，城商行面临的监管约束更强（见图1-8）。

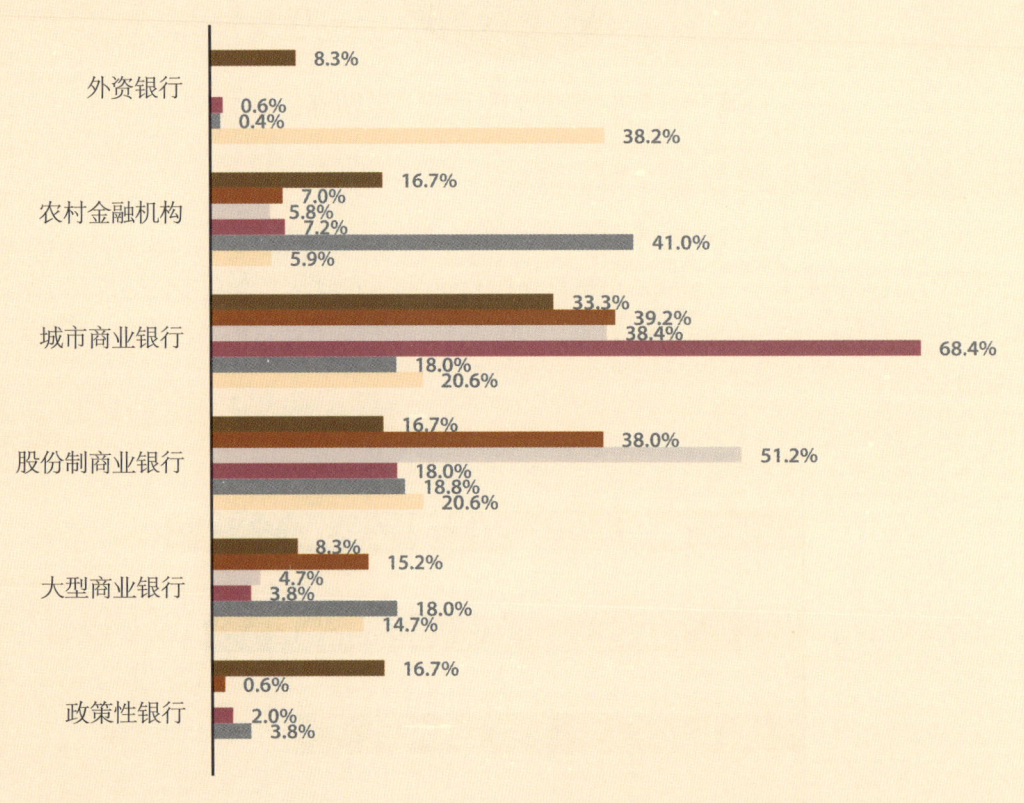

图1-8　银行家对不同类型银行承受的MPA考核压力的看法

由于MPA宏观审慎评估对不同类型的银行影响程度不同，可能会引发银行业竞争格局的变化。有54.5%的银行家认为MPA考核将加剧同业分化，这主要是因为规范化的经营模式引导下，对于经营多元、稳健的银行是有利的，而过度依赖某一类型业务迅速扩张的发展模式将经历洗牌，市场可能会显现出马太效应，即强者恒强。此外，28.8%的银行家持有相反的意见，认为银行业格局将基本保持稳定。16.7%的银行家认为市场的集中度将降低（见图1-9）。

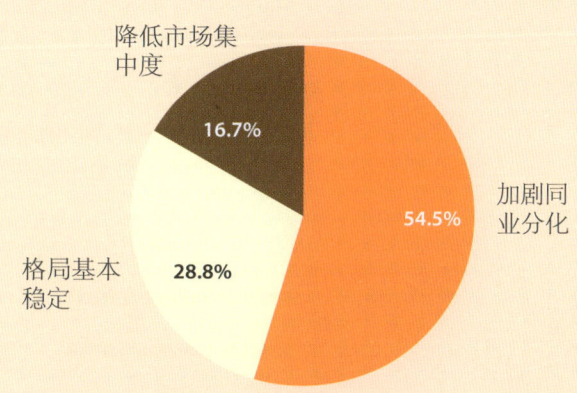

图1-9　MPA考核对银行业竞争格局产生的影响

七、银行积极进行资产负债结构和业务调整以应对MPA考核

宏观审慎评估体系对于银行机构的资产配置、资本金、发展模式等将带来较为重大的影响。调查结果显示（见图1-10），52%的银行家认为资本金将成为业务发展的核心约束，资本消耗高的业务将面临较大的压力。43%的银行家提到银行代持、同业投资、SPV投资等资产腾挪的可能性将降低。42%的银行家认同依靠同业负债来进行资产配置的发展模式将受到明显约束。银行在此之下需要主动优化资产负债结构，有效提高风控水平，积极开展新业务，保持自身良性发展。

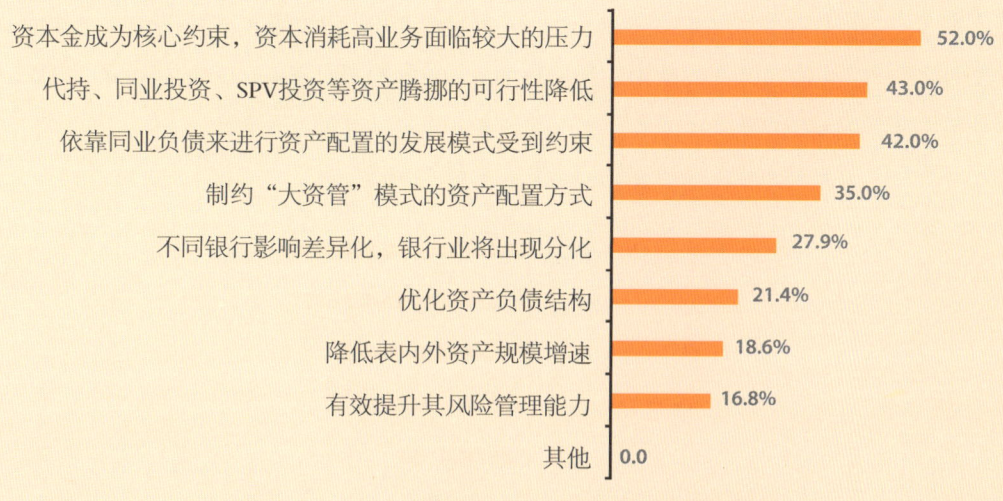

图1-10　MPA 评估体系对商业银行经营管理的影响

为应对MPA宏观审慎评估体系考核，银行积极进行资产负债结构和业务调整。表内外资产轻、资本消耗少、中间业务多、资产证券化程度高或将成为银行发展的模式选择。调查结果显示（见图1-11），43.7%的银行选择压缩表外资产管理类业务，43.5%的银行选择大力发展轻资产模式业务，40.8%的银行主动降低了同业负债规模。仅有11.6%的银行并未进行较大调整。

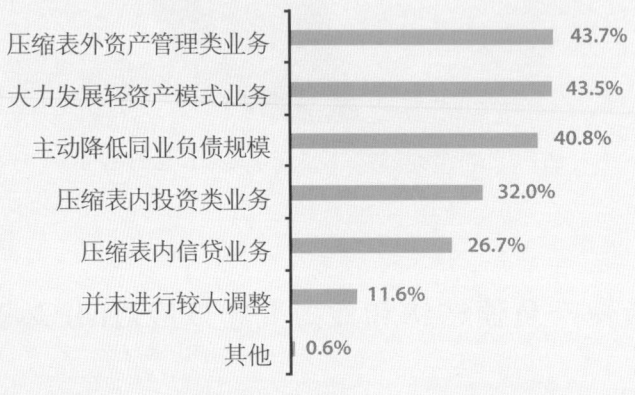

图1-11　MPA考核对金融体系和银行业的影响

八、改善激励机制，增强评估标准透明度和客观性成为MPA考核未来改善的方向

对于MPA考核存在的问题以及未来改进的方向，如图1-12所示，40.1%的银行家建言当前MPA审慎评估体系存在着激励机制不合理的问题，这可能与当前MPA考核的激励与惩罚机制（差异化法定存款准备金率）相对单一有关。36.2%的银行家认为当前评估准则的透明度低，30.9%的银行家认为评估标准的主观性太强，27.1%的银行家认为评估对象应当进一步扩大。

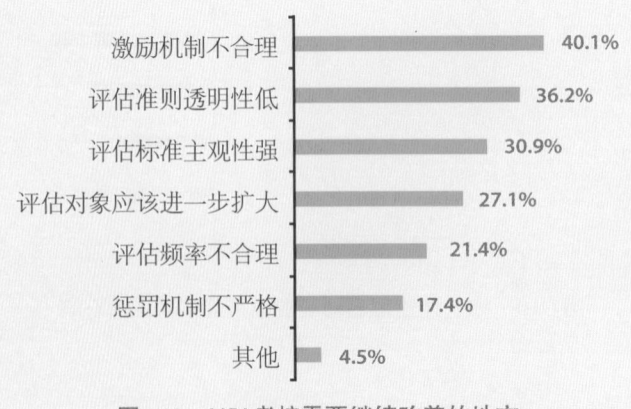

图1-12　MPA考核需要继续改善的地方

专题报告二

去杠杆进程中债转股的市场化发展

在我国企业杠杆率较高的背景下，国务院于2016年10月印发了《关于积极稳妥降低企业杠杆率的意见》和《关于市场化银行债权转股权的指导意见》，拉开了我国新一轮市场化债转股的序幕。李克强总理在2017年政府工作报告中提出，要用改革的办法深入推进"三去一降一补"，支持市场化法制化债转股方式积极稳妥去杠杆。商业银行可以通过合理的方案设计，利用债转股帮助一些符合条件的企业缓解债务困境，在释放企业活力以推进供给侧结构性改革的同时，也能提高自身资产质量，降低不良资产比率。

一、坚持市场化原则是本轮债转股最重要的特点

在国家政策的支持下，市场化债转股稳步推行。调查结果显示（见图2-1），超九成（90.2%）银行计划开展债转股业务，33.6%的银行持适度发展态度，38.4%的银行持审慎发展态度，9.8%的银行暂不发展债转股业务，这体现了银行业在债转股中的求稳思想，符合稳妥去杠杆的要求。

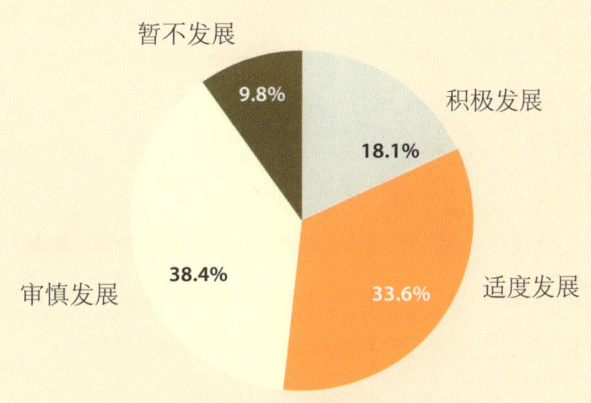

图2-1　银行对开展债转股业务的态度

分银行类型来看（见图2-2），大型商业银行态度最积极，有37.3%的银行对债转股持积极发展态度，45.3%的银行持适度发展态度，仅1.2%的银行暂不发展该业务。主要原因在于，大型商业银行是很多大型企业的主要债权人，它们更有动力开展债转股业务。政策性银行、股份制商业银行、城市商业银行、农村金融机构态度适中，持审慎发展态度的银行居多，占比均达40%以上。外资银行态度较不积极，75%的外资银行暂不发展债转股业务，暂无外资银行持积极发展态度。

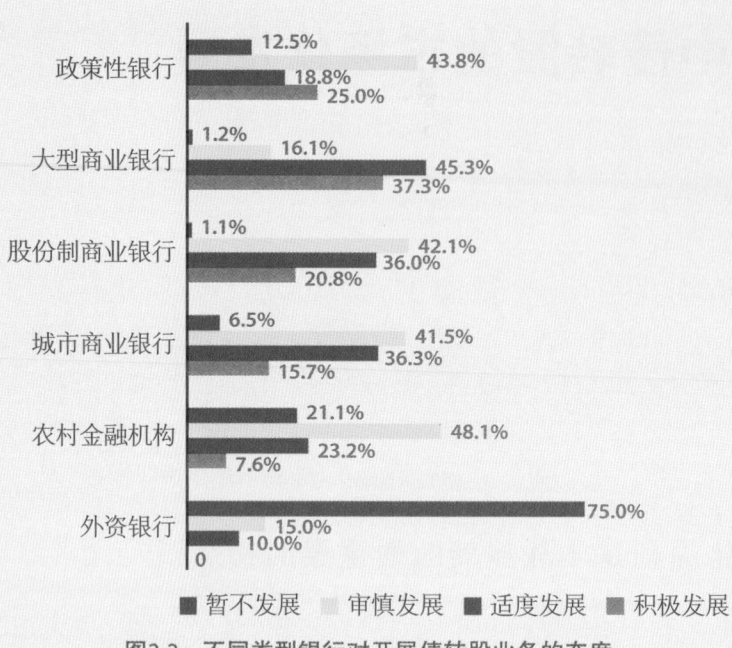

図2-2 不同类型银行对开展债转股业务的态度

始于1999年的上一轮债转股以行政强制干预为主导，规定了债转股的规模和企业名单。而本轮债转股最重要的特点是坚持市场化原则，企业和银行有了更大的自主权和动力。本次调查涉及了本轮债转股的主要特点，62.9%的银行家认为坚持市场化是最重要的特点，43.8%的银行家认为债转股业务模式多样化是最重要的特点。在本轮市场化法制化债转股方案中，银行先将债权转让给实施机构，再由实施机构进行转股操作，实施机构包括资产管理公司（AMC）、银行子公司等。另外，化解银行不良资产（39.5%）和处置对象不限于不良资产（35%）也是本轮债转股的主要特点（见图2-3）。

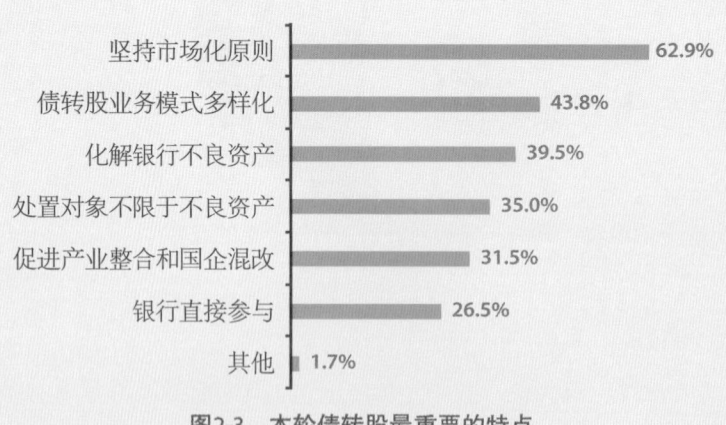

图2-3　本轮债转股最重要的特点

债转股在减轻企业债务负担、降低商业银行不良率、推动供给侧结构性改革、降低杠杆率等方面影响显著。在调查中，67.9%的银行家认为债转股能减轻企业债务负担，释放企业活力。这表明银行关注企业债务对其长远发展的影响，希望维持良好的银企合作关系，而非只着眼于自身短期利益。59.8%的银行家认为债转股能帮助商业银行降低不良资产比率，49.8%的银行家肯定债转股在推动国企改革和供给侧改革中的作用，另有39.4%的银行家认为债转股能降低非金融企业部门杠杆率（见图2-4）。

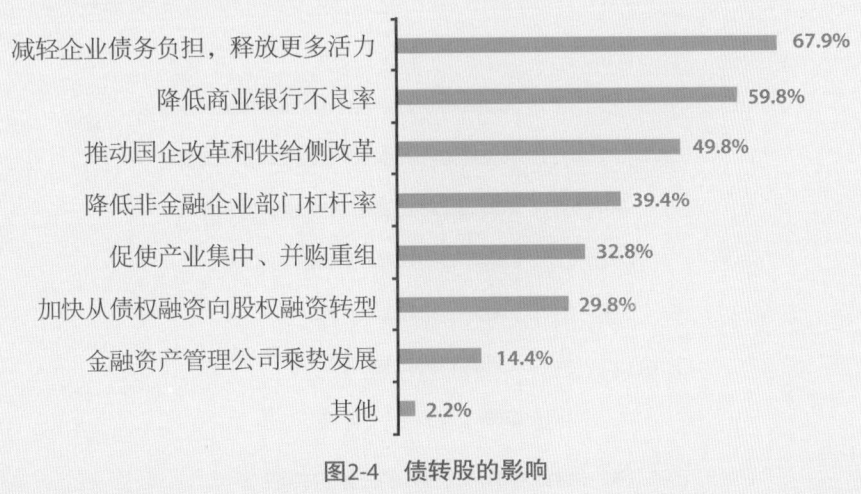

减轻企业债务负担，释放更多活力　67.9%
降低商业银行不良率　59.8%
推动国企改革和供给侧改革　49.8%
降低非金融企业部门杠杆率　39.4%
促使产业集中、并购重组　32.8%
加快从债权融资向股权融资转型　29.8%
金融资产管理公司乘势发展　14.4%
其他　2.2%

图2-4　债转股的影响

二、五成以上银行家认为帮助企业债务脱困是主要目的，重点关注定价和退出机制

在国家政策号召下，银行开展债转股业务的目的十分明确。一方面，银行帮助企业摆脱债务困境、优化资本结构以支持企业发展，推动供给侧改革和产业结构调整；另一方面，银行通过债转股化解不良资产，优化贷款质量，盘活资产结构。54.3%的银行以深化供给侧改革并助力产业结构调整升级为目的。这充分体现出银行积极响应国家政策，具有较强的社会责任感。52.9%的银行以化解不良资产并提升资产质量为目的，45.4%的银行以缓解企业财务风险并为企业经营提供支持为目的（见图2-5）。这说明本轮债转股的目的主要体现为开发企业活力、助力供给侧改革和降低银行不良率。

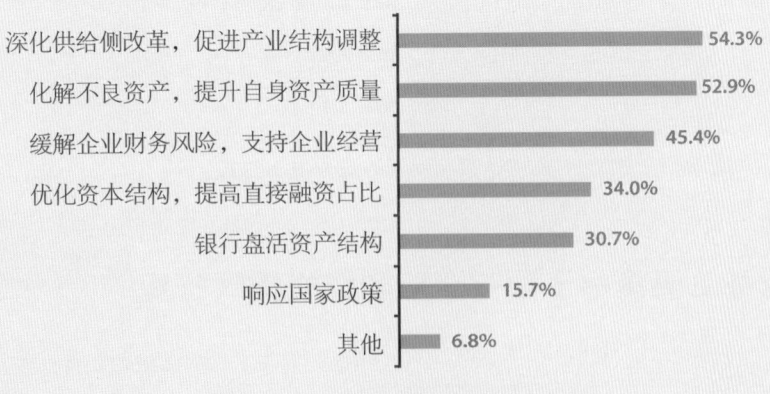

深化供给侧改革，促进产业结构调整　54.3%
化解不良资产，提升自身资产质量　52.9%
缓解企业财务风险，支持企业经营　45.4%
优化资本结构，提高直接融资占比　34.0%
银行盘活资产结构　30.7%
响应国家政策　15.7%
其他　6.8%

图2-5　银行开展债转股业务的目的

在开展债转股业务时，银行的关注点包括债权定价、风险控制、企业筛选、控制规模、控制成本、创新机制多个方面。由于业务涉及债权和股权的转换，银行家最关心的是如何对债权进行合理定价（66.3%）。新一轮债转股的市场化模式给银行带来了更多的不确定性，63.0%的银行十分重视风险防范的加强。另外，有55.2%的银行关注企业筛选标准的确定（见图2-6）。由此看来，银行对债转股的定价和筛选最为关注。

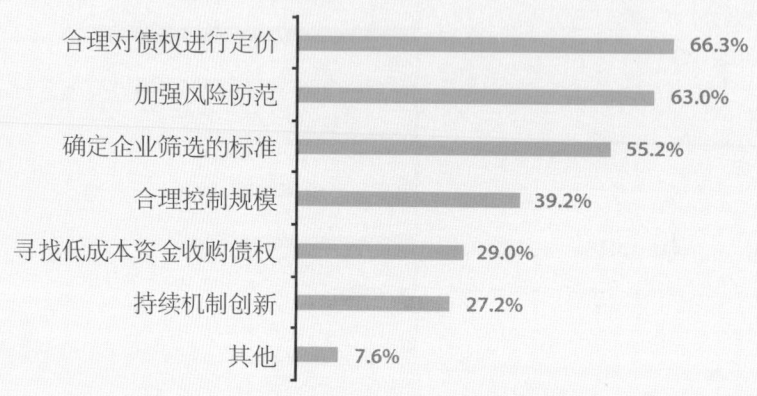

图2-6　银行开展债转股业务的关注点

在资金退出企业时，银行最偏好的方式是等待企业资产质量提升后，通过第三方股权转让实现退出。比较偏好的方式有：在二级市场转让（45.3%）、打包出售（43.2%）、触发回购（33.5%）和通过债转股转让平台退出（30.7%）。只有16.2%的银行会选择与企业约定股息分红率后通过分红退出（见图2-7）。

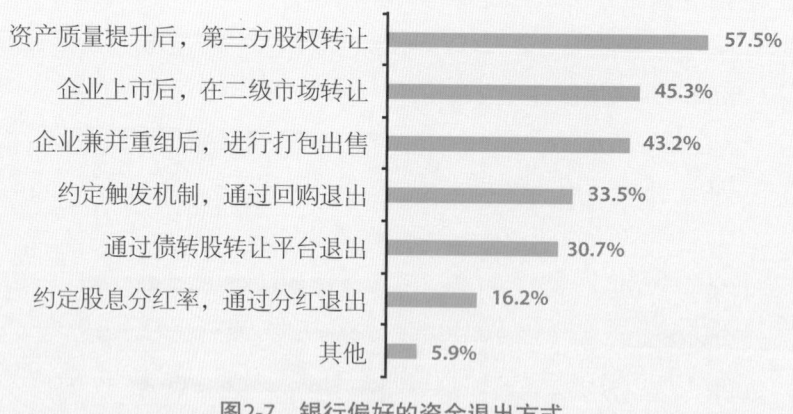

图2-7　银行偏好的资金退出方式

三、债转股业务主要集中于国有企业和煤炭钢铁行业

在企业类型方面，债转股业务主要集中于国有企业、行业龙头、需重点扶持企业和具备盈利潜力的企业。47.6%的银行仍将债转股业务集中在国有企业，43%的银行重点关注行业龙头企业，41.7%的银行集中关注需重

点扶持的企业，41.2%的银行将债转股业务集中于具备盈利潜力的企业（见图2-8）。银行对企业是否上市、是否高负债、是否具备强周期不太关心。由此看来，银行十分关注企业所有制性质、成长性及其资产质量，想寻找具有良好发展前景的企业开展债转股业务。

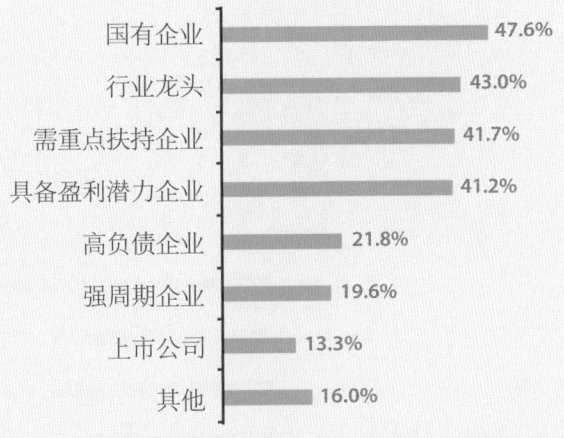

图2-8　银行债转股业务主要集中的企业类型

债转股涉及的企业范围广，遍布各大行业。钢铁行业和煤炭行业中有大量国企及债务负担重、杠杆高的企业，它们是供给侧结构性改革中的重点企业，也是银行债转股业务最集中的两大行业。在调查中，有45.3%的银行将债转股业务集中于钢铁行业，39.8%的银行集中于煤炭行业，35.9%的银行集中于制造业，而有色、机械、交运、"三农"、医药、军工等行业虽均参与了债转股，但并未获得银行的高度关注（见图2-9）。

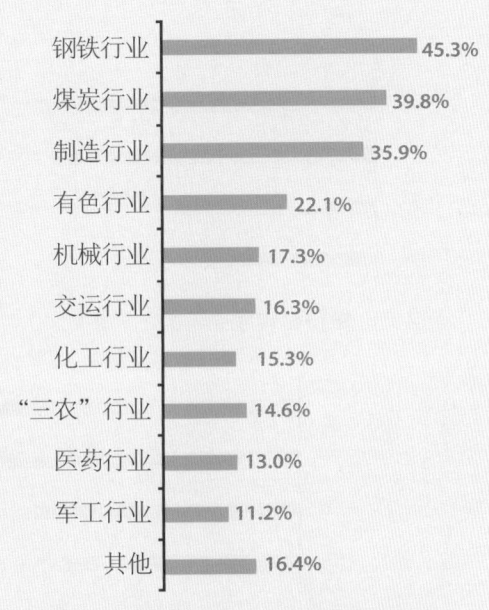

图2-9　银行债转股业务主要集中的行业

四、银行混业经营风险突出，资金退出渠道不完善

银行在发展债转股业务时面临的困难包括混业经营、收益回收不确定、法律合规、满足资本充足率要求等。58.7%的银行家认为，银行债转股面临的最大困难是"银行缺乏足够的管理能力，面临混业经营的风险"。这里的混业经营风险是指商业银行经营中同时处理企业债权和股权的风险，主要包括缺乏"防火墙"导致的交叉经营风险和从业人员业务水平有限带来的操作风险。另外，还有38.6%的银行家选择了"转成股权后银行的收益方法发生变化，亏损风险较大"，38.2%的银行家选择了"银行债转股后的债券回收不确定性加大"，31.9%的银行家选择了"资本充足率的监管底线可能被击穿"，以上债转股面临的四大问题不容忽视（见图2-10）。

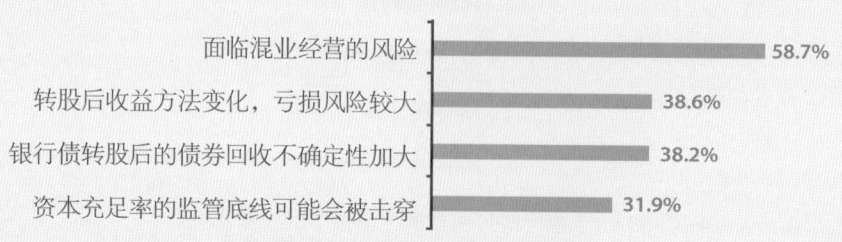

图2-10 银行债转股面临的最大困难

目前，银行开展转股业务仍受到较多限制（见图2-11），包括资金退出渠道问题（59.9%）、资本约束（56.5%）、法律限制（35.5%）、规模有限（29.5%）等方面。新一轮债转股的市场化特色则使得银行面临的风险加大，主要包括退出渠道缺乏（72.7%）、风险暴露加大（59.6%）、债权股权误定价（46.6%）、资本消耗（42.3%）等风险（见图2-12）。

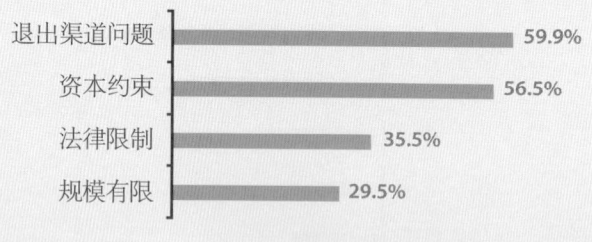

图2-11 银行债转股受到的主要限制

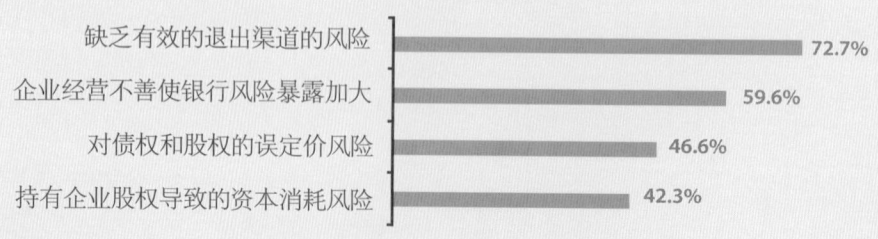

图2-12 银行参与债转股的主要风险

由此可知，银行非常重视资金退出渠道问题。我国银行主要通过在资本市场转让股权实现退出，但是股票市场容量有限，难以吸纳很大规模的转股。而地方股权交易市场流动性不足，目前发挥的补充作用有限。退出渠道不完善使得银行不敢将过多资金投入，限制了债转股业务的资金总量。

另外，银行也十分关注资本充足率监管要求。根据《商业银行资本管理办法（试行）》，"被动持有的对工商企业的股权投资"要按照400%的加权风险系数计提风险资本，这意味着银行债转股业务将大幅增加银行的资本压力。在资本充足率监管要求下，银行持有工商企业股权将消耗其资本金，有限的资本金直接限制了其债转股业务规模的增长。

资产管理业务统一规制

近年来，资产管理业务在蓬勃发展的同时，出现了业务发展不规范、多层嵌套、刚性兑付等问题。同时，由于监管主体、监管规则和监管标准不尽统一，也为监管套利提供了空间。2017年初，多位金融监管部门负责人均曾提及，人行正牵头"一行三会"等多部委制定资管产品的统一规范，将对同类资管业务作出一致性规定，实行公平的市场准入和监管，同时解决业务发展中不规范问题。对此，银行家表示支持，加强监管协调，提高监管政策和金融综合统计的一致性已经成为业界共识。2017年11月，人民银行、银监会、证监会、保监会和外管局五部门联合发布了《关于规范金融机构资产管理业务的指导意见（征求意见稿）》（以下简称《指导意见》），银行家们相信，统一规制有助于促使资管业务回归本源，降低金融系统风险，更好地发挥服务实体经济的作用。

一、打破刚性兑付呼声强烈，流动性风险被认为是资管业务最大的风险

近年来，我国金融机构资产管理业务快速发展，规模不断攀升。资管业务在满足居民财富管理需求、优化社会融资结构、支持实体经济等方面发挥了积极作用。但由于同类资管业务的监管规则和标准不一致，也存在部分业务发展不规范、监管套利、产品多层嵌套、刚性兑付、规避金融监管和宏观调控等问题。从调查结果看（见图3-1），近半数银行家（47.3%）认为目前银行资管业务存在的最突出的问题是刚性兑付没有打破。刚性兑付问题的存在，既使市场机制难以充分发挥作用，提高了无风险收益率水平，又可能引发道德风险。45.4%的银行家认为，目前仍普遍采用的资金池运作模式导致流动性风险难以避免；34.9%的银行家认为，相较于规模快速增长的资管业务而言，银行自身的内控管理水平还有待进一步提升。

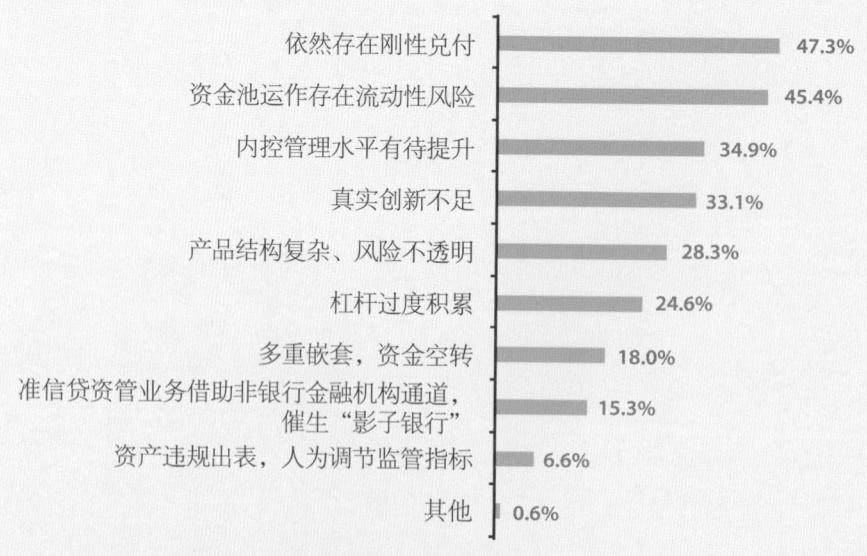

依然存在刚性兑付	47.3%
资金池运作存在流动性风险	45.4%
内控管理水平有待提升	34.9%
真实创新不足	33.1%
产品结构复杂、风险不透明	28.3%
杠杆过度积累	24.6%
多重嵌套，资金空转	18.0%
准信贷资管业务借助非银行金融机构通道，催生"影子银行"	15.3%
资产违规出表，人为调节监管指标	6.6%
其他	0.6%

图3-1　目前银行的资管业务存在的问题和风险

对于资管业务存在的风险和问题，银行家也提出了自己的政策建议。由于资管业务多数涉及跨市场跨行业、多重嵌套等问题，实际风险难以科学判断，"对于资管业务必须实施穿透管理"成为了银行家的首选（47.3%）（见图3-2）。此外，如前所述，打破刚性兑付也成为银行家的共同呼声。"一行三会"发布的《指导意见》中对这些问题都提出了明确的监管要求，要实行穿透式监管，对于已经发行的多层嵌套资产管理产品，向上识别产品的最终投资者，向下识别产品的底层资产。同时要求出现兑付困难时，金融机构不得以任何形式垫资兑付。

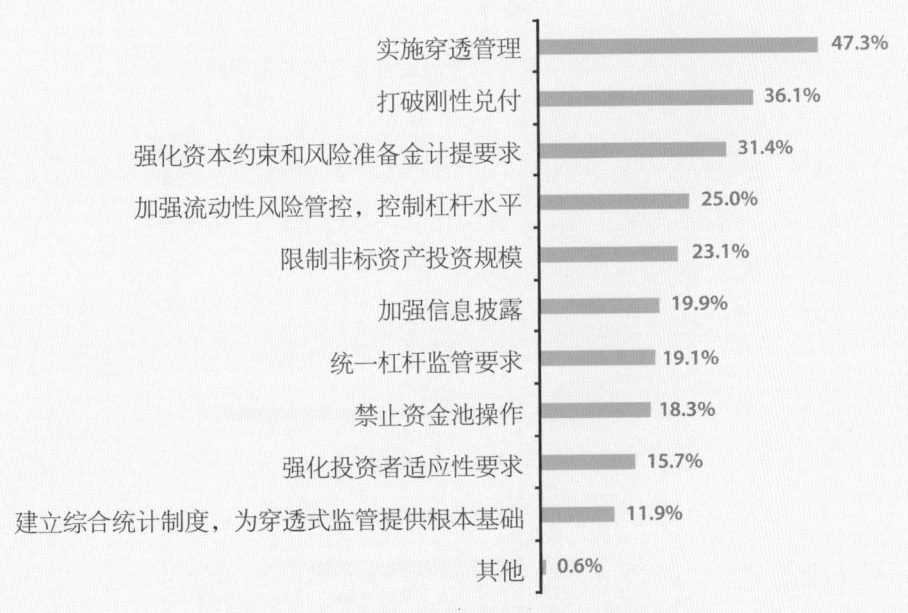

图3-2　规范资管业务发展的有效监管政策建议

二、资管业务统一规制已成业界共识

对于资管业务监管中存在的主要问题，选择"不同监管主体的监管政策及其具体实施力度存在差异"的银行家占比最高（71.9%），这一问题的存在使得监管套利问题难以避免。同时，超过半数的银行家还认为"金融综合统计不完善，不同部门资管业务交叉状况无法获知"（55.9%）和"监管部门之间协调机制不完善，导致信息交流不畅"（54.0%）也影响了监管作用的充分发挥（见图3-3）。加强监管协调，提高监管政策和金融综合统计的一致性已经成为业界共识。

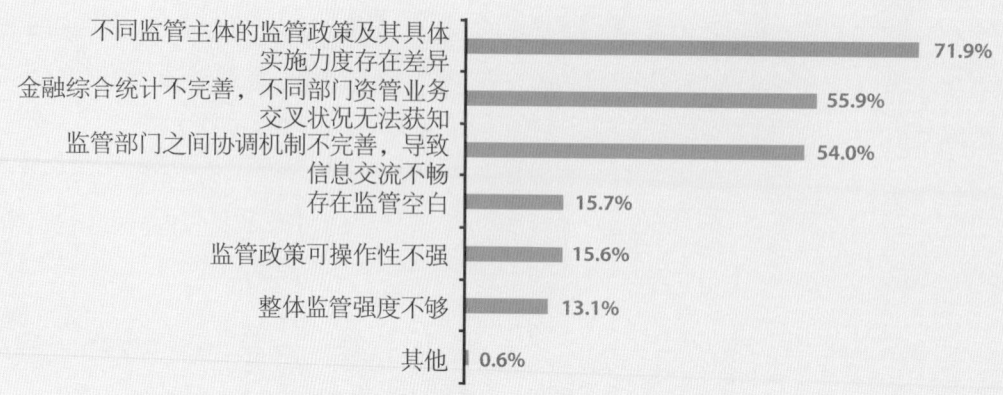

图3-3　现阶段资管业务的监管存在的主要问题

对于具体应从哪些方面开展资管业务的统一监管，银行家认为首先应该建立统一的法律和政策基础（53.4%），只有监管政策一致，才能保证各监管机构和市场参与主体有统一的行为准则和规范。此外，统一的准入门槛（39.3%）和监管尺度（39.1%）也成为银行家的主要选择（见图3-4）。

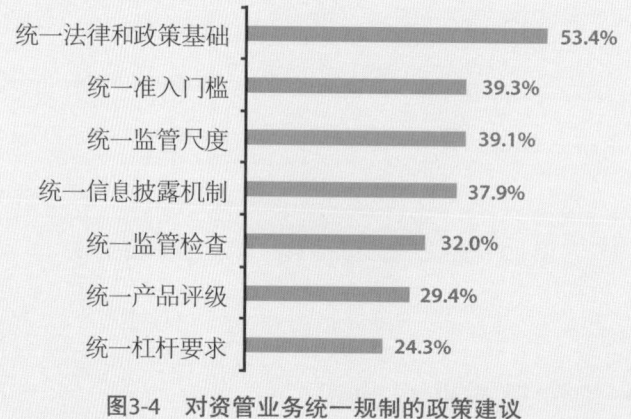

图3-4　对资管业务统一规制的政策建议

三、统一规制有助于促使资管业务回归本源，资管业务规模可能将会减小

统一规制对于资管业务的影响，银行家普遍认为利大于弊。67.3%的银行家认为有助于资管业务回归本源，降低金融系统风险，更好地发挥服务实体经济的作用。58.9%的银行家认为资管统一规制可以抑制监管套利，提升金融资源配置效率，挤出行业中"虚胖"的部分。53.3%的银行家认为可以促使资管业务转型升级（见图3-5）。

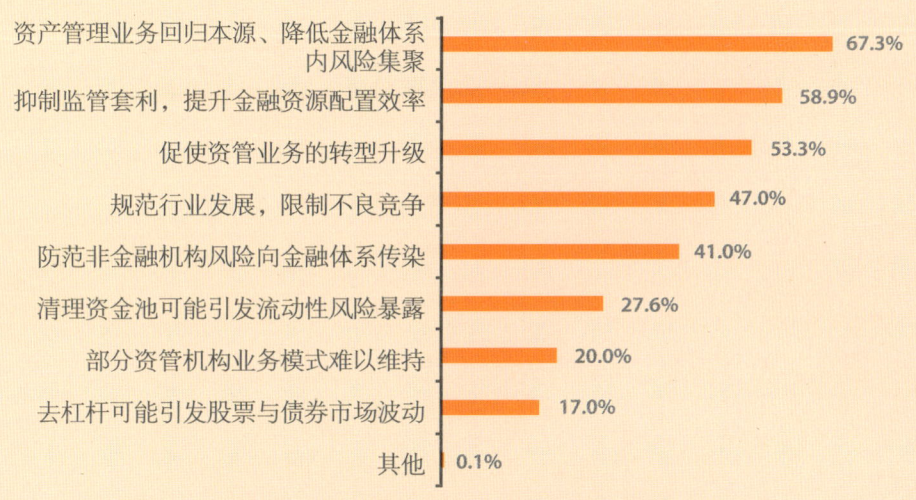

资产管理业务回归本源、降低金融体系内风险集聚 67.3%

抑制监管套利，提升金融资源配置效率 58.9%

促使资管业务的转型升级 53.3%

规范行业发展，限制不良竞争 47.0%

防范非金融机构风险向金融体系传染 41.0%

清理资金池可能引发流动性风险暴露 27.6%

部分资管机构业务模式难以维持 20.0%

去杠杆可能引发股票与债券市场波动 17.0%

其他 0.1%

图3-5　资管业务统一规制后对资管业务的影响

随着未来《指导意见》的正式发布，金融机构资管业务的进一步规范，同类资产管理产品监管标准的进一步统一，可以预见，中国资产管理行业整体业务模式将发生较大调整，其业务规模也将受到影响。52.4%的受访银行家认为，统一规制后，资管业务的规模将会减小；仅有6.6%的银行家认为统一规制后业务规模将会扩大（见图3-6）。可见，银行家普遍认为，目前资管行业规模还存在较多"水分"，部分游离于各类监管边缘的业务在统一规制后将会逐渐萎缩。

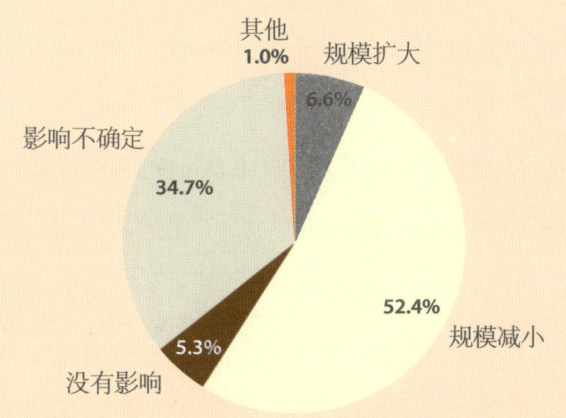

其他 1.0%　规模扩大 6.6%

影响不确定 34.7%

没有影响 5.3%

规模减小 52.4%

图3-6　资管业务统一规制后资管规模的变化

对于资管业务统一规制后，哪类机构和业务将会受到更大影响，银行家也有自己的判断（见图3-7、图3-8）。首当其冲的是信托机构（61.6%）和信托计划（58.4%）。目前部分信托公司产品结构较为复杂，交叉业务风险较大，合作涉及机构类型较多，跨业风险和合规风险不容忽视。且信托机构是传统通道业务的主要通道方，银行家预测其未来受监管影响最大。其次是证券机构（59.4%）和券商资管业务（53.1%），以及银行机构（52.7%）和银行理财业务（52.1%）。

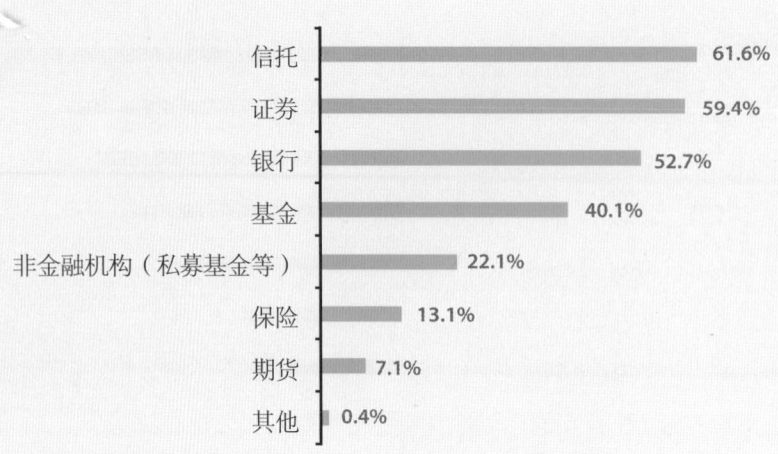

图3-7 资管业务统一规制后对各类机构影响的比较

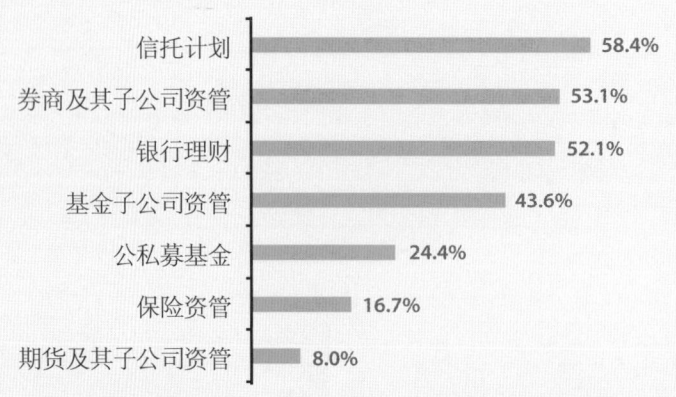

图3-8 资管业务统一规制后对各类资管业务影响的比较

四、统一规制后，商业银行将重点发展理财业务，走特色化发展道路

对于资管业务统一规制后，商业银行资管业务的发展方向，73.0%的银行家认为应回归资产管理业务本质，做强银行最基础、最核心的资产管理业务——理财业务（见图3-9）。此外，将高收入客户作为核心客群之一，并通过财富管理（46.4%）、私人银行（40.1%）等业务为其分层提供更优质、更专业的资产管理服务，也成为商业银行开展资管业务的重点。同时，商业银行主要的业务模式定位也将发生变化，从一味扩大业务规模和产品种类的粗放型发展模式，逐步转向在特定产品或行业上提供具备专长的精品资管模式（38.4%），实现由做大向做精的发展（见图3-10）。

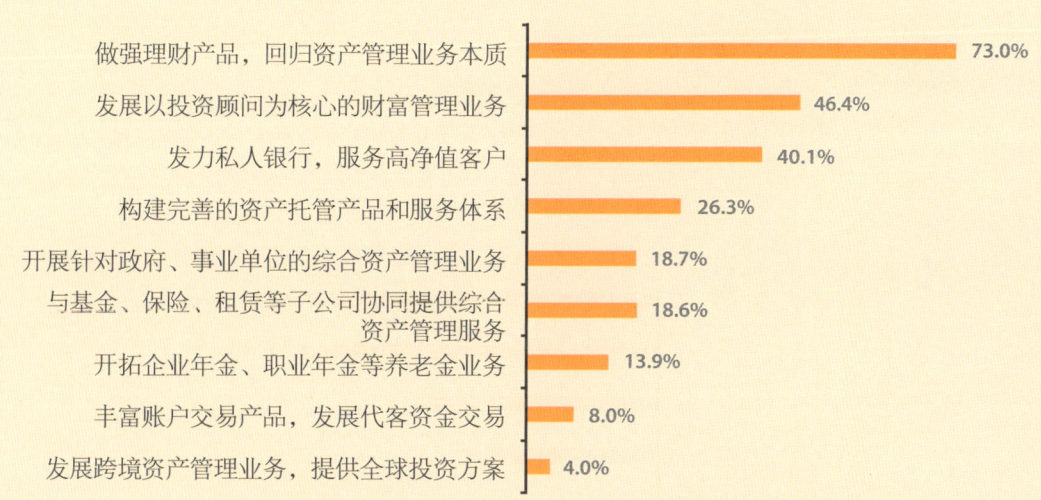

做强理财产品，回归资产管理业务本质	73.0%
发展以投资顾问为核心的财富管理业务	46.4%
发力私人银行，服务高净值客户	40.1%
构建完善的资产托管产品和服务体系	26.3%
开展针对政府、事业单位的综合资产管理业务	18.7%
与基金、保险、租赁等子公司协同提供综合资产管理服务	18.6%
开拓企业年金、职业年金等养老金业务	13.9%
丰富账户交易产品，发展代客资金交易	8.0%
发展跨境资产管理业务，提供全球投资方案	4.0%

图3-9　资管业务统一规制后商业银行主要开展的资管业务

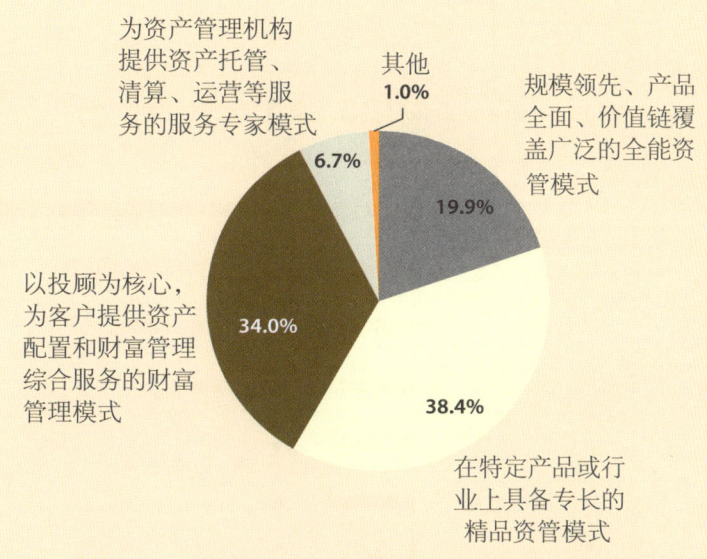

图3-10　未来商业银行资管业务主要定位的业务模式

对于未来商业银行资管业务将重点强化的能力，银行家的选择体现了对风险管理的高度关注。相较于商业银行资管产品投资范围的日益扩大及其可能诱发的交叉性金融风险传递，银行现有风险管理和控制能力尚无法与之匹配。高达70.0%的银行家表示未来将着重提高全面风险管理能力。此外，61.0%的银行家认为未来将要提高投研能力，同样体现了商业银行对资管业务专业化、差异化发展的追求（见图3-11）。

调查显示（见图3-12），目前银行资管产品投向的重点领域主要为境内公司与企业债券、短期融资券、中期票据、私募债券等资产（88.4%），境内拆放、（逆）回购、同业存放等货币市场资产（78.0%）以及非标准化债权资产（63.9%）等；未来资管产品主要投向领域大体保持不变，这体现了商业银行发展资管业务对于风险和收益的平衡，资管业务的统一监管并未对资管产品投向产生明显影响。值得注意的是，境内股票市场、定向增发等资本市场资产和未上市股权等的投资比例有所上升，分别从29.0%和9.0%上升到39.4%和14.7%，体现了商业银行资产管理业务风险偏好的逐步调整以及投资范围受此影响的扩大，这也从侧面印证了银行家对风险管理能力更高的期望。

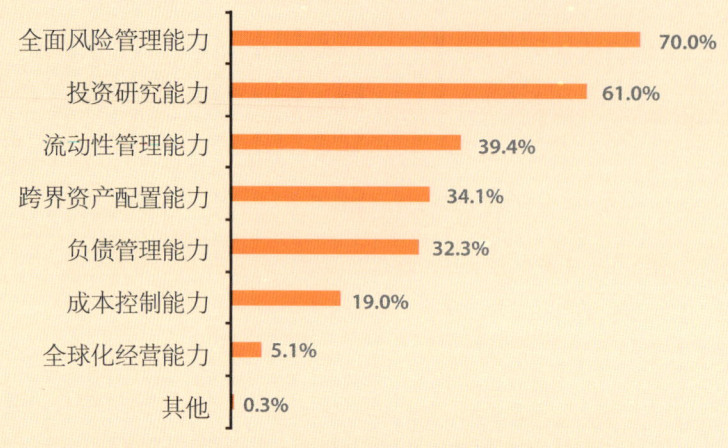

图3-11　未来商业银行资管业务将重点强化的能力

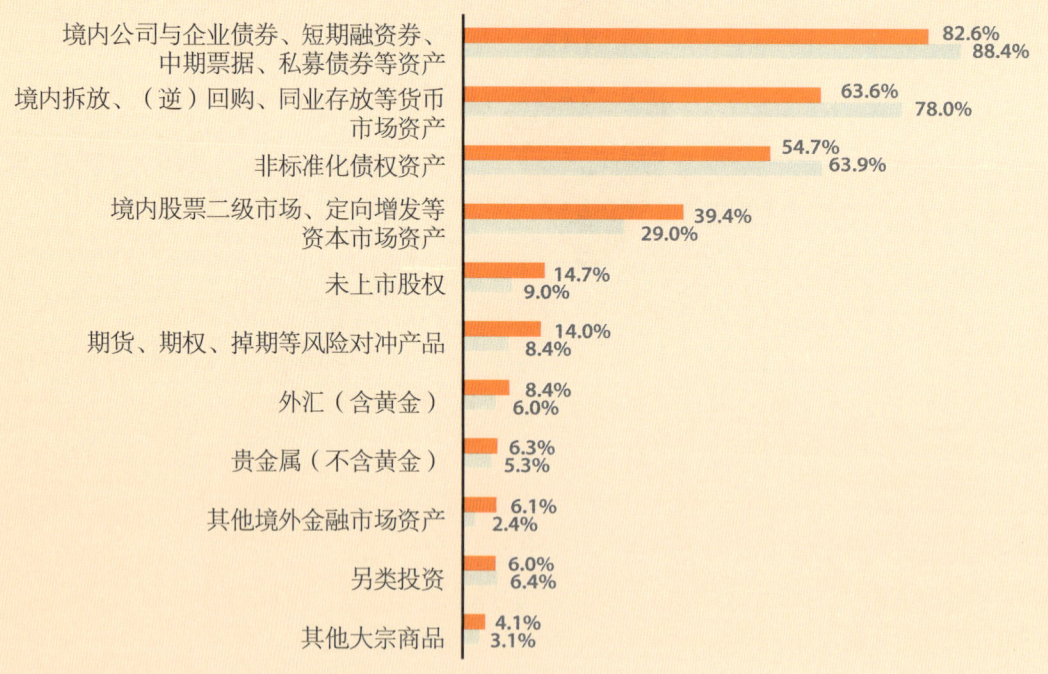

■ 未来商业银行资管产品投向的重点领域　　■ 目前商业银行资管产品投向的重点领域

图3-12　目前与未来商业银行资管产品投向的重点领域

金融科技在银行业中的运用

近年来金融科技发展迅猛，日益受到银行家重视。在大数据技术的应用领域，选择客户营销、风险管理的银行家占比较高，但面临内部数据整合等困难。区块链技术应用尚处于探索阶段，多数银行家认为在商业银行具体的应用领域及场景还有待探索。人工智能逐渐应用到金融领域，智能风控、智能自助设备受到重点关注。多数银行家选择自主搭建云计算平台。

一、客户营销、风险管理成为大数据重点应用领域，但面临内部数据整合等困难

大数据技术是运用新系统、新工具、新模型，对大量、动态、能持续的数据进行分析、整理、挖掘，从而实现资讯的有效利用。调查结果显示，在大数据技术的应用领域，选择客户营销、风险管理的银行家占比较高，分别为64.6%、59.2%，这在一定程度上反映出银行家对于加大业务拓展、提升经营管理水平的重视程度。选择将大数据技术应用于产品开发（34.2%）、客户服务（21.7%）的银行家占比相对较低（见图4-1），这可能与产品开发、客户服务等更依赖于银行专业人员的经验，以及需要提供个性化的服务等因素相关。

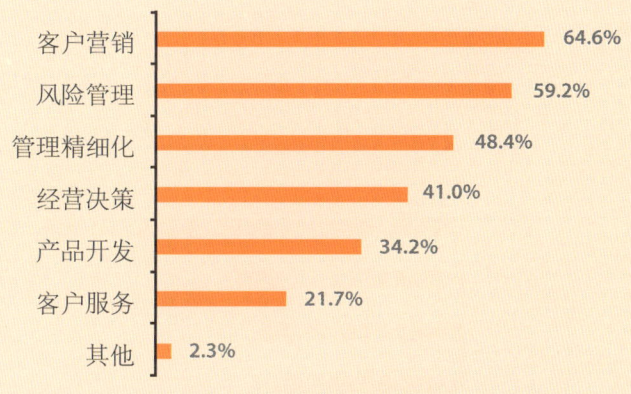

图4-1　大数据的主要应用领域

在对应用大数据技术过程中面临主要问题的调查中（见图4-2），64.6%的银行家认为现阶段大数据技术主要受限于内部数据整合不够，这可能与不同业务线条化管理以及数据结构设计未充分考虑大数据技术应用需求有关；此外，60.3%的银行家选择外部数据可获得性较差、46.8%的银行家选择分析人员缺乏。而选择应用成果不理想、管理层重视不够、存在信息安全风险的银行家占比仅分别为16.7%、12.8%、7.1%，在一定程度上反映了银行家对大数据技术的高度重视以及对其未来巨大应用潜力的期许，而对于信息安全风险则可以通过相应的安全技术予以解决，银行家已在风险与收益间取得适当平衡。

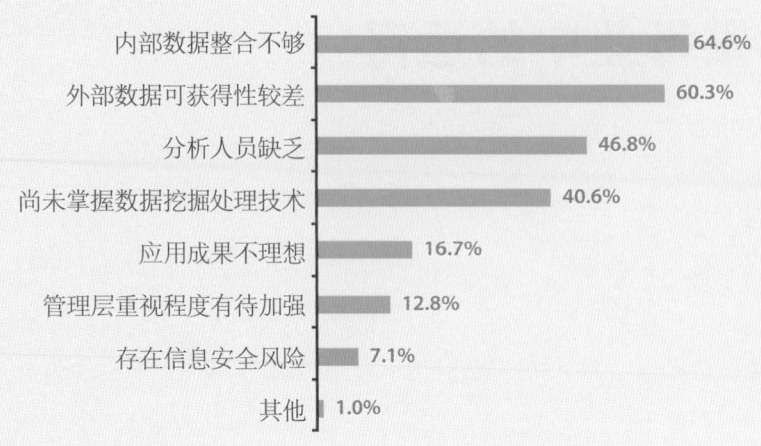

图4-2 大数据技术应用过程中面临的主要问题

二、超七成银行家认为区块链技术可应用到支付清算领域，但具体实践尚处于探索阶段

随着比特币受到市场追捧，其主要技术手段——区块链技术成为国内外广泛关注的热点。相关研究显示，区块链具有去中心化、时序数据、集体维护、可编程和安全可信等特点。区块链技术不仅可以成功应用于类似比特币等数字加密货币领域，同时在经济、金融和社会系统中也存在广泛的应用场景。本次调查将区块链技术应用领域区分为：电子货币、智能合约、支付清算、资产与认证管理、资产数字化、智能证券、客户识别、反洗钱以及其他方面。调查结果显示（见图4-3），72.6%的银行家认为可以用到支付清算领域，39.4%的银行家认为可以应用到电子货币领域，此外认为可以应用到资产数字化、反洗钱及智能证券的占比仅有27.1%、16.0%及4.8%，可见当前比特币最受欢迎的应用领域依然是在支付、清算、结算以及作为电子货币等流通领域。

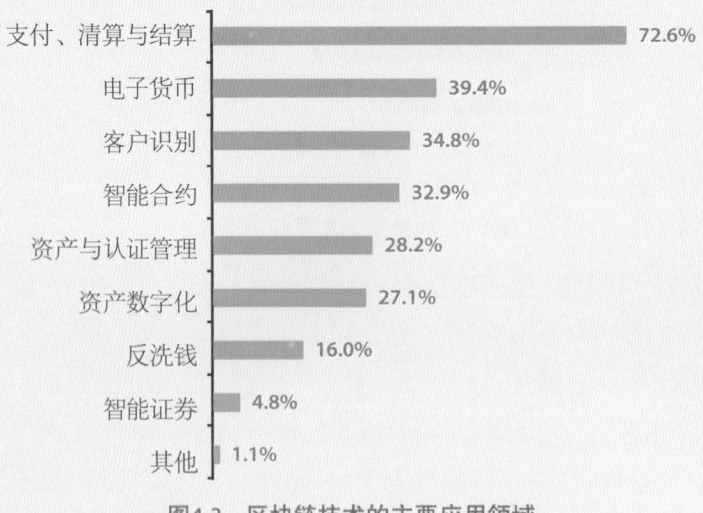

图4-3 区块链技术的主要应用领域

目前虽然众多金融机构重视并开展了区块链技术与金融领域深入融合的研究，但尚未出现超越或类似比特币的广泛应用领域。调查结果显示（见图4-4），83.6%的银行家认为区块链技术在商业银行中具体的应用领域及场景还有待探索，59.9%的银行家认为，区块链技术尚不成熟。此外，45.7%的银行家认为区块链技术与我国现有的监管模式不是很适应，44.4%的银行家认为实际操作层面的成本较高。总体来看，多数银行家认为区块链在商业银行中的具体应用还有待进一步探索。

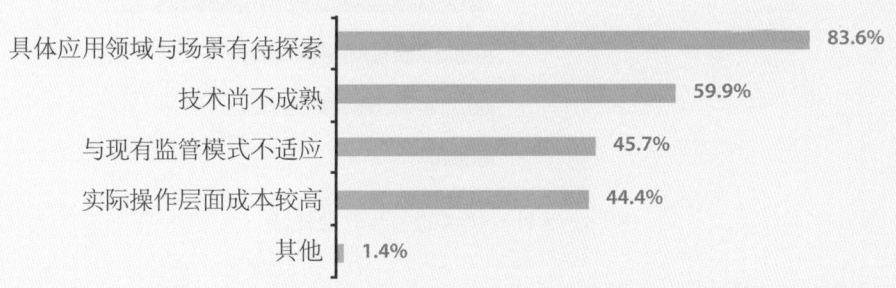

图4-4　区块链技术在商业银行中应用所面临的主要问题

三、人工智能逐渐应用到金融领域，智能风控、智能自助设备受到重点关注

人工智能是研究、开发用于模拟、延伸和扩展人的智能的理论、方法、技术及应用系统的一门新的技术科学，它可以对人的意识、思维的信息过程进行模拟，正逐步应用到金融领域。调查结果显示（见图4-5），70.6%的银行家认为人工智能可以应用在商业银行中的智能风控领域，67.0%的银行家认为商业银行的智能自助设备中可以应用人工智能。此外，仅有36.7%的银行家认为人工智能可以应用到电子化自动投资交易，30.9%的银行家认为专家系统中可以用到人工智能相关技术。调查结果反映了大部分银行家目前还是倾向于将人工智能运用在风控以及面向客户的服务方面。

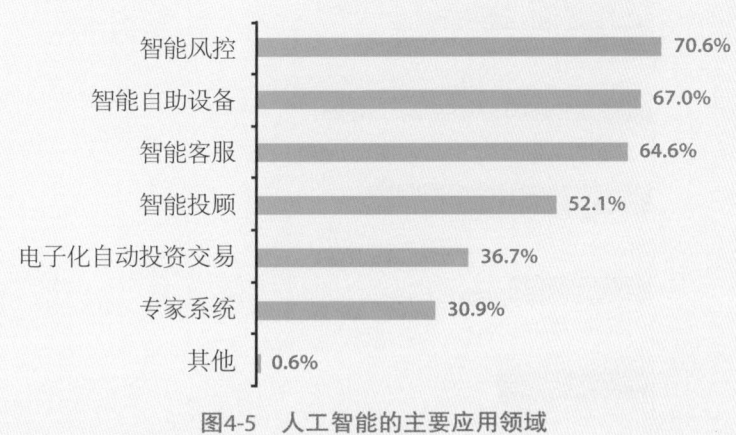

图4-5　人工智能的主要应用领域

四、多数银行家选择自主搭建云计算平台

随着金融机构借助互联网提供的服务不断增加以及云计算技术的普及，更多银行家开始通过互联网来提供

动态、易扩展、虚拟化的资源，即将云计算技术进行具体应用。调查结果显示（见图4-6）， 64.2%的银行家运用云计算技术构建服务自身的私有云平台，45.7%的银行家建立了面向同业的公共服务行业云，44.4%的银行家利用外部云计算外包服务，仅有11%的银行家没有关注云计算技术，与利用外部云计算外包服务相比，银行家们更倾向构建自身的私有云服务平台。

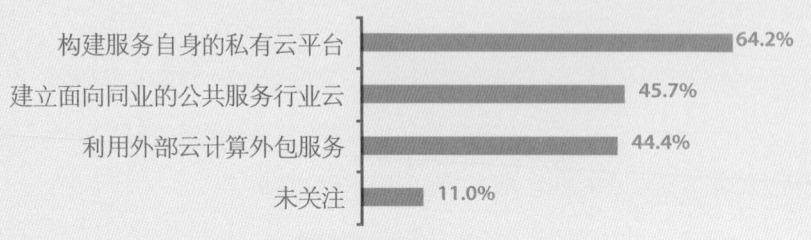

图4-6　云计算技术的主要应用领域

通过对不同类型的银行进行统计，在构建服务自身的私有云平台方面，有82.3%的大型商业银行关注构建服务自身的私有云平台，而仅有50%的外资银行和50%的政策性银行关注构建服务自身的私有云平台；在建立面向同业的公共服务行业云方面，股份制商业银行（53.2%）、城市商业银行（49.4%）关注较多，外资银行（23.1%）关注相对较少；在利用外部云计算外包服务方面，有53.5%的城市商业银行、44.6%的农村金融机构关注外部云计算外包服务。未关注到以上三类云计算平台的银行中，股份制商业银行占比最小，仅占2.3%，外资银行占比最多，有38.5%的外资银行没有关注云计算平台（见图4-7）。

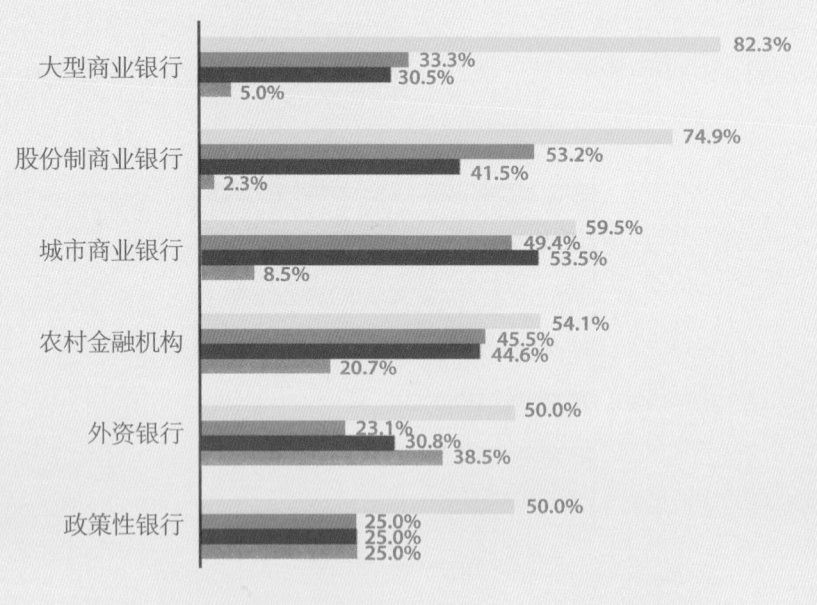

图4-7　各类银行云计算技术的主要应用领域

专题报告五

银行业支持雄安新区建设

2017年4月1日，中共中央和国务院决定设立雄安新区，一项肩负着"千年大计，国家大事"的战略部署逐渐显现在世人面前。雄安新区，作为首都政治文化功能的延伸区，是北京非首都功能的承载地，是为优化中国经济结构和空间结构调整，促进北方区域经济一体化的战略性举措，从前期筹划到长期基础建设，都需要完善的区域金融市场提供金融服务，势必要求银行业积极配合新区规划，加强创新推动新区建设。

一、逾七成银行家认为政府应创新金融政策，对雄安新区金融行业给予支持

雄安新区作为北京非首都功能的集中承载地，是一个全新的事物，需要政府合理引导金融业发挥其资源配置的功能，对雄安新区的建设提供金融支持。调查结果显示（见图5-1），政府引导金融行业支持雄安新区的建设措施中，银行家最重视政府的政策支持与引导，76.7%的银行家认为政府应通过创新金融政策，给予重点支持；相比于在雄安直接设立新的金融机构（55.7%），现有的金融机构具备成熟的组织结构和业务经验，足够胜任对雄安新区建设的支持工作，所以银行家更倾向于引进现有金融机构，打造金融资源聚集区（68.9%）；此外，58.8%的银行家认为政府应理顺管理机制，开辟"绿色通道"；56.5%的银行家认为政府应成立专项基金，支持新区建设，45.6%的银行家认为在追求发展的同时也应注意完善监管体系，防范金融风险。

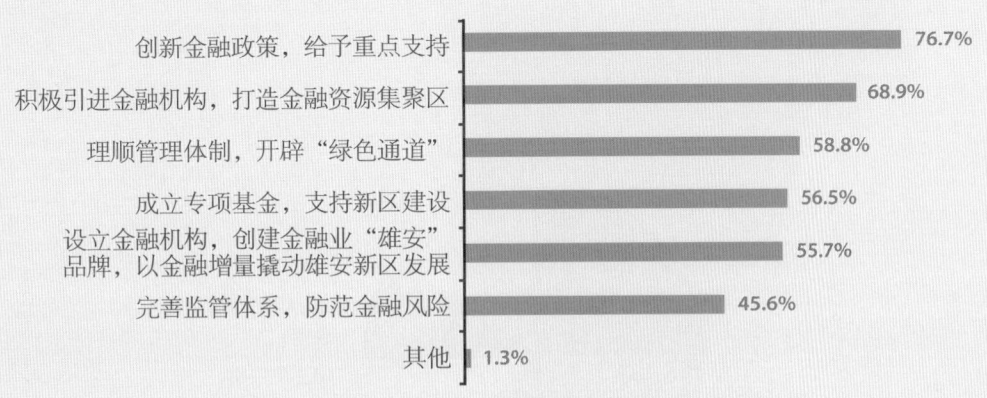

图5-1　政府引导金融行业支持雄安新区建设的措施

二、七成银行家认为雄安新区将使银行业金融创新更加活跃

雄安新区现有金融结构单一，金融机构以国有银行县域支行和农信社为主。随着雄安新区规划建设的落地，未来雄安金融发展前景广阔。调查数据显示（见图5-2），70.5%的银行家认为雄安新区的设立将使银行业金融创新更加活跃，雄安新区有望成为金融改革创新试验区，在绿色金融、创新资金供给方式和发展科技金融等方面进行重点推进。发展绿色金融是支持雄安新区绿色发展，建设绿色生态宜居新城区的重要方式。创新中长期建设资金供给方式是支持雄安新区建设和创新发展的重要金融措施。发展科技金融是把雄安新区建设成创新驱动引领区的重要举措。

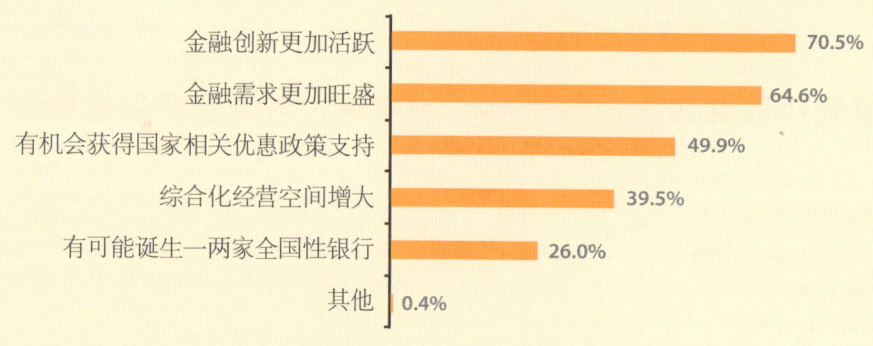

图5-2　雄安新区的发展对银行业的影响

三、六成银行家选择在雄安新区设立二级分行

二级分行在业务的经营运作方面拥有一定的自主权，可以保证灵活经营，遵循特事特办的原则，能够为雄安新区建设提供多方面细致化的金融服务支持；同时，二级分行相对于总行和一级分行而言，在设立时的人员调度、行政审核方面具有简单易行的优势，保证银行业及时为雄安新区建设提供支持。调查结果显示（见图5-3），61.6%的银行家所在银行计划在雄安新区设立二级分行。

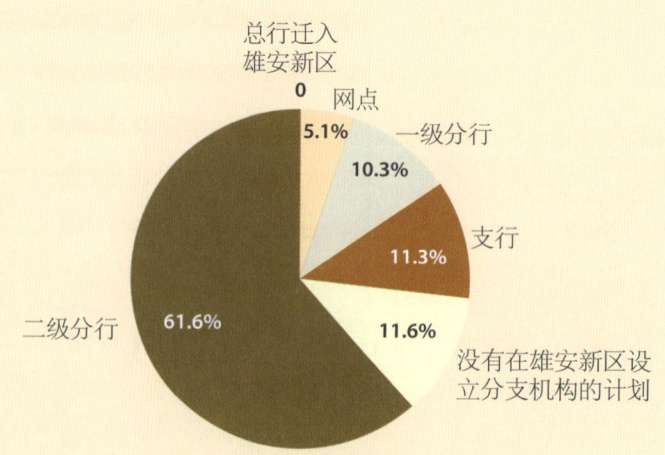

图5-3　银行业计划在雄安新区设立的分支机构级别

四、各项业务收费优惠助力雄安新区相关企业发展

在对雄安新区相关企业金融支持优惠政策的调查中，有63.7%的银行家选择在提供结算、汇兑、转账及财务管理、咨询评估、资产核算等方面提供政策倾斜（见图5-4），这些业务费用是企业日常经营的主要费用支出，银行在这些业务上的收费给予优惠，将为企业经营降低成本提供最直接的帮助。

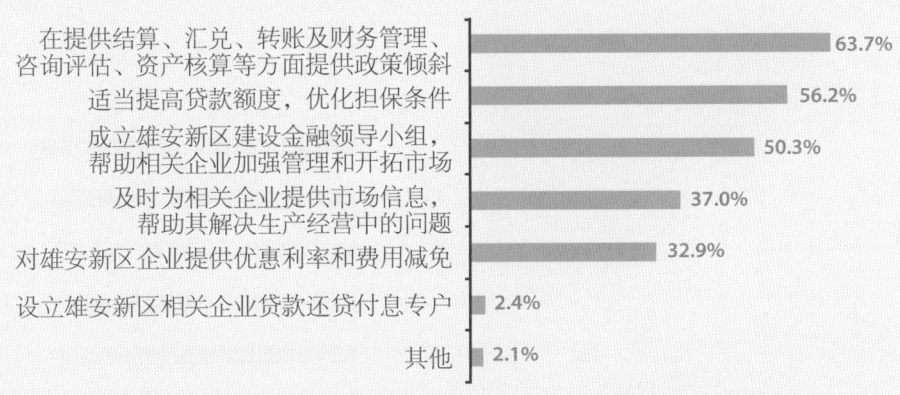

图5-4　银行业向雄安新区相关企业提供金融服务将采取的优惠措施

五、逾八成银行家将基础设施建设作为在雄安新区的布局重点领域

雄安新区目前的轨道交通、道路建设、商业配套的建设程度还不够完善，86.6%的银行家认为基础设施建设领域是商业银行布局的重点领域。反映出银行家对雄安新区建设需求和功能定位的理解和支持，银行业将成为雄安新区基础设施建设的重要资金来源，助力雄安新区建设。同时，新能源领域（41.8%）、人工智能相关领域（36.0%）以及区块链相关领域（35.3%）也被银行家视为布局雄安新区的重点领域（见图5-5）。

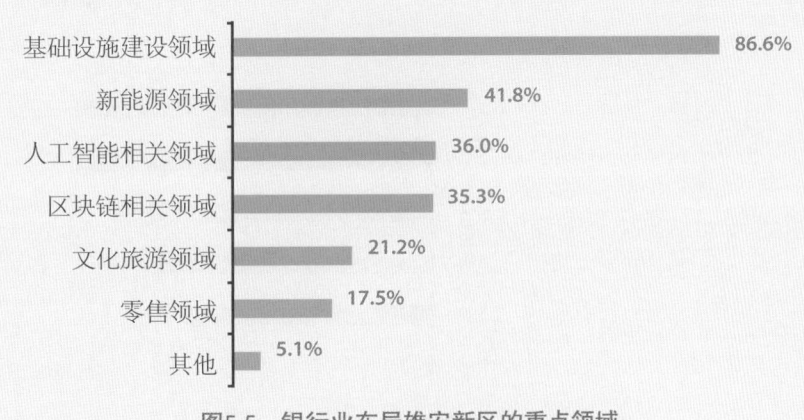

图5-5　银行业布局雄安新区的重点领域

六、新技术、新思路，多措并举支持雄安新区发展

　　雄安新区是一个全新的事物，雄安新区的建设，是实现从无到有的过程，商业银行单靠传统的贷款方式难以满足雄安新区的建设需要，这就要求商业银行采取新技术、新思路。商业银行在布局雄安新区的过程中，将多措并举支持雄安新区发展，包括积极提供投资银行、金融租赁、产业基金、PPP等多元金融服务（56.8%），重点着眼于积极支持符合雄安新区定位的高端高新产业（53.4%），配合国家相关部门，参与编制新区规划，制订相应的配套融资规划（52.1%），为新区征地、拆迁、安置等起步阶段提供融资服务（49.7%），从资源配置、业务授权等方面对新区企业给予特殊支持（47.9%）等（见图5-6）。

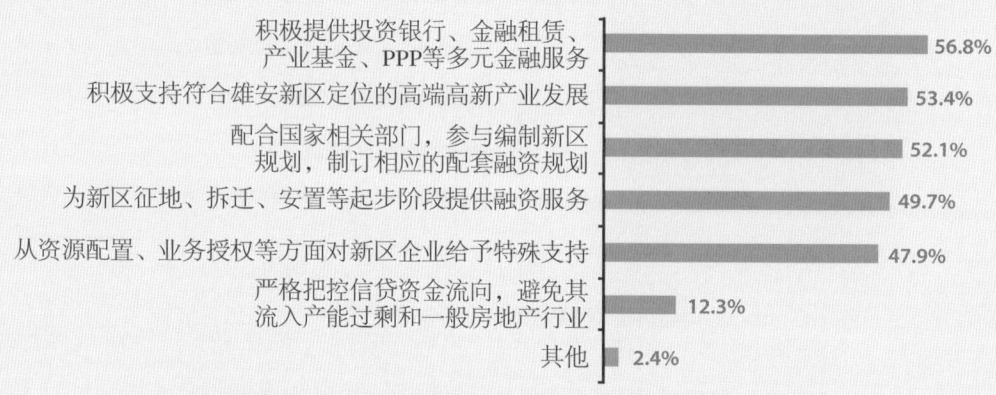

图5-6　银行业布局雄安新区的过程中将采取的新技术、新思路

七、简化流程，加快创新，提高雄安新区金融服务质量

　　目前，大部分银行计划在雄安新区设立的最高分支机构是一级或二级分行，决策的自主权相对总行要弱。为了更好地服务国家重大战略，满足雄安新区的建设需求，银行家认为应在依法合规的前提下允许特事特办，选择简化业务流程，开辟"绿色通道"（62.7%），避免层层上报的审批程序，加快创新金融体制机制和产品服务（60.6%），提供多元化金融服务（56.2%），对雄安新区的建设需要进行快速响应，提高金融服务质量（见图5-7）。

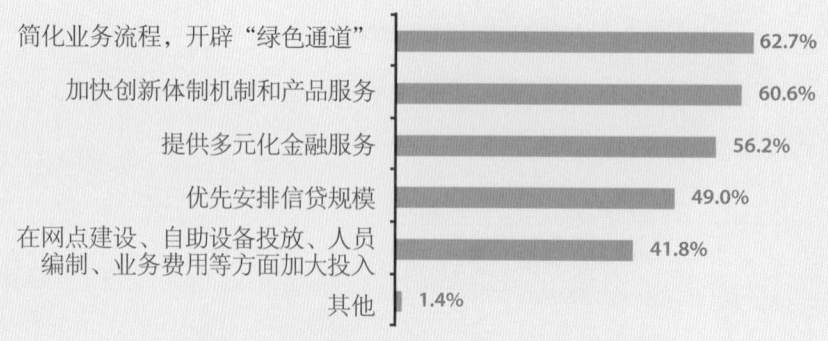

图5-7　提高雄安新区金融服务质量的措施

专题报告六

积极应对《国际财务报告准则第9号——金融工具》（IFRS 9）的实施

国际会计准则理事会（IASB）于2014年7月发布了IFRS 9的最终稿，除了在两分类基础上增加"以公允价值计量且其变动计入其他综合收益"形成三分类外，还加入资产减值的内容，将目前"已发生损失模型"改为"预期发生损失模型"。根据国际会计准则理事会终稿的要求，IFRS 9将于2018年1月1日开始生效。实施IFRS 9不仅仅是一个会计信息层面的工作，也不是一项短期工作。它将对银行业的各个方面产生长期广泛的影响，涉及会计报告、风险管理、投资业务管理、资本充足率和偿付能力、内部控制、绩效评价等方面。在此背景下，我们从银行业实施IFRS 9可能带来的影响、面临的难点、信用风险判断、现有数据系统及未来完善方向等几个方面进行了调查分析。

一、超七成银行家认为IFRS 9将影响拨备覆盖率及资本充足率两大指标，贷款损失准备金上升的可能性大

根据部分欧洲国家开展准则的实施影响评估看，IFRS 9实施后主要大型银行的拨备总额将上升19%至49%。中国银行业因特别的监管规定一直保有较高的拨备覆盖率，因此与国际同业相比，新准则对国内银行的影响可能相对较小，但83.5%的银行家认为IFRS 9的实施必定对拨备覆盖率有相当大的影响。同时IFRS 9对资本充足率（68.8%）及不良率（51.6%）也有较大影响。部分银行家（23.1%）认为关注率也会发生一定变化（见图6-1）。

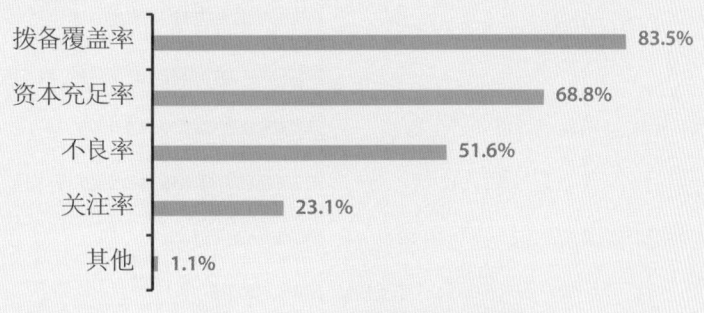

拨备覆盖率　83.5%
资本充足率　68.8%
不良率　51.6%
关注率　23.1%
其他　1.1%

图6-1　IFRS 9对监管指标的影响

在IFRS 9对银行贷款损失准备金影响的调查中，持"上升""持平""下降"观点的银行家占比分别为53.5%、25.4%、21.1%（见图6-2）。这表明，银行家对于实施IFRS 9后银行贷款损失准备金变化的预测持不同意见。总的来看，认为贷款损失准备金将上升的占多数。

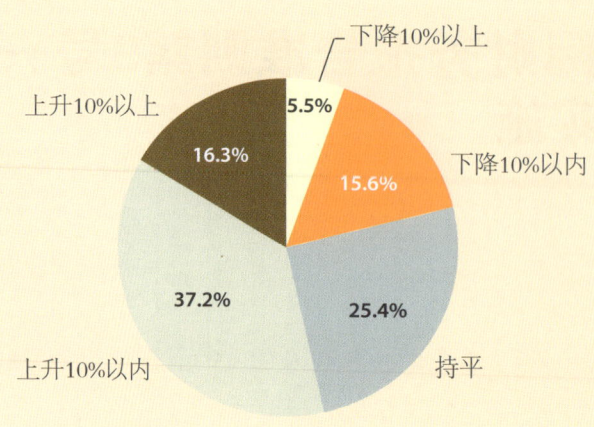

图6-2　实施IFRS 9对银行贷款损失准备金的影响

二、银行业完全实施IFRS 9难点较多，重点在于风险管理、财务披露和系统改造

调查显示（见图6-3），银行家认为银行业要完全实施IFRS 9困难较多，估值技术的选择及前后各期的一致性（59.0%）将是最大的难点，可能会影响预期损失计算时的准确性以及模型中未来现金流的预测值。估值结果信息横向可比性差（42.3%）、金融监管难度大（40.1%）、执行成本高（39.4%）、权益工具公允价值变动处理及投资损益确认难（38.4%）、会计信息可靠性差（38.2%）也是几大主要方面。此外，认为在业绩波动与盈余管理间平衡及利润分配方面可能出现问题的银行家占25.3%和17.4%。全面落实IFRS 9的困难可见一斑。

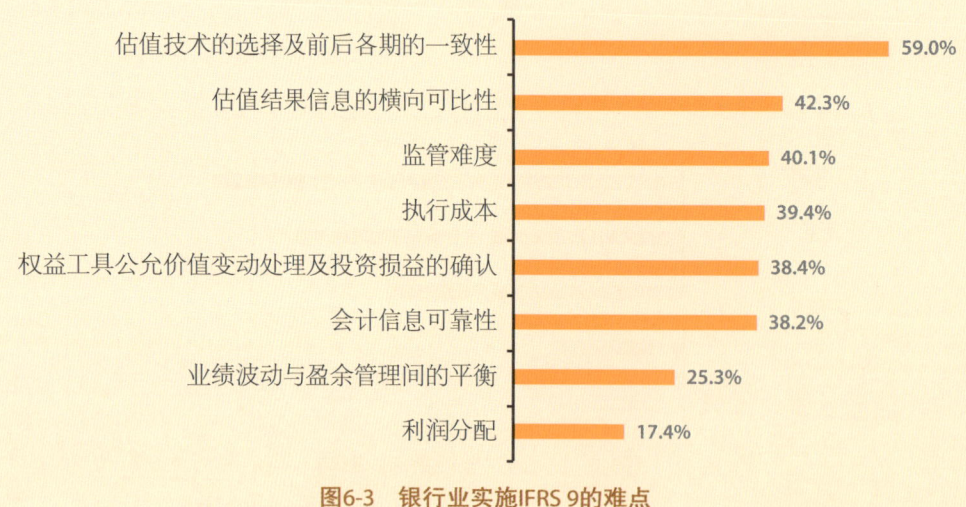

图6-3　银行业实施IFRS 9的难点

由于IFRS 9与财务工作密切相关，各家银行的财务部门也理所当然地成为了实施IFRS 9的核心部门，选择比例高达62.7%，同时风险（23.9%）及信贷（8.1%）也是主要参与部门（见图6-4）。

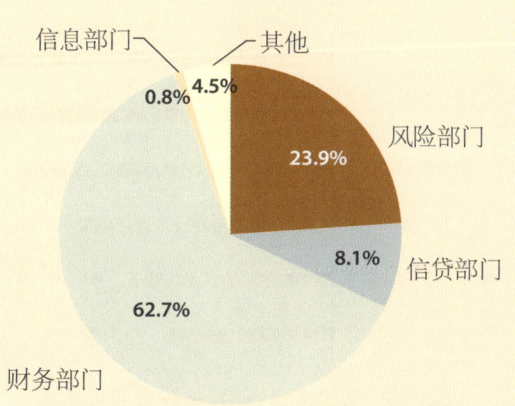

图6-4　银行业实施IFRS 9核心/牵头部门

各银行家认为与IFRS 9实施进程关联最密切的三个环节是：风险管理（81.5%）、财务披露（65.3%）、系统改造（58.3%）。选择以上三个环节的银行家占比都超过了半数。这主要是因为IFRS 9的实施起点是现有的财务核算体系与信用风险和市场风险管理机制，而成功实施意味着全面改造财务会计和风险管理系统。其次是信贷授信及发放（43.1%）和市场交易（38.6%）。仅有13.3%的银行家认为绩效考核也是IFRS 9中的重要一环（见图6-5）。

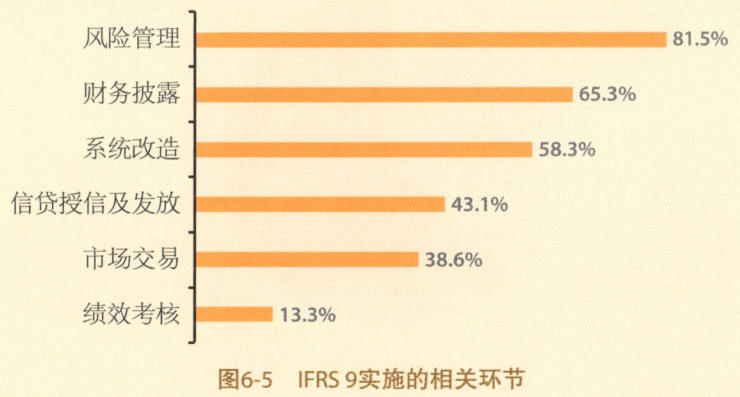

图6-5　IFRS 9实施的相关环节

三、复杂金融工具合同现金流分析和预计生命周期的违约率极具挑战性

财务工作一般涉及定义违约、预计生命周期、公允价值评估、预计生命周期违约率、信用风险上升的判断、复杂金融工具合同现金流分析等重要内容。调查结果显示（见图6-6），银行家认为实施IFRS 9最具挑战性的工作主要是复杂金融工具合同现金流分析（70.04%）和预计生命周期的违约率（68.54%）。这是预期违约损失计算的两个主要因子，也提示了银行业未来的研究工作重点。

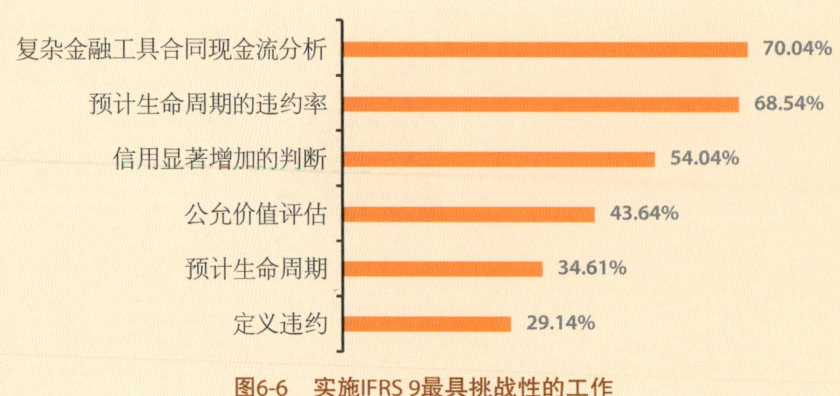

复杂金融工具合同现金流分析	70.04%
预计生命周期的违约率	68.54%
信用显著增加的判断	54.04%
公允价值评估	43.64%
预计生命周期	34.61%
定义违约	29.14%

图6-6　实施IFRS 9最具挑战性的工作

　　调查结果显示（见图6-7），62.8%的银行家认为信用风险上升的最佳判断时点是银行内部的客户评级降至投资级（即市场竞争力、发展前景、管理水平、净现金流量、偿债能力以及信誉状况一般的客户）以下的节点。其余银行家则认为出现违约时进行判断即可。

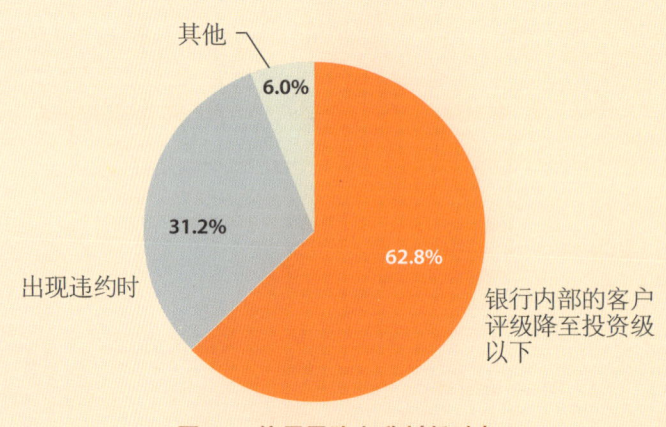

图6-7　信用风险上升判断时点

　　信用风险上升的判断标准主要有PD（违约概率）、违约率、内部评级。调查结果显示（见图6-8），就可靠性而言，选择三个指标的银行家占比相当，相较选择内部评级（26.8%）和PD（32.0%）来说，违约率的选择比例更高，达到37.5%。

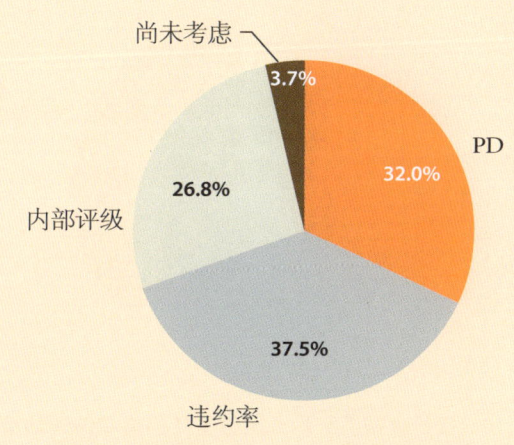

图6-8 信用风险上升最可靠的判断标准

四、各银行目前数据系统在支持构建减值评估模型方面尚显不足

对于IFRS 9的减值评估模型建立基础，银行家们各执一词，认为是在现有资本管理模型上利用前瞻性信息与宏观经济信息进行补充的占比最高，也仅达到32.7%。其次是新建立IFRS 9的单独模型（25.9%）或由现有资产质量评估体系进行补充（22.6%）。仅有18.5%的银行家认为减值评估模型是在IAS 39框架下补充而来（见图6-9）。调查结果说明各银行根据自身情况，对IFRS 9进行了个性化的变通落实。

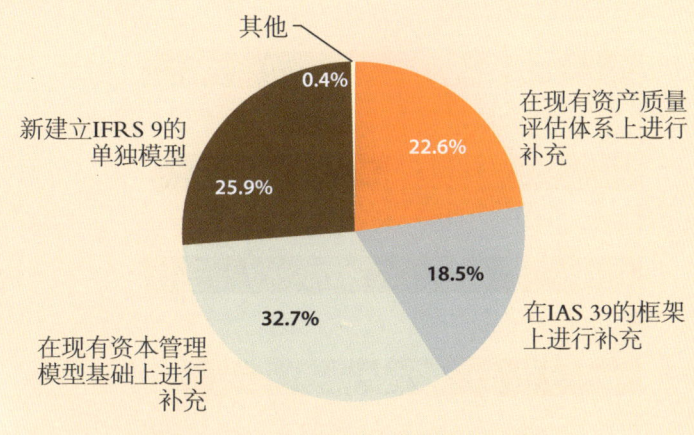

图6-9 IFRS 9减值评估模型的建立基础

就目前国内银行实务来看，对于贷款整个生命周期的违约概率PD，目前银行一般均无现成数据可以采用。此外，由于我国银行PD与LGD（违约损失率）数据历史较短，各家银行在建立各自的PD与LGD数据时还需结合宏观经济等前瞻性因素加以调整，现有新资本协议下的PD和LGD参数或许无法直接应用到银行贷款损失准备计算的模型中。因此调查结果显示（见图6-10），认为难以支持的占比达到29.4%，32.0%的银行家无法给出确定答案，仅有38.6%的银行家认为目前银行数据系统足以支持减值评估模型的构建。

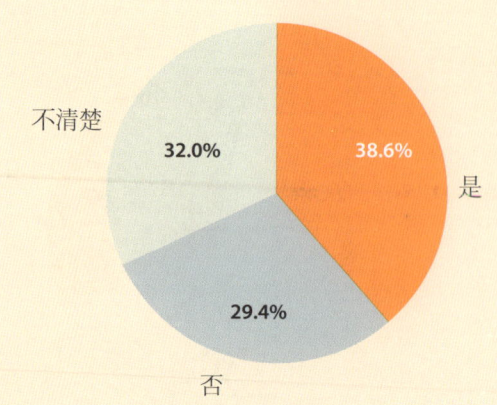

图6-10　银行数据系统是否足够支持构建减值评估模型

　　不同类型银行的数据系统完善程度有所不同。由于大型商业银行皆为新资本协议达标银行，信息化基础建设比较完善，全面实现了数据集中，数据系统较完备，近八成银行家认为可以满足减值评估模型的构建（74.8%）。其次是股份制商业银行（50.0%）和外资银行（43.5%）对其数据系统比较有信心（见图6-11）。

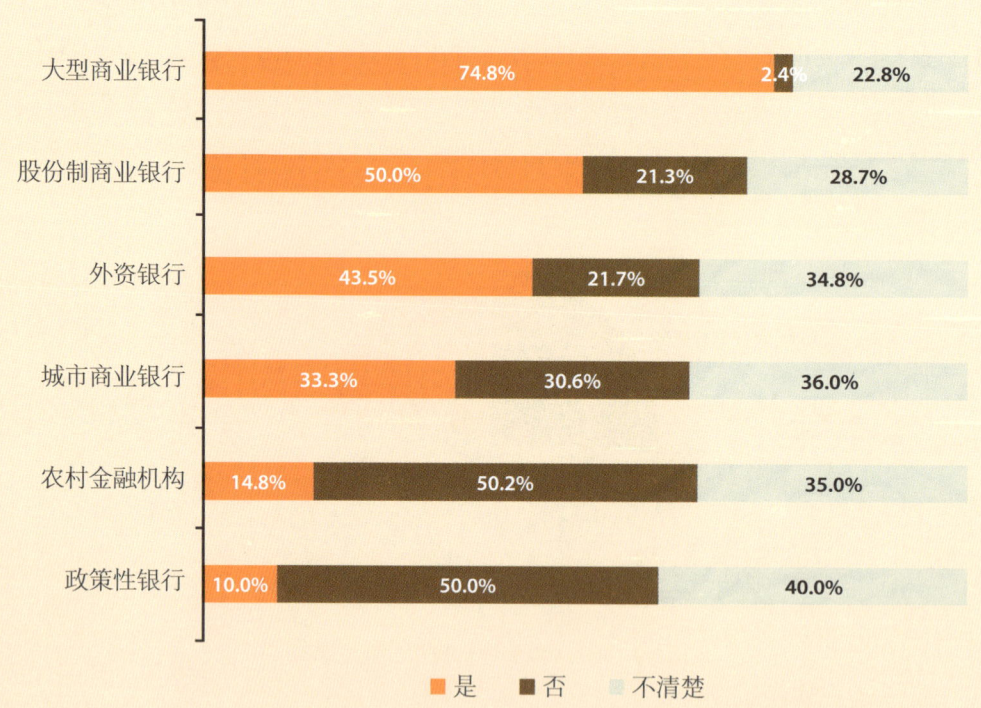

图6-11　不同类型银行数据系统是否足够支持构建减值评估模型

　　按上市与否来看，上市银行经营更加规范，数据系统更加完备，因此65.3%的银行家对模型构建的数据支持表示有信心。非上市银行可能因数据获取渠道少、更新不及时等问题，超四成银行家认为目前不足以为减值评估模型的构建提供较完备的数据支持（42.8%）（见图6-12）。

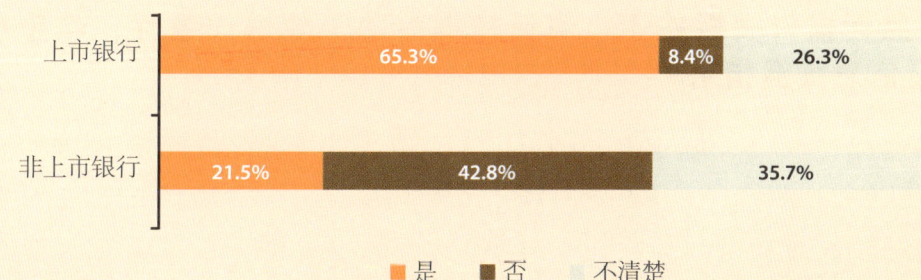

图6-12　上市/非上市银行数据系统是否足够支持构建减值评估模型

　　表示现有数据系统无法支持减值评估模型的银行中，77.7%由于没有建立内部评级模型，无法自己测算违约损失率等风险参数，进而无法计算风险加权资产，因此认为需要从外部获取信用评级数据。超六成银行家认为PD和折现率也是有待补充的重要数据（见图6-13）。这反映了目前我国银行业的数据系统亟待进行数据的搜集补充。

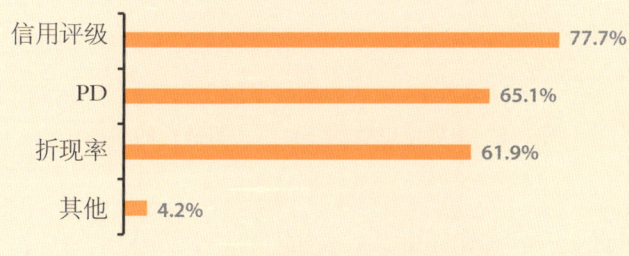

图6-13　银行需额外获取的数据种类

　　过半数的银行家认为，进行减值评估时建立模型或修改现有模型（59.0%）及确定风险显著恶化的判断时点（57.6%）将有较大困难。此外，数据收集（40.8%）、违约标准的确定（39.3%）、IFRS 9结果与已发生损失模型具有差异（32.2%）及与资本管理的衔接（26.3%）等几个方面也存在难度（见图6-14）。这就需要各银行进行研究分析，制订具体的流程细则及相应的问题解决方案。

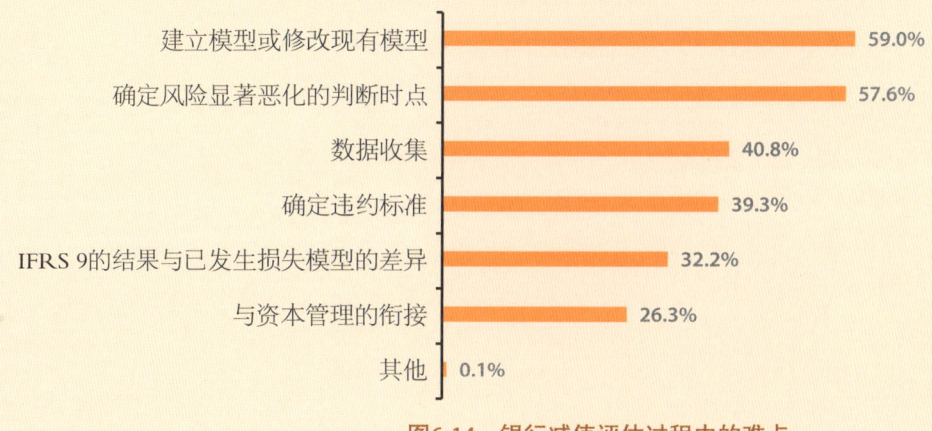

图6-14　银行减值评估过程中的难点

五、制定监管报告模板并强化信息披露有助于数据一致性，希望后续完善金融资产计量及信息披露指引

调查显示（见图6-15），49.4%的银行家认为IFRS 9实施后，最能促进银行数据一致性和可比性的是制定监管报告模板，强化信息披露。信息披露有益于数据的搜集共享，这也是数据系统未来的完善方向。

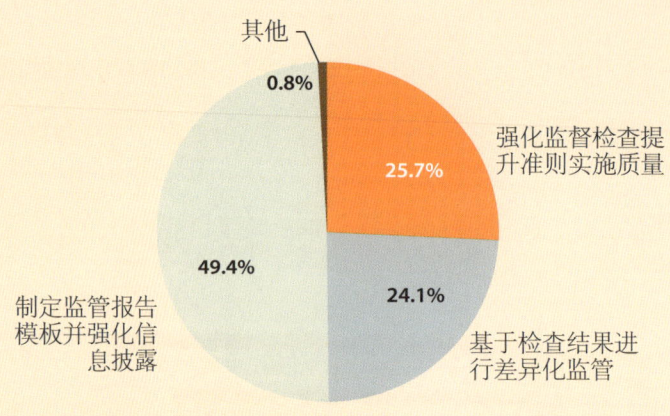

图6-15 最能促进数据一致性、可比性的措施

由于IFRS 9重新规定了金融资产分类和计量，81.5%的银行家希望后续出台的IFRS 9相关规定能提供金融资产计量及信息披露操作的指引。同时，超六成的银行家认为需要提供更详细的金融工具分类信息。限制使用计量选择权（41.3%）也是部分银行的诉求（见图6-16）。希望未来实施过程中可以出台更多细则指引，推动IFRS 9的全面实施。

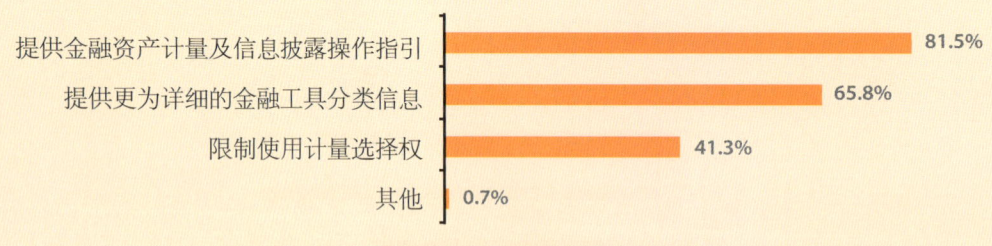

图6-16 银行家对IFRS 9未来全面落实的建议

附　录

项目背景及执行情况介绍

    "中国银行家调查报告2017"项目由中国银行业协会和普华永道所共同发起，中国银行业协会首席经济学家巴曙松研究员主持并负责项目的执行与实施。本调查项目的基本背景、数据采集方式、样本量、配额分布等情况列示如下：

一、调查基本背景

    2017年，中国经济稳中向好的态势持续发展，供给侧结构性改革取得新进展，但仍处在结构调整过关期，持续向好基础尚需进一步巩固。金融去杠杆的持续推进，强监管政策的持续发力以及金融科技的不断渗透等因素，对中国银行业的经营产生了重大影响。本调查项目，旨在了解中国银行家应对这一局面时的判断与思考，以及对市场发展和监管体系等的意见和建议，以促进海内外金融界与监管当局、金融机构与公众之间的相互沟通了解，共同推动中国银行业的改革发展。

    本次调查采取点面结合的方式，一是由中国银行业协会负责组织面向银行家的问卷调查，通过对问卷回收数据的处理，从面上形成中国银行业发展状况的基本判断，并为整个调查提供数据支撑；二是选择有代表性的金融机构，由巴曙松研究员和项目组成员通过面对面访问、电话访问、书面访问等形式，与其高管人员进行访谈，直接听取中国银行家的思考和探索。

二、调查数据采集方式

    本次调查的数据主要通过《中国银行家调查问卷2017》面向全国各级银行类金融机构的高管进行采集。调查问卷包括主问卷和子问卷两组。其中，主问卷涵盖十二个部分，包括宏观环境、发展战略、业务发展、风险管理和内部控制、人力资源与财务管理、互联网金融与信息化、公司治理、企业社会责任、银行家群体、监管评价、发展前瞻和同行评价等，总计159题。子问卷共六份，分别针对宏观审慎评估体系（MPA）考核、银行业支持雄安新区建设、去杠杆进程中债转股的市场化发展、积极应对《国际财务报告准则第9号——金融工具》（IFRS 9）的实施、金融科技在银行业中的运用、资管业务统一规制等进行专题调查，题目数量分别为11题、8题、12题、14题、6题和17题。

项目组希望通过这次调查把握中国特定结构环境下的银行业的发展状况，为此，我们特别添加了一些与调研对象特征有关的指标，包括所属区域、机构级别、机构注册类型和是否上市等。其中，区域包括东部、中部、西部和东北等。

三、调查样本量和配额分布

问卷调查在全国31个省级行政区域展开（不包括港澳台），本年度继续完全采用电子形式进行发放和回收，其中，主问卷共回收有效问卷1920份。

（一）主问卷调查样本的配额分布

从区域[①]来看，东部836份，中部384份，西部582份，东北118；从机构级别来看，总部430份，分支机构1490份；从机构注册类型来看，大型商业银行336份，股份制商业银行454份，城市商业银行591份，农村金融机构376份，政策性银行133份，外资银行30份；从上市与否来看，上市银行808份，未上市银行1112份。

项目组充分考虑不同地区、不同级别、不同注册类型和上市与非上市的银行类金融机构的数量，采取系统抽样法，向各类金融机构发出问卷，而问卷返回比例与配额分布基本一致。

巴曙松研究员和项目组成员共访谈中国银行业高管人员14人，其中，总部高管（董事、副行长以上）7人。

---

① 根据中国国家统计局的统计口径，东北地区包括辽宁、吉林、黑龙江；东部地区包括北京、天津、河北、上海、江苏、浙江、福建、山东、广东、海南；中部地区包括山西、安徽、江西、河南、湖北、湖南；西部地区包括内蒙古、广西、重庆、四川、贵州、云南、西藏、陕西、甘肃、青海、宁夏、新疆。

（二）主问卷调查和访谈样本的具体名单

参与项目组主问卷调查与访谈的中国银行业金融机构有163家（排名不分先后）：

1. 政策性银行（3家）

国家开发银行

中国进出口银行

中国农业发展银行

2. 大型商业银行（6家）

中国工商银行

中国农业银行

中国银行

中国建设银行

交通银行

中国邮政储蓄银行

3. 股份制商业银行（12家）

中信银行

招商银行

中国民生银行

中国光大银行

上海浦东发展银行

华夏银行

兴业银行

平安银行

广发银行

恒丰银行

浙商银行

渤海银行

4. 外资银行（15家）

东亚银行（中国）有限公司

三菱东京日联银行（中国）有限公司

德意志银行（中国）有限公司

澳大利亚和新西兰银行（中国）有限公司

第一商业银行股份有限公司

富邦华一银行有限公司

合作金库银行

恒生银行（中国）有限公司

华侨永亨银行（中国）有限公司

台湾土地银行股份有限公司

新联商业银行

永丰银行（中国）有限公司

彰化银行

兆丰国际商业银行

中国信托商业银行

5. 城市商业银行（49家）

北京银行

上海银行

天津银行

重庆银行

富滇银行

兰州银行

徽商银行

包商银行

江苏银行

杭州银行

大连银行

华融湘江银行

宁波银行

哈尔滨银行

汉口银行

晋商银行

齐鲁银行

内蒙古银行

长安银行

郑州银行

盘锦银行

泰安银行

烟台银行

莱商银行

广东南粤银行

辽阳银行

桂林银行

东莞银行

邯郸银行

鄂尔多斯银行

阜新银行

江西银行

日照银行

浙江泰隆商业银行

焦作中旅银行

广西北部湾银行

青海银行

洛阳银行

厦门国际银行

威海市商业银行

河北银行

九江银行

平顶山银行

中原银行

龙江银行

济宁银行

潍坊银行

乌海银行

枣庄银行

6. 农村金融机构（109家）

深圳农村商业银行

武汉农村商业银行

广州农商银行

赣州农商银行

中山农村商业银行

珠海农村商业银行

东莞农村商业银行

贵阳农村商业银行

安徽利辛农村商业银行

安徽马鞍山农村商业银行

安徽潜山农村商业银行

安徽歙县农村商业银行

安顺市平坝区农村信用合作联社

亳州药都农村商业银行

苍梧深通村镇银行有限责任公司

岑溪市北部湾村镇银行有限责任公司　　　　贵州麻江农村商业银行

茶陵浦发村镇银行　　　　　　　　　　　　贵州湄潭农村商业银行

慈利沪农商村镇银行　　　　　　　　　　　贵州普安农村商业银行

丹寨县农村信用合作联社　　　　　　　　　贵州清镇农村商业银行

道真仡佬族苗族自治县农村信用合作联社　　贵州晴隆农村商业银行

凤冈县农村信用合作联社　　　　　　　　　贵州仁怀茅台农村商业银行

甘肃省农村信用社联合社　　　　　　　　　贵州省农村信用社石阡县农村信用合作联社

广东大埔农村商业银行　　　　　　　　　　贵州省松桃县农村信用合作联社孟溪信用社

广东高明农村商业银行　　　　　　　　　　贵州省望谟县农村信用合作联社

广东高要农村商业银行　　　　　　　　　　贵州省长顺县农村信用合作联社马路分社

广东龙门农村商业银行　　　　　　　　　　贵州思南农村商业银行

广东普宁农村商业银行　　　　　　　　　　贵州天柱农村商业银行

广东顺德农村商业银行　　　　　　　　　　贵州桐梓农村商业银行

广东阳春农村商业银行　　　　　　　　　　贵州乌当农村商业银行

广东阳东农村商业银行　　　　　　　　　　贵州兴义农村商业银行

广西鱼峰信合村镇银行　　　　　　　　　　贵州遵义农村商业银行

广西壮族自治区农村信用社联合社　　　　　合肥科技农村商业银行

贵定县农村信用合作联社　　　　　　　　　赫章县农村信用合作联社

贵州安龙农村商业银行　　　　　　　　　　湖南华容星龙村镇银行

贵州毕节农村商业银行　　　　　　　　　　湖南桃江建信村镇银行

贵州从江农村商业银行　　　　　　　　　　湖南湘潭湘淮村镇银行

贵州大方农村商业银行　　　　　　　　　　江门融和农村商业银行

贵州都匀农村商业银行　　　　　　　　　　江门新会农村商业银行

贵州独山农村商业银行　　　　　　　　　　江西吉水农村商业银行

贵州福泉农村商业银行　　　　　　　　　　江西南丰农村商业银行

贵州黄平农村商业银行　　　　　　　　　　江西上栗农村商业银行

贵州黎平农村商业银行　　　　　　　　　　江西省农村信用社联合社

贵州荔波农村商业银行　　　　　　　　　　锦屏县农村信用合作联社

开阳县农村信用合作联社

昆明市农村信用合作社联合社

六盘水农村商业银行

六枝特区农村信用合作联社

罗甸县农村信用合作联社

南昌农村商业银行

盘县农村信用合作联社

贵州黔西农村商业银行

曲靖市农村信用合作社联合社

厦门农村商业银行

厦门翔安民生村镇银行

山东省农村信用社联合社

山西省农村信用社联合社

上海农村商业银行

上饶农村商业银行

深圳宝安桂银村镇银行

深圳龙岗鼎业村镇银行

深圳南山宝生村镇银行

沈阳农村商业银行

石门沪农商村镇银行

石阡县农村信用合作联社

水城县农村信用合作联社

绥阳县农村信用合作联社

铜陵农村商业银行

铜仁农村商业银行

芜湖扬子农村商业银行

务川仡佬族苗族自治县农村信用合作联社

息烽县农村信用合作联社

湘西长行村镇银行

新都桂城村镇银行

新疆维吾尔自治区农村信用社联合社

新密郑银村镇银行

鹰潭农村商业银行

长顺县农村信用合作联社

肇庆端州农村商业银行

浙江省农村信用社联合社

镇远县农村信用合作联社

正安县农村信用合作联社

四、项目组成员

中国银行业协会：潘光伟、黄润中、胡忠福、张芳、白瑞明、张亮、古瑞、周更强、郭三野、赵濛、金淑英、李健、周飞、高康、王芳、王丽娟。

普华永道：吴卫军、梁国威、朱宇、何淑贞、叶少宽、张立钧、王玮、叶骏、周章、王轶为、宋琼。

中国银行业协会首席经济学家巴曙松及其团队：华中炜、丁波、谢国良、张晓亮、任杰、郑弘、陈强、刘雅祺、王月香、丁涛、孙团结、金玲玲、云佳祺、尹海晨、刘晓依、郑铭、胡北、丁昭、方立、何雅婷、吴过、徐亮、李羽翔、乔玥娇、韩宪、范小洁、昝哲、彭淳懿、牛淑雅、彭佳婕、苏华清、任静、张兢、谢淑颖、杨春波、倪鑫、薛瑶、付秀艳。

五、致谢

在本报告的撰写过程中得到了中国银监会及中国银行业协会领导的大力支持和指导。中国银行业协会黄润中秘书长带领项目组对浙商银行刘晓春行长、上海浦东发展银行谢伟副行长进行了面对面的访谈；同时，对渤海银行李伏安董事长、中国光大银行卢鸿副行长、平安银行何之江副行长、交通银行连平首席经济学家、上海农商银行周衡昌首席信息官、中国建设银行战略规划部吴建杭总经理、中国东方资产管理股份有限公司战略发展规划部秦斌总经理进行了书面访谈，感谢银行高管们在百忙之中接受项目组的访谈，为报告的撰写提供了翔实的资料。在报告专家评审过程中，中国银行业协会周更强副秘书长、中国金融出版社魏革军社长、中国社科院银行研究室曾刚主任、中国人民银行金融研究所前所长、大成基金首席经济学家姚余栋、第一财经日报杨燕青副总编辑等对报告给予了充分的肯定，并提出了宝贵的意见和建议。对于各位银行家及专家给予的大力支持和帮助，我们在此表示衷心的感谢！

携手合作，共创成功

中国银行业协会
CHINA BANKING ASSOCIATION

中国银行业协会是2000年5月经中国人民银行和民政部批准成立的全国性非营利社会团体，是中国银行业自律组织，自2003年由中国银监会主管。截至2018年1月，中国银行业协会共有656家会员单位和35家观察员单位，31个专业委员会，其日常办事机构秘书处设有17个部门。

中国银行业协会责任使命及事业情怀表达于会歌《行者无疆》："冠名中国银行业，我们无上荣光。银行业造就，银行业需要，自律维权协调服务，责任无量。冠名中国银行业，我们事业兴旺。热衷协会工作，提升职业生涯，敬业规范专业高端，放飞理想。冠名中国银行业，平台纽带桥梁。银行家之家，银行家舞台，行业水涨我们船高，扬帆远航。中国银行业协会，一切为了会员单位，为了行业科学发展，在中国银行业大海上，行者无疆。"

中国银行业协会以促进会员单位实现共同利益为宗旨，履行"自律、维权、协调、服务"职能，维护银行业合法权益，维护银行业市场秩序，提高银行业从业人员素质，提高为会员服务的水平，促进银行业的健康发展。

自律：强化行业自律，通过规范市场秩序，实现行业有序竞合发展，推动银行业更好服务社会，支持实体经济发展。制定行业自律公约，引导银行业规范经营行为，推动建立科学合理、公开透明的收费机制。每年3月15日发布《中国银行业服务改进报告》和《中国银行业社会责任报告》，引领银行业金融机构积极履行社会责任，为社会提供优质金融服务。评比树立文明规范服务示范典型，引导银行业深入开展消费者权益保护及公众教育服务工作，推动实现金融普惠。贯彻落实国家宏观经济政策，推动会员单位加强小微企业和"三农"金融服务工作，助力银行业发展转型，不断改进服务实体经济能力。

维权：着眼风险防范及诚信社会建设，维护正当权益，构筑银行业资产权益基本防线。重点维护好银行业债权，召开"依法保护银行债权，打击逃废银行债务"工作大会，搭建"打击逃废银行债务"信息平台，全面开展内部通报逃废银行债务机构活动，坚持逃废银行债务机构"黑名单"制度，助力社会诚信体系建设。加强行业个案维权，为会员单位法律案件诉求提供专业化服务，有效化解金融纠纷。研究解读国际相关法案，及时对会员单位做出风险提示。积极推进金融积案执行工作，有效维护会员单位合法权益。

协调：充分发挥各专业委员会作用，积极沟通协调并加强行业政策协同，引领银行业各项业务协调、稳健、科学发展。制定贸易金融、资金托管、银团贷款等多领域行业规范公约，发布《中国银行业发展报告》《中国银行家调查报告》《银团贷款行业发展报告》《中国保理产业发展报告》《中国银行卡产业发展蓝皮书》《中国资产托管行业发展报告》《金融租赁行业发展报告》等多项行业研究成果，推动银行业务稳健合规发展。举办中国贸易金融年会、城商行年会、中国普惠金融国际论坛等系列高端论坛，推动行业经验交流与共享。举办"中国银行业发展研究优秀成果评选活动"，推动中国银行业研究事业发展，提升行业研究能力和水平。研究部研究成果"我国银行业发展分析"报告被发展改革委出版的《服务业新发展研究报告》收录。搭建会员单位与政府监管机构之间的沟通桥梁，加强行业政策协调，就托管银行资金结算、年金基金投资、商业银行资本管理等向有关政府监管部门提出行业发展合理化建议，为行业发展营造良好政策环境。

服务：完善创新服务项目，服务行业公共需求，助力行业科学稳健发展。开展银行业从业人员资格认证和行业培训工作，为银行业培养合格的专业人才。研究国内外行业发展动态，定期编发研阅资料、银行业要情月报、通讯等，打造高端资讯品牌。服务行业发展，受邀参加国务院参事室就2017年全球经济形势分析暨研提2018年经济工作政策建议座谈会、国务院新闻办政策例行发布会，代表行业发声。开发并推广应用金融积案监测数据库系统、中国银行业科技专家选聘系统、银团贷款信息系统等多项信息系统平台，为会员单位高端公共需求提供信息化支持。推出商业银行稳健发展能力"陀螺（GYROSCOPE）评价体系"，有效推动商业银行可持续稳健发展，是具有中国特色的、符合中国银行业发展现状的首份行业综合评价体系。连续两年发布"中国银行业100强榜单"，榜单以核心一级资本净额作为排序依据，更具权威性、客观性和专业性，具有充分的现实意义。创办首份带有全行业性质的公开刊物《中国银行业》杂志，并以"业界信息窗口、业者风采展现、专家研究集成、行业发展智库"为办刊宗旨，加强行业信息交流、品牌宣传及发展研究。

2014年，荣获国务院残疾人工作委员会"全国助残先进集体"称号，成为唯一获此荣誉的全国性行业协会；2010年，被国家民政部授予"全国先进社会组织"的荣誉称号；继2009年，在国家民政部组织的全国性行业协会商会等级评估活动中，中国银行业协会以总分第一的成绩获得5A最高等级后，在2015年，连续第二次在该项评估中获评5A最高等级。

联系人

潘光伟
中国银行业协会专职副会长

李健
中国银行业协会研究部主任
+86（10）66291286
jianli@china-cba.net

普华永道秉承"解决重要问题，营造社会诚信"的企业使命，业务已经覆盖全球六大洲，在世界上158个国家及地区设有办事机构，有超过23.6万名员工，致力于在审计、咨询及税务领域提供高质量的服务。

普华永道中国自1902年和1906年先后在香港和上海创立，并且是在中国实行改革开放后最早（1979年）投入到中国经济建设的国际专业服务机构。

我们紧随中国经济发展的步伐，充分本土化，已经在中国30个城市开设了分支机构，分布于：北京、上海、香港、沈阳、大连、天津、济南、青岛、南京、苏州、杭州、宁波、合肥、郑州、武汉、长沙、西安、成都、重庆、昆明、厦门、广州、深圳、澳门、台北、中坜、新竹、台中、台南、高雄。

作为全球网络中亚太区国家和地区的牵头成员所，普华永道中国一直致力于本土化与国际化的融合，透彻认识中国客户的需求，利用全球网络的知识和专家，提供符合中国国情的专业服务。

普华永道在中国的金融业服务经验

普华永道中国专职于金融业服务的团队，目前拥有约120名合伙人和总监以及超过2500名员工长驻中国内地和香港。

我们的客户大多为国内大型、声誉卓著的金融机构，包括商业银行、保险公司、基金管理公司、财务公司、证券公司和租赁公司等。除此之外，普华永道专业服务的对象还包括中国金融业和证券业的监管机构。

普华永道在中国拥有众多的银行业客户，我们为这些客户提供的业务包括：上市或法定的国内国际财务报告准则的审计服务、新企业会计准则的转换咨询项目、内部控制审阅、新资本协议规划和实施项目、全面风险管理、信用风险专项审计、管理财务核算咨询、战略投资商定程序、股权发行定价、特殊目的的专项会计处理、各类交易税务安排、人力资源规划等。

通过为政府机构、金融企业和相关组织等提供的专业服务，普华永道对中国的经济政策和金融业改革拥有深刻的理解，尤其体现在参与修订新的财务制度、会计政策及税务政策及相关法规方面，因此普华永道本地化的专业人员对于中国金融企业所面临的改革过程和各类挑战十分了解。这些经验使普华永道在为中国金融业提供专业服务的过程中一直保持领先地位。

普华永道近期出版的金融行业出版物包括：
- 银行业快讯：2017年第三季度中国银行业回顾与展望（2017年11月）
- 银行业快讯：2017年上半年中国银行业回顾与展望（2017年9月）
- 揭秘IFRS 9金融工具减值的视频（2017年8月）
- 2017年全球金融科技调查——保险科技（InsurTech）调查报告（2017年8月）
- IFRS 9银行业披露示例（2017年8月）
- IFRS 17：重新打造保险会计（2017年7月）
- 供应链金融：产品新金融，风口正当时（2017年7月）
- 资产管理行业增值税补丁文件压哨发布，意不意外？惊不惊喜？（2017年7月）
- 第20期全球CEO调研——金融服务业人才调研结果摘要（2017年6月）
- 银行公司业务转型正当时，交易银行能力塑造以制胜（2017年6月）
- 数据驱动价值，做风险知情决策（2017年5月）
- 技术制胜，场景为王：拥抱移动支付新浪潮（2017年5月）
- 速读新金融工具准则（2017年5月）
- 2017年全球金融科技调查中国概要（2017年4月）
- 同舟共济扬帆起，乘风破浪万里航——投后管理的崛起和发展逻辑（2017年4月）
- 银行账户利率风险新国际监管标准及其对中国银行业的影响分析（2017年3月）
- 移动互联网金融：On状态的存、贷、付（2017年3月）
- 跨越行业界限：金融科技重塑金融服务新格局（2017年3月）
- 打造制胜的企业文化（2017年3月）
- 资产和财富管理业调研结果摘要（2017年3月）
- 协同化、品牌化、创新化、市场化：纵览金控平台四大制胜之道（2017年1月）
- 他山之石，可以攻玉——借鉴电商最佳实践，引领零售银行数字化创新（2017年1月）
- 中国资产和财富管理税务新知（2016年12月）
- 岂止于自动化建议：金融科技如何重塑资产及财富管理业（2016年12月）

普华永道服务一览

审计及鉴证
- 资本市场及会计咨询
- 风险及控制
- 精算服务
- 内部审计
- 财务报表审计
- 工程造价

资本市场与会计咨询服务
- 募集资金、首发上市及资本市场方案
- 资金管理
- 并购及剥离
- 风险及控制服务
- 内部审计战略和咨询
- 内部审计分包和外包服务
- 内部控制咨询
- 舞弊风险和内控
- 企业风险管理服务（业务持续性和风险管理）
- 董事会治理服务（包括董事会成员培训）
- IT 风险和治理
- 控制、安全和项目保障
- 信息安全和网络持续性服务
- 数据管理和保障
- 第三方鉴证
- IT尽职调查
- 整合报告
- C-SOX和S404（Sarbanes-Oxley法案第404条例）合规咨询
- XBRL（可扩展商业报告语言）合规
- FATCA（外国账户税务合规法案）合规服务
- PN21（联交所上市规则应用指引第21条）合规咨询
- 持续发展与气候变化服务
- 连续性管理

- 中国个人所得税
- 中国海外投资
- 共同汇报标准
- 海关和国际贸易
- 全球派遣
- 中国流转税
- 国际税务
- 中国企业并购税务
- 中国研发优惠
- 中国税务分歧协调
- 税务管理体系和税务战略
- 税务科技
- 中国转让定价
- 美国税务管理
- 价值链转型

交易咨询
- 企业融资
- 尽职调查
- 估值服务
- 购并交易增值服务
- 私募股权投资资金咨询
- 企业购并税务架构咨询
- 项目融资
- 海外投资服务
- 上市服务
- 企业重整服务

管理咨询
- 战略咨询
- 运营管理咨询
- 人才和变革管理咨询
- 财务管理咨询
- 信息科技咨询
- 风险管理咨询
- 法务鉴证服务
- 数据及分析

普华永道

普华永道联系人

若对本调查报告有任何问题或者需要我们提供专业服务，欢迎与以下人士联系：

审计业务

梁国威
中国金融业主管合伙人
+86 (21) 2323 3355
jimmy.leung@cn.pwc.com

叶少宽
中国金融业市场主管合伙人
+86 (10) 6533 2300
linda.yip@cn.pwc.com

何淑贞
中国银行业主管合伙人
+86 (10) 6533 2368
margarita.ho@cn.pwc.com

李宝亭
香港银行业主管合伙人
+852 2289 2982
peter.pt.li@hk.pwc.com

朱宇
中国北方区金融业主管合伙人
+86 (10) 6533 2236
richard.y.zhu@cn.pwc.com

咨询服务

张立钧
中国金融业管理咨询主管合伙人
+86 (10) 6533 2755
james.chang@cn.pwc.com

王建平
中国金融业管理咨询合伙人
+86 (21) 2323 5682
jianping.j.wang@cn.pwc.com

郭誉清
中国金融业管理咨询合伙人
+86 (21) 2323 2655
yuqing.guo@cn.pwc.com

容承威
中国金融业管理咨询合伙人
+86 (755) 8261 8388
william.sw.yung@cn.pwc.com

费理斯（Matthew Phillips）

中国内地及香港金融业主管合伙人

+852 2289 2303

matthew.phillips@hk.pwc.com

税务服务

叶招桂芳

亚太区金融业税务主管合伙人

+852 2289 1833

florence.kf.yip@hk.pwc.com

黄文辉

中国金融业税务合伙人

+86 (21) 2323 3052

matthew.mf.wong@cn.pwc.com

康杰

中国金融业税务合伙人

+86 (10) 6533 3012

oliver.kang@cn.pwc.com

项目主持人

巴曙松

巴曙松教授，中国银行业协会首席经济学家，还兼任香港特别行政区政府经济发展委员会委员、中国宏观经济学会副秘书长、商务部经贸政策咨询委员会委员、中国银监会中国银行业实施巴塞尔新资本协议专家指导委员会委员、中国证监会并购重组专家咨询委员会委员、中国"十三五"国家发展规划专家委员会委员、张培刚发展经济学研究基金会理事长等。巴曙松教授为享受国务院特殊津贴专家，先后担任中国银行杭州市分行副行长、中银香港助理总经理、中国证券业协会发展战略委员会主任、国务院发展研究中心金融研究所副所长等职务，曾在北京大学中国经济研究中心从事博士后研究，以及在哥伦比亚大学商学院担任高级访问学者，还担任国务院发展研究中心基础研究领域"国际经济金融结构"的首席专家。巴曙松教授是2006—2015年中文文献经济学领域被引用频次最高的中国学者（《中国社会科学评价》2017年）。

巴曙松教授多次以金融专家的身份参加中国金融领域的决策者主持召开的专家座谈会，并曾担任中共中央政治局集体学习主讲专家；先后在商业银行、证券公司、公募基金、信托公司等不同类型的金融机构担任管理职务，是同时熟悉中国金融市场实际业务运作、金融政策制定以及金融理论研究进展的金融专家，在巴塞尔资本协议与风险管理、资产管理行业研究、银行业发展与银行家调查等领域积累了丰富的研究成果与实践经验。主要著作有：《巴塞尔新资本协议研究》《金融危机中的巴塞尔新资本协议：挑战与改进》《巴塞尔资本协议Ⅲ研究》《巴塞尔Ⅲ与金融监管大变革》《中国资产管理行业发展报告》年度报告等。巴曙松教授曾获全球青年领袖奖（世界经济论坛，2009）。

责任编辑：李　融
责任校对：孙　蕊
责任印制：程　颖

图书在版编目（CIP）数据

中国银行家调查报告 2017（Zhongguo Yinhangjia Diaocha Baogao 2017）/中国银行业协会，普华永道编. —北京：中国金融出版社，2018.3

ISBN 978 - 7 - 5049 - 9493 - 6

Ⅰ.①中…　Ⅱ.①中…　②普…　Ⅲ.①银行—调查报告—中国—2017　Ⅳ.①F832.3

中国版本图书馆CIP数据核字（2018）第044637号

出版
发行　　**中国金融出版社**

社址　北京市丰台区益泽路2号
市场开发部　（010）63266347，63805472，63439533（传真）
网上书店　http://www.chinafph.com
　　　　　　（010）63286832，63365686（传真）
读者服务部　（010）66070833，62568380
邮编　100071
经销　新华书店
印刷　北京市松源印刷有限公司
尺寸　210毫米×285毫米
印张　19.5
字数　312千
版次　2018年3月第1版
印次　2018年3月第1次印刷
定价　148.00元
ISBN 978 - 7 - 5049 - 9493 - 6
如出现印装错误本社负责调换　联系电话（010）63263947